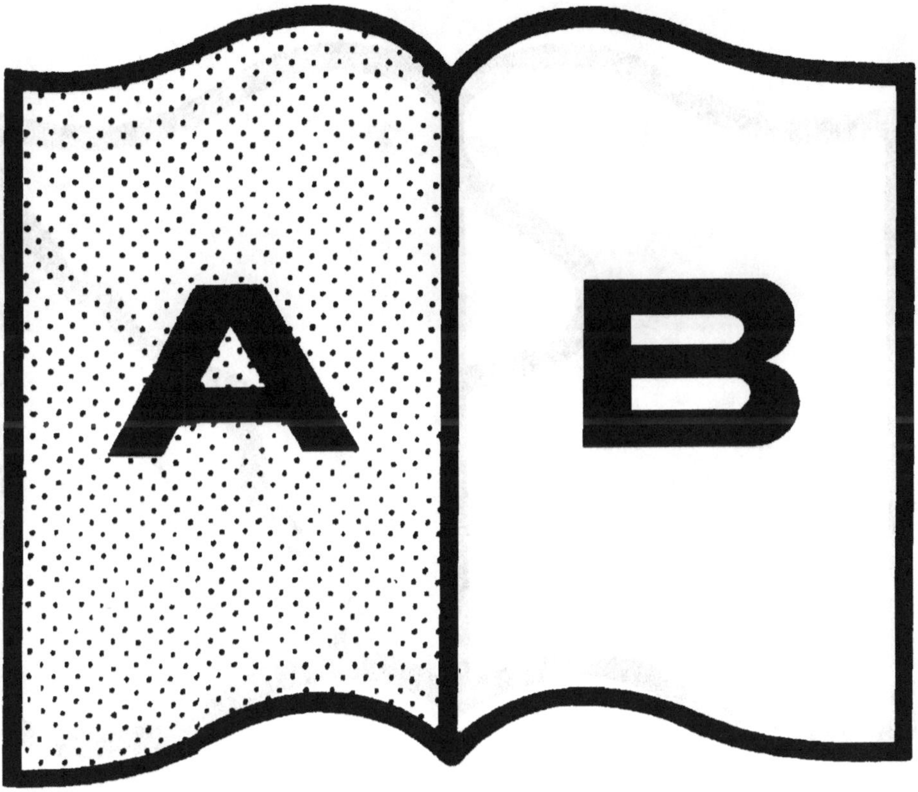

Contraste insuffisant

NF Z 43-120-14

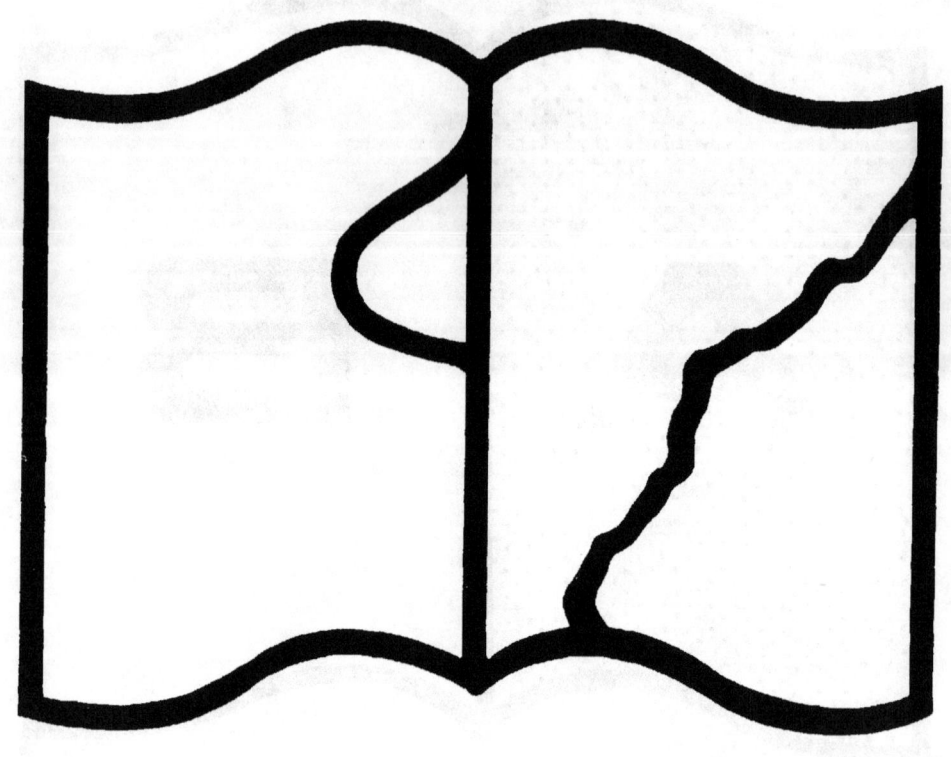

Texte détérioré — reliure défectueuse

NF Z 43-120-11

LES DRAMES DE LA JUSTICE

TREIZIÈME ÉPISODE
L'ÉLIXIR DE LONGUE VIE

LES DRAMES DE LA JUSTICE
TREIZIÈME ÉPISODE

L'ÉLIXIR DE LONGUE VIE

PAR RAOUL DE NAVERY

I
LES VOYAGEURS

Le soleil venait de disparaître, empourprant de ses derniers feux les eaux du Danube, quand deux voyageurs montés sur de superbes chevaux, et suivis d'un serviteur dont les traits écrasés et le teint noir trahissaient la race africaine, s'arrêtèrent à la porte de la meilleure hôtellerie de Buda-Pesth.

Le plus âgé des voyageurs gardait, en dépit de ses cheveux blancs, une vigueur élégante; il sauta légèrement à terre, tandis que le noir détachait le porte-manteau, et s'empressait autour de lui avec un respect auquel semblait se mêler l'attachement. Le plus jeune paraissait avoir vingt-deux ans environ. Il était svelte, vêtu avec une simplicité charmante, et l'expression de son visage, sur lequel se confondaient l'intelligence et la bonté, inspirait tout de suite la sympathie.

L'hôte accourut sur le seuil, et connaissant qu'il avait affaire à des étrangers d'importance, il s'empressa d'appeler à haute voix cinq ou six valets, désigna à l'un les chambres qu'il devait ouvrir pour leurs seigneuries, commanda à l'autre de prendre soin des chevaux, au troisième de presser le souper; puis courbé en deux, il salua les gentilshommes, en les remerciant de l'honneur qu'ils daignaient faire à sa maison.

Le noir, s'étant chargé d'un porte-manteau et d'une cassette en cuir lamé d'argent, adressa du regard une question à son maître qui lui répondit avec douceur :

— Oui, Beg dans ma chambre .. tu m'aideras à changer de vêtements... Veille à tout... Nous ne serons servis que par toi.

Une expression de joie éclaira les yeux du nègre qui disparut dans le corridor. Pendant ce temps, le vieillard et son compagnon gravissaient l'escalier et pénétraient dans l'appartement qu'on venait d'ouvrir. Il se composait de trois vastes pièces assez richement meublées de lits et de bahuts de chêne noirci par le temps. De lourds flambeaux, des lustres de cuivre, une tenture représentant vaguement des personnages mythologiques, des rideaux et des courtines de serge bordés de galons, en rendaient l'aspect confortable. Au bout d'un instant, grâce aux soins intelligents de Bug, la chambre du plus imposant des voyageurs prit un aspect tout nouveau. Un miroir encadré d'or ciselé, des flacons à bouchons ornés d'armoiries, une aiguière précieuse s'étalèrent sur un meuble bas. En quelques minutes le noir disposa un costume pour son maître, et celui-ci rafraîchi par des ablutions, enveloppé d'une robe de chambre de tissu précieux, s'assit dans un fauteuil, et ne parut plus s'occuper de la présence de Bug qui, rangeant à pas légers, sans heurts et sans bruit, ne distrayait pas même son maître de la méditation dans laquelle il venait de tomber.

Un moment après le jeune homme parut.

Il était vraiment beau. Ses grands yeux noirs, bien fendus, possédaient une expression de douceur pénétrante à laquelle s'alliait une fierté seyant bien à sa jeunesse, à la grâce de sa démarche, à la confiance native de ses vingt ans. Il s'approcha du vieux voyageur avec un empressement affectueux.

— N'êtes-vous point fatigué, monsieur le comte? demanda-t-il.

— Non, Paulus, je ne suis point fatigué. Si j'avais senti quelque lassitude, trois gouttes de ce cordial eussent suffi pour me reposer... J'en pourrais vivre comme faisaient les dieux de nectar et d'ambroisie... Mais aujourd'hui je me sens en disposition d'abdiquer mon pouvoir, et de dîner comme un simple mortel... Bug surveille les apprêts du repas?

— Oui, monseigneur, et si j'en crois quelques mots arrivés jusqu'à moi, il a dû, sitôt notre arrivée, prouver la supériorité de ses muscles d'Africain sur ceux des valets hongrois. Ceux-ci ont cru pouvoir railler impunément sa figure noire, ses dents éclatantes, ses lèvres rouges, l'étrangeté de son habit bleu brodé d'or. On le questionna, Bug secoua la tête ; on le railla, il fit d'abord mine de ne point comprendre ; son mutisme encouragea les curieux qui poussèrent l'audace jusqu'à effleurer la tunique de Bug... Vous comprenez quelle formidable riposte il leur a faite : une côte enfoncée, deux dents brisées, tel est son début.

— C'est bien! fit le comte avec un froid sourire. Ce Bug a le courage d'un lion et la fidélité d'un chien. Il porte une livrée, et il reste fier, c'est un homme.

— Est-il depuis longtemps à votre service?

— Sans doute, Paulus, ne t'ai-je donc jamais conté son histoire ?

— Jamais, répondit le jeune homme. Mais dois-je m'en étonner, votre vie a été tellement remplie d'évenements étranges...

— Tu sauras donc... reprit le comte.

En ce moment les valets entrèrent, Bug en tête, posèrent sur une table du linge éclatant de blancheur, des plats d'étain brillants comme de l'argent et une verrerie admirable. Peu après, l'apparition d'un poisson pêché dans le Danube, de quelques plats exhalant un fumet délicieux, annoncèrent aux voyageurs qu'ils pouvaient se mettre à table.

— L'histoire sera pour le dessert, Paulus, dit le comte. Dîne avec l'appétit de tes vingt ans, mon enfant.

Bug servit attentivement ; le comte et son compagnon firent honneur à la cuisine du *Cygne d'Argent*, et aux vins de Hongrie tirés du meilleur coin de la cave de Saky. Chacun d'eux semblait occupé de pensées diverses. Le vieillard s'absorbait dans sa rêverie ; le jeune homme, à l'idée que le lendemain il visiterait une ville superbe, et pourrait étudier des mœurs et des coutumes nouvelles, se sentait joyeux et devenait souriant. Suivant la recommandation du comte il mangeait de bel appétit et savourait les vins choisis en voyageur altéré par une longue étape.

Le repas terminé, Bug enleva le couvert, les valets disparurent en emportant la vaisselle et les reliefs du souper. Le café fut apporté, et le comte se réserva qu'à lui le soin de le préparer.

— Mon cher enfant, dit-il à Paulus, il n'y a que les Orientaux pour savoir faire le café. Jamais un Hongrois ne nous confectionna d'une façon savante cette boisson qui tient nos sens en éveil, et ranime notre imagination. J'ai rapporté cet art de Constantinople... J'en ai aussi ramené Bug dont je t'ai promis l'histoire. Je ne l'eusse pas racontée devant lui... Le prince demeure sous l'esclave... Esclave ! Il ne l'est plus... Bug pourrait me quitter s'il en avait le désir ; il ne le fera jamais... Son père était roi, un de ces petits rois de la côte africaine qui, tour à tour, a redouté les invasions des Hollandais, des Anglais et des Espagnols. Enlevé grâce à une trahison, vendu par un marchand de chair humaine sur le marché de Constantinople, il dut servir d'abord un négociant juif faisant le trafic des diamants. Celui-ci, mécontent de l'insubordination de son esclave, le revendit à un pacha. Bug ne se plia pas plus sous ce maître que sous le premier, et pour châtier une faute grave, on lui coupa la langue. Dès lors pendant ses jours et ses nuits, il rêva une vengeance terrible, et crut enfin l'avoir trouvée... Surpris au milieu des préparatifs de son complot, réduit à l'impuissance de se défendre, on le condamna à périr sous le bâton... J'avais obtenu du pacha, maître de Bug, l'autorisation de consulter chez lui des manuscrits d'un prix inestimable, et je travaillais dans sa bibliothèque, quand des cris qui n'avaient rien d'humain survinrent jusqu'à moi. Ils cessèrent avant qu'il me devînt possible d'en connaître la cause, et quand je quittai la salle de la bibliothèque, j'aperçus dans une cour le corps sanglant d'un homme étendu la face contre le sol. Je m'approchai, j'interrogeai un bourreau d'une taille colossale qui venait de détacher le corps roidi d'un chevalet de bois, et de jeter à terre le bâton instrument du supplice. Il m'apprit la tentative de l'esclave, et quel supplice il venait de subir. Je ne sais pourquoi un pressentiment m'avertit que le malheureux respirait encore. On connaissait, dans la maison du pacha, mon amour pour les sciences et mon habileté médicale; je demandai le cadavre pour le faire servir à mes expériences, on m'en fit don, et j'emportai le corps enveloppé dans mon manteau. A peine rentré chez moi, je lavai les plaies couvrant les épaules, les reins et les bras; l'eau dont je faisais usage pouvait causer des douleurs cuisantes, mais elle cicatrisait d'une façon merveilleuse les blessures reçues. Ainsi que je le prévoyais, le noir vivait. Quelques gouttes d'un cordial souverain le rappelèrent à l'existence. Il me regarda d'abord avec une fixité farouche, se demandant si je ne tentais point de le guérir afin de lui ménager plus tard de nouvelles tortures. Mais bien qu'il ne comprît pas entièrement la langue que je parlais, il devina au son de ma voix et à l'expression de mon visage que mon seul but était de le soulager. En quelques jours il se sentit renaître. Un mois après il se trouvait guéri. J'appris son histoire; elle me toucha. La liberté de l'homme m'a toujours paru sacrée. Je lui offris de lui rendre la sienne, en lui remettant une lourde bourse remplie d'or. Bug tomba à mes genoux, joignit les mains, me regarda avec des yeux dans lesquels roulaient des larmes, puis brusquement, avant que je pusse prévoir ce qu'il voulait faire, il se prosterna et posa mon pied sur son front. Bug se donnait. Il resterait esclave, mais esclave volontaire. Depuis lors il ne m'a jamais quitté. Je sais qu'il se ferait tuer pour moi; je lui confierais sans crainte non seulement mon or, mais mes secrets. Cette âme m'appartient. Tout en me servant, il semble garder quelque chose du passé dont les souvenirs ne sauraient s'effacer de sa mémoire. Je l'habille avec magnificence; il porte des bracelets d'or; le côté enfantin du caractère des noirs se trahit par la joie qu'il manifeste à chaque présent de ce genre. Mais si Bug obéit à mes ordres, aux tiens, parce qu'il comprend que je t'aime, il ne permettra jamais à un laquais de le traiter comme son égal. Esclave à mes pieds, Bug, se rappelle qu'il régna sur une bande de sable dorée par le soleil, et que sa mère le berçait à l'ombre des palmiers ombrageant la case royale.

— Ah! fit Paulus, quel être souffrant, isolé, pauvre, n'avez-vous pas secouru? Votre vie n'est-elle point remplie d'une longue suite de bienfaits? Bug vous doit la vie, et moi...

— Tais-toi, Paulus! fit le comte; tu ne me dois rien! rien, entends-tu? Je t'ai pour toujours interdit de me parler de ce que tu appelles ta reconnaissance.

— Mais elle m'emplit le cœur, elle m'étouffe, monsieur le comte... Je ne suis pas muet comme Bug, moi! Il est des heures où j'ai besoin de la crier! de rappeler ce que je vous dois...

— Silence! fit le comte d'une voix qui devint presque sévère, oui, silence, Paulus... Aime-moi seulement, cela suffit.

En ce moment, maître Saky, propriétaire du *Cygne-d'Argent*, vint s'informer si Monseigneur était satisfait du souper?

— Parfaitement, répondit le comte ; je n'en dirai point autant de vos valets. J'apprends que Bug a été insulté, maltraité; veillez à ce que semblable chose ne se renouvelle pas... J'ignore comment les magnats hongrois traitent leurs serviteurs : quant à moi, je ne laisserai ni humilier ni frapper les miens. Vous chasserez celui qui a battu mon nègre.

— Hélas! monseigneur, il est sur son lit pour trois semaines.

— Cela suffit, dit tranquillement le comte... Maintenant, un mot, maître hôtelier. J'arrive à Buda-Pesth poussé par un caprice de voyageur qui connaît l'Europe et l'Asie. J'ai pour habitude de vouloir vivre chez moi dans quelque pays que j'habite, et pour aussi peu de temps que j'y demeure. Connaissez-vous un château à vendre aux environs?

— Non, monseigneur, répondit Saky; un hôtel dans l'une des deux villes, peut-être.

— J'aime la solitude, répliqua le comte. J'aurais été charmé d'habiter une demeure seigneuriale voisine du Danube, ou cachée plus loin dans les bois.

— Sur les bords du Danube... répéta Saky en réfléchissant.

— Ces mots vous rafraîchissent-ils la mémoire?

L'hôtelier secoua la tête.

— Cela ne pourrait vous convenir, monseigneur, cela ne vous conviendrait pas.

— Quoi, cela?

— Le manoir maudit!...

— Bâti près du fleuve?

— Le Danube baigne le roc formant la base du château.

— Mais cela est admirable, au contraire. Pourquoi pensez-vous que ce manoir ne saurait me convenir?

— Son nom seul a jusqu'ici empêché qu'aucun seigneur de Buda-Pesth

Le manoir fut fermé et appelé « maudit ». (*Voir page 7.*)

voulût l'acquérir... Le château maudit... On aura beau faire, monseigneur, le sang est du sang... les drames deviennent des légendes... On a fait dans les campagnes un *dotnos* retraçant l'événement à la suite duquel le manoir fut fermé et appelé « maudit » par tous ceux qui le connaissent...

— Maître Saky, fit le comte en remplissant de vin couleur topaze un gobelet de capacité prodigieuse, si cette liqueur est aussi bonne que vous me l'avez affirmé, elle ne manquera pas de réveiller vos souvenirs... Vous y trouverez l'histoire du château maudit, et peut-être pousserez-vous la complaisance jusqu'à me réciter la poésie rustique rappelant des faits que je suis curieux de connaître.

L'hôtelier vida le gobelet d'un seul coup, puis il fit claquer sa langue en connaisseur, applaudissant lui-même aux qualités de sa marchandise, ensuite il reprit d'une voix aussi attristée que pouvait le permettre sa joyeuse et ronde prestance :

— L'histoire que vous souhaitez apprendre est vieille de cent ans. Mon père la tenait de mon aïeul... On l'a consignée dans des mémoires du temps, et vous trouveriez sans doute, à Buda-Pesth, le récit de ce drame. Le manoir dont je vous parle fut bâti par un magnat possesseur d'une colossale fortune. Il aimait à la fois le faste et la solitude, il choisit un emplacement conforme à ses goûts, et sur la grande et forte base du roc s'éleva bientôt, grâce aux efforts de trois cents ouvriers, à l'habileté des architectes et à l'or prodigué, le manoir que vous verrez de loin sur les rives du fleuve. Lorsque la construction fut terminée, des artistes vinrent d'Italie l'orner de fontaines et de statues de marbre. Il y eut des chambres tendues d'étoffes d'Orient. On y entassa les meubles précieux. Enfin, quand cette demeure put compter parmi les plus magnifiques du pays, le magnat demanda en mariage la fille d'un gentilhomme ruiné. C'était une créature d'une grande beauté, d'une douceur angélique, sans morgue, accessible à tous. La pauvre enfant trouvait le magnat bien vieux, s'effrayait de son humeur sombre. On disait ce seigneur dur pour ses serviteurs, et tout faisait prévoir que sa compagne ne serait pas heureuse. Hélas! on ne consulta guère la fiancée. Le père se laissa éblouir par la fortune de son futur gendre. On affirme que la pauvre fille demanda qu'il lui fût permis d'entrer au couvent, mais ni les larmes, ni les prières ne triomphèrent de l'obstination de son père. Elle céda et devint la femme du vieux seigneur. Peu après elle devint orpheline, son sacrifice restait inutile. La jeune dame dépensait ses jours à pleurer.

Ceux qui passaient en barque sur le fleuve l'apercevaient à l'une des fenêtres du sombre manoir, regardant fuir les nuages ou s'envoler les oiseaux fendant l'air d'une aile libre. Le magnat la tenait prisonnière. Soupçonneux et méchant, il ne lui permettait de voir ni les dames de Buda-Pesth ni les cavaliers sollicitant l'entrée du manoir. Un médecin, appelé un jour au château, déclara qu'elle avait peu de temps à vivre. Enfin elle obtint ce qu'elle considéra comme un grand adoucissement à ses chagrins. Pieuse comme un ange, elle sollicitait depuis longtemps qu'un chapelain fût attaché à son château, et y célébrât la messe. Longtemps son mari refusa. Peut-être craignait-il que la douce martyre racontât ses chagrins et qu'elle devînt dans la ville un objet de pitié. L'obligation à laquelle reste soumis le prêtre de garder le secret de la confession au péril de sa vie le rassura cependant, et un prêtre fut attaché à la chapelle. A partir de ce jour, la châtelaine y prit de longues heures, demandant la patience à défaut de félicité. Il arriva plus d'une fois que le dur gentilhomme lui répéta d'horribles scènes ; les pleurs de cette infortunée l'accusaient. Il lui criait alors, avec des transports de rage, qu'elle ne l'aimait point, le considérait comme un tyran, et l'avait épousé par obéissance à un père ambitieux. Les domestiques entendaient parfois les cris de colère du magnat et les sanglots de la jeune dame. On la plaignait, on eût souhaité lui venir en aide, mais que faire ? Son devoir la retenait au château qui lui servait de geôle. Un jour, en l'absence du magnat qui chassait en compagnie de quelques voisins de terres, un jeune homme d'environ vingt ans frappa à la porte du manoir, et demanda à parler à la maîtresse du lieu. Les valets se regardèrent en tremblant. Cependant l'étranger ne semblait point de ceux qu'on éconduit aisément. Il répéta sa demande d'une voix plus altière. On l'introduisit près de la châtelaine, et pendant deux heures ils causèrent et pleurèrent tous deux, car le jeune homme avait les paupières rouges quand il s'éloigna, et le soir on reconnut des traces de larmes sur les joues de la jeune dame.

Les serviteurs la plaignaient et la vénéraient trop pour la soupçonner. Par un accord tacite nul ne parla de cette visite au magnat. Le jeune homme revint une seconde fois ; mais soit que le hasard ramenât le jaloux gentilhomme, soit comme on l'affirma qu'il eût été prévenu par la femme de charge, qui, seule dans le manoir, haïssait la pauvre jeune femme, le magnat rentra subitement au moment où la châtelaine reconduisait son visiteur. Il faisait presque nuit. Le vieillard ne vit que la forme blanche de sa femme, mais il avait entendu une voix douce répéter : « A demain Mikael. » Il portait au côté une trousse de chasse ; sans questionner, ivre d'une colère sauvage, il bondit vers sa femme, et lui enfonça un large couteau dans le sein. Le jeune homme arriva trop tard pour arrêter le bras de l'assassin, et celui-ci allait tourner sa rage contre l'adolescent qu'il prit pour le complice d'une trahison infâme, quand la voix de l'étranger répéta : — « Ma sœur ! vous avez tué ma sœur ! »

— Sa sœur ! Le magnat étouffa un sanglot désespéré, se courba sur les dalles, souleva dans ses bras le corps de la jeune femme ; mais le couteau avait atteint le cœur, elle était morte... On l'enterra le lendemain. Il avait droit de haute et basse justice, nul ne lui demanda raison de son crime.

Le jeune seigneur s'enfuit du château après avoir maudit le meurtrier. Celui-ci défendit de laver, dans le vestibule de marbre blanc, la place sur laquelle avait coulé le sang de la victime... A partir de cette heure, sa folie jalouse augmenta et se changea en délire. Il passait de longues heures agenouillé sur la place où sa femme était tombée, lui demandant grâce et miséricorde. Dans le testament qu'il laissa, il enjoignit aux héritiers, sous peine d'exhérédation, de laisser le manoir fermé après sa mort jusqu'à expiration de la centième année. Quelques mois après il mourut. On l'enterra en grande pompe à Buda. La fin tragique de la jeune dame donna lieu à une foule de récits et de suppositions. J'ai toujours entendu affirmer dans ma jeunesse qu'elle errait dans les grands appartements vides, et qu'on apercevait du fleuve, par les nuits claires, son blanc fantôme penché à la fenêtre.

— L'avez-vous vu? demanda le voyageur à maître Saky.

— Je n'oserais l'affirmer; je le nierais encore moins.

— Mais, reprit le voyageur, si par testament le magnat a défendu à ses héritiers de rouvrir le château maudit...

— Avant un siècle écoulé, oui, monseigneur; mais Matthias Rath, le gazetier de Buda-Pesth a raconté dans sa feuille, il n'y a pas deux semaines, que la centième année depuis la mort de la jeune dame était écoulée... Les héritiers du cruel vieillard sont donc libres de le vendre ou de le louer désormais.

— Et savez-vous à qui il appartient, maître Saky?

— A une toute jeune fille, nièce du baron Samper, juge à Buda-Pesth. Mlle Élisabeth est encore au couvent, et jamais elle ne consentira à demeurer dans le château du Danube. Pour qui n'aurait peur ni d'y rencontrer le blanc fantôme de la jeune femme, ni d'y entendre les cris désespérés du vieillard damné pour son crime, ce serait une bonne affaire à conclure.

Le voyageur se tourna vers Paulus.

— Prends une note succincte, lui dit-il, nous verrons d'abord ce château, ensuite nous rendrons visite au tuteur de sa propriétaire. Merci. maître Saky, cela suffit pour le moment. Vous êtes un type complet d'hôtelier : non seulement vous servez de bon vin, mais encore vous savez des histoires.

Saky salua respectueusement et se retira.

— Eh bien! Paulus, fit le comte avec un sourire, nous visiterons le château du Danube. Ce que je viens d'entendre me tente fort. Un manoir dans lequel revient le fantôme d'une femme assassinée! c'est attirant, par ma foi, et l'on ne pourra dire que le comte Palma l'ouvrit le premier au diable! Tu sembles un peu las, Paulus. Envoie-moi Bug, et va reposer, mon enfant.

Paulus serra la main du comte avec un mélange de respect et de tendresse, puis il quitta son appartement. Mais avant de se livrer au repos, il descendit afin de voir si les chevaux avaient reçu une large provende. Ce soin pris, il avertit Bug d'avoir à rejoindre son maître, et se retira dans sa chambre.

Peu après le jeune homme s'endormit, et pas un mauvais rêve ne troubla son sommeil. Ce fut le muet qui, en rentrant chez lui, l'éveilla. Paulus se frotta les yeux, sauta à terre, et procéda lestement à sa toilette. Le comte Palma l'attendait. Il n'avait pas joui d'un repos égal à celui de son compagnon. Des livres ouverts sur la table, et des papiers couverts de caractères bizarres prouvaient qu'il s'était relevé durant la nuit afin d'étudier et d'écrire. Sa physionomie portait la trace d'une préoccupation grave; cependant un sourire la traversa au moment où Paulus pénétra chez lui, et ce fut avec une sorte de gaieté que Palma s'écria :

— Déjeunons, Paulus, puis montons à cheval et hâte de voir le château maudit.

Le repas fut bref; les deux montures sellées attendaient à la porte. Ils se mirent en selle, puis après avoir écouté les indications prolixes de Saky, ils jouèrent de l'éperon et quittèrent bientôt la ville.

Le paysage était splendide. Buda-Pesth, la ville jumelle leur apparaissait baignée dans une lumière dorée. Le Danube lui formait une admirable ceinture; aussi loin que leurs regards pouvaient s'étendre, ils apercevaient des pâturages remplis de bétail, des parcs de chevaux ou des bois.

Ils allaient sans parler, entraînés par la fièvre de l'inconnu, séduits par la splendeur d'une matinée d'été, l'esprit préoccupé de l'histoire racontée la veille.

Enfin sur leur gauche, au bord du fleuve, la masse noire, qui d'abord leur semblait indistincte, apparut à leurs yeux. Du rocher se dégagea le château. Ils en virent les toits aigus, la tour carrée, les murailles sombres envahies par des végétations luxuriantes. Enfin les cariatides se dégagèrent de la façade, la sveltesse des statues s'accentua; les balcons de fer ouvragé saillirent, et les voyageurs se trouvèrent en face d'une habitation splendide, empruntant un romanesque prestige à l'abandon dans lequel on l'avait laissée et à la légende qui s'y rattachait.

Palma descendit de cheval, et fit le tour du château. Il semblait avoir doublement été fortifié par la nature. La roche sur laquelle il se dressait formait une sorte de promontoire avancé dans les eaux du Danube. De ce côté, nulle entrée visible. La façade, placée en face de la route, se voyait librement à travers une grille ouvragée dont les deux battants s'ouvraient sur une cour d'honneur. Les deux côtés latéraux de cette cour se trouvaient occupés par les écuries et par les communs. La route tournait court sur la gauche ; mais à cet endroit même se creusait brusquement un précipice dont les escarpements débordaient d'une végétation humide et grasse. Arbres grandis sur la pente du gouffre, taillis poussés entre les pierres ; floraisons gigantesques épanouies dans ce trou sombre, au fond duquel s'étendait un lac immobile d'eau glauque provenant des pluies de l'hiver. La seconde façade du manoir dominait le précipice. Les grands balcons rouillés touchaient le faîte d'un arbre centenaire. Oui, vraiment, le château était bien défendu. Certes, durant le jour, la route qui s'enfonçait à travers une plaine présentant parfois les dangers d'un marécage, n'offrait rien de redoutable ; mais la nuit, il pouvait être dangereux de la parcourir. Point de garde-fou, de barrière pour protéger l'imprudent dont le pied pouvait glisser sur le bord de l'abîme. Du reste, ce chemin paraissait peu fréquenté. Palma et Paulus y virent des paysans et des bouviers, mais pas un cavalier, pas un ouvrier.

Palma prit un crayon, esquissa rapidement chacune des façades du manoir, puis il rejoignit Paulus qui, assis sur une pointe de rocher, regardait les barques sillonnant le Danube.

— N'est-ce pas, lui dit-il, qu'on serait merveilleusement ici pour travailler et s'absorber dans l'étude qui dévore ma vie ?

— Avez-vous l'intention d'acheter ce château, maître ?

— Oui, vraiment, je sens grandir ce caprice. Serais-tu chagrin d'habiter ici ?

— Partout où vous serez je me trouverai heureux.

— En ce cas, rentrons à Buda-Pesth. Saky me fournira les derniers renseignements dont j'ai besoin.

Les deux cavaliers partirent au galop.

L'ÉLIXIR DE LONGUE VIE

La vache le piétina avec rage et le laissa pour mort (*Voir page* 19.)

II

CHEZ LE JUGE SAMPER

La famille du baron Samper se trouvait réunie dans une vaste salle meublée avec un luxe asiatique. Une lampe venait d'être apportée sur une grande table aux pieds tors, couverte d'un tapis de velours brodé aux armes de la famille. Le magistrat feuilletait en ce moment de gros livres, reliés les uns en bois, les autres en parchemin, d'autres en peau de cerf, les derniers en argent orné de rondes-bosses et de cabochons d'une taille antique. Il puisait, tour à tour, dans ces livres les éléments d'un ouvrage complet sur les lois primitives de la Hongrie, avant qu'un code nouveau et moins sévère eût réglementé la façon de rendre la justice.

Autour de cet homme, dont la vertu égalait les talents, tout se réunissait pour former une atmosphère de bonheur. Sa femme, belle encore de cette beauté qui survit à la fuite des années, et couronne certains fronts d'une auréole devant laquelle on s'incline, éprouvait pour lui une tendresse éclairée, à laquelle peut-être il était redevable de la sagesse et de la régularité avec laquelle il avait en toutes choses suivi la ligne droite.

Trois filles, différentes d'âge, vraiment sœurs par les qualités exquises de leur cœur et de leur esprit, égayaient ce foyer un peu grave. Honoria, l'aînée, comptait dix-huit ans. Grande, brune, d'un type oriental plein de douceur et de modestie, elle semblait avoir hérité de son père une fermeté tranquille et une puissance inaltérable sur ses impressions. Honoria n'avait rien à dissimuler dans sa jeune vie, ni chagrins, ni rêves ; mais si quelque peine secrète devait plus tard envahir ce front charmant, nul autre que Dieu ne le saurait jamais. Thécla ressemblait à une de ces créatures vaporeuses que les poètes du Nord placent dans leurs épopées. Son teint transparent, la couleur blonde de ses longs cheveux flottants, la profondeur de ses yeux bleus exerçaient un charme infini. Plus tendre qu'Honoria, ou du moins manifestant davantage ses sentiments affectueux, elle était l'idole de Samper. Peut-être, sans le savoir, la baronne préférait-elle Lina, la dernière de ses enfants. Lina était le chant d'oiseau, la gaieté triomphante. Un baiser flottait toujours sur ses lèvres roses ; ses petits bras se croisaient autour du cou de ceux qu'elle aimait, avec un abandon touchant. Son esprit vif, son espièglerie, la sagacité de ses réparties, les fantaisies de son caractère, tout contribuait à la faire adorer. Thécla et Honoria la gâtaient à l'envi.

Ce soir-là, les deux sœurs aînées brodaient au tambour, tandis que les petits doigts de Lina achevaient une découpure ayant la prétention de représenter la scène qui se passait sous ses yeux, c'est-à-dire le baron Samper feuilletant ses livres, sa femme plongée sur une lecture attachante, les deux brodeuses achevant un coussin dans lequel les fils d'or se mêlaient aux soies éclatantes, et une autre jeune fille assise dans un fauteuil, les deux mains enlacées sur ses genoux, et qui venait de laisser inachevé le dessin auquel elle travaillait tout à l'heure.

La grande horloge sonna huit heures; le baron ferma son livre, Mme Samper repoussa le sien; l'aiguille des brodeuses s'arrêta, et Lina, jetant sa découpure sur la table, vint s'asseoir sur les genoux de son père.

— Enfin, dit-elle, tu ne travailleras plus aujourd'hui. Te voilà bien à nous. Je ne t'ai pas vu depuis le déjeuner d'abord. Oh! je n'aime guère les tribunaux et la justice; ils m'enlèvent mon père toute la journée.

— Le devoir passe avant le plaisir, Lina; tu devrais essayer de le comprendre, ma fille.

— Bah! je suis trop petite! c'est l'affaire de mes sœurs et de ma cousine Élisabeth.

— Que dessinais-tu donc tout à l'heure?

— Une fantaisie, répondit la jeune fille d'une voix dont la douceur pénétrait le cœur et le prenait sans effort. Mon oncle et vénéré tuteur a cru devoir me parler de ce qu'il appelle mes intérêts, et m'entretenir du chiffre de mes revenus, de la capacité de mes terres, et de l'étendue de mes forêts. Il paraît qu'au nombre des demeures qui feront partie de ma dot se trouve un château fermé depuis cent ans.

— Cent ans! s'écria Lina.

— Plus six jours. J'ai demandé l'histoire de ce château dont ma mère ne me parla jamais, et qu'ignorent certainement les religieuses du couvent dans lequel je suis élevée; et ton père, ma petite Lina, m'a montré le testament du vieux comte Sicky, interdisant à ses héritiers de rouvrir les portes du manoir avant un siècle révolu... Il mourut dans les sentiments d'un grand repentir et d'un immense désespoir... Entraîné par la jalousie et la colère, il avait assassiné sa jeune femme, et l'on assure que l'infortunée erre encore dans les grandes salles vides du château... J'essayais de me représenter ce doux fantôme et d'animer cette triste légende.

— Est-ce que tu habiteras ce manoir, Élisabeth?

— Moi, répondit la jeune fille en frissonnant, jamais. Je ne suis ni superstitieuse, ni craintive, mais cette demeure où fut répandu le sang d'une femme innocente me causerait une terreur involontaire. Il me semble qu'un pareil logis sera désormais prédestiné à servir de théâtre à des tragédies terribles.

— Pour l'amour de Dieu, Élisabeth, ne répétez point ces enfantillages. Si vous ne devez pas garder le château du Danube, nous essaierons de le vendre; mais toute négociation deviendrait impossible, si par vos propres terreurs vous ajoutiez encore à l'effroi populaire. J'ordonnerai qu'on l'ouvre demain, et je le ferai mettre en vente si vous le voulez.

— Oui, mon oncle, répondit Élisabeth, et à n'importe quel prix.

En ce moment un valet entra discrètement.

— Monsieur le baron, dit-il, deux étrangers demandent si vous pouvez les recevoir.

Au regard de Samper renfermant une question, le valet ajouta :

— Ce sont certainement des gentilshommes.

— Introduisez-les, dit le juge.

Une seconde après, la porte s'ouvrit de nouveau, et le valet annonça :

— Le comte Palma, le seigneur Paulus.

Le baron Samper se leva, et alla au devant des visiteurs. Il fut, à la fois, charmé de la distinction et du grand air du vieillard, et de l'expression intelligente et sereine du visage de Paulus.

Devinant qu'ils ne comprenaient pas la langue hongroise, il leur adressa la parole en latin.

— Monsieur le baron, dit le comte Palma, en parcourant aujourd'hui les bords du Danube, j'ai vu, dressé sur un roc, un château isolé, d'aspect lugubre, auquel se rattache une histoire plus lugubre encore. Je ne suis pas de ceux qui ont peur des revenants. Au besoin, je les évoquerais pour leur arracher les secrets de l'autre monde. Ce château est-il à vendre, comme on l'affirme ?

— Depuis une semaine, ma pupille Élisabeth Velka a le droit de disposer de sa fortune. Le château maudit fait partie de son héritage. Par une coïncidence étrange, au moment où vous franchissiez le seuil de cette maison, nous parlions de cette demeure, et j'annonçais que demain même on en rouvrirait les portes. Il est à vendre, car Élisabeth possède un manoir plus gai, et se résignerait difficilement à habiter celui-là. Je puis donc vous annoncer à l'avance qu'en raison même de l'étrange terreur qu'il inspire, Elisabeth le cédera à un prix fort raisonnable.

— Oh! presque pour rien! ajouta la jeune fille, et si Monsieur...

— Permets-moi de traiter seul cette affaire, mon enfant... Monsieur le comte, vous ne connaissez du château que ses hautes murailles, ses balcons suspendus sur un abîme, et ses fenêtres donnant sur le fleuve. Demain vous en trouverez les clefs à l'auberge des *Trois Pommes de Pin*, chez Niklas, une femme que protègent mes filles; visitez en détail cette demeure vraiment princière, nous en débattrons le prix plus tard.

— Dites plutôt, Monsieur le baron, que j'accepterai le chiffre demandé par vous. De même que je ne redoute point les revenants, je n'ai nulle crainte de prodiguer l'or. Quand ma cassette se vide, mes creusets suffisent à la remplir.

Le juge jeta un regard pénétrant sur son visiteur.

— Êtes-vous donc un adepte du grand œuvre?

— Je n'en poursuis plus la recherche, j'ai trouvé.

— Ma situation de magistrat, reprit Samper, m'a souvent mis en face de gens dupes de leur imagination ou assez hardis pour chercher des dupes. Jamais je n'ai rencontré un homme convaincu, et arrivé à voir couronner ses recherches par un résultat satisfaisant. J'ai vu Cagliostro...

— Un charlatan! fit le comte Palma.

— C'est possible, mais doublé d'un voyant et d'un audacieux.

— Je ne suis ni l'un ni l'autre, fit le comte. Si je demande beaucoup à la chimie et à l'alchimie, je n'ai nul besoin de prophétiser ou de me mettre en communication avec les esprits élémentaires. Ceux qui ont cru leur intervention indispensable se trompaient. Le génie de l'homme suffit pour obtenir le double résultat qu'il poursuit; le moyen de changer en or les autres métaux et le secret de prolonger la vie humaine...

— Et, demanda le baron Samper, les avez-vous donc résolus, ces deux problèmes dont tant de savants ont cherché le mot?

— Le premier, répondit Palma avec une assurance entière, oui ; le second, je crois en avoir trouvé le secret.

Le magistrat secoua la tête.

— Vous doutez? demanda le comte.

— Je nie, fit le juge.

— Nul n'a le droit de nier ce qu'il ignore.

— Vous avez fabriqué de l'or? répéta le juge.

— Assez pour libérer la couronne de Saint-Étienne, si elle était en gage chez un juif.

— Et, demanda la baronne avec un sourire, vous faites également des diamants?

— J'en ferai. Madame.

— Les femmes adorent le merveilleux, Monsieur ; j'espère voir quelque jour des pierres sorties de vos creusets.

En ce moment parut une ravissante jeune fille qui s'arrêta interdite sur le seuil.

— Molda! s'écria Lina en sautant au cou de la fille du comte Komorn.

Molda, entourée par ses amies, prit place sur un tabouret presque aux pieds de la baronne Samper. Elle paraissait avoir seize ans à peine. Blonde avec des yeux bleus purs comme un lac et reflétant une précoce mélancolie, élancée, gracieuse, elle réalisait le type complet de la beauté virginale rendue plus attrayante par une ombre de tristesse mystérieuse.

Le regard du comte Palma s'attacha sur elle avec une étrange fixité. Jamais l'apparition d'une femme n'excita en lui autant de curiosité et de sympathie. Paulus lui aussi la regarda. Son cœur battit comme s'il rencontrait soudain la sœur attendue, l'amie rêvée. Quant à Molda, elle ne parut s'apercevoir ni de l'admiration ardente du comte ni de l'impression produite par sa vue sur Paulus. Lina s'étant assise sur ses genoux, elle racontait à l'enfant l'emploi de son temps depuis la dernière journée passée près de ses amies.

Palma se leva.

— Monsieur le baron, dit-il, vous m'avez permis de visiter le château du Danube, je prierai demain Niklas de m'en ouvrir les portes. Mademoiselle, ajouta-t-il en se tournant vers Elisabeth, si l'intérieur de ce manoir fatidique me convient autant que sa situation, vous pouvez me demander le prix que vous voudrez, n'oubliez pas que je suis fort riche.

Il salua profondément la baronne et ses filles, enveloppa Molda d'un dernier regard et quitta le salon.

Pendant la moitié du chemin conduisant de la maison du juge à l'hôtellerie de maître Saky, Palma ne prononça pas une parole. Une préoccupation nouvelle venait de s'emparer de son esprit.

Paulus respecta la méditation de son maître; lui aussi songeait; la tête blonde de Molda se dégageait d'un souvenir, et un soupir souleva sa poitrine.

— Pourquoi suis-je pauvre? murmura-t-il.

Ce soir-là, il pria longtemps. A l'aube, Palma vint le réveiller.

— Debout! lui dit-il, nous allons chez Niklas.

— Paulus s'excusa timidement. Palma se mit à rire avec bonté.

— Ah! fit-il, Dieu sait si je t'estime heureux de pouvoir dormir du tranquille et pur sommeil de la jeunesse. J'ai perdu cette faculté sublime de goûter dans le repos des nuits l'oubli des douleurs qui dévorent la vie, et des déchirements qui brisent le cœur. Ceux-là sont bénis du ciel qui voient passer dans leurs songes des anges et non plus des spectres!

Palma s'arrêta, passa la main sur son front, et ajouta :

— Bug, selle les chevaux.

Un quart d'heure plus tard les deux cavaliers reprenaient la route du château maudit.

Tandis que les chevaux galopaient, Niklas l'aubergiste achevait d'habiller sa fille.

La maîtresse de l'auberge des *Trois Pommes de Pin* comptait environ trente ans. On retrouvait sur son visage les restes d'une beauté tenant à l'expression plutôt qu'à la régularité des traits. Des cheveux noirs, abondants, couronnant une tête qu'elle portait droite, une taille robuste amaigrie par les chagrins, des yeux superbes, une bouche aux lèvres franches, la faisaient paraître attrayante. Ses vêtements de deuil ajoutaient une note touchante à sa beauté.

Dix ans auparavant, Niklas était devenue la femme d'un garçon travailleur, sobre, honnête et bon. Il l'aimait à plein cœur, et pendant trois années il n'y eut point de ménage plus heureux que celui de ces humbles artisans. Niklas était peut-être un peu fière, et comparait souvent son mari aux rudes paysans compagnons de ses voisines. Ce fut au milieu de cet épanouissement de tendresse que Gilda vint au monde. Elle fut comme la fleur de l'âme et du sang de deux êtres vivant l'un pour l'autre. Née dans un centre de félicité tranquille, Gilda, ne voyant autour d'elle que des sourires, ne connut jamais les larmes. Elle grandit comme s'épanouissent les roses. Plus jolie chaque jour, chaque jour plus aimée, Mikaël et Niklas se querellaient pour savoir lequel des deux aimait le plus l'enfant.

— Je me jetterais au feu pour elle ! disait Mikaël.

— Je mourrais si Dieu me l'enlevait, ajoutait Niklas.

Mais ces rivalités d'amour se fondaient en caresses. Les bras roses de l'enfant rapprochaient les fronts des deux époux ; elle leur partageait ses baisers, et tandis que de grosses larmes roulaient dans les yeux de Niklas le mari s'écriait :

— Nous sommes trop heureux ! cela me fait peur.

Hélas ! en effet, trop grande était cette félicité pour rester durable. Un jour, tandis que Mikaël rassemblait son troupeau pour le ramener à l'étable, une vache piquée par une mouche, et subitement rendue furieuse, prit brusquement sa course à travers le pré, renversa sur le sol Mikaël qui s'efforçait de la saisir, le piétina avec rage, et le laissa pour mort. Des paysans, témoins éloignés de cette scène trop fréquente et toujours effrayante, arrivèrent trop tard au secours de Mikaël ; ils ne purent que l'emporter mourant dans leurs bras.

Niklas jouait en ce moment sur la porte avec sa fille. A la vue du groupe de paysans arrivant du côté du village, sans qu'elle sût encore pourquoi son cœur se serra. Un pressentiment l'avertit que le malheur fondait sur elle ; d'un geste violent, elle serra l'enfant sur son cœur, comme si ce vivant bouclier d'amour la pouvait défendre contre le malheur.

Mais, en même temps, elle se sentait devenir plus pâle et plus tremblante. La force lui manquait pour aller au devant de ceux qui s'approchaient ; une main de fer comprimait sa gorge. Ses yeux se dilataient et devenaient fixes. C'était bien vers sa maison que se dirigeaient les voisins dont le visage reflétait une douleur profonde. Enfin l'enfant sur un bras, et de l'autre écartant la foule qui s'amassait, Niklas courut, regarda et tomba sur les genoux.

Mikaël la regarda de cet œil des mourants empreints des regrets de l'adieu et des terreurs de la mort.

— Posez-moi là sur le banc de pierre, dit Mikaël.

On obéit à ce désir ; avec mille précautions le pauvre corps broyé fut étendu sur le banc où tous deux s'asseyaient vers la fin du jour pour regarder s'éteindre les dernières clartés du soleil. On plaça sous la tête du mourant une brassée de feuillage, et Niklas, soulevant la tête de son mari, lui parla tout bas en étouffant ses sanglots.

— Non, Mikaël, tu ne vas pas mourir, disait-elle, tu ne me laisseras pas seule au monde. Qu'y ferais-je sans toi, j'aimerais mieux quitter la terre aussi... Tu guériras, dis .. Parle moi, console-moi, rassure-moi...

Mais de la poitrine broyée du malheureux s'échappaient avec peine des soupirs dont Niklas comprit l'amertume. La main de Mikaël serra la sienne, ses lèvres remuèrent et prononcèrent un seul mot :

— Gilda !

Son regard se tourna vers le ciel, se reporta sur deux êtres adorés ; puis la prunelle se troubla, les paupières battirent, un sanglot gonfla sa poitrine, ce fut le dernier.

— Mort ! mort ! cria la veuve.

On voulut l'entraîner, elle résista. Une voisine prit l'enfant, et la veuve resta près du cadavre, lui parlant comme s'il pouvait encore l'entendre, écartant du front ses cheveux noirs en désordre, ramenant ses vêtements sur les plaques de sang indiquant la place des blessures.

Ses amis essayèrent en vain de l'arracher à cette contemplation déchirante, elle resta tout le jour près de Mikaël ; toute la nuit, une belle nuit d'été sereine et parfumée, elle demeura le front penché vers ce front rigide, les lèvres collées sur une joue glacée.

Le matin, au sortir de la messe, le prêtre arriva. Ce qu'elle avait refusé à l'amitié de ses voisins, Niklas l'accorda au pasteur. Courbée sous l'autorité du vieillard qui l'avait vue grandir, elle pleura à ses pieds, puis elle s'abandonna à la volonté de Dieu qui lui reprenait son trésor.

On inhuma Mikaël dans la journée, et la veuve rentra dans la maison vide. Pendant deux semaines elle fut en proie à une sorte de démence. Errant dans la demeure qui avait abrité ses joies, elle ne songeait ni à préparer les repas ni même à s'occuper de sa fille. Des voisines la servaient, l'obligeaient à prendre quelques aliments. Elle obéissait avec une passivité inquiétante. Quand Gilda s'approchait, la tirant par sa jupe, il lui arrivait souvent de répondre à l'enfant :

— Laisse-moi, je cherche ton père, il va revenir ..

Cependant, l'influence du prêtre l'emporta sur cette folie douloureuse. Dès que Niklas comprit quel devoir devait être le mobile de sa vie, elle s'y attacha passionnément.

Sa fille ! elle vivrait désormais pour sa fille.

Le courage lui revint. Elle eut l'idée d'ouvrir une modeste auberge, afin de tromper son désespoir par le travail.

Une semaine plus tard, une branche de pin se balança au-dessus de la porte de Niklas, et les paysans amis de son mari, les bergers des environs, les voyageurs connurent bientôt l'auberge de la veuve, et s'y arrêtèrent avec plaisir. Le commerce prospéra et s'agrandit. Niklas put, au bout de deux années, amasser quelques pièces d'argent ; plus tard elle acheta les prés voisins de la maison, et le rêve de voir un jour sa fille heureuse et riche commença à se réaliser.

Gilda méritait bien les joies que sa mère lui préparait si longtemps à l'avance. Elle se faisait chaque jour plus belle et devenait l'orgueil de la mère. Jamais Niklas ne gardait le courage de repousser une prière de sa fille. On lui disait vainement qu'elle la gâtait : Niklas répondait que l'avenir se chargerait peut-être d'apprendre à la pauvre petite que la joie complète n'est point de ce monde, mais qu'elle sacrifierait tout pour la voir joyeuse et souriante.

Elle n'était pas seulement jolie, la petite Gilda, elle se montrait encore généreuse. Vraiment sa taille ne dépassait pas celle d'un agneau, qu'elle savait déjà dans quel coin de l'armoire se trouvaient le pain et le fromage. Dès qu'elle apercevait un pauvre, elle lui montrait la cachette en disant :

— Mangez ! Ma mère est bonne !

Un soir, elle revint traînant par la main un enfant plus âgé qu'elle, et dont les parents étaient morts la même année. Gyorgio, laissé seul sur la terre, fut recueilli par un vieux chevrier ivrogne qui, pour les quelques croûtes de pain qu'il lui jetait comme à un chien, en exigea un service de toutes les heures. Gyorgio dut conduire les chèvres, surveiller l'étable. Si l'une des bêtes manquait le soir à l'appel, il était cruellement battu. Tandis que l'orphelin faisait le travail de Rosko, celui-ci s'enivrait de genièvre. Gyorgio trouvait la vie si dure qu'il demandait à Dieu de le retirer de ce monde. Un soir, une chèvre alla Dieu sait où. Après l'avoir en vain appelée et cherchée, Gyorgio, craignant qu'elle se fût égarée ou qu'on l'eût volée, se mit à pleurer à sanglots en songeant au châtiment qui l'attendait. Gilda, qui revenait de faire une moisson de fleurs sauvages, trouva Gyorgio couché au pied d'un arbre, tout en larmes, oubliant l'heure, ne songeant qu'à la face terrible de Rosko et aux coups de bâton qu'il allait recevoir. Gilda le toucha doucement à l'épaule.

— Tu as du chagrin, dit-elle, viens le conter à ma mère... D'abord, moi, je ne veux pas que tu pleures, ma mère dit que les enfants ne doivent jamais souffrir.. Elle reviendra, ta chèvre... Rosko n'a pas le droit de te battre, il n'est pas ton père. Viens. Le chien rassembla le troupeau, et Gilda emmena le berger.

Le petit raconta, en sanglotant, sa mésaventure. Gilda pleura avec Gyorgio, et la veuve, les prenant ensemble dans ses bras, dut les consoler tous deux.

— Là, là, fit-elle, on arrangera cette grave affaire, puisque Gilda le veut. Le vieux Rosko me doit beaucoup d'argent, j'abandonnerai la valeur de la chèvre perdue, tout sera dit.

Gilda courut chercher le berger. Il accourut, ivre de colère, pensant bien qu'il allait être question de ce scélérat de Gyorgio qui ne gagnait ni son pain ni ses vêtements.

— Doucement! doucement! fit la veuve. Le pain que vous donnez à cet enfant est cent fois gagné; sur le corps il n'a que des guenilles. Ne criez pas trop haut vos bienfaits, sans cela on pourrait vous reprendre Gyorgio. Je vous efface la moitié de votre créance, mais de ce jour j'ai un droit sur l'enfant. Gilda semble le prendre en amitié, vous ne mettrez point empêchement à ce qu'il vienne jouer avec elle. Chacun a droit à un peu de repos en ce monde. Ici, Gyorgio apprendra à lire et se sentira aimé.

Le berger essaya de se révolter. Niklas répliqua de façon à lui ôter l'envie de refuser.

A partir de ce jour, les deux enfants passèrent de longues heures ensemble. Gilda rejoignait Gyorgio dans les endroits où il menait son troupeau; le petit chevrier, une fois les bêtes rentrées, venait jouer avec Gilda. Tous deux s'étaient ménagé une cachette délicieuse dans la grande salle. Entre l'horloge à poids et la fenêtre, deux sièges bas, et une petite table sur laquelle ils entassaient leurs jouets composaient une chambre bien à eux, devant laquelle la complaisante Niklas tira un rideau. Là, ils lisaient, l'enfant s'essayait à coudre. Gyorgio, à l'aide d'un couteau, sculptait des morceaux de bois. Rosko arrivait tard, s'asseyait à une table, demandait du genièvre, et buvait jusqu'à ce qu'il comprît qu'il lui restait à peine la force de regagner son taudis. Il sifflait alors Gyorgio, comme il eût fait d'un chien de chasse, s'appuyait sur son épaule et marchait en titubant. La porte fermée, il tombait sur son lit et ronflait formidablement.

Quatre années passèrent de la sorte. Gilda comptait sept ans, et Gyorgio douze; le commerce de Niklas prospérait; la veuve venait d'acquérir un champ où le blé poussait dru et superbe, quand le comte Palma et Paulus, son secrétaire, prirent le chemin conduisant chez elle.

Au moment où les deux cavaliers entrèrent dans l'unique rue du village, un jeune enfant infirme, nommé Guisko, jouait devant sa porte d'une cithare dont il tirait des sons doux et vifs, tandis que Gilda et Gyorgio dansaient avec entrain au son de l'orchestre champêtre.

La vue des enfants fit sourire Paulus.

— La veuve Niklas? demanda le comte aux enfants.

La petite fille leva la tête, sourit, entraîna Gyorgio, et répondit :

— Suivez-moi, Monseigneur, Niklas est ma mère, et voilà les *Trois Pommes de Pin*.

Gilda pénétra comme un tourbillon dans la salle d'auberge.

— Mère ! mère ! dit-elle, deux seigneurs te demandent.

L'aubergiste s'avança.

— Madame, dit Palma d'une voix douce, et avec une expression de déférence dont il ne s'écartait jamais quand il s'adressait à une femme, de quelque condition qu'elle fût, le baron Samper vous a remis les clefs du château maudit. Je souhaite le visiter, pouvez-vous m'en ouvrir les portes ?

— Le château maudit ! répéta l'aubergiste, vous ne songez pourtant pas à l'acheter, j'imagine ?

— Pourquoi non ? fit le comte.

— Cette demeure portera malheur à tous ceux qui en franchiront le seuil, voyez-vous. Je ne compte point y demeurer, on m'offrirait de changer ma pauvre maison contre le manoir, je refuserais sans hésiter... Certes, je vous en ouvrirai les portes, mais j'aurai soin de jeter de l'eau bénite sur la première marche, afin d'exorciser le fantôme qui y revient.

Niklas se tourna vers un des buveurs :

— Je vous en prie, Nol, fit-elle, suivez-nous. Je crains de manquer de force quand il s'agira de tourner les clefs dans ces vieilles serrures.

Nol acheva son gobelet de vin. Niklas saisit un trousseau de clefs, et les enfants fermèrent la marche. Les voyageurs avaient laissé leurs chevaux à l'auberge. Au bout d'un quart d'heure on arriva au château maudit.

Nol ouvrit la grille d'honneur, sans trop de peine, et Palma pénétra dans la cour. La façade du château, solennelle et morne, prenait un caractère terrible. Les deux lions de marbre, debout sur les premiers degrés, semblaient irrités de voir troubler le silence de la demeure close. Il fallut du temps à Nol pour ouvrir la porte massive. Elle céda cependant. Après qu'on eut replié les volets, la lumière entrant à flots dans le vaste vestibule, il devint possible d'en admirer les belles proportions et les magnifiques colonnes, entre lesquelles se voyaient, à travers la poussière d'un siècle, les figures à demi effacées des fresques.

Niklas marcha vers un endroit qu'elle connaissait, frappa du pied sur une dalle, et dit : — C'est là.

Une plaque noirâtre s'y voyait : cette tache était le sang de la jeune femme assassinée.

En dépit du siècle écoulé, le château maudit se trouvait relativement dans un parfait état de conservation. Il ne demanderait que des réparations de détail. Des meubles splendides garnissaient les salles et, sur un des panneaux du grand salon, Palma put voir le portrait de la jeune dame qui périt d'une façon si tragique.

A mesure qu'il avançait dans son inspection, le comte Palma paraissait plus joyeux. Il ne négligea pas même les greniers, et en trouvant un de dimensions énormes, ouvrant quatre fenêtres sur le Danube et sur la route de Buda-Pesth, il dit à Paulus :

— J'en ferai mon laboratoire.

Au bout d'une heure de promenade dans les pièces lugubres du château, le comte remercia Niklas de son obligeance, puis se penchant vers Gilda, il jeta dix pièces d'or dans son tablier.

— Oh ! Monseigneur ! fit l'aubergiste, vous êtes donc riche comme un roi !

— Peut-être ! répondit Palma avec un sourire énigmatique. Je vous rends les clefs, Niklas, ayez l'obligeance de recruter dès demain les gens du pays, afin que le château soit ouvert et nettoyé. Peut-être n'y reviendrai-je pas de sitôt, mais mon compagnon, un autre moi-même, me remplacera et donnera des ordres en mon nom... Je tâcherai d'être un bon seigneur pour vous tous ! Allez chercher les chevaux, Nol, pendant ce temps je verrai ce qui reste du jardin.

Le retour du comte Palma à Buda-Pesth fut silencieux. Il déjeuna rapidement, puis ayant changé d'habit, il ordonna à Bug de prendre une lourde cassette, choisit quelques écrins dans un coffret, les mit dans la vaste poche de son habit de velours passementé d'or, et dit à Paulus :

— Retournons chez le baron Samper, il me tarde d'être propriétaire du château du Danube.

Alors seulement elle reconnut Paulus le jeune étranger rencontré chez Samper.
(*Voir page 29*).

III

PAULUS

— Voilà qui est convenu, fit le comte Palma en repoussant des papiers sur lesquels s'entassaient des notes nombreuses. Je partirai demain. Je te laisse assez d'or, Paulus, pour satisfaire à toutes les exigences; s'il vient à manquer, je solderai l'excédent des dépenses lors de mon retour. Combien de temps durera mon absence? Je ne saurais le dire... D'abord je vais me rendre à Séville, et y consulter le manuscrit arabe dont me parla le vieux Moser... Je tremble toujours d'échouer dans ma nouvelle tentative. Avoir découvert le moyen de faire de l'or, c'est beau! Mais trouver le secret de rendre la jeunesse éternelle, tel est mon but unique, Paulus! Quand les cheveux sont blancs, que nos facultés s'éteignent dans notre cerveau affaibli, que les battements de notre cœur se ralentissent, que nos sens émoussés ne nous permettent plus de jouir des délices de la vie, que sert d'entasser des millions dans ses coffres? Fais-je cas d'un repas auquel je ne puis toucher? J'en arriverais à prendre en haine la science qui me fait grand, si je ne pouvais atteindre plus haut encore!

Les yeux bleus de Paulus se fixèrent avec anxiété sur le comte.

— O mon maître! dit-il, mon maître et mon bienfaiteur, ne redoutez-vous point d'aspirer aux sommets où Dieu nous défend d'atteindre?

— N'est-ce pas de ce Dieu que je tiens mon intelligence?

— L'intelligence, oui; mais non pas l'orgueil. Or, vous entrez dans la voie dangereuse, vous tendez les mains pour cueillir le fruit défendu de la science, et je recule épouvanté!...

— Enfant! dit le comte.

— Non, non, ne m'accusez point de faiblesse. Je me sens un courage de lion, une énergie que nul ne saurait dompter, mais ne cherchez pas à me faire déchirer les voiles du Temple; je redouterais de tomber foudroyé.

— Paulus, fit le comte, j'aime en toi jusqu'à cette faiblesse, mais je t'interdis de pénétrer dans mon domaine, d'entrer dans les arcanes de la science, et de me dire : Tu n'iras pas plus loin!

Cependant, craignant sans doute d'avoir contristé le jeune homme, il lui serra doucement la main :

— Bug gratte à la porte, mon cheval piaffe devant l'hôtellerie de ma tres Saky, adieu, Paulus mon élève, mon ami, l'enfant de mon adoption... Si je n'étais point revenu dans six mois, c'est que je serais mort...

— Mort! répéta Paulus dont le cœur se serra.

— En ce cas tu trouveras chez le baron Samper un testament en bonne forme t'instituant mon héritier de préférence à tous ceux qui me peuvent tenir par les liens du sang... Adieu, Paulus, ne t'alarme pas, je reviendrai.

Le comte attira le jeune homme sur sa poitrine, l'y garda un moment, puis sentant qu'il perdait de son énergie, il s'arracha à cette étreinte, et descendit rapidement.

Bog se trouvait déjà en selle.

Palma s'élança sur son cheval, piqua des deux, et disparut au tournant de la rue après avoir adressé un geste d'adieu à Paulus.

Celui-ci demeura immobile accoudé sur l'appui de la fenêtre. Sans doute il ne lui était plus possible d'apercevoir Palma et le bruit même des deux chevaux avait cessé de se faire entendre. Cependant, le jeune homme paraissait trouver un adoucissement à sa tristesse en continuant de songer à l'ami qui partait, à l'endroit même où il venait de recevoir son dernier regard.

Paulus possédait une âme tendre à l'excès. Sa nature mélancolique et rêveuse, l'ardeur chevaleresque de ses sentiments le rendaient plus propre qu'un autre à recevoir les impressions affectueuses. Malgré les dissemblances de son caractère avec celui du comte, qui sait, peut-être même en raison de ces dissemblances, Paulus chérissait son bienfaiteur d'une façon complète, absolue, sans réserves. Palma pouvait se tromper, commettre des folies, côtoyer même le crime dans un certain ordre d'idées, sans que Paulus cessât de lui rester dévoué, comme il le disait, « jusqu'à la mort ». Dans la bouche du jeune homme, ce mot n'était point une expression vaine. Il considérait Palma comme le père de son intelligence, le protecteur de sa jeunesse, l'homme providentiel qui lui avait promis de réaliser le vœu d'une enfance douloureuse, frappée d'une façon terrible, et dépossédée à la fois de tous les biens de la famille et de la fortune.

Aussi, tandis qu'il songeait au maître qui s'éloignait, au savant courant à la recherche d'un manuscrit ignoré, se promettait-il de remplir ses devoirs afin de contenter Palma d'une façon absolue. Du reste, Paulus se sentait assez artiste pour se réjouir de la tâche énorme qui lui incombait. N'allait-il point donner l'essor au génie créateur qu'il sentait parfois s'agiter en lui ? A la place des dessins et des ébauches dans lesquels on pouvait apprécier une facilité prodigieuse, une grâce innée, ne garderait-il point des panneaux entiers, dont il s'agissait de renouveler les peintures ? Déjà il sentait s'agiter en lui la fièvre heureuse qui nous saisit à l'heure de l'inspiration.

Il voyait flotter devant son regard des visages angéliques, des ombres charmantes qu'il se promettait de fixer sur la toile. Palma lui-même, ce Palma pour qui tous les luxes étaient familiers, à qui les rois de l'Europe et de l'Asie ouvraient leurs palais, comme à un souverain dont la puissance surpassait la leur, quoiqu'il ne portât point de couronne ; oui, Palma serait à la fois surpris et charmé à son retour.

Tandis que des projets confus encore s'élaboraient dans la pensée du jeune homme, la cloche de l'antique cathédrale de Buda-Pesth se fit entendre. Elle appelait à la prière du soir ceux qui sont las du poids du jour ;

elle jetait dans l'espace des notes tantôt largement sonores, tantôt frêles et argentines. Les pensées de Paulus changèrent de nature, il quitta la fenêtre d'où il voyait le Danube s'empourprer des feux du soir, et sortant de l'hôtellerie de maître Saky il s'achemina vers la cathédrale.

L'âme du jeune homme ne respirait complètement à l'aise que dans les sentiments de la foi, de la prière et de l'amour. Il devait à l'affection protectrice d'un vieux moine une instruction religieuse et une ferveur qui, croyait-il d'abord pendant les premières années de son adolescence, le livraient au pied des autels.

Longtemps ses premiers maîtres en furent convaincus comme lui ; pourtant avec la prudence d'hommes accoutumés à sonder et à gouverner les âmes, ils exigèrent de Paulus qu'il ne prît aucun engagement avant d'avoir vu le monde, changé de milieu, éprouvé une vocation dont la ferveur exaltée devait le mettre en garde contre les entraînements d'un cœur avide d'aimer et de se donner. Paulus obéit ; l'idée de se consacrer à Dieu s'affaiblit à mesure qu'il se trouva mêlé aux choses extérieures : mais s'il s'abandonna à l'entraînement de certains plaisirs ; si l'amour de l'art grandit en lui jusqu'à se changer en passion ; s'il redouta de trouver au fond de son âme les germes d'une tendresse instinctive qui lui rendait impossible l'abnégation des moines, il n'en garda pas moins une foi indéracinable à laquelle il dut les meilleures de ses joies.

Quand il pénétra dans l'église, les vagues senteurs de l'encens y flottaient encore. Les clartés adoucies du jour mêlées aux étoiles vacillantes des cierges piquant l'ombre profonde des chapelles, enveloppaient l'âme d'une impression de douceur extrême. Il y avait peu de monde dans la cathédrale. Lassés du poids du jour, les hommes ne songeaient plus au divin Abandonné du tabernacle. Paulus monta presque jusqu'au haut du chœur, et demeura plongé dans une de ces méditations qui laissent l'âme à la fois plus forte et plus heureuse. La nuit grandissait ; les pas du sacristain retentissaient dans le silence ; l'un après l'autre, il éteignait les derniers cierges, et la lampe éternelle brûlait seule devant le grand autel, quand le jeune homme redescendit la nef. Il quitta la cathédrale, puis voulant une dernière fois embrasser du regard l'antique monument, il se retourna. Mais ce ne furent plus les proportions majestueuses de la basilique que virent en ce moment ses yeux : presque adossée au portail dont l'ombre faisait ressortir la sveltesse de sa taille, se trouvait la fille du comte Komorn. Attirée elle aussi par un mystérieux besoin de la prière, elle s'était rendue à l'église pour y pleurer peut-être ! Une douleur résignée couvrait son beau et pur visage. Elle ne ressemblait plus, à cette heure, à la jolie créature rencontrée par Paulus chez le baron Samper. On

eût dit un pauvre ange souffrant, atteint au cœur par une douleur infinie.
Près d'elle se trouvait une femme d'environ cinquante ans, à l'aspect dur,
au visage anguleux. Strictement vêtue de noir, raide dans ses habits de
coupe surannée, dame Illa servait de gouvernante à Molda Komorn, mais
à coup sûr jamais elle n'avait pu en attendre une parole de compassion,
un sentiment affectueux. Molda ne voyait point Paulus qui, en ce moment,
ne regardait qu'elle.

Trop jeune pour ne point subir le charme de cette enfant, trop artiste
pour ne pas être séduit par cette beauté pure, il demeurait devant elle
plongé dans une contemplation mêlée de respect. Cependant Illa, ne comprenant rien au sentiment qui retardait le départ de sa maîtresse, et pour
qui l'aspect d'une admirable soirée ne possédait rien d'attractif, effleura
légèrement le bras de Molda.

— Venez-vous, Mademoiselle? dit-elle d'une voix presque impérieuse.

Alors seulement elle reconnut Paulus, le jeune étranger rencontré chez
le baron Samper.

Molda tressaillit et, sans répondre, quitta l'abri du portail.

Paulus salua jusqu'à terre, Molda inclina doucement la tête, puis elle
s'éloigna, tandis que le jeune homme se dirigeait vers la maison du juge.

Il avait, du premier coup, admiré la haute intelligence et la rare vertu du
baron, la beauté pénétrante de sa femme. La grâce des trois jeunes filles
le charmait; peut-être aussi, sans qu'il s'en rendît compte, pensait-il que
le magistrat lui pourrait fournir quelques détails sur la famille de Molda
Komorn. A son âge, pourquoi paraissait-elle souffrir? Et ce n'était point
l'impression d'un chagrin passager qu'elle avait parfois sur son visage,
mais le reflet d'une douleur latente, sans trêve, qui pose sur certains
fronts une auréole de martyre.

Paulus avait été autorisé, par le baron, à revenir dans le cercle de la famille, d'une façon assez gracieuse pour qu'il ne crût point commettre une
indiscrétion. D'ailleurs il éprouvait le besoin de demander des conseils; il
savait ne pouvoir en trouver de meilleurs que dans cette maison dont
chaque membre semblait n'avoir d'autre désir que le bonheur d'autrui.

A l'heure où Paulus se présentait chez le baron Samper, le labeur quo-
tidien s'achevait pour le magistrat. Honoria venait de se mettre au clavecin,
et jouait un menuet composé par un enfant de génie qu'on appelait le
petit Mozart, au moment où le valet annonça le secrétaire et l'ami de Palma.

— Vous venez seul? lui demanda le juge.
— Le comte est parti, répondit Paulus.
— Pour longtemps?
— Qui sait? répondit le jeune homme; quand il s'éloigne, j'ai toujours

la secrète terreur de l'avoir vu pour la dernière fois. Son courage va jusqu'à l'imprudence. Il n'a que Bug avec lui. Il est vrai que Bug vaut à lui seul plus de dix serviteurs. Mais Palma est brave jusqu'à la témérité, il se rend en Espagne, où le banditisme est presque une institution reconnue, et je m'alarme sérieusement. D'ordinaire je l'accompagne, alors jamais l'idée du danger ne me vient ; mais cette fois il me laisse en arrière, et je ne me sens pas seulement isolé, mais triste.

— Et, demanda la baronne, avait-il au moins une raison pour vous interdire de le suivre ?

— Je suis chargé, en son absence, de faire restaurer le château du Danube. A ce sujet, Monsieur le baron, j'ai grandement besoin de vos avis. Il me faut une armée d'ouvriers, tout doit être fait vite et bien. Où trouverai-je des doreurs habiles, des décorateurs de talent, des tapissiers intelligents, presque artistes ? Plus que personne, vous pouvez m'indiquer quels sont, à Buda-Pesth, les hommes capables d'entreprendre et de mener à bien un travail de cette importance.

— Tout dépend de la somme que vous devez dépenser.

Paulus sourit.

— Monsieur le baron, dit-il, l'argent importe peu ! Mon maître, car je trouve à le nommer ainsi une joie reconnaissante, mon maître fabrique de l'or comme le laboureur fait germer le blé ! Il le prodigue en roi, et m'a laissé une somme considérable afin de pourvoir aux dépenses de la restauration du château.

— Mon esprit se refuse encore à croire ce que vous m'affirmez, ce que le comte me répétait lui même, reprit le baron Samper.

— J'ai douté comme vous, Monsieur le baron. Les moines qui commencèrent mon instruction m'avaient tant de fois affirmé que la puissance de faire de l'or ne pouvait être possédée par l'homme, que je crus au rêve d'un utopiste lorsque mon bienfaiteur me parla de sa découverte. Je dus me rendre à l'évidence, et confesser qu'il avait trouvé le secret du grand œuvre, vainement poursuivi depuis le moyen âge par les alchimistes qui firent des sciences occultes l'occupation dévorante de leur vie.

— Partagez-vous les travaux du comte Palma ? demanda la baronne.

— Non, Madame, répondit Paulus, non dans l'acception absolue de ce mot. Comment le pourrais-je faire, d'ailleurs ? Le comte possède les sciences dont je connais à peine les principes. Il écrit et parle toutes les langues anciennes. Dans la bibliothèque de Rome se trouvent à la fois des manuscrits arabes, cophtes, syriaques, hébreux ; il les comprend et les commente. Son érudition est inépuisable. Sur quelque sujet que vous ameniez l'entretien il en témoigne une connaissance complète. Les hommes politiques lui demandent des conseils; les artistes lui soumettent leurs œuvres. Il a visité l'Europe, l'Asie et toute la côte africaine. Et, cependant, vous avez pu juger combien il est simple, et quel est le charme de sa conversation. Je l'ai entendu, pendant des heures entières, improviser sur un orgue d'admirables mélodies, aussi vite oubliées que conçues; le jour où il lui plaira de résumer ses voyages, d'écrire le résultat de ses recherches scientifiques, il révolutionnera le monde.

— Pensez-vous donc qu'il trouve l'Élixir de longue vie ?

— L'impossible n'existe plus pour mon maître, fit Paulus. Pourquoi douterais-je de son affirmation, lorsque j'ai été témoin de tant de prodiges? Combien de guérisons, presque miraculeuses, n'a-t-il point opérées! que de mourants, dont désespéraient les médecins, ne l'ai-je pas vu rappeler à la vie! Quelques gouttes de son cordial rouge cicatrisent une blessure; il a composé un breuvage dont les effets touchent au prodige. Oui croyez-le, Monsieur le baron, il trouvera l'Élixir de longue vie. mais à quel prix ! Je l'aime assez pour m'épouvanter de l'audace de ses recherches; il me chérit trop profondément pour me demander de lui servir d'aide... Vous parlez de sa science, elle n'est rien à côté des qualités de son cœur. Sans doute le disciple peut admirer le maître, mais je l'aime comme un bienfaiteur, comme un père... Sa présence dans le pays sera pour tous un bienfait. Palma a semé autour de lui, partout et toujours, le bonheur qui lui est inconnu.

— Ne le croyez-vous donc point heureux ?

— On n'est jamais heureux quand on demande à l'existence plus qu'elle ne doit donner suivant la volonté de Dieu, répondit Paulus d'une voix grave. Sans doute les victoires remportées, les grandes luttes, les conquêtes de la science, un renom grandissant sont des éléments de félicité ; mais la paix divine doit manquer à qui s'absorbe dans la recherche de secrets interdits à l'homme, ou dont la découverte doit être payée au prix de son repos. Pourtant si quelqu'un tentait d'arracher le comte à cette passion dévorante, il refuserait ; heureux ou malheureux, il poursuivra son but ; il est assez fort pour l'atteindre... Oh ! fit Paulus, s'il ne fallait que le meilleur de mon sang pour lui permettre de remporter le triomphe auquel il aspire!...

— Vous l'aimez bien ! fit la baronne.

— Je lui dois tout, Madame. Vous-même apprendrez à le connaître, et vous l'estimerez autant que je le fais moi-même.

— Et, reprit le comte, vous souhaitez aller au devant de ses souhaits dans la resurrection du château de ma pupille? Je vous y aiderai, certes, de grand cœur. Quand vous y fixerez-vous ?

— Tout de suite, Monsieur le baron, je m'enfermerai dans le manoir pour n'en plus sortir. Le lendemain du jour où fut signé l'acte qui le rendait propriétaire du château, le comte y envoya une escouade de paysans chargés d'enlever la poussière séculaire couvrant les murailles. Les femmes ont lavé les fenêtres, curieusement ornées de plomb; les murs retrouvent la teinte des peintures qui les décorèrent; on marche sur des planchers nettoyés avec soin en attendant qu'on les couvre de tapis. L'air frais du fleuve pénètre amplement dans les salles humides. Il s'agit désormais de rendre leur fraîcheur et leur élégance aux merveilles enfouies dans la demeure du gentilhomme meurtrier.

— Mais, demanda le comte, si j'en crois les légendes se rattachant au manoir, les grands salons possèdent des plafonds admirables?

— Ces plafonds ont subi peu de dégradations, je suffirai à les réparer.

— Êtes-vous donc peintre? demanda la baronne.

— J'ai grandi en Italie dans un couvent décoré par Giotto. Peut-être ai-je conservé dans la manière un certain archaïsme, mais il me sera facile de l'adoucir. J'ai visité depuis des galeries splendides, et le travail des grands maîtres italiens et espagnols me viendra en aide. Je serai trop heureux si vous daignez visiter, surveiller les travaux dont je suis chargé !

— Eh bien ! je vous promets ma visite, maître Paulus. Mes filles seront charmées de voir le château maudit.

— On a lavé la tache de sang, n'est-ce pas ? demanda Lina en frissonnant.

— Non, Mademoiselle ; le comte a seulement ordonné qu'on la couvrît d'un tapis de Turquie.

— Et, fit Honoria, vous nous direz si vous apercevez la morte.

— Je ne crois pas aux revenants, fit Paulus, mais seulement aux âmes souffrantes. Cependant, je me promets d'esquisser une image idéale de ce fantôme dans un des grands couloirs du château. Par les beaux clairs de lune, quand un rayon frappera la peinture, on croira voir flotter les voiles de la trépassée.

— Demain, maître Paulus, des hommes intelligents, prévenus par moi, iront vous trouver au château maudit. Avant huit jours, tenez, dimanche prochain, nous prendrons le manoir aux chroniques sanglantes pour but de notre promenade.

— Et nous amènerons Molda, fit Lina étourdiment.

— Nous amènerons Molda, ajouta la baronne.

Paulus saisit la main de Mme Samper, fit le geste de la porter à ses lèvres, et prit congé de la famille du juge.

Il se trouvait presque heureux. Un mot, un nom venaient de changer les dispositions de son esprit.

Il reverrait au grand jour, sous la clarté d'un éblouissant soleil, celle dont le doux visage lui était apparu tantôt dans la pénombre d'un portail d'église, tantôt à la clarté pâle d'une lampe.

Quand il rentra chez Saky, il régla sa note, complimenta l'hôtelier sur son zèle et sur sa cuisine, le chargea de trouver un cuisinier émérite pour sa seigneurie le comte Palma, un valet de chambre et un sommelier. De plus il le pria de monter une cave royale. Enfin, il se montra si généreux dans le règlement des comptes, il parla pour les futurs serviteurs d'un chiffre de gages si tentants que, le soir même, Saky lui proposait de le suivre au château du Danube.

Mais votre hôtellerie ? demanda Paulus.

— Je marie ma fille, répondit Saky, l'hôtellerie lui servira de dot. Quant au valet de chambre, j'en sais un parfait de tout point. Le brave garçon va se trouver sans place, il m'a chargé de le caser d'une façon convenable, et vraiment il aura du bonheur d'entrer au service de sa seigneurie... Ce n'est point que le maître qu'il quitte soit absolument méchant, mais il est joueur et quand il a perdu, il devient comme fou... Alors il battrait volontiers sa fille, un ange, comme si ce n'était pas assez de la ruiner...

— Et le maître de ce valet s'appelle ?

— Le comte Komorn, répondit Saky.

— Le comte Komorn... répéta Paulus.

D'abord ce nom ne lui rappela aucun souvenir ; mais soudain le souvenir de Molda se dressa devant lui : Molda Komorn, c'est bien ainsi qu'on l'avait appelée ! Une ardente curiosité s'empara de lui. Non pas qu'il eût le désir puéril de connaître l'origine de la fortune ou la cause de la ruine des gens qu'il était appelé à rencontrer. Non ! il rapprochait seulement ces deux idées : Molda semblait sous le poids d'une navrante tristesse, et le comte Komorn se voyait obligé de renvoyer son valet.

Maître Saky devina la secrète préoccupation du jeune homme.

— C'est une pitié, reprit-il, de voir fondre de la sorte les grandes richesses des magnats. Il fut un temps où la famille Komorn étalait plus de luxe que le roi. Les comtes possédaient des vignes sur tous les coteaux de la Hongrie, et des châteaux à côté de toutes leurs vignes. Braves comme leurs épées, dans chacune des guerres contr les Turcs ils s'étaient emparés de trésors immenses On disait brave comme un Komorn ! Mon père me racontait souvent des faits d'armes du père du comte actuel, et rien que de les entendre, cela donnait envie de se faire soldat. Mais celui-ci, le ciel lui pardonne, n'a point hérité du courage de ses aïeux. Depuis sa jeunesse il gaspille sa vie ; d'abord il remplit Buda-Pesth du bruit de ses orgies ; quand l'âge arriva il devint joueur.

— N'avait-il point une famille ?

— Pardonnez-moi, seigneur Paulus... La comtesse Ilona Komorn était un ange que tua la douleur de se voir mariée à un homme indigne d'elle. Sa dot, qu'elle apporta à son mari, demeurait intacte au moment de sa mort, mais le comte vend, l'une après l'autre, les terres de sa fille ; et du train qu'il y va la pauvre sainte enfant ne gardera pas, a sa majorité, de quoi s'acheter un voile d'étamine pour finir ses jours dans un couvent. Elle signe chaque fois qu'il lui présente une plume, sans s'inquiéter si elle n'ajoute point à sa propre ruine Tous les pauvres la connaissent et l'adorent. Peut-être leurs prières arriveront-elles à la sauver des griffes de Satan, car son père est pire que le diable lui-même, Monseigneur.

— Vous avez raison, maître Saky, il faut espérer que les prières des indigents secourus par elle obtiendront la grâce de cet ange devant le Seigneur... Vous disiez donc que le valet de chambre du comte Kormorn pourrait convenir au comte Palma... Je veux le prendre de votre main. J'irai dans deux jours m'installer au château, il m'y suivra. Pressez les fiançailles et le mariage de votre fille.

— Ah ! votre seigneurie ! le prétendant ne demande pas mieux. Il aimait la fille toute seule, ce sera bien autre chose quand j'y joindrai la clientèle... Ma foi, le château maudit me servira de retraite, et puis j'ai de l'amour-propre. Bien que je ne reçoive ici que des étrangers de distinction, j'ai le pressentiment que, dans sa nouvelle demeure, le comte Palma donnera des festins splendides, et que le vice-roi ne l'égalera pas en magnificence. J'aime les grands seigneurs ! Demain Mikaël vous suivra ; j'ai besoin à peine d'une semaine.

Le soir même le valet de chambre du comte Komorn se présenta. Il pouvait avoir quarante ans. Valet de haut style, correct, discret, il plut tout de suite au jeune homme. Mikaël avait connu la pauvre jeune comtesse morte si vite de douleur, et que la vue de son enfant et le besoin de la protéger avaient été impuissants pour la rattacher à ce monde, où l'homme qui la devait chérir et protéger lui avait sans retour brisé le cœur. Si Mikaël plut à Paulus, de son côté Mikaël pensa que ce jeune homme à la physionomie grave et douce serait aisé à servir. Les conventions furent vite faites. Suivant les indications de son maître, Paulus offrait des gages magnifiques; en échange, il exigeait un service parfait. Depuis longtemps le comte Komorn savait qu'il lui serait impossible de conserver Mikaël; trop égoïste pour tenir compte des services rendus, il le vit s'éloigner sans regret. Molda se montra plus reconnaissante. Elle comprenait que le dévouement de Mikaël lui était acquis, et au moment où il prenait congé d'elle, Molda lui tendit une montre d'or fort ancienne que sa mère lui avait donnée.

— Gardez-la en souvenir de moi, fit-elle; si je possédais une fortune personnelle jamais vous ne me quitteriez

— Ah! s'il ne fallait que servir sans gages!

— J'apprendrai avec plaisir que vous êtes heureux; ma mère vous estimait grandement; moi, je n'oublie pas que vous m'avez vue tout enfant.

Le même soir Mikaël s'installait au Château maudit.

Suivant sa promesse, le baron Sompré adressa à Paulus une armée d'ouvriers d'élite et un architecte de talent. Grâce à de royales promesses, les travaux furent conduits avec une rapidité prodigieuse, et la vie afflua bientôt dans cette tombe fermée depuis un siècle.

La vente du Château maudit faisait événement à Buda-Pesth. Mathias Rath, rédacteur de la première gazette hongroise, fouilla dans les archives de la justice, et y trouva le récit de la tragédie sanglante qui coûta la vie à une jeune femme. Son article, écrit d'une plume alerte, eut toute la saveur d'une nouveauté. S'emparant ensuite des divers détails fournis par le baron Sompré, Paulus, maître Saky et Palma lui-même, le journaliste laissa prévoir que le manoir du Danube verrait quelque jour se dérouler des scènes, sinon aussi terribles, du moins autrement curieuses. Il parlait de la science profonde du nouveau propriétaire du manoir, de ses voyages, et laissait dans un vague, ayant pour but d'augmenter la curiosité générale, le motif de son dernier voyage.

L'article eut tout le succès qu'en attendait Mathias Rath.

Le vice-roi se rendit au Château maudit où Paulus le reçut avec sa bonne grâce naturelle.

A partir de ce jour, le manoir du Danube devint le but de toutes les promenades. Les femmes étaient certaines d'en emporter des bouquets admirables; les hommes y trouvaient des rafraîchissements préparés avec art par maître Saky, des vins généreux choisis dans une cave n'ayant pas son égale à Buda-Pesth. Chacun se sentait à l'aise dans cette royale demeure dont le maître était absent. Paulus en faisait les honneurs avec une grâce modeste capable de lui concilier toutes les sympathies.

Un jour, fidèle à sa promesse, le baron Samper y conduisit sa famille. Molda accompagnait Honoria, Lina et Thécla. Elle semblait moins triste. Sans doute la gaieté de ses compagnes l'arrachait à la douleur qui pesait sur elle. Paulus travaillait à retoucher une toile ayant souffert de l'humidité, quand la baronne Samper entra dans la salle où il peignait. Il s'agissait plutôt d'une composition nouvelle que d'une restauration. Ses figures pâlies n'existaient plus. On retrouvait seulement un paysage superbe, des draperies d'un beau mouvement, et une ordonnance générale attestant le génie de l'artiste qui rêva cette *Fuite en Égypte*.

Ce fut avec une modestie de bon goût que Paulus reçut les éloges de la baronne, et les encouragements du baron.

— Ah! fit-il, vous arrivez au moment où je désespérais de trouver des types assez purs pour le visage de mes anges!

Mikaël venait d'apporter des gâteaux et des roses. Lina faisait honneur aux friandises; les jeunes filles attachaient des fleurs à leurs corsages.

Tout à coup Paulus reprit son pinceau, travailla pendant un quart d'heure avec une ardeur fébrile, puis le regard rayonnant, il abaissa un rideau sur une toile et rejoignit la famille du juge.

— Avez-vous donc trouvé le type que vous cherchiez? lui demanda Molda en levant sur lui ses grands yeux clairs.

— Oui, Mademoiselle, répondit-il, et vraiment cette figure fera rêver des anges.

— Savez-vous quand revient le comte Palma? reprit le juge.

— Depuis cinq mois il voyage; je n'ai plus que quelques semaines, peut-être quelques jours à l'attendre. Ah! Dieu veuille qu'il revienne vite; mon cœur s'use à trembler pour lui.

— Combien vous le chérissez! fit la baronne.

— Je suis capable de sacrifier ma vie pour qui ne m'aimerait pas, Madame! Jugez de ce que je ferais pour qui m'aime.

Cette journée parut un enchantement à Paulus. Il revoyait Molda, il échangeait quelques mots avec elle; il comprenait la grâce, la candeur, les dévouements de cette créature angélique, et il lui vouait un culte qui ne devait finir qu'avec la vie. Ce soir-là, quand elle quitta le Château maudit appuyée sur le bras d'Honoria, Paulus comprit qu'il venait de donner son existence : une belle existence de vingt ans! et qu'il marcherait dans le sillon tracé par cette fille charmante, quand même ce sentier devrait aboutir à un calvaire.

Une semaine plus tard il recevait de Palma une lettre datée de Gand.

Le comte s'acheminait vers la Hongrie.

L'ÉLIXIR DE LONGUE VIE

Un voyageur, suivi d'un noir, s'arrêta chez la chevrière (*Voir page* 46).

IV

LETTRES D'INTRODUCTION

La nouvelle du retour du comte Palma prit, dans Buda-Pesth, les proportions d'un événement. Les travaux opérés au Château maudit, la magnificence avec laquelle Paulus régla le compte des ouvriers, la splendeur de cette demeure inconnue de deux générations, tout concourait à faire de l'alchimiste un de ces êtres qui semblent posséder non pas seulement un savoir immense, mais encore un pouvoir contre lequel nul ne saurait lutter. Pendant son absence, on ne cessa, dans la capitale de la Hongrie, de s'occuper du fastueux personnage.

Paulus, lui aussi, resta l'objet de l'attention générale; et cependant Paulus cachait le plus possible une vie incessamment remplie.

Chaque jour néanmoins il se rendait à l'église de Buda-Pesth, y assistait aux offices, puis, remontant à cheval, il rentrait au manoir. Souvent il voyait Molda, toujours pâle et triste, mais plus touchante avec cette expression de mélancolie, qu'elle ne l'eût été au milieu des fêtes. Un salut, un regard, un sourire sous le grand portail, c'était tout. Paulus se retournait pour suivre des yeux la gracieuse enfant, puis il rentrait au château, prenait ses pinceaux, s'occupait des restaurations des peintures, et sans qu'il y prît garde, tantôt sous la figure d'un ange, tantôt avec les traits d'une muse recueillie, ou le gracieux profil d'une sainte, il reproduisait vaguement la beauté de Molda.

Enfin le courrier de Palma arriva au château; le comte s'annonçait pour le lendemain, et en même temps viendraient des fourgons remplis d'objets précieux rapportés d'Italie et d'Espagne.

Paulus parcourut une dernière fois le château, surveillant les moindres détails, s'assurant que rien ne manquait dans l'appartement de son protecteur, puis, le cœur impatient, il l'attendit.

Ce fut par une splendide matinée d'octobre que Palma, suivant les bords du Danube, pénétra dans sa nouvelle demeure.

Il y rentrait à la fois las et triomphant.

Las, car il venait pendant six mois de refaire son tour d'Europe, afin de consulter une dernière fois des manuscrits et des livres déjà lus. Triomphant, car dans le manuscrit arabe de Séville il avait trouvé la solution d'un problème dont la recherche usa tant de vies.

Son cœur battit violemment à l'heure où il pressa Paulus dans ses bras. L'affection de cet être à l'imagination ardente, au cœur pur, possédait le pouvoir de le consoler, de lui rendre confiance dans les hommes, et d'apaiser en partie les troubles de son âme. Palma parcourut le château avec une satisfaction visible, loua tout ce qu'avait fait Paulus.

— Il me semble qu'ici la vie me sera douce, dit-il. J'arrive de France, d'Allemagne, d'Espagne et d'Italie, j'en rapporte la conviction que ces pays sont usés. Il ne leur faut plus ni prophètes ni savants. Les habiletés du charlatan Cagliostro leur suffisent. La Hongrie est un sol vierge, tout

Du reste, le jeu lui gardait parfois des chances heureuses. Quand ce miracle se produisait Komorn se montrait d'une gaieté **expansive**; il achetait des bijoux à sa fille, une toilette neuve à dame Illa, reprenait un valet de chambre de grand style, un cuisinier habile et, durant quinze jours, un mois, l'hôtel Komorn retrouvait l'aspect d'autrefois. Mais la chance tournait; le comte voyait le fond d'une bourse semblable au tonneau des Danaïdes; on payait les gages du valet, on renvoyait le cuisinier, les diamants de Molda retournaient, l'un après l'autre, chez des **prêteurs sur gages**, et le joueur obstiné, en attendant la vente d'une coupe de bois ou l'engagement d'une ferme, puisait dans la poche de ses amis les ducats dont il avait besoin.

Ce fut après une série de parties néfastes qui venaient de le ruiner d'une façon complète que le comte Palma, qui jouait à côté de Komorn, lui offrit le plus galamment du monde une somme assez forte pour permettre au vieux joueur de tenter de nouveau la fortune. Komorn, séduit par les façons de grand seigneur de Palma, attendri par la reconnaissance, voua dès lors à l'opulent étranger une sorte de culte. Du reste, soit politique ou sympathie, le comte répondit aux amicales avances du joueur. Bientôt dans tous les salons fréquentés par le comte on aperçut Komorn. Plus d'une fois il tenta d'entraîner Palma à une table d'hombre, mais celui-ci affirma que ne connaissant aucun jeu, il se contentait de s'intéresser à celui de ses amis. Du reste, comme s'il tenait à enlever à ses prêts magnifiques l'apparence d'un service rendu, Palma lorsqu'il tendait sa bourse à Komorn, ne manquait jamais d'ajouter :

— Puisez à pleines mains dans mes coffres, ne savez-vous pas que je fabrique de l'or?

Et Komorn en vint à trouver presque naturel d'accepter des ducats qui coûtaient si peu.

Cependant, il faut croire que le comte Palma, en dépit de son apparente négligence et d'une amicale prodigalité, poursuivait un plan, car il insista pour obtenir l'entrée de la maison du joueur. Celui-ci atermoya, n'osant refuser; mais Palma mit dans sa prière une obstination telle qu'il fallut céder.

Ce ne fut point sans une humiliation profonde, et sans avoir fait à Illa de minutieuses recommandations, que Komorn invita à sa table Palma et Paulus. Des tableaux précieux avaient été détachés des murailles, la vieille orfèvrerie manquait sur les dressoirs. On sentait que, dans cet intérieur rongé par un vice terrible, les vestiges d'une antique opulence s'en allaient un à un. Et cependant Palma n'en vit ou feignit de n'en rien voir.

Jamais il ne déploya plus d'esprit et de bonne grâce. Dès le matin, il avait envoyé chez Molda une corbeille de fleurs rares. On eût dit que, durant le repas, il n'avait d'autre but que d'éblouir cette enfant, ruinée par les vices paternels, en étalant devant elle les fabuleuses richesses entassées dans ses coffres, et les éblouissements de l'esprit le plus jeune, de la science la plus variée qui pût être le partage d'un homme.

Molda devinait dans toute la conduite de Palma un secret hommage; mais loin de flatter son orgueil, elle se sentait effrayée sans pouvoir donner un nom à la crainte qui s'emparait d'elle. Lorsqu'une louange trop directe du comte, une parole maladroite de Komorn la froissaient, ses yeux se relevaient sur Paulus et, dans la franchise de ce pur regard, elle puisait une magique confiance.

La première invitation faite à Palma ne l'inquiéta point; mais ces invitations se multiplièrent. Komorn se trompa-t-il quand il crut remarquer que Palma lui ouvrait plus volontiers sa bourse après un dîner intime? C'est possible. Ce qui est certain, c'est que bientôt il ne se passa pas de semaine sans que Paulus et son protecteur fussent les convives de Komorn.

Un soir la conversation tomba sur les sciences terribles dont Palma était devenu d'adepte.

— Monsieur le comte, demanda Molda, ne craignez-vous point d'offenser Dieu en violant les secrets de la nature, en entreprenant ce qu'il n'est point permis à l'homme de réaliser?

— Non! répondit le comte avec un singulier sourire, pour cette raison que je ne crois point en Dieu de la même façon que vous. Je trouve l'univers coordonné d'une façon trop admirable pour penser qu'une force divine a manqué pour équilibrer les mondes. J'admets le principe d'une création intelligente, universelle, éternelle, mais je ne franchis plus le seuil d'une église, j'ai désappris à prier.

— Vous! s'écria la jeune fille avec effroi. Depuis longtemps?

— Depuis que j'ai souffert, répondit le comte.

— Ah! fit Molda, pourquoi faut-il que vous ignoriez combien la souffrance rapproche de Dieu... Si je ne priais pas, moi...

Elle s'arrêta. Les mots qui venaient de lui échapper renfermaient une confidence qui amena la rougeur sur son front.

Paulus le savait déjà; Molda souffrait. Combien de jours ne l'avait-il pas vue quitter l'église les yeux rouges, les joues marbrées de larmes? Mais alors il tentait de se persuader que le souvenir de sa mère les lui arrachait, tandis qu'au milieu de cet hôtel presque vide, en face d'un père qui lui préférait les dés et les cartes, il comprenait que cette vie avait son secret martyre.

disposé au merveilleux. N'y croit-on pas déjà au vampirisme? Si la Hongrie avait trompé mon espérance, je serais retourné en Orient, le pays des Mages... Vraiment, Paulus, en dépit de la magnificence que je suis accoutumé à voir régner autour de moi, je trouve ici de ravissantes surprises... Demain nous ouvrirons les caisses : aujourd'hui je suis tout au bonheur de te voir.

Le comte, entendant du bruit dans le couloir, pria Paulus de voir ce qui se passait, et celui-ci revint bientôt poussant devant lui deux enfants chargés de bouquets si lourds qu'ils pouvaient à peine les porter.

— Gyorgio et Gilda! fit Paulus en riant : la fille de Niklas, l'aubergiste des *Pommes de Pin*, et le chevrier du farouche Rosko... Je crois bien, Monseigneur, que vous aurez plus tard à doter cette petite fillette et cet intelligent garçon.

C'étaient en effet Gilda et Gyorgio qui, rouges d'émotion, se tenant par la main afin de s'encourager et portant des gerbes de fleurs, venaient souhaiter la bienvenue au comte. Niklas avait fait apprendre à sa fille un compliment composé par Guidko, le joueur de cithare, mais le trouble de l'enfant le lui fit oublier d'une façon complète; elle y suppléa, en disant d'une voix douce, musicale :

— Oh! Monseigneur, nous sommes tous bien heureux de vous revoir!

Les bouquets des enfants furent posés sur la table; ils reçurent une pièce d'or, et le comte ajouta :

— Allez dire à maître Saky de disposer pour vous des friandises enfermées dans les buffets. Connais-tu maître Saky, Gyorgio?

— Pas encore, mais cela viendra; j'ai pour ami Gorgu, sixième marmiton dans les cuisines de votre seigneurie; il me conduira près du chef.

— Et rappelez-vous, ajouta le comte, que vous serez toujours ici les bienvenus.

— Vive Monsieur le comte! cria Gyorgio en agitant son bonnet.

La petite lui envoya un baiser.

Tous deux coururent ensuite à l'auberge des *Pommes de Pin* où le chevrier dit à Niklas :

— Encore des pièces d'or que vous allez ajouter à la dot de Gilda! Ah! le comte Palma est un bien généreux seigneur; il a dit que, plus tard, vous nous marieriez tous deux.

— Les oiseaux ont le temps de bâtir des nids d'ici-là! répondit la cabaretière, mais tu as raison, le comte est un digne maître, et nous devons tous l'aimer.

Huit jours se passèrent pendant lesquels le comte fit ranger, dans le château, les merveilles rapportées de ses voyages. Il lui fallut plus de temps pour installer son laboratoire.

Ces arrangements pris, le comte songea sérieusement à nouer, dans la ville de Buda, des relations que lui présageaient son nom et sa fortune. Quand il y arriva pour la première fois, en voyageur inconnu, il ne fit que traverser la Hongrie, laissant de lui le souvenir d'un millionnaire fantasque, et d'un savant peut-être présomptueux. On attendait qu'il tînt les promesses dont le baron Samper s'était fait l'écho.

Palma rapportait de toutes les villes d'Europe des lettres de recommandation trop chaleureuses pour ne point lui ouvrir toutes les portes. Elles le représentaient comme un gentilhomme accompli, héritier d'un des plus beaux noms de l'Italie, riche à millions, digne de toutes les sympathies.

Ce fut chez le baron que se rendit d'abord Palma. Quoiqu'il connût déjà le tuteur d'Élisabeth, il ne lui remit pas moins une lettre d'introduction écrite par le premier jurisconsulte d'Espagne, homme sérieux, peu facile à séduire, et qui louait, dans les quatre pages adressées à son ami, non seulement les talents, mais encore les qualités de cœur et d'esprit de Palma.

Après avoir lu cette chaleureuse recommandation, Samper tendit la main au comte Palma :

— Regardez désormais ma maison comme la vôtre, lui dit-il.

Palma reçut partout un semblable accueil. Si quelques défiances étaient nées dans certains esprits douteurs, en entendant parler du pouvoir de Palma d'opérer la transmutation des métaux, et de découvrir l'élixir de longue vie, ces préventions s'effacèrent devant les façons de gentilhomme, l'élégance de manières, l'éloquence naturelle du comte. Si quelques-uns de ceux qu'il visita refusèrent de voir en lui l'héritier de Raymond Lulle, chacun lui accorda une sympathie spontanée.

Paulus l'accompagnait partout; Paulus qu'on savait à la fois peintre, sculpteur et poète; Paulus qui chaque matin sur le seuil de l'église distribuait à une légion de pauvres les aumônes de son bienfaiteur. Plus d'une mère, en voyant ce beau jeune homme dont l'élégance semblait attester à noble origine, et que sans nul doute Palma doterait d'une façon royale, songea que Paulus serait un parti enviable. D'une politesse aisée à l'égard de tous et de toutes, Paulus ne manifestait de préférence pour personne. Cependant il allait fréquemment dans la famille du baron Samper, et plus d'une fois il y rencontra Molda.

Soit hasard, soit adresse, le comte Palma ne tarda point à se lier avec le comte Komorn. L'ancienneté du nom de celui-ci lui conservait, à Buda-Pesth, une haute situation, en dépit des variations subies par sa fortune.

Il nie Dieu, le Dieu de l'Évangile et du Calvaire, et chaque matin nous nous rencontrons devant le même autel.

— Oui, répondit le jeune homme, vous avez raison, sur certains points nous différons d'une façon absolue. Je le plains profondément d'avoir perdu des croyances qui sont toute ma joie, mais ce malheur m'attache davantage à lui. Ne croyez-vous point que Dieu exauce les prières de ceux qui l'aiment de toute la puissance de leur être? Eh bien! chaque jour je l'invoque pour celui qui l'oublie. Je fais de ma vie une oraison continuelle pour le bienfaiteur à qui je dois tout. Ne jugez point le comte Palma d'après les paroles que vous venez d'entendre, vous le connaîtriez d'une façon trop imparfaite. Il existe en lui deux personnalités très distinctes : le savant qui prétend refaire la création et découvrir les forces vives de la nature ; l'homme généreux, plein de compassion et de bonté qui répand sur les êtres éprouvés les trésors d'une générosité sans bornes. Le vrai Palma, celui à qui j'ai voué ma vie et qui pourrait me demander mon sang, je veux vous apprendre à le connaître. Vous l'apprécierez ce qu'il vaut, et vous saurez qui je suis... Qui je suis, non ! Hélas ! je l'ignore moi-même. Les visions confuses de l'enfance ne peuvent être comptées pour des vérités. Je puis avoir rêvé, et prendre pour la réalité des songes vains...

— Qu'importe ! fit Molda, parlez, seigneur Paulus, parlez.

— Aussi loin qu'il me souvient, je me trouve dans un palais de marbre, un luxe merveilleux m'entoure ; des valets respectueux sont à mes ordres. Une femme d'une admirable beauté me prend sur ses genoux, je joue avec les diamants de son corsage et les boucles de sa chevelure. Sa bouche est prodigue de mots de tendresse et de baisers... Est-ce qu'on retrouverait vingt ans plus tard la sensation de ces lèvres caressantes et la musique de cette voix, si cette mère était une fiction de l'esprit surexcité?... Tout à coup une lacune se fait dans mon souvenir... Le palais change d'aspect... Je ne vois autour de moi que des visages attristés... On porte des vêtements noirs, mes costumes élégants me sont enlevés... Plus de mère penchée sur mon berceau... Un homme grave me prend dans ses bras ; les larmes coulant sur ses joues inondent mon visage... Ma mère est morte... Mon père me reste... Celui-là, je le retrouve dans le type de certains portraits de grands maîtres : de haute taille, superbe, fier et doux à la fois... Il m'aimait lui aussi, car je me rappelle avoir dormi dans son manteau pendant un voyage... Sans doute le palais que ma mère avait éclairé de son regard et de son sourire rappelait trop une morte adorée... Je vois vaguement des serviteurs attristés recevant les adieux et les derniers dons de mon père... Où allons-nous? Je ne sais. Mon père m'a pris sur sa selle, et je regarde avidement le paysage. Les valets suivent. Des arrêts dans les auberges, des villes traversées, des fleuves passés, tout cela m'apparaît dans un cercle mouvant... Pas un nom ne demeure dans ma mémoire... Mais j'arrive au drame de ma vie, et celui-là ne s'effacera jamais .. Nous allons lentement, au trot de nos chevaux. Mon père d'abord, les valets ensuite... La route encaissée se trouve placée entre des bois de pins et des collines brûlées. Tout à coup un sifflement .. un bondissement à travers le bois... des coups de feu... le cheval qui nous porte s'abat ; mon père saute à terre en me gardant serré contre sa poitrine. Tandis qu'il me préserve, il tire son épée, et lutte contre les bandits; mais ils sont dix contre cinq... trois hommes tombent; les deux autres se défendent... Je ferme les yeux... quand je les ouvre mon père chancelle... puis il s'abat sur le sol, et j'y roule avec lui... Les misérables vont profiter de leur crime et piller les morts, quand le pas de plusieurs chevaux retentit sur la route... Les bandits fuient... Un cri s'élève ; les voyageurs aperçoivent les victimes... Je crois voir l'un d'eux palper la poitrine des hommes couchés à terre. Il cherche sans doute si le cœur garde un battement... Rien ! tous morts... Je perds, en ce moment, la notion de tout ce qui se passe autour de moi... Mais voici ce que j'appris plus tard... Presque au même moment que les voyageurs, dont l'arrivée avait mis les bandits en fuite. venait un pauvre moine habitant le couvent voisin... L'un des voyageurs me découvrit à côté de mon père, perdant mon sang par une blessure faite à l'épaule... Il me releva doucement, banda ma plaie, puis tirant une bourse assez lourde de sa poche : « — Mon père, dit-il au moine, voici de quoi subvenir aux premiers besoins de cet enfant... Quand je repasserai dans ce pays je m'informerai de lui, et je ne l'abandonnerai pas. » — Le moine m'emporta dans un pan de sa robe, et passant devant la cabane d'une chevrière veuve et pauvre, il lui demanda si, moyennant un salaire, elle se chargerait de m'élever. Elle accepta, et je grandis avec ses chevreaux. L'existence libre, l'air vif des montagnes développèrent vite mon corps Il n'en fut point de même de mon intelligence. Nul ne m'enseignait à lire et à écrire, je jouais d'une flûte que j'avais faite à l'aide d'un roseau. Je dérobais des charbons dans l'âtre et je dessinais sur les vieux murs de la cabane de Guilia les troupeaux au milieu desquels je grandissais. Je pouvais avoir dix ans, quand un voyageur de belle mine, suivi par un noir, traversa le pays et s'arrêta chez la chevrière. Il demanda qui j'étais et, d'après les réponses de Guilia, comprenant que j'étais l'orphelin dont le père avait été assassiné dans la montagne, il alla au couvent, et pria les moines de me recevoir. Jugez de ma joie ! J'allais apprendre ! Quoi ? Je ne le savais encore. Il me semblait que toute la science humaine ne désaltèrerait point ma soif de savoir. Mes progrès furent rapides. En cinq ans j'en appris plus que d'ordinaire un enfant en fait durant toute sa jeu-

— Il me semble, reprit Molda, que si Dieu me manquait, mon âme cesserait de respirer.

— Pour occuper mon esprit n'ai-je point l'étude qui me passionne et dévore mes heures? Vous ne connaissez point ma vie toute de lutte, de fièvre, d'espérances. Pendant vingt ans, j'ai cherché le moyen de faire de l'or ; aujourd'hui je cherche un autre secret : l'Élixir de longue vie... J'ai trouvé, oui, je crois avoir trouvé... Seulement, le breuvage mystérieux doit demeurer soumis au pouvoir de certaines planètes, et rester exposé durant un nombre de semaines déterminé à l'influence du croissant des nuits. Pourquoi prierais-je Dieu, Molda? Si j'ai découvert, par la force de mon génie, le pouvoir de reculer les bornes de la vie, de mettre la mort en fuite ainsi qu'un oiseau funèbre, ne serai-je point aussi puissant que lui ? Et non seulement je posséderai le moyen de vivre durant des siècles, mais de retrouver ma jeunesse et la vigueur de mes vingt ans !

— Vous pouvez cela ! s'écria Molda avec plus d'épouvante que d'admiration.

— Je le puis.

— Alors, tremblez, Monsieur le comte; pour renverser ainsi les lois de la nature, il faut avoir fait un pacte avec des esprits malfaisants ! Votre secret doit être un infernal secret; si j'en crois les légendes, Satan n'accorde rien aux créatures sans se faire payer du prix de leur éternité. Je comprends jusqu'à un certain point que l'alliance de métaux divers, que le feu des fournaises tiennent lieu de l'action lente du temps et du soleil ; mais réaliser ce que vous venez de prédire me parait impossible, ou si effrayant que j'éprouverais, ce me semble, une frayeur mortelle à me trouver à côté d'un homme ayant subi cette métamorphose.

— Quoi ! fit Palma, vous préférez les cheveux blancs, un teint fatigué, un regard terni à la beauté d'un homme de vingt-cinq ans?

— La vieillesse est l'œuvre de Dieu qui régla les lois de la nature. Sans doute, il fallait que la vie humaine subit des phases de croissance, de plénitude, de décroissance puis de décrépitude. Tout ce qu'il ordonna et prépara est bien. Je comprends que la loi de la mort soit dure. Qui le sait mieux que moi, moi qui suis orpheline, et dont l'enfance s'est écoulée dans l'isolement... ?

— L'isolement! Molda ! s'écria le comte Komorn.

La jeune fille rougit et poursuivit:

— Je vous avais, mon père, cela est vrai... pourtant, je le répète, j'ai connu la solitude; les bras et le cœur de ma mère m'ont manqué... Mais à mesure que j'ai grandi, tout en la pleurant je me courbai davantage sous votre main. Je mourrai à mon tour, sans regret, sans terreur, car j'espère vivre innocente, et c'est un père qui me recevra dans son sein. La mort, comte Palma, n'est-elle pas l'aube d'une vie plus parfaite? Pourquoi reculer l'heure où il nous sera facile de mieux comprendre les merveilles de la création visible, et cette autre création plus sublime dont le secret nous reste inconnu?

— Vous êtes un ange, Mademoiselle, et vous songez à rejoindre vos frères ; je suis un homme lié à la terre par tous mes sens, et je sais que je m'en détacherais avec peine. Encore quelques mois, et pas un roi, pas un empereur ne m'égalera en puissance. Tous me prodigueront les hochets dont se pare la vanité et que dédaigne mon orgueil. Leurs décorations, les titres, des provinces entières, des principautés me seront offerts en échange de quelques gouttes d'élixir qui achève de se perfectionner sous les rayons froids du croissant et les rouges clartés de Mars. Je touche à tous les sommets par la science, je dépasserai tous les fronts quand j'aurai la puissance de donner, à mon gré, la vie et d'éloigner le spectre de la mort. Je serai le premier du monde, et cette seule pensée m'enivre d'avance. Pourrai-je éprouver une opposition, un refus, lorsque je saurai faire tenir dans un flacon l'essence même de notre être?

— Peut-être, répondit Molda, trouverez-vous ces résistances que vous niez.

— Où? demanda Palma.

— Dans un cœur pur qu'effraierait ce pouvoir de Satan orgueilleux.

Molda craignit d'en avoir trop dit ; le regard que lui lança son père était foudroyant. Afin de trouver du courage, elle leva ses prunelles bleues sur Paulus ; mais celui-ci observait, en ce moment, le comte avec une étrange obstination.

Pour la première fois, il croyait deviner dans cette âme une pensée qui lui était inconnue.

Le comte s'inclina :

— Vous devez avoir raison, dit-il, car vous êtes aussi sage que belle.

Elle a tort ! fit durement le comte Komorn. Les filles de son âge n'ont point le droit de s'occuper de questions semblables.

Un moment après, on passa au jardin. Komorn, qui préméditait un nouvel emprunt, s'empara du bras de Palma et l'entraîna en avant. Les jeunes gens restèrent seuls. Molda, lasse, attristée par l'observation de son père, et surtout par la violence d'accent du vieillard, s'assit sur un banc, demeura quelques moments silencieuse, puis elle demanda à Paulus de cette voix douce aux cordes d'or qui prenait si vite le cœur :

— Expliquez-moi comment il se fait que vous chérissiez le comte Palma avec un tel dévouement, quand vous gardez des opinions si dissemblables?

nesse… Un novice m'enseigna la musique, un autre la peinture, et je copiai, l'une après l'autre, les grandes fresques du couvent. Jamais mon bienfaiteur n'écrivait. En partant, il laissa une somme importante et promit de revenir. J'ignorais son adresse, il ressemblait pour moi à l'un de ces bons génies qui traversent certaines existences pour les douer de tous les bonheurs. Je regrettais de ne point le voir, il me semblait que mes progrès lui auraient prouvé ma reconnaissance. A mesure que j'avançais en âge, j'aspirais davantage à son retour. Il revint par un soir d'hiver, et pendant deux heures je demeurai enfermé avec lui dans la cellule du supérieur. Il m'interrogeait sur mes études, il constatait mes progrès, et me signalait les lacunes de mon éducation. Enfin se levant : « — Paulus, me dit-il, je suis content de toi. Décide, à cette heure, de ta destinée… Peut-être un long séjour dans ce cloître t'a-t-il donné le désir d'y passer ta vie dans l'oraison ? Si tu ne te crois point appelé à cette vocation surhumaine, viens avec moi. » — Je poussai un cri de joie, et je voulus me précipiter dans les bras de mon bienfaiteur. Il me repoussa doucement. « — Réfléchis, ajouta-t-il, je suis un homme dont la vie ne ressemble en rien à celle du vulgaire. Pour moi, ni repos, ni plaisir. L'étude, le travail, les veilles, la lutte pour atteindre un but incertain ! Il ne faudra point me demander les distractions que je ne saurais t'offrir. En me suivant, tu renonces à quelques-unes des prérogatives de la jeunesse… Mais si tu m'aimes, je t'aimerai… Trompé dans une légitime espérance, je croirai que tu es mon fils, et je te traiterai comme tel. Tu visiteras l'Europe et l'Asie ; tu peindras sous tous les ciels ; tu deviendras, si tu le peux, si tu le veux, un grand artiste… Je ne parle point de te rendre riche, tu auras pour dot la fortune d'un prince. » — Je saisis sa main, et j'y mis un baiser. « — Emmenez-moi, répondis-je, je serai à vous comme le fourreau à l'épée. »

Je pris, le soir même, congé des moines qui m'avaient élevé, et je suivis le comte Palma. Toutes les promesses faites, il les a tenues. J'ai voyagé et rapporté des croquis de tous les pays que j'ai visités. Les doutes que le comte émettait sur mon bonheur sont restés vains. Près de lui rien ne m'a manqué. Je me trompe, un chagrin dévore en secret mon âme. La foi que j'ai puisée dans le couvent où je grandis s'est éteinte dans l'âme de Palma. Le positivisme de la science a détruit les croyances sacrées. Mais je prie pour lui et je ne désespère pas. D'autres eussent tenté, peut-être, de m'enlever la foi qu'ils avaient reniée, lui, au contraire paraît heureux de m'en voir garder le trésor. C'est par mes mains qu'il répand d'abondantes aumônes. Jamais je ne lui signale une misère sans qu'elle ne se trouve immédiatement secourue. Lorsque je bâtirai mon rêve d'avenir, c'est à lui que je ferai la première confidence de mes secrets désirs. Il a remplacé le père que je vis tomber sur la route des Abruzzes percé par les balles des bandits... Aimez un peu, Mademoiselle, cet homme à la fois si grand et si malheureux.

Molda leva ses yeux limpides sur le jeune homme :

— Ce que vous venez de m'apprendre m'enlève, sur son caractère, plus d'une prévention ; mais, seigneur Paulus, je garde cependant la pensée secrète qu'il me deviendra funeste, et que son amitié pour mon père est pour moi un malheur.

— Un malheur !

— Dieu veuille que je me trompe !

— Non ! un malheur ne saurait venir de celui qui, pour tous, s'est montré si généreux.

— Trop généreux ! fit Molda. Je ne puis aujourd'hui m'expliquer davantage... Si jamais...

Paulus l'interrompit vivement :

... Si jamais vous aviez besoin d'être protégée, promettez-moi de réclamer mon assistance... Voyez en moi un ami, un frère ; un être placé par Dieu sur votre route pour l'aplanir sous vos pas...

— Je vous le promets, dit-elle gravement.

Elle se leva du banc sur lequel tous deux se trouvaient, et ils se mirent à marcher, côte à côte, dans l'allée ombreuse. De l'autre côté d'un massif, une voix arriva jusqu'à eux ; Molda distingua celle de son père :

— Merci, cher comte, de cette nouvelle preuve d'amitié. Vous ajoutez chaque jour à ma reconnaissance ; elle grandit avec le chiffre de ma dette... quarante mille florins ! Il est vrai qu'en une soirée, poussé par la chance, je puis regagner tout ce que j'ai perdu, c'est une grosse somme.

— Si la reconnaissance vous pèse, comte Komorn, je vous apprendrai, dans peu, le moyen de vous acquitter...

Le reste de la phrase de Palma se perdit dans le bruit de ses pas. La jeune fille crut cependant distinguer son nom.

Effrayée, elle s'arrêta et, instinctivement, elle saisit la main de Paulus.

— Quand je vous disais, fit-elle, que le malheur nous viendra de cet homme !

L'ÉLIXIR DE LONGUE VIE

Vous! balbutia-t-il, vous! (*Voir page* 57.)

V

ABRAHAM ZEK

Depuis le retour du comte au château du Danube, une partie de ses matinées est employée à soulager les malades, à panser les blessés. La faculté de Buda-Pesth s'irrite en vain de la vogue de ce docteur étranger qui soigne gratuitement, donne les remèdes, et sauve ceux qu'elle abandonne ; rien ne peut endiguer le courant, et diminuer la vogue croissante de Palma. Sa réputation s'étend de proche en proche. Il ne fait aucun effort pour l'agrandir. L'amour de l'humanité le porte seul à sacrifier son temps et son or à ceux qui s'adressent à lui. On ne saurait même dire comment cette célébrité commença. Peut-être par un moissonneur qui venait de se blesser avec sa faucille, et qu'un onguent fourni par le comte guérit avec une rapidité merveilleuse. Peut-être par une mère désespérée accourant au manoir implorer un peu d'aide, et qui vit renaître son enfant dans ses bras après que le comte eut versé sur ses lèvres quelques gouttes de cordial. Ce qui est certain c'est que commencée par les pauvres, elle s'étendit avec une rapidité incroyable.

Bientôt, de tous les points de la Hongrie, les riches accoururent à Buda-Pesth, sollicitant à prix d'or une consultation. Souvent elle se trouvait forcément ajournée. Alors les malades habitaient en attendant, soit l'hôtellerie de la fille de maître Saky, soit l'auberge plus modeste de Nikla. La veuve marchait doucement à la fortune. Afin de ne point se voir obligée de refuser la clientèle, elle fit bâtir un pavillon renfermant huit chambres qui, toutes, se trouvèrent occupées. Guisko, le joueur de cithare, donnait maintenant de véritables concerts ; un de ses cousins chantait, et le couple de petits musiciens pouvait compter déjà un joli chiffre d'économies. On eût dit que l'arrivée de Palma ait été celle d'un enchanteur dont la baguette opère sans fin des miracles.

Comme il lui était impossible d'empêcher les gentilshommes guéris de lui prouver leur reconnaissance, le comte fonda à Buda-Pesth un hospice pour les voyageurs pauvres Quiconque traversait la ville pouvait s'arrêter huit jours dans ce caravansérail de la charité. Quand le voyageur partait, on lui remettait un habillement neuf, un pain, une pièce de monnaie et on lui souhaitait bonne route.

Tout ce que l'on avait l'intention d'offrir à Palma était envoyé à cet hospice, placé sous le vocable hospitalier de Saint-Julien.

Il ne se passait guère de jour sans que la *Gazette* de Mathias Rath parlât de ce guérisseur généreux, de ce docteur dont la science paraissait universelle. D'abord, le journaliste se tint sur la défensive. Très pratique, légèrement railleur, il eût été sans doute le premier à vanter les talents de Palma, si celui-ci n'avait, tout d'abord, avec un peu d'imprudence peut-être, parlé de la transmutation des métaux et de la recherche de l'*Élixir de longue vie*. L'alchimiste, pendant quelques mois, fit oublier le médecin. Mais quand il vit que le comte opérait de véritables merveilles, que toute rivalité d'amour-propre devait se taire en présence des faits, Mathias Rath devint un fervent admirateur de Palma, et sa *Gazette* lui resta ouverte.

Un événement inattendu, et qui bouleversa la Hongrie, vint ajouter à la renommée du comte. Le roi Joseph tomba gravement malade. La panique s'empara du monarque, de sa famille, de ses confidents. Un exprès fut envoyé à Palma. Celui-ci monta dans le carrosse du roi, brûla les relais, soigna le monarque, et revint à Buda-Pesth avec une décoration de plus, et une célébrité désormais à l'abri de toute atteinte.

Ce fut une semaine après cette cure qu'on put lire dans la feuille de Mathias Rath l'article suivant :

« Dans une semaine sera faite, en présence d'une foule composée de tout ce que Buda-Pesth compte de célèbre, la plus curieuse expérience des temps modernes.

« Le moyen âge a dépensé des siècles à la recherche d'un secret résolu par cet homme étrange qui s'appelle le comte Palma. Savant comme un mage, mystérieux comme un prêtre d'Isis, ayant passé ses journées dans les bibliothèques de l'Europe et de l'Asie, le gentilhomme qui désormais a son nom fait dans la science, convoque non pas quelques privilégiés, mais une centaine d'invités à l'expérience dont nous parlons.

« Tout le monde ici connaît le comte Palma. Haute taille, physionomie superbe, démarche élégante, geste qui commande, regard qui fascine, voix qui enchante, il possède tout ce qui contribue à rendre un homme capable de dominer les foules. Sa science n'a jamais nui à sa bonté. Il donne des fêtes royales dans le château du Danube, mais il héberge les pauvres à l'hospice Saint-Julien. Énigmatique comme tout ce qui est grand, il a pu assurer ici une autorité sans conteste. On peut ne point l'aimer, il faut qu'on l'admire. Réussira-t il ? Son audace ne porterait-elle point atteinte aux lois immuables de la nature ? Possède-t-il le pouvoir d'éloigner la mort et de rendre la jeunesse ? Phénomène étrange et terrible dont nous aurons la solution prochaine.

« Dans huit jours, au milieu d'une fête dont la magnificence défiera tout ce que jusqu'ici on a pu voir, le comte Palma, portant à ses lèvres une coupe remplie de l'*Élixir de longue vie,* sera subitement transformé. Sa taille retrouvera la souplesse de la vingtième année ; ses cheveux blancs redeviendront noirs. Il sera le même homme, moins l'affaiblissement infligé par le nombre des années ; il affirme que toutes les connaissances de l'esprit resteront intactes. Si un pareil fait s'accomplit, ne sera-ce point le plus grand des prodiges ? Peut-on y croire ? La science du comte Palma est puissante, et sa croyance dans la réussite de l'expérience est absolue.

Plus de cinquante habitants de Buda-Pesth sont invités à passer une semaine au château ; les autres s'y rendront seulement le jour où doit avoir lieu l'expérience. Il y aura souper, concert et bal au manoir. C'est à minuit que le comte Palma, buvant la liqueur du rajeunissement, risquera cette étrange partie contre l'impossible.

« Nous tiendrons nos lecteurs au courant des moindres détails de cette fête, car nous sommes au nombre des élus qui resteront plusieurs jours dans ce château où l'on affirme que revient encore le fantôme de la femme du magnat assassinée par son époux. »

On peut juger de l'effet produit par cet article. On ne parla point d'autre chose dans la ville. Les courriers emportant la *Gazette* dans toute la Hongrie firent de l'expérience du comte Palma une nouvelle émouvante. Les savants s'écrivirent ; les gazetiers échangèrent de volumineuses correspondances. On ne vit sur la route de Buda-Pesth au château du Danube, que courriers chargés de demandes d'invitations. Il ne fut point possible à Palma d'augmenter le nombre de ceux qui devaient habiter le manoir, mais il se laissa entraîner à donner des billets d'invitation pour la soirée.

Le baron Samper refusa de s'installer au château maudit, au grand chagrin de ses filles ; mais il leur promit d'y passer la journée et toute la soirée pendant laquelle devait s'opérer la transformation du comte.

Molda et son père, au contraire, devaient y rester plusieurs jours.

Quelque curieuse que fût Molda d'approfondir ce mystère de la science, elle aurait refusé d'en être témoin, poussée qu'elle était par une crainte vague, si la pensée que Paulus serait là pour la protéger ne l'avait aguerrie.

Quelques jours plus tard un vieillard et sa fille descendaient d'une voiture antique devant la meilleure hôtellerie de la ville, celle de Saky.

L'homme ne semblait plus pouvoir compter ses années. Courbé en deux, pâle, maigre, tremblotant, il avait peut-être passé la limite d'un siècle. Une vieille houppelande entourait son corps grêle et frileux ; un bonnet de renard couvrait son crâne chauve. Ses mains osseuses s'agitaient nerveusement.

A côté de lui se trouvait une jeune fille qui semblait âgée de seize ans à peine. Son teint d'une pâleur mate semblait plus blanc encore sous les anneaux de cheveux noirs que le vent dérangeait. Un long manteau l'enveloppait, et un voile de dentelle couvrait à demi son visage et retombait sur ses épaules. On ne voyait de sa figure que des yeux splendides, des yeux d'Orient, veloutés et doux comme ceux des gazelles, et sur lesquels retombaient des cils recourbés en pinceaux.

Frêle comme un roseau, elle semblait se soutenir à peine, et quand elle quitta le carrosse, elle s'appuya sur le bras du vieillard qui parut retrouver quelque vigueur pour soutenir la frêle créature. En même temps que l'aïeul l'entraînait doucement vers la salle basse de l'hôtellerie, il cria au conducteur du lourd carrosse :

— Dételez et remisez.

— Monsieur, dit le gendre de Saky avec la politesse orgueilleuse d'un homme qui sait sa maison bien achalandée, j'ai le regret de vous apprendre qu'il ne me reste pas une chambre, pas une...

Le vieillard ne parut pas l'entendre. Faisant asseoir sa fille sur un fauteuil à haut dossier, il posa près d'elle une cassette de cuir garnie de bandes de fer, puis il lui demanda :

— Ma colombe, mon amour, es-tu mieux ? Réponds-moi, joie de ma vie...

— Ce n'était qu'une faiblesse passagère, mon père... Voilà qui est passé...

— Du vin, de l'eau de Hongrie, dit le petit vieux d'une voix de commandement. Depuis quand l'hôtel de maître Saky se ferme-t-il aux négociants ? Croyez-vous, jeune homme, que je vienne ici pour la première fois ? Abraham Zek, marchand de pierreries, entre partout, et je défie un gentilhomme de ce pays d'être aussi riche que moi. Ma fille est malade, je ne ferai point un pas de plus... Prenez cet argent, et montrez-moi un appartement.

Les craintes, excitées en ce moment par la santé de sa fille, l'emportaient chez le Juif sur l'avarice propre à sa nation. Il oubliait son économie sordide, son besoin d'amasser. A cette heure il aurait offert le plus beau diamant de sa cassette pour voir la frêle enfant, qui mouillait ses lèvres dans un verre de vin généreux, couchée dans un bon lit, servie avec zèle et soignée par un médecin habile. Sans doute le ton d'assurance de Zek, le nom qu'il venait de donner influencèrent le jeune aubergiste, car il causa quelque temps avec sa femme, parut la consulter, puis revenant vers Abraham :

— Je ne vous trompais point tout à l'heure en affirmant que tous les appartements sont occupés. Vous connaissez les encombrements de ces jours-ci ; mais ma femme m'apprend qu'un seigneur viennois part dans une heure, je peux, si vous le souhaitez, vous céder sa chambre... au même prix.

— Je ne marchande pas, répliqua le Juif.

Salomé se retira dans l'embrasure d'une fenêtre en attendant qu'elle pût entrer dans son appartement. A peine y fut-elle rendue qu'elle s'évanouit complètement dans les bras de la femme qui la servait.

Abraham tomba sur les genoux à côté d'elle.

Un médecin ! courez chercher un médecin ! Ma fortune pour la vie de ma fille !

La servante s'éloigne ; le vieillard mouille délicatement les tempes de l'enfant, et un quart d'heure se passe avant que celle-ci recouvre le sentiment de l'existence. Enfin elle voit le vieillard, jette autour de son cou deux bras caressants et répète :

— Ne vous affligez pas, le Dieu que nous adorons est le maître de la vie et de la mort.

— Ne parle pas de mort ! répliqua Abraham ; qu'est-ce que je deviendrais si je te perdais ?... je t'en prie à genoux, vis, Salomé ! demande-moi ce que tu voudras, pour que tu vives je te le donnerai, je te le jure !

Salomé eut un regard indéfinissable.

— Je voudrais, dit-elle, le rayon qui vivifie et l'eau qui désaltère.

— Sous quelque ciel que se trouve ce rayon, je t'y emporterai pour que le soleil te réchauffe... Est-ce sous les lauriers-roses et les orangers d'Italie que tu souhaites aller? Préfères-tu l'Afrique et ses palmiers? Je chercherai le rayon qui vivifie, je te le donnerai...

— Ah! répliqua la jeune fille avec découragement, c'est trop loin et trop haut...

En ce moment la servante parut suivie d'un homme en costume noir d'aspect magistral. C'était le docteur.

Il étudia longtemps le visage de la malade, chercha le pouls faible et, remontant, regarda les joues pâles, les yeux sans chaleur, les lèvres amincies, puis il secoua la tête :

— Le mal dont elle souffre est héréditaire, fit-il, je ne puis rien ! C'est que l'âme est malade, et il faudrait guérir l'âme pour sauver cette enfant...

Voilà toute la vérité, acheva le médecin avec un geste attristé.

— Et vous ne recommandez rien, vous n'écrivez rien?

— Rien ! Que votre enfant soit heureuse.

— Doit-elle changer de climat?

— N'importe sous quel ciel elle emporterait le mal qui la dévore.

— Demandez-moi de l'or, répéta Zek, puisez dans mes coffres! guérissez ma fille.

— Le remède viendra de vous, dit le médecin. Cependant je puis ordonner des réconfortants, composer un breuvage, et commander des pilules dont l'effet sera sans doute de rendre quelque force à cette enfant ; mais, je vous le répète, arrachez-lui son secret, si vous voulez qu'elle vive.

Le médecin sortit.

Alors les doigts de Zek se crispèrent dans ses cheveux, et un sanglot jaillit de sa poitrine creuse. Puis, avec un geste fou, il retourna vers le lit où Salomé, blanche comme les draps, reposait immobile, plus semblable à une morte qu'à une créature vivante. Il prit une de ses mains et la pressant dans les siennes :

— Réponds-moi ! dit-il, réponds-moi, parle à ton aïeul, dis-lui ce que tu désires. Tout à l'heure, ma colombe, des mots énigmatiques sont tombés de tes lèvres. Ne te sens-tu pas heureuse ? Est-il quelque chose que je puisse faire pour ta consolation ?

— Tu es le meilleur des grands-pères !... Rien, non rien, ce n'est pas ta faute...

— Le médecin disait donc vrai, tu souffres, tu me caches ton mal...

— A quoi bon t'attrister ! répondit-elle.

On l'eût dite profondément découragée, et ce fut plutôt comme une personne qui poursuit sa propre pensée, que comme un enfant s'adressant à son père, qu'elle continua :

— Il est des cieux plus beaux, je devine un Éden magnifique, éclairé par l'aube pure des premiers jours... Là, trempant ses racines dans l'eau courante s'élève l'Arbre de la science, d'une science qui m'attire sans fin... Savoir ! oh ! savoir où est la vérité ! Se demander quelle est la parole sainte capable de vivifier l'âme... Attendre la clarté qui montre la voie, tâtoner dans une route ardue, le cœur serré, les bras tendus... Se dire : le salut est là peut-être, et n'y pouvoir atteindre... Et mourir de langueur quand il existe des aliments pour sa faim, et des ruisseaux pour sa soif...

Salomé s'arrêta, passa la main sur ses yeux, puis rappelée au sentiment du présent, elle demanda à son aïeul qui restait accablé près de son lit :

— On dit cette ville bien belle, père, quand mes forces seront revenues, tu me promèneras dans les rues antiques, sur les places, je verrai tous les monuments, tous...

— Excepté... dit le Juif.

— Sans exception, répliqua Salomé les yeux fixés sur le vieillard.

— Que le Dieu d'Israël m'écrase si je te laisse pénétrer dans un temple catholique ! Ma religion et toi, je ne tiens qu'à vous en ce monde.

— Vous me préférez votre foi, mon père ?

— Oui, fit le vieillard, mais s'il me fallait choisir, ce serait le martyre accepté, puisque sans toi je ne saurais vivre.

La jeune fille l'embrassa tendrement.

Un instant après la servante entra dans la chambre; elle apportait des cordiaux commandés par le médecin.

— Voici les drogues, mademoiselle, dit-elle d'une voix douce, je n'a point de conseils à donner à votre grand-père, mais à sa place je sais bien ce que je ferais... Entre nous, le docteur qui sort d'ici est un ignare... L'un vaut l'autre, du reste. Aussi plus de clientèle, c'est la ruine pour tous, depuis que le plus savant des hommes est venu se fixer ici.

— Pourquoi ne l'as-tu pas appelé de préférence à celui-là? demanda Zek.

— Ah! c'est que l'autre est un gentilhomme, plus riche que vous encore sans vous faire tort. Vous gagnez de l'argent, il fait de l'or. Depuis qu'il s'est fixé dans le pays, tous ceux qu'il soigne guérissent. Il habite un château à quelque distance de Buda-Pesth... Et tenez, on ne parle que de lui dans la ville... Figurez-vous... c'est écrit dans les gazettes, paraît-il, sans cela on n'y croirait pas... figurez-vous qu'il possède la puissance de prolonger la vie, et de ressusciter les morts.

— Ressusciter les morts!...

— Je ne sais pas si la chose est expliquée comme cela, mais enfin il empêche de mourir... Il a composé un Élixir qui rajeunit les vieillards, et guérit tous les maux de l'humanité... Demain la cour du vice-roi et tous les gentilshommes de Buda-Pesth seront au château du Danube... Le comte Palma videra un flacon d'élixir, et a affirmé qu'il redeviendra jeune et beau comme à vingt ans.

— Il se nomme, dis-tu?

— Le comte Palma...

— Où se trouve le château qu'il habite?

— Vous y parviendrez en suivant les bords du fleuve... Seulement, je vous conseille d'attendre, pour lui faire votre visite, que l'expérience soit tentée; il ne doit en ce moment recevoir personne.

— Ah! s'écria Zek, on reçoit toujours un père désespéré... Merci, ma fille! prends cette bague, elle vaut cinq cents ducats... j'aurais payé le double, ta révélation et ton conseil... Salomé, je te quitte pour une heure au plus... Je me rends chez ce docteur qui guérit tous les malades, chez ce gentilhomme dont la richesse surpasse celle d'un roi! Quelque chose me dit que grâce à lui tu seras sauvée.

— Merci, grand-père, répondit doucement Salomé.

Abraham Zek quitta l'hôtellerie et prit le chemin conduisant au château du Danube.

La route se trouvait déjà fort encombrée par les équipages des invités du comte. Zek se glissait entre les chevaux et les carrosses. Il était si maigre, son costume semblait si peu celui d'un millionnaire qu'il n'attira l'attention de personne. La grille du manoir se trouvant ouverte, il la franchit. Comme il la traversait, il entendit un valet du comte dire à un laquais étranger :

— Depuis deux jours le comte Palma est invisible... il travaille là-haut... son laboratoire occupe une partie du dernier étage du château.

Abraham gagna le péristyle, gravit l'escalier avec une assurance qui lui épargna les questions, et parvint jusqu'au haut de l'escalier. Une porte de cèdre couverte de marqueterie de fer se trouvait en face de lui.

Évidemment cette porte était celle du laboratoire de l'alchimiste.

S'il frappait, sans doute il ne recevrait pas de réponse. Mieux valait pousser l'audace jusqu'au bout. Après tout, que lui importait une mauvaise réception, il ne songeait qu'à sa fille ; de l'homme qu'il voulait voir dépendait le salut de Salomé.

Posant la main sur la clef qui était restée dans la serrure, Zek ouvrit la porte et entra.

— C'est vous, Paulus ? demanda le comte.

Mais au lieu de l'accent franc et sonore du jeune homme, ce fut une voix timide et cassée qui répondit :

— Excusez ma hardiesse, Monseigneur.

Palma se retourna vivement la face empourprée de colère. Mais cette expression fit subitement place à la stupeur quand il considéra le vieillard qui se tenait courbé devant lui, et reculant jusqu'à la table sur laquelle il s'appuya :

— Vous ! balbutia-t-il, vous !

Ce fut alors seulement que le Juif osa regarder en face le savant dont il attendait la vie de sa fille. La même stupéfaction qui venait d'altérer les traits de Palma se peignit sur les siens. Au lieu de se prévaloir de relations anciennes, il se fit plus humble que jamais.

— Pardonnez-moi ! fit il, pardonnez-moi !

— Vous pardonner de manquer à une promesse sacrée...

— Oh ! je vous le jure, je ne vous cherchais pas. En arrivant ici, je croyais, sur la renommée de votre savoir, m'adresser à un docteur plus habile que tous les autres, et en obtenir soit à force d'or, soit par la puissance des larmes d'un père désespéré, la guérison de mon unique enfant... Ne me regardez pas avec ces yeux irrités... Je ne réclame rien, je demande à genoux... J'étais déjà bien vieux lors de notre dernière rencontre... Maintenant j'ai un pied dans la tombe. . On affirme que vous avez le pouvoir de renouveler la vie, ce n'est point pour moi que je viens vous implorer .. Celui dont l'existence se prolonge subit une plus grande somme de douleurs, voilà tout ! Mais une fille dernier rejeton de ma race ! Une ravissante enfant, ma joie et mon espérance. Le givre a frappé la fleur, l'abeille a piqué le fruit, Salomé se meurt, sauvez-la ! sauvez-la !

— Je ne m'occuperai de rien ni de personne avant que ma grande expérience soit faite, dit Palma d'une voix irritée... Ni de votre enfant ni de vous-même !

— Et si elle échouait ! fit Zek avec le cri de l'égoïsme.

— Apprenez ceci, maître Abraham, le flacon de cristal que vous voyez renferme la mort ou la vie. Ou il me foudroie, ou il me rejeunit. Si je sors victorieux de l'épreuve, la joie d'avoir réussi me rendra clément ; si j'échoue, que m'importe la mort d'autrui puisque je n'aurai pu réussir à me sauver moi-même ?

— Vous ne serez point si cruel, fit Zek. Vous appellerez la bonté de Dieu sur vous par un bienfait en faveur d'une innocente créature... Je vous offenserais si je vous offrais de l'or... Moser vous a transmis ses secrets, et vous savez en faire... Je suis riche, et je possède les plus beaux diamants du monde...

Palma plongea la main dans une sébile, et en fit ruisseler une pluie étincelante qui retomba sonore dans une coupe d'agate.

— Je m'adresse à votre cœur, à votre cœur seul... Ma fille, rendez-moi ma fille.

— Je vous ai répondu : plus tard !

— Mais elle ne peut attendre un jour, une heure ; il y a un instant je l'ai crue morte.

— Vous avez entendu mon dernier mot, ajouta le comte, rien ne vaincra ma résolution. Rentrez chez vous... Je verrai votre fille dans trois jours.

— Cœur de pierre ! s'écria Zek en frappant du poing la table sur laquelle se trouvait la fiole de cristal, tu n'as donc jamais senti les douleurs et les joies de la paternité ? Je t'ai offert ma fortune pour le salut de mon enfant... Si tu me refuses, je suis capable, pour te punir, de tout, même d'un crime, entends-tu, d'un crime...

— Des menaces, maître Zek ! souvenez-vous que je puis vous faire jeter hors de ce château par mes valets.

— Oubliez-vous aussi, maître docteur, que je puis leur apprendre, d'un mot, dans quelle étrange circonstance nous nous sommes connus ?... Le passé nous lie aussi bien qu'un pacte avec Satan rive une âme à l'ange du mal... Certains faits équivalent à des maléfices... Vous attendez ici le vice-roi, les plus puissants magnats de Hongrie, et si le Juif qui est là disait un mot, si le vieillard qui n'a plus que le souffle révélait...

— Tais-toi ! fit Palma, dont une convulsion de colère altéra le visage, tois-toi. Que veux-tu ? Que je voie la fille ? J'irai demain, aujourd'hui... retire-toi, et fie-toi à ma promesse...

— Il me faut davantage, répliqua le Juif. Cette parole du docteur aux prodiges m'aurait satisfait il y a deux heures. J'exige mieux du comte Palma...

— Parle.

— Votre château s'emplit des invités qui doivent être témoins de votre métamorphose. Qu'importe un hôte de plus ou de moins au milieu de cette foule... Oh ! ne craignez rien, mon costume ne vous fera point rougir, et la beauté de ma fille excitera plus d'une jalousie...

— Vous ! ici ?

— Pourquoi pas ? demanda froidement Abraham Zek. Je me suis assis à la table d'un roi dont je venais de dégager la couronne... Acceptez vite, croyez-moi. Le moyen que je vous offre concilie tout. Vous saurez bien donner à un enfant un breuvage qui la soutienne, en attendant que vous la guérissiez tout à fait... Je vous fixerai un delai pour me la rendre fraîche, forte et joyeuse... Vous pouvez tout. Vous commandez à la mort, vous faites reculer la vieillesse... Ne me refusez pas, comte Palma, je vous en prie, je vous le conseille.

Ces derniers mots furent prononcés d'une voix bizarre, dans laquelle le commandement se dissimulait mal sous la supplication.

Chose étrange, le Juif redressait maintenant sa taille chancelante, tandis que le comte Palma baissait la tête sur sa poitrine.

— Impossible ! murmura-t-il, impossible.

— Retirez ce mot, car moi, je veux ! moi, Abraham Zek.

— Vipère ! s'écria le comte en s'avançant sur le vieillard.

Celui-ci ne bougea pas.

— Une vipère siffle, répliqua-t-il, et on entend ses sifflements ; elle pique et sa blessure est mortelle... Encore une fois, comte, je ne vous cherchais pas ! N'aviez-vous point attaché sur le visage un masque solide... ? Jéhovah permet qu'au lieu de me trouver en face d'un étranger, je rencontre un homme qui me connaît de vieille date... Acceptez la situation qui vous est faite... Je me conformerai à vos désirs... Vous me verrez le plus humble, le plus discret de vos amis... Mais je ne vous quitterai plus, et vous sauverez ma fille...

— La sauver ! suis-je certain de me sauver moi-même ? Vous ne savez pas quelle terrible expérience je vais tenter... Il se peut que j'échoue misérablement.

— Peut-être, mais vous espérez vaincre !

Une pensée terrible jaillit du cerveau de Palma ; il alla vers un instrument inconnu composé de fils de métal enroulés, et s'approchant de Zek, il parut prêt à réduire en poudre la frêle créature. Mais brusquement il s'arrêta. La générosité l'emporta sur le désir de châtier le Juif de son audace.

— Je cède, dit-il, allez chercher votre fille.

— Que Jéhovah vous protège ! dit le vieillard en joignant les mains avec ferveur.

— Chien ! fit Palma en repoussant Abraham du pied.

Mais Zek n'entendit point l'insulte, il ne sentit pas la violence. On lui permettait d'amener sa fille dans le château du Danube, sa fille serait sauvée.

A peine eut-il disparu que le comte s'abandonna à l'excès de la rage débordant de son cœur.

— Lui ! fit-il, lui, ici ! Aujourd'hui. Ah ! misérable vieillard, si ma pensée avait pu te foudroyer aussi bien que cette fiole est capable de rendre la jeunesse, tu ne serais pas sorti vivant de cette chambre ! Par quel hasard, quel enchaînement de circonstances, faut-il que ce fantôme se dresse devant moi, et me rappelle le passé, quand tout concourt à l'effacer de ma mémoire ! Malédiction ! Il me semble, maintenant, que rien ne me saurait réussir. Je succomberai sous la tâche acceptée ; je tomberai vaincu dans une lutte au devant de laquelle je marche... en face de ceux que je convoquais pour être témoin de mon triomphe... Ah ! plutôt que de subir cette humiliation, je boirai le poison contenu dans ces fioles, et j'en finirai avec une existence qui, tant de fois, me parut pesante...

Palma plongea la tête dans ses mains, et demeura muet, en proie à un découragement dont nul n'aurait pu sonder la profondeur.

Plus d'une heure se passa de la sorte ; Palma ne paraissait se souvenir ni de ses hôtes, ni des fêtes annoncées pour le lendemain. Une préoccupation dominait, en ce moment, toutes les autres : la prochaine arrivée du Juif et de sa fille au château.

Sans doute, Palma ferait l'impossible pour sauver Salomé, mais le résultat peut trahir les volontés les plus fermes, déconcerter les projets les mieux arrêtés. Cet homme et cette enfant entraveraient-ils sa carrière à l'heure où elle promettait d'être si belle ?

Tandis que le comte s'abandonnait à une inquiétude pleine d'angoisse, Paulus, sans frapper à la porte du laboratoire, y pénétra ; puis, s'approchant rapidement du comte, il lui toucha légèrement l'épaule.

— Laissez-moi ! s'écria Palma, laissez-moi ! soyez à jamais maudit et damné !

Il se leva et, ses yeux hagards se fixant sur Paulus, il demeura quelque temps sans le reconnaître ; puis voyant devant lui l'être qu'il aimait le plus au monde, il prononça son nom avec une sorte de sanglot.

Salomé s'évanouit sans pousser un soupir. (*Voir page* 71.)

VI

AVANT LA FÊTE

— C'est toi, mon enfant! dit le comte en serrant Paulus dans ses bras. Jamais tu ne vins plus à propos pour ton maître et ton ami. Les démons s'enfuient devant les bons anges. J'avais besoin de te voir, de m'entretenir avec toi.

— Ne pensiez-vous point que je viendrais vous rendre compte de ce qui se passe? Les invités arrivent au château, j'ai dû pourvoir à tout, et je pense l'avoir fait de façon à vous satisfaire.

— Le manoir est-il donc rempli? demanda le comte avec une certaine inquiétude.

— Il ne reste plus une chambre à donner.

— Il en faut deux, cependant; deux, entends-tu, Paulus?

— S'agit-il de gens d'une haute condition?

— Il s'agit d'un misérable Juif...

Le comte s'arrêta, comprenant que Paulus pouvait être surpris que son maître admît chez lui un homme qu'il tenait en dédain.

— Quand je dis « misérable Juif, » reprit-il, je songe seulement à sa religion. Zek possède des trésors immenses, et jouit comme négociant d'une haute considération; j'ai promis de soigner sa fille qui est fort malade.

— Alors, maître, disposez de mon appartement particulier.

— Et toi?

— Oh! moi! songerai-je à dormir durant la nuit prochaine? Je souhaite ne vous point quitter, non pas afin d'entretenir la confiance dans votre âme, mais pour vous mieux témoigner ma tendresse, ma gratitude et mon respect.

— Ah! Paulus! dit le comte, j'ai plus besoin d'amour que de respect et de reconnaissance.

— Eh! ne savez-vous point combien vous m'êtes cher? Je vous dois le pain de mon âme, la vie de mon intelligence. Sans vous, que serais-je? Chevrier dans les Abruzzes, j'aurais langui en proie à un mal inconnu, car je sens qu'en dépit d'une condition inférieure mes vœux se seraient fixés au delà. Vous m'avez fait instruire, vous me chérissez...

— Tais-toi! dit le comte en pressant nerveusement le bras du jeune homme, tais-toi, tes paroles me causent un mal que tu ne saurais comprendre. Enfin, tu dis vrai, tu es instruit, le monde s'ouvre devant toi d'une façon brillante, et tu seras riche, plus riche que tu ne l'aurais jamais été, si...

— Si Dieu ne vous eût envoyé sur ma route..

— Dans l'avenir, rien ne manquera à ta félicité, Paulus; j'ai juré à Dieu de réaliser ton bonheur, je tiendrai cette promesse... Mais toi, gardes-tu bien à l'égard de ton vieil ami une confiance absolue?... Tu comptes vingt-deux ans, Paulus... La science et les arts ne semblent plus te suffire... Les rêves de ta jeunesse battent des ailes au fond de ton cœur..

N'est-il point passé devant toi une jeune fille dont le souvenir te charme ? Tu rougis, Paulus... Pourquoi rougir, mon enfant ?... Quoi de plus naturel que de voir les regards du jeune homme se tourner vers la vierge pure ?... Celle que tu aimes, Paulus, je te jure de te la donner...

— Vous, mon ami, mon père !
— Moi ! répéta Palma, gravement.

Il reprit un moment après :

— Tu l'as dit, c'est le protecteur, le père, qui te fait maintenant cette promesse... Dans deux jours, combien la situation sera nouvelle entre nous... Je garderai pour toi des sentiments identiques, un cœur semblable, mais extérieurement j'aurai les cheveux noirs comme les tiens ; mon regard aura retrouvé le rayonnement de la jeunesse ; mes membres, l'agilité et la force... Tu m'appelleras alors ton compagnon, ton frère... Et je te rendrai alors la confidence que ton silence me fait aujourd'hui.

— Ah ! maître ! depuis longtemps je vous aurais avoué...
— Chut, Paulus ! j'ai encore des cheveux blancs... Attends un peu plus puisque tu as tant tardé... Oh ! si tu savais avec quelle force de volonté j'appelle la rénovation qui va s'opérer en moi ! Être jeune et beau ! Avoir vingt ans ! Tu n'apprécies point ces trésors parce que tu les possèdes, Paulus... Celui qui les a perdus ne cesse de les regretter... Quelle vie nouvelle et magnifique va devenir la nôtre ! Je ne t'ai point encore assez aimé ! J'ai trop à te payer, à toi qui as pour moi remplacé Bianca et Mario...

Ces deux noms rappelèrent la tristesse dans son âme ; il resta un instant rêveur, puis il reprit :

— Si j'échoue, tu trouveras entre les mains du baron Samper le testament écrit il y a dix mois ; je n'y puis, je n'y veux rien changer

— Maître !
— Je dois tout prévoir, mon enfant ! Si je réussis, dès le lendemain je te crée une situation indépendante, je te donne un état de maison, des chevaux et des carrosses à toi, et tu pourras devenir le mari de celle que tu aimes... Demain ! qui me dira ce que je serai demain ! Peut-être serai-je retombé du haut de mes rêves comme Icare ! peut-être, au contraire, le monde entier connaîtra-t-il mon nom. Alors, nul ne m'égalera. Je verrai à mes pieds les hommes les plus puissants, les rois eux-mêmes... Palma régnera sur l'univers, Palma égalera Dieu puisqu'il aura bouleversé les lois de la nature... Fou que je suis ! le ciel permet-il à un homme de pénétrer si avant dans les arcanes sacrés ? Les manuscrits des mages ne m'ont-ils point trompé ? Ai-je observé leurs prescriptions ? Je ne saurai le mot de cette énigme qu'à l'heure où il sera trop tard pour renoncer à mon

épreuve... Écoute bien, toi, mon fils, mon héritier, mes suprêmes instructions et mes derniers ordres... Ce n'est point dans ce laboratoire que je prendrai le breuvage capable de renouveler en moi les sources de la vie, mais dans le cabinet de travail voisin de ma chambre... Je quitterai le salon, où seront réunis mes invités, vers minuit... J'estime qu'une demi-heure sera nécessaire afin que l'Élixir opère son effet... Si, au bout d'une heure, tu ne me voyais point revenir, pénètre chez moi et cherche si mon cœur bat encore... Si je meurs, tu me pleureras. Ce que je vais tenter est tellement en dehors des choses connues et possibles que je veux te mettre, plus que tout autre, en garde contre le doute... Qui sait si dans le jeune homme qui te sourira demain tu reconnaîtrais ton vieux maître !

— Ah ! fit Paulus, mon cœur ne se trompera pas !
— Joins à ce témoignage celui de tes yeux, mon enfant.

Palma releva la large manche de sa robe de chambre, puis il saisit un poignard et, avant que Paulus pût s'y opposer, il se fit une blessure assez longue, mais peu profonde.

— Ne crains rien ! dit-il en répondant au cri d'angoisse du jeune homme : grâce à la liqueur avec laquelle je laverai cette blessure, elle sera demain entièrement fermée... Mais la cicatrice restera, survivant au rajeunissement du corps... Si donc tu te sentais jamais pris de doute, cherche cette trace.

La blessure de Palma se trouvait déjà bandée, et la manche de sa robe la dérobait à la vue de Paulus. Pendant une heure encore, le comte s'entretint avec son jeune compagnon d'une façon touchante. Jamais il n'avait laissé de la sorte déborder la tendresse de son cœur, et Paulus se sentait l'âme à la fois pénétrée de pitié et de tendresse. En dépit de la science de son maître, il redoutait de le voir échouer, et Palma l'avait dit, il s'agissait de vie ou de mort.

Quand il s'aperçut de l'anxiété de Paulus, le comte s'efforça de le rassurer, puis de nouveau l'attirant sur sa poitrine :

— Quitte-moi maintenant, mon enfant, va remplir tes devoirs envers nos hôtes, et que leur réception soit digne du comte Palma.

Paulus poussa un soupir, baisa la main de son protecteur et quitta le laboratoire.

Au moment où il descendait au premier étage, une voiture magnifique déposait, devant le perron de marbre du château, un vieillard vêtu d'un costume de velours rouge brodé d'or, et une jeune fille dont une mante de satin enveloppait la taille élégante Quand une camériste la lui eut enlevée, l'enfant parut habillée de lampas blanc, ses joues avaient la pâleur de cette virginale parure. Elle se laissait à demi soutenir par le vieillard, et

celui-ci allait appeler à l'aide, quand Paulus entoura de son bras la taille de Salomé.
— Le comte Palma nous attend, dit le Juif d'une voix dans laquelle perçait un reste d'inquiétude, Zek, Abraham Zek...
— Votre appartement est préparé, répliqua courtoisement le jeune homme.
Ces mots amenèrent un sourire sur les lèvres du Juif qui se pencha vers sa fille, et murmura :
— Il tient parole, tu seras sauvée !
Deux filles de chambre, jeunes, accortes, vêtues d'un élégant costume du pays, s'empressèrent autour de la Juive. Un moment plus tard Paulus remettait au marchand de pierreries un flacon renfermant une liqueur incolore, mais dégageant de fortifiants aromes. Le vieillard en versa quelques gouttes sur les lèvres décolorées de sa fille, et soudain les paupières de celle-ci s'ouvrirent, ses yeux brillèrent d'un nouvel éclat ; la pourpre de la vie reparut sur ses lèvres, elle se souleva du divan sur lequel on l'avait à demi couchée, passa un de ses bras autour du cou d'Abraham agenouillé devant elle et, avec un geste ingénu, elle tendit la main à Paulus.
— Ma colombe ! Ma bien-aimée ! fit le Juif, le Dieu d'Israël te gardera à mon amour.
Alors seulement Paulus comprit qu'elle était Juive et, en dépit de son savoir-vivre et de son indulgence, une impression pénible passa sur son visage, et il retira sa main des doigts de Salomé !
Il lui était d'ailleurs aisé de trouver une excuse. A toute minute, ne devait-il point remplir des devoirs nombreux à l'égard des invités de Palma? Paulus s'en acquittait à merveille. Il trouvait pour les femmes des louanges délicates; à l'égard des hommes, il se conduisait avec autant de tact que de modestie. Remplissant en cela le souhait de Palma, il fit les honneurs du repas du soir, et durant les heures qui s'écoulèrent avant que les hôtes du Château maudit se retirassent dans leurs appartements, il se montra d'une courtoisie qui lui valut tous les suffrages.
Qui pourrait affirmer, cependant, que le jeune homme ne témoigna pas plus de sympathie et de respect à Molda Komorn? Celle-ci comprenait combien Paulus s'efforçait de la rassurer et de lui plaire. En dépit d'elle-même, Molda se sentait prise d'une indéfinissable terreur. Elle ne voyait pas seulement dans le prodige qui le lendemain devait s'accomplir sous ses yeux, le résultat d'une longue suite de travaux, un phénomène succédant à d'autres phénomènes. Il lui semblait qu'elle assisterait à une scène dans laquelle Satan jouerait son rôle, et qu'elle gardait sa part dans un drame de sang et de larmes. Depuis plusieurs semaines, l'attitude du comte Palma

la troublait. L'amitié dont il s'était pris pour son père devait, suivant son instinct, cacher un piège. Elle s'épouvantait des emprunts successifs du comte Komorn, qui puisait au gré de ses besoins de joueur dans la caisse toujours ouverte de l'opulent étranger. Des regards surpris, des mots murmurés, une certaine entente mystérieuse entre Palma et Komorn, des expressions d'admiration trop vives, tout concourait à grandir en elle une crainte dont la présence de Paulus parvenait seule à la soulager.

Jamais le jeune homme ne lui adressait un de ces compliments dont Palma se montrait prodigue. Devant elle, il baissait les yeux ; et cependant le son de sa voix révélait une secrète tendresse, les mots qui tombaient de ses lèvres la touchaient par leur sincérité. Oui, vraiment, Paulus disait vrai en affirmant que pour elle il serait un frère, et Molda sentait le besoin d'une protection, d'une amitié puissantes, en apprenant à se défier de son père. Par une sorte de pudeur, la jeune fille avait craint de révéler jusqu'alors ses inquiétudes secrètes au baron Samper. N'allait-elle point, par une confidence prématurée, enlever à Komorn un reste d'estime ? Il lui en coûtait d'être plainte. Pour ne pas dénoncer son père et révéler à tous l'abîme dans lequel l'entraînait une funeste passion, elle le laissait vendre les derniers lambeaux d'un splendide héritage. Non point que Molda ignorât assez les affaires pour être incapable de se défendre contre la ruine ; elle connaissait ses droits, mais il lui répugnait d'en user. Sa mère était morte à la peine ; sans doute le devoir de la femme était de tout subir sans se plaindre, et Molda s'était promis de suivre son exemple. Sur un seul point elle entendait demeurer libre. Jamais elle ne sacrifierait sa liberté et sa personne. Si son père attentait à cette liberté sacrée, elle trouverait la force de lui résister. Molda ne s'effrayait point à la pensée de s'ensevelir dans un cloître ; elle aspirait trop à la paix pour ne pas apprécier le calme dont sont entourées les filles du Seigneur ; mais elle voulait s'y rendre d'elle-même, tranquillement, simplement, fermant sur elle les portes d'un monde où elle endurait de précoces douleurs. Longtemps même elle songea que le couvent était l'unique avenir s'offrant à elle ; depuis quelques mois seulement elle se demandait si elle aurait le courage de s'y ensevelir. Une ombre passait entre elle et les hautes murailles du cloître, et cette ombre chère la visitait souvent.

Paulus devinait-il les pensées qui se pressaient dans ce jeune cœur ? On peut le croire, car il trouvait vite le mot capable de ramener un sourire sur les lèvres de la fille de Komorn, et de rendre à son regard un éclair d'espérance.

On venait d'entendre chanter un morceau vivement applaudi, quand les yeux de Molda aperçurent, pour la première fois, Salomé, frêle, pâle et ravissante dans sa robe de gaze bleue-blanche d'argent. Un mouvement de pitié généreuse l'entraîna vers cette enfant qui ne paraissait connaître personne, sauf un vieillard singulièrement emprunté dans son magnifique costume. Jugeant Salomé étrangère et voyant près d'elle une place vide, Molda s'approcha de la Juive, et lui adressa de bienveillantes paroles. Salomé y répondit avec l'expression de la reconnaissance et de la joie. Molda était si charmante, elle semblait si bonne ! Un regard permit à ces deux cœurs innocents de s'apprécier et de s'aimer. Molda et Salomé ne s'interrogèrent point sur leurs noms, sur leurs situations. Au milieu de l'animation générale, elles se reconnurent pour sœurs à une tristesse mystérieuse, et leurs petites mains s'étreignirent.

— Vous semblez triste ! dit Salomé à Molda.
— Et vous, n'êtes-vous pas malade ?
La Juive sourit tristement.
— Je laisse à mon père des espérances que je suis loin de partager... Il s'imagine que le comte Palma saura me guérir !
— Ne le croyez-vous point fort habile ?
— Certaines douleurs venant de l'âme ne s'éteignent que dans la mort... Comment avouer cette conviction à mon grand-père ? Si vous saviez combien il m'aime ! C'est pour moi qu'il vit, qu'il respire, qu'il amasse des richesses dont jamais je ne jouirai. Tous les miens sont morts jeunes, et j'ai pour me protéger un vieillard âgé de près d'un siècle... Mais quand bien même je ne me sentirais point frappée par la main mystérieuse qui nous marque tous pour le trépas, je n'en mourrais pas moins... Vous me traitez avec bonté, mademoiselle, vous semblez me croire votre égale... Il y aurait trahison de ma part à vous laisser cette illusion. La plupart des femmes qui me frôlent dans ce salon, et qui ne remarquent que ma jeunesse, ma parure et ma pâleur, se reculeraient avec dédain si elles apprenaient qui je suis !

Salomé n'acheva pas, Molda lui serra la main en silence.
— Vous souffrez, lui dit-elle, cela me suffit pour vous plaindre et pour vous aimer.

Toutes deux demeurèrent dans l'angle du salon pendant le reste de la soirée ; Komorn, qui jouait en ce moment et venait de trouver une veine inespérée, oubliait complètement sa fille. Ce fut Salomé qui l'accompagna jusqu'à son appartement.

Paulus les vit échanger une caresse et, le cœur ému, il s'éloigna en murmurant :
— Qui sait si mutuellement ces deux douleurs ne se consoleront pas !
Il monta au laboratoire de Palma et en franchit sans bruit la porte.

L'alchimiste était presque évanoui dans un fauteuil, mais un de ses doigts soulignait encore le principal passage d'un manuscrit arabe, tandis que son autre main s'étendait vers un flacon de cristal de roche contenant l'élixir de longue vie.

— Maître, dit Paulus, regagnez votre appartement, je vous en supplie.

— Tu as raison, dit Palma, un jour de plus, et il s'agirait non point de me rajeunir, mais de me ressusciter.

— Ne prendrez-vous rien ce soir?

— Si, quelques gouttes de ce breuvage ; il suffira pour me rendre un peu d'énergie.

Palma compta dix gouttes d'une liqueur rouge dans un verre d'eau, l'avala lentement, puis se levant, il quitta le laboratoire, tourna la grosse clef qu'il laissa dans la serrure et regagna son appartement du premier étage. Une lampe allumée se trouvait sur la table, un ambigu attendait sur un guéridon.

Palma posa le flacon de cristal de roche sur son bureau, sous les rayons de la clarté de la lampe. Il paraissait excessivement las.

— Rentre chez toi, Paulus, dit-il; demain j'assisterai au banquet, au bal ; demain, ton vieux maître fera place à un joyeux compagnon. Regarde! fit-il.

Prenant alors la lampe il l'éleva progressivement, et Paulus aperçut un portrait qui, la veille, n'occupait point cette place.

Il représentait un jeune homme vêtu d'un habit de velours rouge couvert de broderies d'or fin. Sa figure était belle quoique très pâle; l'œil brillait sous des sourcils admirablement arqués ; les boucles d'une opulente chevelure noire flottaient sur un cou élégant. Une des mains se perdait dans les plis neigeux d'un jabot de Malines, l'autre reposait sur la garde d'une épée de cour. On apercevait au bras, suivant une mode italienne qui tendait à se répandre, un bracelet d'or mat.

Une bague d'émeraude étincelait à la main qui tenait l'épée.

Certes, ce jeune homme était admirablement beau. A mesure qu'on observait davantage les traits de son visage, on constatait une plus grande ressemblance avec ceux de Palma. L'ami, le protecteur de Paulus, n'avait plus ce teint pur, cet éclat de regard, cette fraîcheur des lèvres. Les veilles plombaient les paupières, les angles de la bouche s'abaissaient, et cependant, c'était bien le même homme.

— Vous! c'est vous! s'écria Paulus.

— Tel que tu me reverras demain, répondit le comte.

Il posa la lampe sur la table, attira Paulus dans une virile étreinte et demeura seul.

Palma ne se coucha point. Il ne travailla pas. A quoi bon? Qu'aurait-il appris désormais? Les prescriptions indiquées dans les manuscrits divers sur lesquels il a pâli ont été scrupuleusement remplies. Quand il cherche au fond de sa mémoire les leçons de Moser, il croit les avoir mises en pratique. La science humaine ne saurait aller plus loin, et cependant Palma n'est pas tranquille. Depuis la veille une préoccupation unique le trouble désormais, son âme connaît une autre source d'inquiétude : Zek est revenu ! Ne croyait-il point le Juif mort depuis longtemps? Par quel étrange hasard se dressait-il devant lui mille fois plus inquiétant que ne le fût jamais pour les gens qu'effraient les fantômes, le spectre de la dame assassinée dont le sang tache les dalles de marbre du vestibule? Encore, s'il eût été seul ! les hasards de sa vie mercantile l'auraient entraîné loin. Abraham ne tenait point à cette terre : tous ceux qui l'aimaient l'avaient quitté ; mais voilà qu'il ramenait avec lui une délicate créature sur laquelle se concentraient ses dernières tendresses, et cette enfant, la dernière de sa race, il la préférait à ses trésors. Rien désormais ne pouvait éloigner Abraham ; rien, sinon le succès.

Mais le comte le savait, la fiole de cristal ne contenait pas, à la fois, de quoi le rajeunir et de quoi sauver Salomé. Il lui faudrait recommencer pour la Juive le travail sur lequel il avait pâli durant des nuits. Si elle expirait dans l'intervalle, jamais Abraham ne lui pardonnerait, et alors...

Il n'osait formuler sa pensée, et retombait dans le silence Chaque heure, sonnant lentement dans la nuit l'arrachait à cette rêverie, mais il retombait vite dans une somnolence pleine de rêves, dont il s'éveillait à la fois las et effrayé.

Le jour le trouva plongé dans cette double angoisse.

Bien différente fut celle d'Abraham. ;

Comme le lui avait dit le comte Palma, les hôtes du château du Danube étaient trop nombreux pour qu'il fût possible de lui donner un grand appartement. Il dut se contenter de la chambre de Paulus dans laquelle s'installa Salomé, et d'un cabinet de toilette au fond duquel on dressa un lit. La pensée qu'il demeurerait sous le toit d'un homme dont il connaissait la science prodigieuse, la confiance que Palma réussirait dans son entreprise et lui remettrait à son tour un breuvage capable de ressusciter Salomé, réchauffa tellement son vieux cœur, et remplit son esprit de rêves si joyeux que, ne pouvant rester sur sa couchette, il se leva et, s'asseyant dans un fauteuil, il veilla sur Salomé.

Tout avait changé de face pour la charmante fille, elle possédait une ami !

Ce mot qui, le dernier, erra le soir sur ses lèvres la hantait encore pendant son sommeil. Elle se croyait transportée dans la grande salle, assise près de la fille du comte Komorn, et se laissant prendre à la magie de cet accent sonore qui lui pénétrait l'âme.

Elle sentait qu'elle oserait lui révéler les secrets de son cœur, lui dévoiler les plis mystérieux de sa pensée. Douce fille! Il semblait, à la voir blanche et pure comme un lis penché, qu'elle ne pouvait garder de secret pour personne, et cependant Zek, qui croyait posséder sa confiance, ignorait encore de quelle douleur se mourait l'enfant.

S'imaginant qu'elle portait en elle le germe d'un mal héréditaire, i. priait Palma de la sauver ; mais Molda pouvait plus pour sa guérison que le plus savant des médecins et le plus habile des alchimistes.

Élevée par son père dans la connaissance et la pratique de la loi judaïque. Salomé remplit d'abord son esprit de l'incomparable poésie découlant des Livres saints. Elle apprit par cœur les chants de tristesse de David, les chroniques héroïques, les pages splendides du législateur des Hébreux. Abraham, très instruit, et fervent hébraïsant, se plut à lui développer les splendeurs de l'histoire d'Israel, et à dérouler devant elle les phases tantôt glorieuses, tantôt misérables de son peuple. Les vieillards qui venaient de temps à autre visiter Abraham ne pouvaient assez louer sa fille. Ils la considéraient comme une créature privilégiée, et quand ils parlaient de Salomé, ils cherchaient pour la dépeindre les figures gracieuses ou inspirées de Rachel, Sara, Débora et Miriam.

Il suffit d'une heure pour changer le cœur et les pensées de Salomé.

Un jour, que son aïeul concluait à Vienne une magnifique affaire de diamants, Salomé se trouvant seule, ennuyée, eut la curiosité de visiter la ville. Le hasard la conduisit en face d'une église catholique. Les chants qu'elle entendait de loin, les parfums de l'encens arrivant jusqu'à elle, la clarté lointaine des cierges lui inspirèrent un violent désir d'entrer. Ne commettait-elle point une faute grave ? Que dirait son aïeul s'il apprenait qu'elle avait risqué une pareille démarche ? Mais qui révélerait ce secret à Zek ? Une minute seulement Salomé entrerait dans le temple, assisterait à quelques cérémonies, puis elle rentrerait à l'hôtel, et jamais elle n'en parlerait à son père.

La main de Dieu la poussait, elle entra.

Il ne s'agissait point seulement d'une bénédiction solennelle du Saint-Sacrement ; un célèbre orateur devait prendre la parole. Peut-être après avoir parcouru du regard l'église catholique, Salomé se fût-elle retirée si elle l'avait pu ; mais, derrière elle, la foule, avide d'entendre prêcher la sainte parole, venait de se refermer subitement. Impossible de retourner en arrière. Elle devait attendre afin de ne causer ni dérangement ni scandale ; elle attendit.

Le prédicateur parla de la Passion.

Pour la première fois furent retracées devant la jeune fille les scènes terribles du Calvaire. Elle apprit, à la fois, et la mission de Jésus, venu pour renouveler la loi, et donner les préceptes de l'amour à la place d'un culte suffisant jadis pour le « peuple à tête dure. » Que se passa-t-il dans cette jeune âme ? De quel coup subit plut-il à Dieu de la frapper ? Il sembla tout à coup à Salomé que tout changeait pour elle d'aspect et de nature. Elle renia sa loi, elle se maudit elle-même ; elle se jugea la plus malheureuse et la plus méprisable des créatures. Pendant que parlait le prêtre, son âme se brisait, des sanglots secouaient son être frêle, et au moment où il montra Jésus expirant sur le Calvaire, Salomé s'évanouit sans pousser un cri, un soupir.

On la crut morte, on l'emporta. Mais, à l'avance, elle acheta la discrétion de ceux qui la secouraient. Nul ne devait révéler au vieillard d'où on ramenait sa fille. Elle prétexta une indisposition subite et sans cause, puis voyant pleurer son grand-père, elle pleura avec lui.

Elle pleura sur elle, sur son aveuglement, sur la soif qu'elle avait d'une eau désaltérante. Elle maudit la nuit dans laquelle elle était plongée. Mais, en même temps, elle se demanda comment il lui serait possible de sortir de son ignorance, de quitter le désert pour la Terre-Promise. En cachette, elle lut et relut des livres capables de l'instruire. Sans oser s'adresser à un prêtre, elle entreprit de faire seule son éducation chrétienne. Une singulière ardeur, une ferveur soutenue par l'innocence, en firent subitement une créature d'élite, aspirant à la vérité de toutes les forces de son âme.

Mais, en même temps, sa santé déclina d'une façon alarmante ; son vieil aïeul ne la quittait plus. En dépit de son désir, il lui fut impossible de renouveler sa tentative. Zek quitta Vienne un mois plus tard et, durant ses pérégrinations, la jeune fille ne put retrouver une heure propice.

Depuis lors, deux mois s'étaient écoulés, deux mois durant lesquels l'ardeur qui la portait vers la religion chrétienne ne cessa de grandir ; mais en même temps le changement qui s'opérait dans son âme épuisait son corps déjà maladif et chancelant. Troublée, et n'osant avouer la cause de son trouble ; entraînée vers une foi pour laquelle son aïeul éprouvait une haine persistante, Salomé sentait, dans ce combat, s'épuiser ses dernières forces. Jamais elle n'eut plus de crainte de mourir, avant d'avoir révélé l'état de son âme, que depuis son arrivée à Buda-Pesth. Il est vrai que l'aggravation de son état rendait plus pressant pour elle de prendre une décision, et d'avouer la vérité à son grand-père. Mais à la pensée de la douleur qu'elle lui causerait, Salomé perdait son courage. Que deviendrait-elle en présence du désespoir du vieillard ? Elle se jugeait lâche de ne point oser parler; elle eût redouté en parlant de se montrer cruelle.

La pauvre enfant se trouvait dans cette disposition d'esprit quand elle entra au château de Palma, et qu'elle comprit que Zek espérait sur la guérison du mal qui l'emportait.

Hélas! elle le savait, la douce fille! elle mourait d'une souffrance sans nom, d'un mal dont Dieu seul la pouvait guérir en lui disant : Voyez, croyez, aimez !

Et voilà pourquoi, lorsque subitement elle se trouva en présence de Molda, elle se sentit soulagée d'un poids énorme. Tout de suite, elle comprit qu'elle oserait dire la vérité à cette pure et charmante fille. Le Seigneur lui envoyait une aide, une sœur, une amie. Aussi, durant son sommeil, le nom de Molda passa-t-il plus d'une fois sur ses lèvres.

Abraham Zek l'entendit. Il secoua la tête, d'abord avec une sorte de dédain et de tristesse ; puis, brusquement, l'amour du père l'emportant sur l'avarice du Juif :

— Qu'elle l'aime, après tout ! S'il ne faut, pour lui conquérir l'affection de cette Molda, que payer les dettes du comte Komorn, je les paierai...

Quand Salomé s'éveilla elle vit son père à son chevet.

— Ma chérie, lui dit-il, tu sembles chérir Molda Komorn, offre-lui cette bague ; elle est semblable à la tienne, et vaut mille ducats.

— Ah ! père, vous vous trompez, elle vaut cent fois plus ! Elle me prouve qu'à toute heure vous êtes préoccupé de l'idée de me voir heureuse !

Elle couvrit de baisers les cheveux blancs d'Abraham, et le marchand de pierreries se crut trop payé.

L'ÉLIXIR DE LONGUE VIE

Le cavalier jetait sur les seigneurs des regards d'envie. (*Voir page* 74.)

VII

MARIO

Un jeune homme, dont le costume attestait une ancienne opulence, allait au trot d'un maigre cheval, sur la route conduisant au château du Danube. Son habit de velours râpé, dont les parements montraient le fil, un manteau brun élimé, un chapeau rougi par l'usage, des bottes avachies soutenant mal l'éperon, du linge fripé, le reste d'un gant, trahissaient une misère profonde. Non point une de ces pauvretés honorables dont la cause est sacrée, dont les marques nous attendrissent, mais une pauvreté due à une déchéance progressive. Il pouvait compter entre vingt et vingt-cinq ans, si l'on étudiait scrupuleusement une physionomie fort belle, dont les lignes restaient pures en dépit du ravage des passions. Le regard, brillant encore, avait des lueurs fiévreuses; la bouche se tordait aisément pour laisser tomber un sarcasme ou pour exhaler la colère; le teint pâle, les sourcils rapprochés, trahissaient les veilles remplies par des orgies. Cette créature, que Dieu créa superbe, s'était complue à dégrader l'œuvre divine. Jamais ces regards fuyants, tour à tour audacieux ou craintifs, ne devaient refléter une grande pensée, une résolution virile. Ces lèvres oubliaient de prier. Ces mains, fines et blanches, agitées de mouvements nerveux, ne savaient sans doute que remuer des dés ou des cartes.

Ce cavalier jurait entre ses dents, et contre la froidure dont il sentait les atteintes à travers un manteau trop mince, et contre son cheval qui, bronchant à chaque pas, ne pouvait manquer de s'abattre avant même d'avoir atteint le but de sa course.

Honteux de son accoutrement, le cavalier jetait sur les grands seigneurs passant à cheval et les équipages suivant la même route que lui, des regards dans lesquels l'envie se confondait avec la haine.

Derrière lui, il laissait Buda que relie à Pesth un pont admirable; des cités jumelles jaillissaient les clochers des églises, les palais, les châteaux; à sa droite coulait le Danube, tranquille et fier, sillonné par de rares bateaux, car on pouvait craindre que l'excès du froid fît tout à coup prendre le fleuve. Au loin, tout à fait dans l'éloignement, semblable à une sentinelle de granit gardant le fleuve bleu, se dressait le Château maudit.

Un moment, le cavalier s'arrêta pour le considérer.

— C'est là! fit-il, là! Comment me recevra-t-il? trouvera-t-il une seule parole de condescendance, de pardon et de pitié?

Son cheval se traînait sur la route, il l'éperonna vivement, car il venait d'entendre une voix railleuse murmurer :

— Ce jeune malandrin serait-il donc des invités du comte Palma?

— Ah! s'écria le cavalier avec un jurement de colère, si je n'en suis pas, j'apparaîtrai du moins comme le spectre de Banco. Vive Dieu! si l'on me repousse, si l'on me renie...

Il n'acheva pas, allongea un coup de cravache à la bête exténuée et, au bout d'un moment, il aperçut d'une façon distincte la lourde masse de pierre, autour de laquelle se dessinaient, semblables à des squelettes, les troncs des arbres dépouillés.

Le paysage était triste, et le voyageur connaissait la légende du château, car il ajouta :

— Je donnerais la moitié de ma vie pour que la dame assassinée se dressât sur le perron du manoir afin de m'y faire accueil.

Un quart d'heure plus tard il franchissait la grille d'honneur.

Un valet s'approcha de lui poliment ; cependant, après un regard jeté sur son costume, le zèle dont il venait de faire preuve parut se refroidir.

— Restez-vous ici ? demanda-t-il.

— J'ignore si mes affaires me le permettront, mettez mon cheval dans le premier de ces bâtiments, et donnez-lui double ration.

— Oh ! une ration de huit jours ! ce ne sera pas trop.

— Pauvre bête ! fit le cavalier avec un geste presque caressant pour l'animal qu'il cravachait tout à l'heure, tu ressembles à ton maître, tu as connu des temps meilleurs.

Mais ce retour vers le passé dura peu ; le voyageur embrassa la façade du château, la vaste cour d'honneur et les jardins, d'un regard exprimant plus de contentement que d'envie, puis, secouant les basques de son vêtement, donnant un tour élégant à sa magnifique chevelure noire, rejetant son manteau sur l'épaule, et abaissant les bords de son chapeau sur ses yeux, il eut un geste à la façon d'un homme qui, après avoir pris une décision, marche résolument vers un but.

Un si grand nombre d'étrangers remplissaient le vestibule que nul ne remarqua l'étranger au moment où il le traversa.

Si quelqu'un se fût étonné de la négligence de son costume poudreux, la réflexion aurait vite atténué la surprise. Peut-être arrivait-il de loin Palma ne convoquait pas seulement de grands seigneurs à sa fête, il y mandait aussi des écrivains et des savants, et de ceux-ci on n'attend guère les élégances prodigues des magnats.

D'ailleurs, le port de tête du voyageur, la fierté de son regard, la hardiesse de sa démarche, trahissaient plutôt l'habitude du commandement que celle de l'obéissance. En dépit de la misère présente accusée par son costume, il gardait grand air, et on comprenait que, revêtu d'un costume de bal, il dût être un fort beau cavalier.

Sans rien demander, il monta l'escalier, s'en fiant au hasard pour obtenir les renseignements dont il avait besoin.

L'une après l'autre, il regarda les fenêtres s'ouvrant au premier étage ; on eût dit qu'à chacune d'elles il demandait un secret. Tandis qu'il étudiait l'aspect général de ces appartements divers, des voix au timbre harmonieux retentirent à son oreille, et il vit s'approcher deux jeunes filles, dont la plus âgée soutenait l'autre avec sollicitude. Par un sentiment de coquetterie plus que de respect, le voyageur évita de se tourner dans la clarté tombant d'en haut. Il lui répugnait d'être vu en si piètre équipage, quand il gardait l'espoir d'assister aux fêtes de nuit, et de rivaliser de luxe avec les grands seigneurs de Buda-Pesth.

— Ainsi, demanda tout bas la jeune fille pâle aux cheveux noirs, c'est ici l'appartement du comte Palma ?

— Oui, répondit la jeune fille blonde ; qui sait à cette heure à quel étrange labeur il se livre ? Je me sens pleine de terreur en passant devant son appartement.

— Nul n'y entre aujourd'hui, je crois ?

— Ses ordres sont formels à ce sujet. Quoiqu'il soit bon, ses serviteurs lui obéissent d'une façon absolue ; le moindre manquement serait suivi d'un renvoi immédiat.

— Rentrons au salon de musique, Molda, le seigneur Paulus va nous jouer quelques airs italiens.

Les jeunes filles disparurent, et l'étranger demeura seul en face de la porte du comte.

Son hésitation fut de courte durée; dans ses grands yeux noirs brilla une résolution soudaine, il ouvrit brusquement la porte et se trouva seul dans la pièce qui servait au comte de cabinet de travail.

L'ordre le plus absolu y régnait. Quoiqu'on fût chez un alchimiste et chez un savant, tout semblait rangé avec une régularité admirable.

Les yeux du voyageur se fixèrent tour à tour sur les meubles somptueux et sur les tableaux de maîtres ornant cette pièce. Le portrait du jeune homme, habillé en rouge, attira tout de suite son attention, et comme il était à côté d'un miroir, il chercha, d'un œil avide et railleur tout'ensemble, à comparer les traits de ces deux physionomies si absolument semblables Sans doute, la figure de l'étranger trahissait plus de fatigue, les yeux s'étaient plombés, la bouche gardait un pli amer, mais le front se modelait avec la même puissance sous de magnifiques ondes de cheveux noirs. On eût dit deux jumeaux que la nature avait pris plaisir à modeler d'une façon identique.

La contemplation de ce portrait occupa le voyageur pendant plusieurs minutes. Elle l'absorbait tellement que le bruit de la porte voisine qui roulait sur ses gonds, ne la troubla même pas.

Cette porte donnait dans la chambre à coucher de Palma.

Le voyageur lui tournait le dos, mais son visage se reflétait dans le miroir sur le même plan que le portrait, et le comte étouffa un cri en le reconnaissant.

Mais il n'éprouva point, comme à l'égard d'Abraham Zek, cet autre intrus, une sorte de crainte l'empêchant de manifester sa colère. En deux pas il se trouva près du voyageur, et sa main, qui paraissait fine et douce, s'abattit rudement sur son épaule.

— Je vous avais interdit de reparaître devant moi, fit-il.

L'expression amère empreinte sur la physionomie du jeune homme fit subitement place à une humilité dont il eût été difficile d'approfondir la sincérité. Il se courba devant Palma et lui répondit :

— Mon père, vous avez chassé le fils coupable, c'est un fils repentant qui se met à vos pieds.

— Repentant, vous ! allons donc ! N'avez-vous point roulé dans tous les bas-fonds ? votre âme ne rapporte-t-elle point une lèpre infâme des mauvais lieux que vous fréquentiez ? Le regret suppose un reste de vertu et, pas plus dans votre esprit que dans votre cœur, il n'est possible de découvrir un sentiment, une idée honnête.

— Vous êtes sévère, mon père.

— Je ne suis que juste.

— Un Dieu miséricordieux accueille les pécheurs.

— Je ne puis comme lui sonder les âmes. Ce que je sais de la vôtre m'ôte le désir de chercher si quelque pensée de repentir germe encore au milieu du fumier. Combien de fois déjà m'avez-vous répété les mêmes choses et renouvelé ces protestations ? Je me suis montré patient, je vous aimais. Après avoir abusé de ma bonté, vous avez lassé ma patience. Je ne vous connais plus, sortez !

La pâleur du jeune homme s'accentua, ses sourcils noirs se froncèrent. On eût dit, pendant un moment, qu'il allait céder à l'ordre intimé par le comte Palma et fuir une maison où il n'avait à attendre que l'outrage. Mais le regard qu'il jeta sur son misérable costume, la comparaison qu'il fit de son état avec le luxe dont il était entouré lui rendirent l'énergie de la lutte et, sans que le timbre de sa voix trahît sa rage secrète, il poursuivit :

— Je ne saurais blâmer vos sévérités, mon père. Tandis que vous consacriez votre vie à la poursuite des problèmes ardus de la science, j'oubliais que vous souhaitiez me voir prendre ma part de vos travaux, et me léguer la moitié de votre fortune et de votre gloire. J'étais jeune, ardent, des amis dangereux m'entraînèrent... Vous devez rendre grâce à Dieu de ce qu'il vous créa si calme. Est-on maître d'aimer à la folie le vin, les cartes et les dés ? Est-on responsable de sentir couler dans ses veines un sang aussi ardent que les laves du Vésuve? Oh! je le sais bien, vous me répondrez que la philosophie enseigne la modération, et la religion la vertu, mais je n'étais pas pieux, et on a oublié de m'apprendre la philosophie! Il y eut jadis un enfant prodigue comme moi, et qui comme moi, après avoir connu la misère, vint humble et repentant frapper à la porte de la maison paternelle... Le père de famille la lui ouvrit toute grande, le serra sur son cœur, et fit tuer le veau gras... Je n'en demande pas tant! Si vous refusez de m'accueillir ouvertement dans ce château, laissez-en seulement la porte entr'ouverte, je m'y glisserai comme un hôte qu'on n'attendait pas... Si vous croyez devoir me refuser votre confiance et votre tendresse jusqu'au jour où je vous paraîtrai digne de pardon, témoignez-moi seulement de l'indulgence, et accordez-moi le bénéfice d'une présomption favorable... Enfin, si pour moi l'on ne tue point le veau gras, permettez-moi du moins de manger les miettes de votre table.

— Ce que vous me répétez là d'une voix trop étudiée pour que votre repentir soit sincère, je l'ai déjà entendu. Vraiment, vous oubliez trop vite que, comédien habile, vous jouez votre même scène chaque fois que la faim vous talonne et que le besoin vous presse. Certes! il serait commode de revenir ici, d'y vivre quelque temps, des mois peut-être. La table y est bonne, la société élégante. Mais au bout d'une semaine votre conduite audacieuse chasserait de chez moi ceux qui me font l'honneur d'accepter mon hospitalité, et vous auriez trouvé le moyen de piper les dés et de biseauter les cartes! Tenez! je ne sais comment, en dépit de votre audace, vous osez reparaître devant moi! En Italie, en Espagne, en France, n'ai-je point dû vous arracher à la fange des tripots, vous disputer presque à la justice? De la pitié pour vous, Mario! Il ne me reste que ma justice, une justice impitoyable, à la fois aveugle, sourde et muette!

Le jeune homme regarda froidement son père.

— J'ai faim! répéta-t-il, vous êtes heureux de ne point connaître ce mal effrayant qui pousse fatalement à l'abîme.

— Nul n'a faim quand il travaille.

— Je ne connais pas d'état.

— On en apprend un.

— Cela prend du temps.

— Eh! vous avez deux bras! deux bras dont vous pouvez vous servir, car vous êtes robuste. J'honore le paysan qui laboure, sème et moissonne, je fais cas de l'artisan mettant en œuvre la pierre, le fer et le bois; mais l'inutile, le paresseux me fait horreur. Il devient fatalement un ennemi de la société qu'il refuse de servir. Allez, Mario, je ne puis rien pour vous.

— Rien ? demanda le jeune homme avec une irritation croissante.
— Non, jusqu'à ce que vous vous soyez amendé.
— Et le moyen que je le fasse, si la soif et la faim me brûlent les entrailles. Vous êtes un savant et un sage, demeurez logicien, mon père. Je traverse une phase terrible... derrière moi des fautes, fréquentes, énormes, si vous le voulez... Devant moi ! Eh bien ! devant moi, il ne reste plus que le crime...
— Misérable !
— Si je roule jusque-là, sera-ce ma faute, dites ? Oui, répondez en me regardant en face, non plus comme un père s'adressant à son fils, mais comme un homme parlant à un autre homme. Vous rappelez le passé ! Voulez-vous donc que nous réglions nos comptes? Eh bien ! j'y consens ! une fois pour toutes, ce sera la dernière. Aussi bien, vous l'avez dit, je prie mal, et mes genoux sont roides pour l'agenouillement. Entendez-moi sans colère, j'essaierai de vous parler sans acrimonie... Ai-je eu le sort des autres enfants, moi ! Ma mère était jeune, belle, douce, patiente ; elle nous aimait tous deux, et sa vie devint un tel martyre qu'elle mourut dévorée par une étrange jalousie. Elle n'était point jalouse d'une autre femme comme les ont certaines épouses dont l'imagination s'emporte à la poursuite d'une chimère, elle avait une rivale bien autrement dangereuse : la science ! Et placée entre sa tendresse ardente et les combinaisons de votre génie, elle tomba sacrifiée... Je la pleurai comme on fait à l'âge où l'amour est un instinct, où la tendresse consiste à se blottir sur le sein maternel, à baiser un beau visage, à se laisser bercer par une voix touchante. C'est seulement plus tard que je compris combien j'avais perdu en perdant ma mère. Vous laissâtes près de moi une femme qui la chérissait et la plaignait. C'est d'elle que j'appris la cause de ses douleurs et de sa mort... Je n'ai donc pas eu de mère... Vous me restiez ! Maintes fois il m'est arrivé d'entendre vanter votre talent, votre science, et parler de la gloire accompagnant votre nom... Il y a deux jours encore, partout, même dans les hôtelleries des villages voisins de Buda-Pesth, il n'était bruit que des miracles accomplis par le docteur Palma... On vantait aussi votre générosité... Il paraît que vous avez fondé un hospice pour les voyageurs. J'aurais dû y aller frapper, plutôt que de venir à la porte de ce château dont vous me chasserez dès que j'aurai fini... J'ai donc grandi seul, au hasard, bercé par les contes d'une vieille femme qui croyait aux fées et aux démons. Quand il fut question de m'instruire, vous voyagiez... Où ? personne ne le savait. Le monde était votre patrie. Vous aviez seulement pris soin de laisser assez d'argent pour qu'il devînt possible de me donner des maîtres. Ils firent leur métier, consciencieusement, m'enseignant beaucoup de

latin, un peu de grec, et passablement de français ; j'avais appris l'italien sur les lèvres de ma mère. Pensez-vous que j'eusse un grand amour de l'étude ? Non. Je m'avisai souvent de m'échapper et de courir dans la campagne, ou de m'étendre comme les lazzaroni, mes amis, sur les marches d'un palais de marbre, et d'y demeurer tout le jour, écoutant le chant des fontaines, ou regardant couler l'eau du Tibre. Les événements du passé ne m'intéressaient point. Il ne me semblait nullement humiliant d'ignorer que telle bataille livrée depuis deux mille ans avait été gagnée par un roi ou un général. Je ne prenais qu'une part médiocre de joie à retenir les noms des grands hommes. Je savais trop que jamais je ne deviendrais célèbre. Je vous revoyais, cela c' vrai, à de rares intervalles ; vous m'examiniez avec moins de tendresse que de curiosité. Mon ignorance vous faisait rougir, et vous me gardiez rancune de mon peu de progrès. En même temps que l'âge venait, vous vous détachiez davantage de moi. Ce qui survint fut fatal. De la paresse, je tombai dans la débauche. J'avais contre moi mes vingt ans, une liberté illimitée, une curiosité que rien ne retenait, une soif inextinguible de jouissances... Remarquez bien que je ne vous accuse pas ! Et, cependant, avez-vous rempli votre devoir ? Me deviez-vous du pain sans bon exemple ? Ma place n'était-elle pas à vos côtés ? Ne vous appartenait-il point de former mon esprit et mon cœur ? Oh ! combien de fois pendant vos rares visites, à l'âge où l'âme est pure, où le besoin de tendresse se fait sentir avec une inconcevable violence, n'ai-je pas été tenté de vous supplier à genoux de me prendre en pitié, de m'empêcher de rouler au fond du précipice ! Il était temps encore de me sauver. Vous auriez pu me donner une seconde fois la vie... Mes défauts vous rebutèrent, votre dédain me découragea. Vous me laissiez assez d'or pour satisfaire à mes caprices, bientôt je voulus davantage, et je devins joueur afin d'en posséder assez pour vivre suivant les instincts mauvais de ma nature. Quelle vie que celle-là ! J'ai manié des sommes folles, j'ai tenu dans mes mains des fortunes, et le lendemain de ces nuits de chance, je possédais à peine un carlin pour payer le pain de la journée. Des dettes ! nul n'en fit plus que moi, vous le savez !

— Je les ai payées, dit le comte.

— Sept fois.

— Vous vous trompez, Mario, dix fois.

— C'est possible ! répliqua le jeune homme avec insouciance.

— Vous rappelez-vous dans quelles circonstances furent soldées les dernières ?

— Non ! fit Mario.

— Vous étiez en prison.

— Les créanciers ignorent la pitié.

— Ils sont dans leur droit, quand les hommes ignorent la justice. Vous ne vous trouviez pas seulement en danger de rester longtemps à Paris pour cette dette, vous étiez inculpé dans je ne sais quelle affaire de tripot.

— J'étais innocent.

— Vous étiez coupable d'y être entré.

— Je ne nie point mes fautes. Mais en présence d'un juge, l'accusé garde le droit de se défendre. S'il convient du forfait, il dit quelles circonstances l'entraînèrent ; la fougue des passions, une jeunesse abandonnée plaident en sa faveur. Vous me rappelez, et je suis loin de le nier, que vous vous êtes montré libéral à mon égard. Oui, ne pouvant vous résigner à devenir mon mentor et mon guide, vous m'avez jeté de l'or comme à un mendiant ou un créancier. Et vous vous croyiez quitte ! De l'or ! Que vous coûtait-il ? Oseriez-vous l'avouer...

Les yeux du comte Palma s'agrandirent, et faisant deux pas au devant de son fils, il parut prêt sinon à le frapper, du moins à le maudire.

— J'achèverai, reprit Mario d'une voix plus âpre. Il faut que vous m'entendiez... La vieille servante qui m'éleva, que je rencontrai il y a dix ans dans les rues de Rome, m'affirma que vous avez fait mourir de chagrin mon aïeul et ma mère. Je suis un homme, maintenant, et peut-être pourrais-je vous demander compte de deux vies. Mais les armes dont vous vous êtes servi ne laissent point de trace, et la loi ne châtie pas les meurtriers de votre espèce. Tout cela est horrible à remuer, je le sais bien. Entre nous, il reste de la fange et des larmes, Dieu veuille qu'il ne se trouve jamais de sang ! En vérité, si le Château maudit n'était, à cette heure, rempli de vos invités je tremblerais devant votre colère... Mais vous ne ferez rien ! rien ! Je ne saurais partir ainsi. Regardez mes vêtements minables ; il ne me reste pas même, au fond de mes poches, de quoi donner au garçon d'écurie qui étrille mon cheval... Gardez moi... Que fera un être de plus dans ce manoir rempli de laquais? Nous nous rencontrerons le moins possible si vous le voulez. J'aime la chasse, je courrai les bois. Peut-être, dans la sérénité d'une vie nouvelle, prendrai-je goût au travail. Après tout, vous devez souvent vous trouver isolé même au milieu du monde.

— Je ne suis point seul comme vous paraissez le croire, Mario ; jugeant mon fils à jamais gangrené et perdu, j'ai adopté un jeune homme de votre âge, réalisant tout ce que je rêvais dans un enfant digne d'être mon héritier, car lui seul aura ma fortune, soyez-en certain. Si je mourais par hasard... ou par accident, poursuivit le comte d'une voix plus lente en fixant sur Mario des regards ardents, quand bien même vous déclareriez que vous êtes mon fils, et en fourniriez les preuves, jamais une richesse amassée aux prix de travaux ardus et de douleurs cachées ne vous appartiendrait. Elle serait à Paulus, à Paulus seul... Mon testament se trouve dans les mains du juge Samper...

— Bien! fit froidement Mario; mauvais père durant la vie, mauvais père après la mort. Cela est horrible, pourtant, de mettre un enfant au monde pour le rejeter loin de soi comme un paria.. Tandis que vous cherchiez, au fond des creusets, cette âme de la terre qu'on appelle l'or, vous négligiez mon âme à moi plus précieuse pourtant qu'un métal, et promise, m'a-t-on dit, à une vie immortelle... Oh! rappelez-vous, rappelez-vous que vous m'avez pris tout petit dans vos bras, que vous m'aimiez tandis que ma mère Bianca habitait la maison des roses. Vous n'avez pu la chasser de votre souvenir, elle qui fut une sainte!

Palma tressaillit en entendant ces paroles qui pénétrèrent en lui comme un remords. Dans les mots jaillissant de la bouche de Mario, tout n'était pas insulte ou mensonge. Le jeune homme formulait des accusations vraies, il rappelait des faits exacts, il adressait des reproches justes.

Bianca! ce nom seul troublait, bouleversait le cœur de Palma.

Pourquoi le lui rappeler à l'heure même où ses secrètes espérances l'attachaient à un avenir de bonheur? Il y avait longtemps déjà qu'elle dormait dans sa tombe, la pauvre belle morte! Mais jamais elle ne fut ensevelie plus avant dans la terre qu'à l'heure où Mario faisait appel à son nom.

Quel souvenir n'aurait pâli devant la vision radieuse de Molda?

Depuis le jour où le comte la vit pour la première fois chez le baron Samper, elle s'empara despotiquement de sa pensée. Il essaya vainement de combattre cet entraînement. Il se dit que l'âge de Molda plaçait entre eux une distance infranchissable; mais, en même temps l'espoir de réussir dans la suprême épreuve qu'il allait tenter, lui rendait le courage. Il ne tenta pas d'attirer à lui la fière enfant, il s'attacha à son père et, se servant de ses vices comme d'un aimant, il l'amena bientôt à lui obéir d'une façon servile. Le jeu avait éteint dans le cœur de Komorn tout sentiment d'amour paternel. Peu lui importait de laisser Molda en larmes, de vendre chaque jour un morceau de son héritage, pourvu qu'il pût tenir dans ses mains des dés et des cartes.

Le peu de remords qu'il éprouva jadis se dissipait du reste, depuis qu'il connaissait la passion de Palma pour sa fille. Il importait peu que Komorn vendît tour à tour les prairies, les bois, les domaines, Palma ne remplacerait-il point par de l'or ce qui manquerait en terres? Palma n'était-il point le mari unique, le gendre rêvé? Grâce à cette union Komorn, jouerait toute sa vie, avec la facilité d'un grand seigneur. S'il perdait, c'est parce que au moment de prendre sa revanche, l'or venant subitement à lui manquer il devrait abandonner la partie. Déjà, en espérance, il se voyait maître de la fortune sans limite de Palma. S'inquiétait-il des sentiments de sa fille? A quoi bon? Puisqu'elle était pieuse, elle accepterait ce sacrifice, s'il s'agissait d'en accomplir un, comme un devoir auquel les commandements de Dieu l'obligeaient d'obéir. Il fallait que l'alchimiste devint le gendre de Komorn et cela serait, par cela même qu'il le voulait.

Molda, dans la pensée de Komorn, était déjà sacrifiée, comme dans l'espérance de Palma, elle régnait déjà comme une jeune souveraine au milieu des splendeurs du Château maudit.

Tandis qu'il songeait à ces noces nouvelles, le comte ne pouvait accueillir le souvenir de Bianca sans épouvante.

En s'imaginant plaider sa cause, Mario s'enlevait les dernières chances de salut.

Devant ce fils, si méprisable qu'il fût, jamais Palma n'oserait épouser une autre femme. Il fallait donc qu'il partît, qu'il partît tout de suite. Le temps marchait. D'ailleurs, avant de tenter l'épreuve suprême à laquelle il était résolu, Palma n'avait-il point besoin de recueillement et de repos? La colère qui grondait en lui ne pouvait-elle lui créer des difficultés inattendues, exciter une fièvre ardente, et le bouleverser au point de faire manquer une expérience dans laquelle il risquait à la fois son bonheur, sa considération et sa vie?

Du reste certaines paroles l'avaient cravaché d'une façon sanglante. Non, il n'avait pas rempli son devoir à l'égard du fils de Bianca. Absorbé par ses recherches scientifiques, il l'émancipa à l'âge où l'enfant aurait eu le plus besoin d'un guide et d'un ami. Ne pouvait-il sinon lui accorder tout, du moins une partie de ce qu'il demandait? Mario avait raison, l'argent qui lui faisait défaut d'une façon absolue ne coûtait rien à l'alchimiste.

Après un moment de réflexion, Palma leva sur son fils un visage plus calme.

— Tout à l'heure je vous ai dit que vos fautes creusaient entre nous un abîme infranchissable; cet abîme ne sera jamais comblé... Mais enfin je ne vous laisserai pas mourir de faim... Pour cette fois, la dernière, entendez-vous! par ce qui existe de plus sacré au monde, cette entrevue est suprême et décidera de notre vie à tous deux. Vous êtes jeune, vous pouvez travailler, quelque négligée qu'ait été votre éducation, vous en savez cependant assez pour gagner l'argent nécessaire à votre subsistance. Ce que je vais vous remettre vous fera vivre en attendant que vous ayez pris un parti. Si vous alliez conclure de cette dernière faiblesse que je vous viendrai en aide de nouveau, vous vous tromperiez. Je vous l'ai dit, nous ne nous reverrons jamais en ce monde...

Palma se dirigea vers un coffre, y prit de l'or à pleines mains et le posa sur la table, puis avisant dans un coin de ce coffre un sac de peau d'Espagne brodé de soie verte, il le plaça à côté des ducats.

— Allez! fit-il, c'est pour jamais!

— Pour jamais! répéta Mario comme un écho.

— Et, ajouta le comte, si pour vaincre une résolution irrévocable, vous reveniez à Buda-Pesth susciter un scandale, révéler que je suis votre père, et afficher votre détresse afin de m'humilier, je répondrais que vous n'êtes pas mon fils... Et j'aurais raison car, à partir de ce te heure, je ne vous connais plus!

— Me renier! fit amèrement Mario! croyez-vous donc qu'une parole de vous suffirait pour cela?... Regardez comme tout à l'heure mon visage dans cette glace, comparez-le au portrait qu'on fit de vous vêtu de ce costume de velours rouge et jugez... Me renier! je vous en défie.

Il ramassa l'or, l'enfonça dans la bourse verte regarda une dernière fois Palma, puis il dit d'une voix railleuse :

— Adieu! mon père!

Une seconde après la porte se referma sur lui.

Le front haut, l'œil rayonnant, Mario descendit, traversa le vestibule où, pour la seconde fois, le hasard lui fit rencontrer Salomé et Molda, puis il gagna la grande cour et chercha, du regard, le valet chargé de prendre soin de son cheval.

— J'espère que la pauvre bête a été bien soignée? dit-il, amène-la vite.

— Votre seigneurie ne reste point pour les fêtes?

— Non, répondit le jeune homme.

Quelques minutes après il se trouvait en selle.

Tirant alors un ducat d'or de sa poche, il le jeta au valet.

— Par exemple! murmura celui-ci, je ne me serais guère attendu à trouver cet étranger si généreux. On a bien raison de dire qu'il ne faut pas se fier à la mine des gens!

Un vieillard vêtu d'une façon misérable vint rôder autour de la villa. (*Voir page* 93.)

VIII

L'ALCHIMISTE

Quoique le bruit des pas du jeune homme eût cessé de se faire entendre, le comte Palma garda la même attitude, la tête plongée dans ses deux mains, songeant au passé qui comptait tant d'années funestes, irréparables !

La présence et les paroles de Mario le ressuscitaient ce passé, avec une étrange puissance. Désormais, quoi qu'il fît pour oublier les mots prononcés, les visions évoquées, il lui serait impossible d'effacer les uns, de chasser les autres. Que lui montraient donc ces visions ?

L'alchimiste, dont en ce moment s'occupait la ville de Buda-Pesth, et dont le nom retentirait le lendemain dans toute l'Europe, était né à Rome, d'une mère belle et pauvre, d'un père instruit et indigent. L'enfant dut à sa mère une beauté parfaite, une de ces beautés qui semblent le sceau de Dieu même sur la créature formée à son image. Son père lui transmit comme un magnifique héritage, l'amour des lettres, le culte du beau. A peine Julio sut-il lire, qu'il apprit à parler non seulement le latin, mais le grec, l'anglais, l'allemand.

Le père de Julio, déjà fier des succès de son fils, ne put les voir grandir. Épuisé par la lutte contre le besoin, épris de science et d'idéal, mais d'une façon qui ne fait pas vivre, il s'éteignit lentement, laissant de splendides travaux inachevés, emportant avec lui dans la tombe les rêves d'une imagination dont la misère n'avait pu éteindre la flamme.

Julio restait seul avec sa mère.

Obligé de donner des leçons pour vivre, il le faisait à regret, estimant perdre un temps précieux que d'enseigner à des écoliers les préceptes de langues qu'il savait depuis longtemps. Aussi n'acceptait-il qu'un nombre d'élèves insuffisant pour donner à sa mère une large aisance. Il songeait bien plus à l'avenir qu'il voulait splendide, qu'au présent misérable. La matinée était pour ses écoliers ; le reste du jour il travaillait dans une des bibliothèques de Rome.

Le hasard voulut qu'il rencontrât chaque jour à la même table, et tout près de lui, un vieillard qu'on appelait le « père Moser ».

A en juger par son profil d'aigle, il appartenait à la race juive. Certes, Moser était un savant, car Julio le voyait étudier tour à tour des manuscrits russes, coptes, arabes. Que cherchait-il, à quel travail se livrait cet homme qui semblait avoir quatre-vingts ans ? Julio l'ignora longtemps.

Cependant un jour, quittant la bibliothèque avec un jeune homme de son âge, nommé Carlo, celui-ci lui demanda s'il était jamais allé chez le « père Moser ».

— Non, répondit Julio avec indifférence.

— Eh bien ! si jamais il offre de vous introduire dans son sanctuaire, acceptez, croyez-moi. C'est un être extraordinaire, d'une science inouïe ; un alchimiste enfin.

Julio revint en compagnie de Carlo jusqu'à la petite maison qu'il occupait avec sa mère et, durant le trajet, ils ne cessèrent de parler de cette science étrange et terrible, à laquelle se mêlait le plus souvent la sorcellerie ou du moins ce qui, jadis, était réputé comme tel.

— Ne rêvez pas du vieux Moser, dit Carlo à Julio.

— Je m'en garderai bien, répondit celui-ci.

S'il n'en rêva pas, il y songea, du moins, non pas d'une façon intermittente, mais avec une préoccupation bizarre. Il revoyait sans cesse devant lui la figure émaciée du Juif, il entendait résonner à ses oreilles les confidences de Carlo.

Était-il vraiment possible qu'au xviii° siècle on poursuivît encore le grand œuvre? Ce vieillard, qu'un souffle suffirait pour renverser, pensait-il vraiment le trouver?

Avec une obstination aussi grande que celle de Moser lui-même, Julio durant toute la nuit passa en revue la liste de ceux qui avaient cherché l'art de faire de l'or. N'était-ce point véritablement le but de la vie? Ne sentait-il point fermenter en lui sa jeunesse? Pourrait-il se résoudre à végéter entre des bouquins poudreux, étudiant des langues aussi mortes que les peuples qui les parlaient, ou des idiomes dont se servent des nations que jamais il ne visiterait? N'était-il point d'un intérêt mille fois plus palpitant de chercher quelles sont les forces vives de la nature, et de l'obliger pour ainsi dire à produire ce qu'elle forme et livre après des siècles de secret travail?

Le lendemain, pendant ses leçons, Julio se montra distrait; les écoliers purent entasser fautes sur fautes, il ne les reprit même pas ; sa pensée allait rejoindre le Juif à houppelande râpée qui courbait son front chauve sur des manuscrits arméniens, arabes, sanscrits ou slavons.

Le hasard le servit-il? Moser, obéissant à une loi d'attraction, accorda-t-il plus d'attention qu'autrefois à son voisin? Quelque conservateur de la bibliothèque lui signala-t-il Julio comme un précoce savant? Ce qui est certain, c'est que Moser, se trouvant arrêté dans sa traduction d'un vieux livre trouvé chez les moines du mont Athos, se pencha vers Julio, et lui demanda d'une voix humble :

— Vous connaissez l'arménien, n'est-ce pas?

— Oui, répondit Julio.

— Seriez-vous assez bon pour me dire comment vous interprétez ce passage?

Le jeune homme le lut deux fois, puis d'une façon succincte et claire, il traduisit et analysa la page dont le sens échappait en partie au vieil Israélite.

— Vous avez raison, fit celui-ci. oui, je me trompais... D'un mot vous venez d'illuminer cette page... Merci... Oui, sincèrement, merci.

Julio attendait davantage. Il espérait que la reconnaissance du Juif lui inspirerait le souhait de se lier avec le jeune homme ; mais soit que Moser redoutât les curieux, soit qu'il voulût étudier Julio avant de l'admettre dans son intimité, il n'ajouta rien. Seulement, à partir de ce moment, chaque fois que dans une traduction il se trouva subitement arrêté, ce fut à Julio qu'il s'adressa. Jamais celui-ci ne lui refusa un service. Très discret parce qu'il poursuivait un but, il prouva en mainte occasion au vieillard une complaisance à toute épreuve. Souvent, au sortir de la bibliothèque, il le conduisit jusqu'à la maison qu'il habitait sur les bords du Tibre. Moser s'arrêtait sur le seuil, hésitait visiblement, mais se contentait d'adresser un adieu cordial à Julio. Il parut cependant vingt fois tenté de l'inviter à le suivre, mais la parole s'arrêtait sur ses lèvres, et Julio s'éloignait à la fois surpris et mécontent.

Depuis que Carlo lui avait parlé de l'étrange science de Moser, depuis que le Juif le chargeait de lui traduire les passages obscurs de ses manuscrits polyglottes, l'imagination de Julio s'envolait vers des mondes inconnus.

Il acheta des livres spéciaux, il étudia des biographies d'êtres malheureux et bizarres dont les uns avaient été tués par une explosion de cornue, tandis que les autres, après un jugement mystérieux, disparaissaient subitement du monde. Le démon d'une science nouvelle hantait désormais Julio.

D'abord il tenta de l'exorciser ; il s'accoutuma plus tard à son obsession, et travailla dans le but d'assembler un nombre de matériaux assez considérable pour que, le jour où Moser lui ouvrirait la porte de son laboratoire, il lui fût possible de raisonner déjà d'une science qui avait tué tant d'hommes et viendrait sans nul doute à bout du vieux Juif.

Le hasard se chargea d'arranger les choses suivant le désir de Julio.

Rarement Moser manquait de venir travailler à la bibliothèque. Lorsque cela lui arrivait par hasard, sa pâleur racontait le lendemain un drame secret de tortures solitaires. Les habitués s'étonnèrent donc, puis s'inquiétèrent de ne point apercevoir l'Israélite durant l'espace d'une semaine.

Julio eut vingt fois l'idée d'aller chez le vieillard, la crainte de paraître indiscret le retint, et ce fut seulement le huitième jour qu'il se décida à demander de ses nouvelles.

Le savetier habitant le rez-de-chaussée de la maison dans laquelle logeait le Juif, hocha la tête, sans cesser de manier l'alène.

— Qu'il crève s'il veut comme un chien, dit-il, c'est affaire entre lui et le diable qui l'emportera.

— N'est-il point descendu depuis une semaine?

— Non! répondit le savetier; avant qu'il y vînt demeurer cette maison était honnête, on dirait qu'il y allume tout vivant le feu de la Géhenne qui le brûlera plus tard.

— Où loge-t il? reprit Julio.

— Au grenier, naturellement.

Sur ce mot qui fut le dernier, et que le savetier prononça d'un ton assez semblable à celui d'un mâtin qui aboie, Julio ferma la porte de l'échoppe, et gravit rapidement l'escalier.

La maison noire et chancelante comptait quatre étages. Sur la porte d'un grenier, un grillage de fer permettait au locataire de voir la figure de ses visiteurs avant de leur donner l'entrée de son laboratoire. Moser, surpris sans doute par le mal, n'avait pas eu complètement le temps de tirer l'étroit volet recouvrant ce treillage, et il devint possible à Julio d'apercevoir, à travers un interstice, Moser étendu sur le plancher, la face livide et ne donnant aucun signe de vie.

Était-il mort? Pouvait-on le ranimer encore? Julio l'espéra.

D'un coup d'épaule il jeta la porte hors des gonds, et courut vers le vieillard.

L'enlever dans ses bras, le déposer sur un immense fauteuil, fut l'affaire d'un instant; mais quand il s'agit de trouver des spiritueux et des élixirs capables de le rappeler à la vie, Julio resta fort embarrassé. Il n'avait touché à aucune des fioles étalées sur les planches, et dont la plupart portaient des étiquettes inquiétantes. Cependant il parvint à découvrir un flacon contenant une liqueur blanche, dans laquelle tremblaient de minces feuilles d'or; il en versa quelques gouttes sur les lèvres de Moser, lui en frotta les tempes et la paume des mains, puis il attendit. Le Juif continuait à rester sans mouvement. Cependant Julio ne se découragea point, et au bout d'une heure de soins empressés, il lui fut possible de constater que l'artère battait avec plus de force, et que les paupières s'agitaient faiblement.

Enfin Moser ouvrit les yeux, regarda dans le vague avec une sorte d'effroi, puis quand il aperçut Julio une expression de défiance passa dans ses prunelles.

— Comment êtes-vous ici? lui demanda-t-il.

Froissé de l'accent du vieillard, Julio répliqua sèchement :

— Pendant une semaine nul ne vous ayant vu à la bibliothèque, j'ai été assez niais pour m'inquiéter de votre santé. Je m'aperçois que vous n'aimez point à recevoir des services que vous ne demandez pas, même quand un service vous rend la vie, et je m'empresse de me retirer, puisque vous voilà mieux.

Moser tendit la main à Julio et la serra.

— Restez, dit-il, restez ! Je viens de subir une crise si terrible que je n'en suis point remis encore. Vous êtes le seul homme que je puisse voir sans regret dans mon laboratoire. Votre science vous interdira de me railler... Donnez-moi ce flacon rempli d'une liqueur rouge, elle suffira pour me rendre des forces. Je ne mange presque plus... Je bois mon élixir, un élixir merveilleux déjà, mais qui n'est rien, en comparaison de celui que je cherche... Tenez, vous êtes bon ! il faut me pardonner ma défiance de tout à l'heure. Un Juif craint toujours... Nous sommes sans fin suspectés, chassés, maudits... La crainte ne nous quitte jamais... Me voilà fort ! C'est égal, j'ai failli mourir... Figurez-vous que depuis six jours je souffrais de cruelles douleurs de tête, mais j'y suis accoutumé, et je ne m'inquiétais pas trop... Le cerveau s'use, jeune homme ! vous ne le savez point encore, mais vous l'apprendrez un jour... J'ai bien près de cent ans ! Et j'ai cherché, travaillé sans trêve... Cependant je ne me tourmentais point... Mais, brusquement, il m'a semblé que tout vacillait autour de moi, et sans qu'il me devînt possible de m'accrocher à un meuble, d'appeler à l'aide n'importe qui, même le maudit savetier qui est en bas, je suis tombé foudroyé... Si j'avais prévu la crise, j'aurais bu de cet élixir, mais elle m'a brusquement surpris...

Maintenant les yeux de Moser brillaient comme des escarboucles. Il avait raison de le dire, quelques gouttes de ce breuvage venaient de le ranimer.

Julio se leva et voulut prendre congé ; ce fut Moser qui le retint.

— Ne vous en allez pas, lui dit-il, à moins que vous ayez sommeil. Je viens de recevoir un avertissement dont il faut que je profite. Je dois me survivre, et laisser après moi le trésor de ma science à celui qui sera digne de le faire fructifier.

— Ne songez point à mourir, Moser.

— Ah ! fit le vieillard, je n'ai pas encore crié l'*L'uréka* triomphant. Je cherche, un autre trouvera. N'en est-il point presque toujours ainsi ? Vingt fois, cent fois je me suis endormi de fatigue à côté de mes creusets, en rêvant que le lendemain me donnerait la solution de l'énigme, et ce mot je le cherche encore. Au moins vous saurez ce que je voulais, et quel était mon but... Êtes-vous ambitieux ?

— Si je le suis ! s'écria Julio ; jamais vos désirs ne surpassèrent les miens en puissance ! Il me faut à la fois l'or et la renommée. L'or qui donne des jouissances, sans fin renouvelées, la gloire qui force les fronts à s'incliner devant vous. Pourquoi aurais-je pâli sur les livres des vieux âges, sinon pour révéler aux lettrés des littératures inconnues, et aux historiens des annales qu'ils ignorent ! Ambitieux! comme un enfant grandi à un foyer où manquait presque le pain, et qui jura de prendre une éclatante revanche. Moser! Moser! si haut qu'aient plané vos rêves, jamais ils n'atteindront les miens...

La flamme de l'intelligence et d'une avide convoitise pétilla dans les yeux du Juif.

— Eh bien! fit-il, concluons un pacte. Peut-être, de même que l'infusion d'un sang jeune dans des veines épuisées ranime et ressuscite, pour ainsi dire un homme à demi-mort de faiblesse; de même le contact d'une intelligence ardente pourra modifier, ranimer la mienne... Sans renoncer à vos travaux polyglottes, voulez-vous devenir mon élève? Je vous apprendrai ce que je sais, vous traduirez pour moi des manuscrits dont la lettre reste close; je me suis cru seul assez fort pour atteindre mon but, j'ai peur de m'être trompé... Acceptez-vous?

— J'accepte, répondit Julio.

— Ne répondez pas si vite, jeune homme, et d'une façon affirmative. Quand vous aurez juré de devenir mon disciple, je ne vous reconnaîtrai plus le droit de m'abandonner. Ma science est une fortune sans prix que je consens à partager avec vous, sans vous laisser le droit de fuir en l'emportant. Si je vous admets dans le sanctuaire, si je vous initie à la science hermétique, vous ferez pour ainsi dire partie de moi-même. Vous serez à moi comme l'enfant au père, l'esclave au maître, le damné à Satan.

— Loin de m'effrayer, cette perspective m'attire. Oui, je serai à vous, toujours et partout, et que je sois maudit si jamais je manque à cette parole.

— Oui, maudit, répéta le vieillard, maudit dans votre existence, dans votre famille, maudit dans votre vie, maudit dans votre mort.

— Qu'il en soit ainsi! fit Julio en effleurant de ses doigts la main maigre du Juif.

Durant toute la nuit il écouta les confidences de Moser, il apprit le but de ses ambitions.

Ainsi que Carlo le lui avait dit, Moser cherchait la pierre philosophale; il se considérait comme certain de trouver l'art de changer en or pur des métaux infimes.

Mais quand il eut révélé à Julio cette première partie de son secret, il ajouta :

— Ceci est seulement la moitié de ce que je veux. Rien n'est plus parfait que l'organisme humain; de la main de Jéhovah il sortit jeune, fort et robuste. Si nous consultons les Livres saints, ils nous apprennent que, dans la première période du monde, les patriarches vivaient près de dix siècles.

Dix siècles! comprenez-vous cela? Ainsi, il suffirait de quelques générations pour que l'homme se souvînt de son berceau! Quelle est la cause de la décroissance de la vie humaine? Faut-il l'attribuer aux variations climatériques, aux virus morbides coulant maintenant dans les veines appauvries des hommes? Nul ne le sait, mais chacun constate le décroissement progressif de la vie. Nos ancêtres vivaient plus de neuf cents ans! aujourd'hui quel homme achève le siècle qui le vit naître? On compte ceux-là dans les livres où la science enregistre certains faits curieux. Et encore en admettant que ces hommes puissent numériquement atteindre un grand âge, si le corps existe, la raison est souvent envolée. La sénilité devient presque la conséquence d'une extrême vieillesse. L'homme végète, il ne pense plus. Ce que je veux, moi, c'est rendre à l'homme non seulement l'énergie de ses membres, et renouveler son rajeunissement d'une façon que je crois pouvoir être indéfinie, mais en même temps lui garder les facultés de son intelligence, la force créatrice de son esprit. Grâce à moi il lui sera possible de profiter d'une longue expérience, et d'éviter les obstacles contre lesquels nous nous heurtons souvent jusqu'à nous briser.

— L'Élixir de longue vie! murmura Julio, vous cherchez l'Élixir de longue vie!

— Je suis presque certain de réussir. Vous m'aiderez, et nous triompherons ensemble...

Le matin les surprit pendant cet entretien. Le Juif n'avait point allumé de lampe; la lune jetait seulement dans le laboratoire des reflets mystérieux; elle pâlit, puis elle disparut, tandis que le soleil se levait triomphant.

Julio rentra après avoir promis au Juif de revenir dans la journée.

La pauvre mère ignora longtemps le secret des absences de son fils. Elle le croyait entraîné par le jeu, et gardé par des amis dangereux; mais une nuit que le jeune homme passait par hasard à la maison paternelle, inquiète de l'agitation de son sommeil et des cris inarticulés qui lui échappaient, elle entra dans la chambre de Julio, et sans vouloir les surprendre, dans les révélations d'un cauchemar, elle apprit quelles étaient les occupations de Julio chez Moser.

Mariana, profondément chrétienne, se sentit frappée au cœur. Elle n'était point assez savante pour distinguer dans les travaux des alchimistes, la part de la science pure et de ces sciences plus coupables dans lesquelles, suivant l'esprit du moyen âge, Satan et ses acolytes jouaient un rôle. Elle jugea l'âme de son fils perdue, et elle mourut de désespoir.

Mariana était morte depuis une année, lorsque, un jour, en passant devant une église, Julio aperçut une jeune fille d'une beauté idéale, d'une modestie pleine de grâce. Un penchant naturel les poussa bientôt l'un vers l'autre.

Entraînée, sincèrement éprise, Bianca crut aux promesses de Julio, et ils ne tardèrent pas à s'unir par le mariage.

Le bonheur des nouveaux époux fut sans nuage. Un petit ange gazouilla bientôt sur les genoux de Bianca ; il s'appelait Mario, et on devinait déjà sur son visage un reflet de la mâle beauté de son père.

Quelle douce vie on menait dans la Villa des Roses où ils abritaient leur bonheur ! Julio travaillait avec courage et Bianca avait les moyens et le pouvoir de répandre libéralement ses aumônes.

Pas une ombre dans cette maison bénie ! Bianca remerciait Dieu chaque jour de la félicité dont elle jouissait. Durant les heures d'absence de Julio elle chantait, travaillait à de ravissants ouvrages, et babillait avec l'enfant joueur.

Un matin, un vieillard vêtu d'une façon misérable vint rôder autour de la Villa des Roses. Il semblait si las, si cassé, si pauvre, que l'enfant alla au-devant de lui, le fit entrer et l'amena devant sa mère ; puis il voulut lui-même lui servir un vin réconfortant, des gâteaux, et quand le vieux mendiant s'éloigna en le comblant de bénédictions, Mario lui cria :

— Revenez demain !

Désormais il l'attendit. Il parlait à Julio de son pauvre, il en fit bientôt un ami, l'accueillant, l'écoutant, l'aimant avec la naïveté des êtres bons et innocents. Bianca encourageait dans l'âme de l'enfant le dévouement et la charité, si bien que le vieillard prit l'habitude de faire à la Villa des Roses une visite quotidienne.

Un jour, tandis que celui-ci jouait avec l'enfant, Julio, ramené plus vite à sa demeure par suite de l'absence de deux de ses élèves, surprit le mendiant et son fils sur la terrasse. A la vue du vieillard il étouffa un cri de colère et, brusquement, il arracha l'enfant de ses bras.

— Oh ! père ! père ! tu te montres méchant pour mon pauvre ! s'écria Mario.

— Cet homme est ton plus dangereux ennemi ! fit Julio.

Bianca, entendant ces paroles, en demanda l'explication. Il lui répugnait de croire au mal, et autant que son fils elle s'était attachée au vieillard.

— Regarde-le bien, fit Julio en désignant le vieillard, celui que notre fils appelle son pauvre est l'homme qui m'entraîna dans le gouffre dont tu m'as tiré... Il rêve de faire de l'or, dût-il pour réussir vendre son âme à Satan... Comment se faisait-il appeler ici, je l'ignore, mais pour moi, c'est Moser le Juif, Moser l'alchimiste !

— Prends garde, Julio, répliqua Moser en redressant sa taille courbée, prends garde ! Tu as manqué à une promesse solennelle... En échange de la science que je t'ai communiquée, tu as juré de ne me quitter jamais, sous peine d'être maudit...

— Maudit ! répéta Bianca terrifiée.

— Non pas seulement dans sa vie, mais encore dans sa postérité... Vous avez un fils, Julio !

Bianca rapprocha d'elle son enfant avec un mouvement d'effroi.

— Va ! reprit Moser, je ne te demande plus de devenir mon aide, mon préparateur, comme tu avais juré de le rester... Le foyer est fondé, restes-y... Une femme, un enfant. Ce sont aussi des trésors... Je voulais te retrouver, j'y suis parvenu ; si la jeunesse oublie, la vieillesse se souvient, et je t'aime encore, comme un élève intelligent, comme un fils... Qu'est-ce que je te demande, moi? De me traduire ce passage d'un manuscrit arménien que je ne saurais comprendre... Me repousseras-tu ?

— Non ! répondit Bianca. Julio ne vous refusera pas cette traduction, il la fera ce soir...

— Tu me l'apporteras demain, ajouta le vieillard.

Le jeune homme hésita, parut consulter sa femme du regard, la vit baisser les paupières d'un air affligé et répondit :

— Vous la recevrez, il suffit.

— Au revoir ! fit le vieillard d'une voix creuse.

Il sortit en chancelant, et Julio ne put s'empêcher de s'accouder sur la balustrade de la Villa, pour le voir s'éloigner.

Ce fut très avant dans la nuit que Julio termina sa traduction ; las d'une veille pendant laquelle son esprit était resté tendu, il sortit avant le réveil de sa femme. Jamais encore cela ne lui était arrivé depuis son mariage. Il trouva à cette absence un excellent prétexte, celui de l'excès de la lassitude. Mais machinalement ses pas le conduisirent à la porte de Moser, et après une courte délibération avec lui-même, il gravit l'escalier.

— Eh bien ! mon fils ? lui demanda Moser dont le visage ridé s'éclaira d'une joie soudaine.

— Je tiens ma promesse, répondit Julio en essayant de demeurer impassible.

Moser lui saisit les deux mains :

— Tu me sauves la vie ! lui dit-il, tu me sauves la vie... Je ne serai point ingrat, d'ailleurs je t'ai beaucoup aimé, et la tendresse ne peut aisément s'éteindre. Tiens ! regarde cette barre d'or vierge... hier ce trésor est sorti de mon creuset... J'ai trouvé l'art de rendre la vie joyeuse, il s'agit maintenant d'apprendre à la prolonger.

Une pâleur de cire s'étendit sur le visage de Julio. Moser fabriquait de l'or, Moser avait trouvé le grand secret! Ses mains tremblaient, ses yeux jetaient des flammes. Le Juif s'approcha de lui et, relevant sa tête exsangue, au profil d'oiseau de proie, il ajouta :

— J'avais voulu faire de toi mon élève, mon fils d'adoption... Tu t'es enfui, après avoir juré de rester toujours... J'aurais dû te haïr, et je ne l'ai pas pu... L'amour est venu se jeter en travers de la science, et la science a eu tort... Tu n'as point gardé le courage qu'il faut à ceux que brûle un feu sacré... Peut-être, comme châtiment de cette faiblesse, te sera-t-il interdit de franchir les derniers sommets de l'initiation... Peut-être un regret sincère suffirait-il pour te purifier d'une faiblesse... Je ne te demande ni de quitter ta femme, ni d'abandonner ton fils... A quoi bon troubler leur bonheur...? Chaque jour tu sors pour donner des leçons sans que Bianca en conçoive d'alarme, continue à demeurer absent de la Villa des Roses le même nombre d'heures... Viens les passer près de moi... Nous ferons plus d'or en quelques minutes que tu n'en reçois dans une année... N'est-il point possible de concilier les intérêts de ton avenir et de ta fortune avec ceux de la famille?... Ne suffit-il point de se croire heureux pour l'être véritablement?

L'hésitation de Julio ne fut pas longue, il répondit d'une voix brève :

— J'y consens, mais à la condition que Bianca ne saura jamais...

A partir de ce moment, le mari de Bianca se rendit chaque jour dans la maison du Juif. Tous deux travaillèrent au labeur commun; tous deux pâlirent sur des manuscrits.

Pendant quelques semaines Bianca, confiante dans la parole donnée, accepta les explications de son mari sur la durée d'absences devenues de plus en plus longues. Mais une nuit, inquiète de l'avoir vu fiévreux et souffrant, elle pénétra dans son appartement, et le trouva renversé dans un fauteuil, une main encore posée sur un vieux livre. Elle en lut quelques passages et comprit, et elle trembla pour le salut d'un époux trop cher.

Lentement elle regagna sa chambre, et passa dans les larmes le reste de la nuit. Ce fut pour elle un coup terrible. A partir de ce moment sa santé déclina d'une façon sensible. Sa tendresse passionnée pour Mario la rattacha momentanément à la vie, mais un soir que Julio rentrait vers minuit, la servante lui dit au milieu de ses larmes :

— Ma maîtresse se meurt... On l'a confessée... c'est une sainte qui s'en va vers Dieu!

Mourir! sa femme allait mourir! De quoi? Comment? Il ne lui vint pas une seule fois à l'esprit de comprendre qu'il était l'unique coupable. Quand il fut près de la couche qu'elle ne devait plus quitter, il s'agenouilla et balbutia :

— De quoi souffres-tu?

— Oh! fit-elle, j'aurai bientôt fini de souffrir.

— Quel est ton mal? Quelle douleur te tue?

Elle lui serra la main :

— L'alchimie! fit-elle, l'alchimie!

Une heure après elle expira.

Sa femme, sa mère avaient succombé, martyres de son obstination dans ses recherches criminelles, victimes d'un monstrueux orgueil.

Il eut des remords cependant. En voyant étendue sur son lit cette douce et belle créature dont il fut l'unique tendresse; en entendant sangloter Mario, il se sentit repris par une résolution tardive d'expiation...

Il ne reverrait plus Moser, Moser le tentateur, Moser son âme damnée.

Et il se tint parole quinze jours.

Au bout de ce temps il retourna au logis du Juif, entra dans le laboratoire, chercha du regard Moser et ne l'aperçut pas... Mais en tournant le grand fauteuil dans lequel le vieillard avait l'habitude de s'asseoir, il le vit, non plus lui, mais un spectre... Moser était mort... Dans une de ses mains il serrait les débris d'une fiole de cristal... la fiole renfermant l'Élixir de longue vie... Sans doute pris d'une faiblesse croissante, il la saisit d'une main tremblante, la laissa échapper, ne releva que des débris, et tomba foudroyé en voyant s'évanouir sa dernière espérance.

Sur la table, au milieu d'une feuille de parchemin, Julio lut ces mots écrits d'une main tremblante : « Je t'attends, tu viendras trop tard... Je te lègue mes manuscrits et tout ce que je possède... Sois assez fort pour suivre la voie que je t'ai tracée. »

Des funérailles convenables furent faites au vieux Juif, et à partir de ce jour, Julio confiant son fils aux soins d'une étrangère et d'un précepteur, ne s'occupa plus qu'à poursuivre les recherches de Moser.

Voilà quels souvenirs ressuscitaient et hantaient la pensée du comte Palma, évoqués d'une façon soudaine par l'apparition de Mario, ce fils qui lui rappelait Bianca, la pauvre Bianca, et la Villa des Roses

L'ÉLIXIR DE LONGUE VIE

Cachée derrière une colonne, elle admirait de tous ses yeux. (*Voir page 105.*)

IX

LES CURIOSITÉS DE GILDA

L'animation était grande sur la route de Buda. Les carrosses de toutes tailles, les chevaux de luxe l'encombraient. Les cochers parlementaient à peine à maintenir leurs attelages. On entendait de tous côtés des cris, des injures. Aussi altiers que leurs maîtres, certains valets prétendaient aux honneurs du pas. De temps à autre des figures de femmes, belles de jeunesse et de parure, se montraient aux portières, frileusement encapuchonnées dans des mantes de satin ou des voiles de dentelle. Le froid devenait de plus en plus intense. On répétait que le fleuve se prenait, et déjà de lourds glaçons roulaient au milieu de ses eaux bleues. Jamais, dans l'auberge des Trois Pommes de pin, l'encombrement ne fut plus grand. Certain d'une magnifique recette, Guisko s'y était installé avec sa cithare, et réjouissait les curieux et les buveurs grâce à ses airs de danse entraînants. On buvait ferme dans l'auberge, par cela même qu'on y parlait beaucoup. Les commentaires allaient leur train. L'annonce de ce qui devait se passer au château passionnait les pauvres autant que les riches.

— Est-ce que vous croyez cela, Niklas? demanda un vieux laboureur dont l'âge courbait le dos et cassait les reins. Est-il possible à un homme de bouleverser ce que nous avons toujours vu, à savoir que nous marchons vers le cimetière, d'une façon lente et certaine, et que nul ne peut nous empêcher de mourir quand notre heure est venue?

— Je suis une ignorante, répliqua la cabaretière, et je m'en rapporte plus à ce que me disent les prêtres qu'à mon opinion personnelle. Cependant le comte Palma est si savant!

— Savant! savant! Je ne dis pas! Mais retrouver ses vingt ans quand il en compte plus de soixante, forcer les cheveux blancs à redevenirs noirs, effacer les rides qui sillonnent le visage, tout cela me paraît œuvre diabolique à laquelle je me garderais bien de concourir, dans la crainte de perdre son âme.

— Bah! fit un charron, sorcier ou non, le comte est la Providence du pays.

— D'ailleurs, je ne sais point pourquoi nous nous montrerions plus exigeants que notre archevêque, lequel daigne souvent se rendre chez le seigneur Palma. N'a-t-il point posé la première pierre de l'hospice Saint-Julien? Le comte n'a-t-il pas promis de fonder une maison d'orphelins?

— J'en suis pour ce que j'ai dit, reprit un paysan, il sent le fagot.

— Regardez donc les carrosses, Niklas, disait un autre, il en passera toute la journée, jamais cette procession ne finira... Les belles dames! Et combien je donnerais cher pour les voir dans la salle de bal.

Gilda s'avança sur la pointe des pieds :

— Tu ne peux aller au château, toi, tu ne connais pas M. le comte.

— Voyez-vous cette petite! Tu le connais donc, toi?

— Certes, et j'ai le droit d'entrer au manoir comme il me plaît. Ce n'est ni le savant seigneur, ni M. Paulus qui me chasseraient. Tous deux me font fête quand j'arrive... C'est « ma petite Gilda par ci, ma petite Gilda par là. » Mon portrait est dans une des salles ; M. Paulûs m'a mis des ailes comme à un ange...

La petite fille s'approcha câlinement de sa mère, s'assit sur ses genoux, et noua ses deux bras autour de son cou :

— Laisse-moi aller au château, mère, je ne serai pas longtemps, pas longtemps du tout...

— Pas aujourd'hui, répondit Niklas.

— Mais c'est justement aujourd'hui qu'il y a fête.

— Ma mignonne, d'habitude tu te montres très sage, et point obstinée, pourquoi me causer de la peine ?

— C'est toi qui es méchante de me défendre de sortir.

— Tu ne comprends pas pourquoi, ma mignonne... Lorsque les jours ordinaires tu te rends chez M. le comte, la route est belle et tout unie ; aujourd'hui, c'est différent, les chevaux piaffent, les voitures roulent, les coups de fouets sifflent dans l'air, tu serais certainement blessée... Non ! non ! Je n'exposerai pas mon trésor... Demain la fête ne sera pas finie, je t'y conduirai moi-même.

Gilda insista, pleura, tout fut inutile. Alors changeant de tactique elle feignit de céder, s'assit tranquillement près de la porte et prit un petit ouvrage dans lequel se mêlaient les fils rouges, jaunes et bleus.

Mais au lieu de tirer l'aiguille, Gilda jetait tour à tour des regards furtifs, tantôt sur la route encombrée, tantôt sur les buveurs bruyants. Au moment où un groupe de paysans quittait la salle, l'enfant voyant sa mère occupée à servir les nouveaux venus, se glissa hors de la maison. Mais à peine venait-elle de s'enfuir que l'aubergiste, ne l'apercevant plus sur sa petite escabelle, poussa un cri, laissa échapper le broc qu'elle tenait, puis épouvantée elle s'élança sur la route.

Au milieu du mouvement qui s'y produisait, elle n'aperçut point l'enfant, et se mit à courir affolée, appelant et criant le nom de Gilda. Enfin elle reconnut sa jupe rouge, et redoublant de vitesse elle saisit la petite curieuse, et l'entraîna par la main avec une sorte de brutalité.

Pour la première fois Niklas se sentait profondément irritée contre l'enfant ; la terreur qu'elle venait d'éprouver, terreur exagérée par la puissance de l'amour maternel, la rendit sévère. A peine Gilda fut-elle rentrée dans la salle d'auberge où elle voulut se tapir dans son retrait habituel, que Niklas, résolue à la châtier, lui dit d'une voix dure que Gilda ne connaissait point encore :

— Non, non, tu seras punie pour m'avoir désobéi. Je t'enfermerai le reste du jour, puisque tu refuses de faire ma volonté.

— Non! tu ne m'enfermeras pas; je pleurerais, et tu ne veux pas que je pleure!

— Ne sais-tu donc point que je serais morte, moi! si tu avais été foulée aux pieds des chevaux?

— Je ne le ferai plus! Je ne le ferai plus jamais! répéta Gilda en joignant les mains.

Mais Niklas tint bon cette fois. Gilda fut enfermée dans une petite pièce sommairement meublée, où il lui devint loisible de réfléchir à l'obéissance due à sa mère.

L'enfant s'exaspéra, tandis que Niklas s'essuyait les yeux, en songeant au désespoir de la chérie qui pleurait.

Si elle ne céda pas, ce fut bien moins afin de punir Gilda de sa désobéissance, que pour l'empêcher de prendre une seconde fois la fuite. Elle se disait, avec raison, qu'il lui était impossible de la surveiller d'une façon suffisante au milieu du mouvement régnant dans la salle d'auberge. En dépit de sa promesse, Gilda céderait de nouveau à la tentation, et qui sait si la mère serait assez heureuse pour la retrouver?

Vraiment Gilda se sentait, en ce moment, pour le moins aussi irritée que sa mère. D'abord elle tourna autour de la chambre comme une petite panthère en cage, elle frappa du pied, regarda avec rage une fenêtre trop haute pour qu'elle pût y atteindre, puis quand elle eut crié jusqu'à s'enrouer, et pleuré de façon à avoir les yeux rouges, elle s'assit à terre, enveloppa sa tête blonde de son tablier et demeura immobile.

Toutes les histoires de prisonniers que lui racontait sa mère revinrent à sa mémoire. Elle s'imagina que jamais elle ne sortirait de ce qu'elle appelait son cachot. Peut-être même alla-t-elle jusqu'à croire qu'on l'y laisserait mourir de faim. Ah! si Gyorgio savait cela!

Mais Gyorgio l'ignorait. En ce moment il se trouvait non moins à plaindre que Gilda.

Une chèvre avait disparu du troupeau, et le vieux Rosko, sans écouter l'enfant qui, au milieu de ses larmes, lui signalait dans le pays la présence d'une bande de bohémiens, vingt fois capables de prendre non pas une, mais cent chèvres, et de les rôtir sans vergogne, faisait payer à coups de trique sur le dos de Gyorgio la bête manquant au troupeau.

Quand le bras de Rosko resta engourdi à force de frapper, et que le dernier tronçon de bâton lui demeura dans les doigts, il dit à l'enfant:

— Et maintenant, tu ne mangeras plus qu'une fois par jour, jusqu'à ce que je sois remboursé. Je ne t'empêche pas de me rendre mon compte en prenant une chèvre à un voisin.

— Mais ce serait voler, cela!

— Voler? répéta Rosko indigné : ceux qui ont dérobé ma bête sont des filous, oui, sans doute; mais moi je reprendrais mon bien, voilà tout. Chèvre pour chèvre, je ne connais que cela.

— Et comme cela vous ne me donnerez pas à souper?

— Non!

— Alors, répliqua Gyorgio, vous n'avez pas besoin de fermer la porte. Je connais une maison où je mangerai ce soir, et mieux que vous, méchant homme!

L'enfant bondit hors de la cabane de Rosko et se trouva sur la route.

Il entendit vaguement les imprécations du chevrier, et aperçut de loin la silhouette de ses grands bras encore menaçants, mais il n'y prit garde et continua sa course.

Naturellement il se rendait à l'auberge des Pommes de Pin.

La générosité de Niklas lui était connue; la tendresse fraternelle qui l'unissait à Gilda donnait pour lui à la veuve un cœur de mère. Gyorgio pouvait partager le souper de Gilda s'il le désirait, cependant ce jour-là une autre pensée lui occupait l'esprit. Jamais le jambon de Niklas ne lui faisait défaut, mais qui sait quand il retrouverait l'occasion de savourer la succulente cuisine qui s'élaborait en ce moment au château du Danube?

Pouvait-il oublier que Gurgi le marmiton était son ami? L'occasion n'était-elle point unique pour goûter à des sauces exquises, manger des parts de tarte grandes comme des plats, se régaler de sucreries inconnues, tellement parfaites qu'elles imitaient tour à tour des navires et des châteaux forts?

Il allait comme le vent, le petit Gyorgio, poussé à la fois par son amitié pour Gilda, et l'instinct d'une gourmandise assez développée.

— Bonjour, Niklas! dit-il en s'approchant de la cabaretière.

Celle-ci ne l'entendit point ou ne parut pas l'entendre.

— Eh bien! fit le chevrier, vous ne me répondez rien?.. C'est vrai, vous avez du monde aujourd'hui... Les consommateurs boivent ferme... Ils tiennent à voir défiler les carrosses sur la route... Je suis un peu plus exigeant, moi! Et c'est dans le château que je veux entrer...

— Vraiment! Et c'est ta place! répliqua Niklas qui, d'ordinaire si douce tourna vers lui un visage irrité. Tu auras mis dans l'esprit de ma fille ces belles idées, et voilà qu'elle aussi a la prétention de se rendre au manoir! Tout le monde veut être de la fête, il paraît, et la journée est bonne!

— Elle ne l'était point tout à l'heure, Niklas, répliqua l'enfant en frottant ses bras et ses épaules meurtris par le bâton. Je vous affirme que le vieux damné de Rosko a la main lourde! J'ai grand besoin de me distraire un peu et d'oublier que je viens d'être roué de coups, à cause d'une chèvre qui manque à l'appel... Vous êtes raisonnable, vous, Niklas, vous savez bien que la grande foire d'hiver attire à Buda des bohémiens, des montreurs de bêtes et des saltimbanques. L'un d'eux a volé la chèvre, c'est clair... Je n'étais pas même coupable d'avoir manqué de surveillance... Eh bien ! la seule morale que Rosko, le scélérat, ait trouvée dans son cœur de Juif, est que je dois avoir l'adresse de dérober la bête d'un autre et de la mettre à la place de celle qui est perdue.

— Ah ! ah ! fit Niklas, en s'approchant d'une grande ardoise sur laquelle elle inscrivait le compte des consommateurs, ce renégat te conseille le vol, apprenons-lui d'abord à payer ses dettes... Il ne boira pas une seule bouteille avant d'avoir réglé son compte... Et peut-être se monte-t-il à plus haut qu'il ne croit.

Ce que venait de lui apprendre Gyorgio calma un peu sa colère ; elle vit combien le pauvre petit était sincèrement honnête, le regarda avec une douceur compatissante, puis enlevant la veste trouée qu'il portait :

— Ainsi, demanda-t-elle, tu as été battu ?

— Regardez ! fit l'enfant.

Niklas et les hommes qui buvaient et causaient dans l'auberge aperçurent alors le dos et les bras de l'enfant couverts de traces jaunes et bleues.

— C'est un monstre ! s'écria Niklas, je le dénoncerai au juge Samper.

— Oui, oui, ce sera justice, il est orphelin ! Nous devons tous le protéger !

— Merci, répondit l'enfant, ce qui me consolerait le mieux maintenant, serait de voir ma petite Gilda.

— Gilda est punie, répondit la mère.

— Punie, elle ! fit Gyorgio avec incrédulité.

— Cela t'étonne ? J'ai eu ce courage cependant. Croirais-tu que l'enfant voulait aller au château ? Malgré ma défense elle s'est enfuie... la vois-tu toute seule sur une route encombrée d'équipages et de cavaliers ! Je l'ai enfermée, et tu ne la verras point ce soir... Veux-tu souper, Gyorgio ?

— Vous venez de me couper l'appétit, répliqua tristement l'enfant.

Puis baissant la tête il quitta la salle.

— Un bon enfant ! s'écria Guisko le cithariste.

— Et qui mériterait un meilleur maître, ajouta un paysan.

— J'ai souvent pensé à le prendre pour aide, dit Niklas .. Il aime tant ma Gilda, et l'enfant lui est si attachée... Ce qui est certain, c'est que je dénoncerai Rosko au baron Samper.

Pendant que la cabaretière servait, que l'auberge s'emplissait davantage à chaque minute, Gyorgio, loin de prendre tout de suite la route du château, rôdait autour de la maison de Niklas. L'idée que sa petite amie demeurait prisonnière lui était insupportable.

Vraiment Niklas se montrait trop sévère d'interdire à l'enfant l'innocent plaisir d'aller au château... Peut-être, cependant, n'avait-elle pas tout à fait tort, quand il s'agissait pour Gilda de s'y rendre seule ; mais tout changeait d'aspect. Gyorgio était là, maintenant, Gyorgio, un homme ! Ne pouvait-il prendre l'enfant sous sa garde ?

La première chose à faire était de s'informer dans quelle pièce Gilda se trouvait prisonnière. Son ami aviserait ensuite au moyen de la consoler.

Rempli de cette idée, Gyorgio tourna autour de la maison, prêtant l'oreille, cherchant, épiant. Il lui sembla entendre sortir d'une chambre basse un bruit ressemblant à un sanglot. Il connaissait bien ce réduit dans lequel Niklas enfermait quelques vieux meubles et des provisions.

— Gilda est ici, pensa-t-il.

Il prit une poignée de sable et la lança contre la fenêtre.

Ce bruit fit lever la tête à Gilda, et bientôt elle aperçut, collé contre les vitres, le visage souriant de son ami. Elle se leva et s'approcha de la fenêtre.

— Ouvre ! lui dit Gyorgio en ajoutant à ce mot le geste expressif de tirer un verrou.

Gilda dut se dresser sur la pointe des pieds, mais ce fut en vain, elle ne pouvait atteindre la fenêtre.

Mais depuis que le petit chevrier était là, l'enfant tenait doublement à trouver le moyen de quitter sa prison, elle traîna d'abord une table, plaça dessus un escabeau, et parvint jusqu'au verrou qu'elle tira. Une minute après le chevrier se trouvait dans la chambre.

— Ah ! pauvre mignonne ! fit-il, ta mère t'a mise en prison !

— Parce que je voulais voir la fête.

— C'est pourtant assez naturel d'avoir cette envie-là. Moi j'ai été rudement battu, mais je me rendrai quand même au château du Danube... Si tu savais tout ce qu'on mangera dans les cuisines... Gurgi s'en léchera les coudes... Il m'a bien promis de me garder ma part, mais ce n'est point la même chose, tu comprends cela...

— Moi, reprit Gilda, je ne songeais guère à manger, mais je voulais voir les toilettes des dames... Ce sera brillant comme un conte de fées.

— Si nous y allions ? demanda Gyorgio.

— Ma mère serait trop en colère.

— Elle ne le saura point.

— Comment ferions-nous?
— Tu es enfermée pour longtemps?
— Je resterai ici jusqu'à demain.
— Tout est pour le mieux, nous reviendrons ce soir... Le temps pour toi de regarder les belles dames... Pour nous deux de manger de tous les plats du souper... Ensuite, laissant les invités du comte dans la salle de bal, nous reviendrons tranquillement. Je t'aiderai à rentrer dans la prison, tu remettras tout en ordre; demain Niklas trouvera qu'elle s'est montrée bien sévère, elle te pardonnera, et tout sera dit...
— Mais j'aurai désobéi... fit Gilda.
— Bah! pour une fois.
— Gyorgio, si Dieu me punissait!
— La faute n'est pas assez grave pour mériter un châtiment... Et d'ailleurs, Gilda, pourquoi ta mère t'a-t-elle emprisonnée?
— Pour m'empêcher d'aller au château.
— Toute seule, oui; mais nous voilà deux, je te défendrai, je te protégerai... que peut-il t'arriver avec moi?
— C'est vrai, répondit Gilda, tu es grand et fort, tu me conduiras...
— Et je te ramènerai.
— La fenêtre est bien haute, comment ferons-nous?
— Rien de plus simple; nous montons sur l'escabeau, nous enjambons la fenêtre, et nous descendons en posant les pieds sur les racines de lierre.

Un moment Gilda hésita encore; l'idée lui vint même de frapper à la porte de la petite chambre, de façon à attirer sa mère, et de la supplier de lui pardonner... Mais la crainte d'être refusée, l'avide curiosité de voir les « belles dames », peut-être aussi la pensée plus vague de descendre dans les cuisines et de partager avec Gyorgio les friandises mises de côté par le complaisant marmiton, la décidèrent. Saisissant la main de son compagnon, elle gagna le bord de la fenêtre, puis aidée par Gyorgio, au bout d'une minute, elle se trouva à terre. Désormais elle ne craignait plus d'être surprise. Le jardin était situé derrière la maison; elle passerait par la brèche d'un mur de pierres sèches, et gagnerait la grande route.

Le temps était admirable; mais on eût dit qu'à chaque heure augmentait le froid déjà si intense. Les deux enfants se mirent à courir. Le mouvement des voitures devenait presque nul, les invités étant pour la plupart arrivés au château. Les enfants ne se trouvèrent donc nullement en danger, traversèrent la cour d'honneur sans qu'on parût s'occuper d'eux.

— Descendons aux cuisines, dit Gyorgio.
— Plus tard, plus tard, répliqua la petite fille. Je suis venue pour

regarder les toilettes des dames, montons d'abord dans les salons du château.

A l'idée de pénétrer dans les salles disposées pour le banquet et pour le bal, le courage de Gyorgio défaillit complètement. Il trembla d'être surpris et chassé. Cependant Gilda gardait sur lui tant d'empire qu'elle le décida à traverser le vestibule.

Avec ses magnifiques peintures, ses colonnes de marbre, ses tapis somptueux, il éblouit Gyorgio d'une façon complète. Le petit chevrier n'osait fouler ces hautes laines sur lesquelles on aurait dit que des fleurs étaient peintes. Tremblants tous deux d'être surpris, ils se dissimulaient au moindre bruit derrière des massifs de fleurs. L'escalier leur offrait dans chaque encoignure de semblables abris, et de bosquet en bosquet, ils parvinrent jusqu'au premier étage.

La salle de bal et la salle du banquet s'y trouvaient.

Jamais les enfants ne virent semblables magnificences.

Sur des nappes à encadrements de précieuses guipures venues d'Italie, se dressaient des surtouts d'argent représentant des groupes de déesses soutenant des pyramides de fleurs rares. Dans des coupes s'étageaient d'admirables fruits, comme en devaient produire les arbres du paradis terrestre.

Quand les yeux des enfants se fixèrent sur les dressoirs, ils virent sur de vastes plats s'étaler les pattes rouges de crustacés arrivés des bords de la mer; il admirèrent les croûtes dorées de gigantesques pâtés renfermant des oiseaux parfumés par les baies sauvages. Puis ce furent des poissons gigantesques aux tons bleus adoucis, aux ventres rosés, des gelées transparentes affectant des formes de couronne; des obélisques de crèmes glacées, des gâteaux sans nombre, des sucreries de toutes sortes.

Sur la table les cristaux brillaient. Dans des angles, sur les servantes de marbre s'alignaient, dans un ordre méthodique, des bouteilles poudreuses de formes variées, portant comme des titres d'honneur de vieilles étiquettes d'émail. Les unes au long col renfermaient des vins mûris sur les coteaux du Rhin ou de la Moselle; les autres trapues et noircies venaient des flancs du Vésuve, et renfermaient des liqueurs ardentes. Puis c'étaient des flacons placés dans des berceaux d'argent, des fioles entourées de roseaux, des cruchons de grès rouge parfumés de crèmes venues du Nord.

— Sois tranquille, murmura Gyorgio à l'oreille de Gilda, nous aurons de tout, de tout... Et maintenant, viens...

— Sans voir les belles dames? Oh! que non! Je ne suis point venue pour goûter les sauces et manger les friandises, moi! Je veux regarder les robes couleur du temps, les diamants, les fleurs... Écoute, Gyorgio, descends rejoindre Gurgi... Je connais le chemin des cuisines, je te rejoindrai quand les dames seront entrées dans la salle du festin.

— T'abandonner ici ?
— Est-ce que j'y cours un danger !
— Si quelqu'un te surprenait...
— La belle affaire ! je répondrais : — Je suis Gilda, la petite Gilda, vous savez bien, la fille de la cabaretière des Pommes de Pin ! Le comte Palma m'aime beaucoup... Chaque fois qu'il me rencontre il me donne des ducats d'or, afin de grossir ma dot... — On me laissera tranquille avec ces bonnes raisons-là... D'ailleurs, je serai bien sage. Je resterai tapie derrière cette colonne... Laisse-moi ici, dans une heure ou deux nous souperons chez Gurgi.
— Bien sûr tu ne bougeras point de place, et tu me rejoindras ?
— Bien sûr.

Des pas que les enfants entendirent dans le couloir précipitèrent la résolution de Gyorgio ; il embrassa Gilda, et descendit, après avoir renouvelé ses recommandations.

Un moment après, suivant les prévisions de la fille de Niklas, les jeunes dames en parures élégantes, les cavaliers vêtus de velours et de soie passèrent se rendant à la salle du banquet. Jamais les rêves de Gilda n'atteignirent de telles magnificences. Elle voyait traîner sur les tapis les queues chatoyantes des robes semblables à des vagues de fleurs ; les aigrettes de plumes, les poufs de roses se mêlaient à l'échafaudage savant des chevelures, à la grâce légère des boucles ondoyantes. Les rivières de diamants, les girandoles suspendues aux oreilles, les agrafes de corsage l'éblouissaient. Oh ! combien la petite Gilda eût donné en ce moment pour avoir le loisir de mettre, ne fût-ce qu'une heure, les parures dont ces jeunes femmes étaient couvertes ! Cachée derrière une colonne supportant un grand vase rempli de fleurs retombantes, elle admirait de tous ses yeux. Cependant, elle ne restait pas sans crainte. A chaque instant elle tremblait que le regard d'un jeune seigneur la surprît ou qu'une belle dame éclatât de rire à la vue de son pauvre costume. Enfin un moment vint où, en dépit de la vaillance qui la poussait à demeurer seule dans le couloir, privée de l'appui de son petit camarade, elle se dit que, la foule devenant de plus en plus grande, on allait certainement la découvrir. Que dirait le comte Palma de cette effronterie ? Cette fois il ne s'agirait point d'entrer ouvertement, gaiement dans le manoir. Elle s'y était subrepticement glissée, elle gardait conscience d'y faire tache ; aussi, pressée par une crainte dont elle n'était pas maîtresse, Gilda, fuyant un danger pour un danger plus grand encore, abandonna son abri pendant une minute où le couloir restait vide, et sans réfléchir, voyant une porte entr'ouverte, elle se glissa par l'entrebâillement, et se trouva dans une pièce assez vaste qu'elle examina curieusement.

Le premier objet qui la frappa fut un magnifique portrait représentant un homme dans l'éclat de la jeunesse; il portait un habit de velours rouge, un jabot de Malines au milieu duquel se voyait sa main blanche ornée d'une bague d'émeraude; ses cheveux noirs, sans poudre, tombaient sur son dos, retenus par un ruban noir.

Longtemps elle le regarda. Où avait-elle vu ces grands yeux sombres? Elle ne s'en souvenait plus, mais elle les connaissait. En ce moment il lui sembla que ces prunelles de diamant noir la fascinaient, comme le serpent fait de l'oiseau. Gilda demeurait effrayée, ravie pourtant. Lorsque son effroi, car elle ressentait vraiment de la terreur à voir l'homme vêtu de rouge, lui serrait le cœur trop fort, elle s'efforçait de distraire sa pensée en regardant d'un autre côté. Les cabinets italiens, les tableaux de maîtres, les girandoles de bronze, les statues d'ivoire s'entassaient sur les crédences et les meubles rares. Puis, dans des bibliothèques, elle voyait rangés avec un soin admirable des livres précieux non seulement par leurs reliures, mais encore par leur contenu! En dépit de l'hiver il y avait aussi des fleurs dans de grands vases de Chine d'une haute fantaisie. Gilda eût disparu tout entière dans une des potiches ventrues dont les oiseaux de pourpre et d'or l'émerveillaient.

Où se trouvait-elle? chez un enchanteur peut-être.

Le temps passait; l'ombre descendit dans la vaste pièce. On n'entendait plus aucun bruit dans le couloir; sans doute les invités se trouvaient réunis dans la salle du festin, car un bruit léger de cristaux et d'argenterie arrivait jusqu'à elle.

En ce moment elle eut le sentiment vague qu'en désobéissant à sa mère elle avait commis une faute grave dont le ciel ne manquerait point de la punir.

Vraiment ses curiosités ne lui portaient pas chance. Sans doute elle avait vu tous les invités du comte Palma, et pourrait désormais raconter les magnificences de leurs toilettes, mais elle commençait à sentir son estomac dévoré par la faim, et le souvenir des bonnes choses auxquelles Gyorgio faisait honneur, lui traversa la mémoire. Tandis qu'elle se tenait là blottie dans une chambre où peu à peu les objets se noyaient dans l'ombre, Gyorgio, assis dans un coin de l'arrière-cuisine du château, se grisait des odeurs des sauces, du parfum des gibiers, des émanations plus fines des plats d'entremets. Elle voyait, par le souvenir, les fourneaux flamboyants, les rangées de casseroles en cuivre, brillantes comme de l'or rouge, l'armée des marmitons et des cuisiniers vêtus de blanc, la figure rougie par la flamme de la cuisine; puis au milieu d'eux maître Saky, important comme un général d'armée.

Et Gilda restait seule affamée, prise de peur en face de ce grand portrait du gentilhomme habillé de rouge, dont les regards semblaient fouiller jusqu'à son cœur.

L'ÉLIXIR DE LONGUE VIE

Le voyageur continua la lutte le plus longtemps possible. (*Voir page* 113.)

X
SUR LA ROUTE

La foire de Buda n'attirait pas seulement des négociants faisant honnêtement leur trafic, des curieux et des acheteurs empressés de s'approvisionner de choses indispensables, et de se passer la fantaisie d'un objet de luxe pour leur costume ou leur mobilier. On n'y voyait pas seulement des montreurs de bêtes fauves, des joueurs de cithare, de violon, jetant au milieu de la foule les sons irritants des *czardas*; comme il faut que tout le monde vive, on y coudoyait à la fois des grands seigneurs et des filous, des marchands et de nobles dames. Tel trafiquant en fourrures, cherchant au moment de se coucher une bourse alourdie par le gain, ne retrouvait même plus la poche qui la contenait. Les voleurs vivaient et vivaient bien durant la foire. Ils considéraient cette époque comme une des plus fructueuses de l'année. Les uns travaillaient isolément, les autres, réunis en troupe, exploitaient largement la population flottante de Buda-Pesth.

Cette année-là, une bonne fortune inattendue les réjouissait.

La fête donnée par le comte Palma ne pouvait manquer de leur livrer plus d'une riche proie. Les dames portaient des diamants, les cavaliers amoureux du jeu ne pouvaient manquer d'avoir la bourse garnie.

Bien sot eût été, parmi ces malandrins, celui qui eût laissé passer cette occasion sans la saisir.

Afin de travailler avec plus de succès, ils s'étaient partagé la ville et la route.

D'après les ordres du chef, chaque groupe de la bande devait agir sur un point déterminé. Il s'agissait d'une bataille, on ne pouvait oublier l'ordre et la stratégie.

Mais certaines places s'étaient évidemment trouvées plus fructueuses, et cachés dans un massif d'arbres dépouillés, quatre bandits se plaignaient à voix basse de la mauvaise chance qui les poursuivait depuis le matin. Trois tentatives avaient avorté. Sans doute, il leur faudrait revenir bredouilles, comme des chasseurs maladroits, et le chef ne riait guère, quand on rentrait sans butin. Peut-être y allait-il pour les misérables d'un renvoi immédiat, et ils avaient beau se demander à quelle bande ils s'attacheraient si Micro les chassait comme indignes et maladroits, ils savaient bien que nul n'égalait Micro en astuce comme en audace.

Déjà un cavalier élégant leur avait échappé grâce à la vitesse de son cheval; un moment ils espérèrent mettre à rançon une belle dame dont la tête se montrait à la portière de son carrosse, mais à l'instant où les bandits sautaient à la tête des chevaux, les laquais se trouvèrent braves par hasard, répondirent à leur agression par des coups de feu, et ils durent s'estimer heureux de disparaître sous les buissons et de renoncer à une proie convoitée.

Les misérables restaient tapis derrière les amas de broussailles séchées, parlant bas, se plaignant d'un mauvais sort qui s'attachait à toutes leurs entreprises :

— Nous ne pouvons point, cependant, rentrer, ce soir, les mains vides, disait Machab qui paraissait le chef de la bande.

— Évidemment, répondaient ses compagnons désappointés de leurs insuccès.

— Coûte que coûte, il nous faut lever du gibier.

— Tiens ! interrompit mystérieusement un des larrons, je viens d'entendre le galop d'un cheval sur la route.

Le dialogue cessa.

Les yeux fureteurs, l'oreille au guet, la bande de Micro risquait, à travers le fouillis des ronces, des regards à la fois avides et inquiets.

Ce pouvait être, en effet, le contraire d'une proie, et l'ombre de l'autorité jetait tout de suite un froid sur le courage de ces chevaliers de grand chemin.

Tout à coup, Machab fit un geste de commandement.

A cet ordre muet, les trois complices se levèrent, prêts à bondir sur le point désigné.

— Attention ! murmura sourdement le chef.

Voici un cavalier ; seul contre quatre, ce sera bien le diable s'il ne nous laisse son escarcelle et un peu de la laine de ses chausses.

Celui contre qui s'organisait ce guet-apens, enveloppé d'un ample manteau, semblait venir des bords du Danube et paraissait diriger sa marche vers Buda.

Il avançait rapidement au galop de son cheval et les malandrins escomptaient déjà le chiffre de leur aubaine.

— Pourvu qu'il vaille la prise ? disaient-ils entre eux.

— Maigre ou grasse, toute proie sera bonne, coupa Machab ; nous n'avons pas le choix et le temps passe.

— Allons

— Attaquons-nous de la pointe ?

— Soyons courtois, dit Machab, parlementons.

— La bourse ou la vie, alors ?

— Les deux si on regimbe.

— C'est entendu.

En ce moment le cavalier approchait : on pouvait voir sa fine silhouette, en dépit du manteau qui l'entourait. Son regard allait droit devant lui. On l'eût dit pressé d'arriver à son but.

Tout à coup son cheval bronche, un jurement s'échappe de ses lèvres, en dépit de la nuit qui descend d'une façon rapide, il voit des formes vagues s'agiter autour de lui.

— Mon gentilhomme, fit Machab en touchant une sorte de vieux feutre, auriez-vous l'extrême obligeance d'honorer de vos munificences quatre pauvres diables ignorant comment ils pourront dîner ?

— Et qui détroussent agréablement les voyageurs à ce que je vois, reprit le gentilhomme. Mordieu ! camarades ! nous allons en découdre, et proprement. Je ne suis point avare d'un écu, même d'un ducat, lorsqu'on me le demande chapeau bas, et la main tendue, mais quand des mendiants comme vous me parlent le feutre sur la tête et le pistolet au poing, l'affaire change de face.

— Diable ! fit un des voleurs, il est armé.

— Pas de bruit, dit Machab, les coups de feu pourraient attirer du monde. Aux couteaux ! aux couteaux !

Chacun prit le sien. Le voyageur venait de tirer son épée.

Très fort à l'escrime, il se couvrit de son arme avec une si grande habileté que, durant plusieurs minutes, il réussit à tenir ses ennemis à distance. Mais ils étaient quatre, et l'issue du combat ne pouvait paraître douteuse.

Encore si la monture du cavalier eût été de race, peut-être fût-il parvenu à échapper aux misérables, mais il s'agissait d'une haridelle efflanquée qui en ce moment reniflait peureuse, les jarrets tremblants, et sur laquelle il était impossible de compter.

Cependant un des bandits, dont le bras venait d'être transpercé, étouffait mal un cri de rage, un autre, atteint d'un coup de pointe au front, aveuglé par le sang coulant de sa blessure, voulait une éclatante revanche. Tant que le voyageur combattrait à cheval, il jouirait d'un immense avantage. Le plus pressé était donc de le désarçonner. Mais on l'eût dit invulnérable. Debout sur les étriers, et paraissant percer l'ombre de ses prunelles ardentes, il luttait, s'échauffant à mesure, luttant, attaquant. Des cris rauques lui échappaient. Il interpellait les bandits, leur jetant l'insulte à la face, en même temps qu'il les atteignait de son épée aiguë. Tout à coup il sentit son cheval fléchir sous lui.

— Misérables ! fit-il, ne pouvant avoir l'homme, vous tuez la bête.

Les bandits croyaient que la chute de la monture entraînant celle du cavalier, celui-ci se serait trouvé pris sous le corps de l'animal. Dès lors on en aurait eu aisément raison, et il eût été possible de l'achever et de le dépouiller.

Mais les voleurs comptaient sans la souplesse du voyageur. Au moment où les jambes du cheval ployèrent, il sauta lestement sur le sol, et de nouveau présenta aux bandits sa redoutable épée. Mais quelle pouvait être l'issue de ce combat ? Fatalement, et quelle que fût sa bravoure, l'homme isolé devait être vaincu par quatre misérables. Atteint à l'épaule, le voyageur continua de lutter le plus longtemps possible, deux fois son épée s'enfonça dans la chair vive, deux fois il la retira rouge, puis atteint de nouveau, à l'épaule cette fois, il roula sur le cadavre du cheval expirant, et demeura immobile.

— Mauvaise affaire ! dit Machab.

— Peut-être pas, répondit celui des voleurs qui fouillait dans les vêtements du voyageur, la bourse est lourde.

— Eh bien ! en route, dit Machab.

— Et les autres?... demanda le plus jeune des bandits.

— Les autres ont tort, puisqu'ils se sont laissé tuer.

En effet, il n'était plus question pour les misérables étendus sur la route ni de la terreur que leur inspirait le chef de la bande, ni du butin. Ils venaient d'expirer et rendaient compte à Dieu, en ce moment, des forfaits dont leur vie avait été remplie.

Quant aux deux bandits qui venaient d'enlever de la poche du blessé une bourse de peau d'Espagne gonflée d'or, en dépit des balafres et des égratignures qu'ils portaient, ils hâtaient le pas vers Buda-Pesth, afin de ne point être surpris dans le voisinage du groupe sanglant formé par leurs compagnons, le voyageur et le cheval mort.

Les heures passèrent sans amener aucun changement dans ce drame lugubre.

La lune, longtemps voilée, venait d'apparaître dans un ciel d'un bleu sombre, au sein duquel brillaient les constellations. Le froid devenait plus intense. Le fleuve charriait des glaçons dont les chocs s'entendaient à une grande distance.

Tout à coup un des hommes gisant à terre se souleva sur le coude, poussa un soupir, puis tâtant sa poitrine, son épaule, et son front, il essaya de se rendre un compte exact de son état.

Il souffrait, néanmoins il conservait son énergie.

Au moment où le corps du cheval se refroidit, où les cadavres des bandits se glacèrent, la sensation qu'il éprouva lui causa une frayeur plus grande encore que ses blessures. Il tamponna et banda sommairement ses plaies puis, cassant dans la haie un bâton capable de soutenir sa marche, il cacha dans son habit le couteau d'un des assassins, et se mit en route. Il allait lentement, très lentement, s'arrêtant fréquemment, se demandant s'il aurait la force d'arriver à son but.

Blessé, dévalisé, le voyageur ne songeait plus à rentrer dans Buda-Pesth.

Quelle hôtellerie se chargerait de ce voyageur à demi-mort, plus que suspect, et ne possédant pas un ducat?

En dépit des appréhensions qu'il gardait au sujet de la réception qui lui serait faite au château du Danube, il se dirigea cependant de ce côté.

Après avoir tourné l'angle de la route, il aperçut la grande façade flamboyante dans le lointain. La vie était douce et belle dans cette demeure princière. A cette même heure, son père y recevait les premiers seigneurs, les femmes les plus attrayantes de Hongrie... On l'en avait chassé comme un pauvre, et voilà qu'il y revenait dans un équipage plus piteux encore.

Espérait-il beaucoup de la bonté du comte? Non... Mario venait de perdre toutes ses illusions à ce sujet durant l'entretien qu'ils avaient eu ensemble. Mais le comte Palma si fier, si obstiné qu'il fût, ne refuserait pas à son fils un asile et un de ses élixirs qu'il prodiguait à tous les blessés de Buda, afin de fermer au plus vite les blessures reçues. Un moyen restait d'ailleurs à Mario, le dernier, celui dont il avait menacé le comte Palma :

Si on le repoussait comme un chien, il habiterait Buda-Pesth apprenant son nom à tous, étalant sa misère, jusqu'à ce que son père, non par pitié mais par crainte du scandale, consentît à lui servir une pension suffisante.

Mario ne mentait point en affirmant qu'il en avait assez de la famine succédant aux orgies, des crapuleuses parties de jeu, des nuits pendant lesquelles le vin coulait, des matins qui voyaient de sanglantes rencontres. Il éprouvait en ce moment un immense besoin de repos. Pour lui, désormais, la joie eût été de savoir qu'il déjeunerait chaque matin, et que tous les soirs il s'étendrait dans un bon lit... Arriverait-il à posséder ces jouissances dédaignées autrefois?

Il se sentait envahi par la fièvre, et hâtait le pas, afin d'arriver au château, dont la grande masse se découpait sur le ciel d'un bleu rendu plus intense par l'excès du froid.

Il lui fallut plus d'une heure pour arriver à la grille. Il s'y cramponna des deux mains, et plongea un regard curieux dans la cour.

Elle ne contenait personne. Les valets las de la journée venaient de descendre dans les offices. Mario trouva la chaîne de la cloche, mais évidemment, le voyant si seul, si faible, on refuserait de lui ouvrir.

Il devait cependant parler au comte Palma.

Mario se souvint alors de la seconde façade, celle qui dominait un abîme. Rassemblant ses dernières forces, il se traîna de ce côté. Mais bientôt il dut s'arrêter ; se cramponnant d'une main à la roche sur laquelle le château se trouvait bâti, il se laissa tomber sur le sol.

Le son des instruments dont on jouait au Château maudit lui arrivait par bouffées, et augmentait la rage sourde dont il se sentait dévoré.

Il ne pouvait rester là. Encore un peu de temps, et il tombait vaincu sur le sol, pour ne plus jamais se relever.

Le sommeil venait; le sommeil, cet ennemi terrible des hommes durant les froids intenses, ce sommeil dont aucun ne se réveille plus.

Il fallait se mouvoir à tout prix, et Mario se releva.

S'appuyant des deux mains sur le sol, il rampa lentement, à la façon d'un reptile, et finit par se trouver près de la façade du manoir surplombant l'abîme. Une faible lueur, provenant d'une pièce située au premier étage, dominait les crêtes d'un balcon de fer. Il s'en souvenait maintenant, ce balcon était celui de la chambre du comte Palma. Il y avait fait deux pas, et son regard avait plongé dans les profondeurs du précipice. Là était le salut, dans cette chambre bien close et déserte à cette heure. S'il pouvait y atteindre il serait sauvé.

Un effort! un seul... Mais cet effort gardait-il l'énergie de le faire?

Trois fois les yeux de Mario mesurèrent la distance qui le séparait de la fenêtre, et trois fois retombant sur le sol, il murmura :

— Je suis perdu!

Cependant la vie est tenace à cet âge. Quels que fussent les malheurs éprouvés, les châtiments subis, Mario tenait à la vie. Son père exagérait en affirmant qu'il ne lui pardonnerait jamais. Le comte se faisait vieux; à soixante ans on éprouve plus que jamais le besoin d'affections. Après tout, Palma était le seul être auquel Mario pût s'attacher. Oui, mais le comte n'était plus isolé. Un étranger occupait la place du fils indigne. Autant Mario était avili, autant Paulus gardait la grandeur native d'une âme pure. Ah! ce Paulus, combien il le haïssait! S'il n'eût été là, usurpant le rôle de fils, Mario, qui sait? fût peut-être rentré en grâce.

Une pensée de haine profonde traversa l'esprit de Mario.

Il rêva dès lors deux choses : apaiser son père, se venger de Paulus.

Tout cela se pouvait. Il avait réussi dans des entreprises plus difficiles. Reprendre son influence sur un vieillard, l'implorer vingt, cent fois, au nom de Bianca, cela réussirait infailliblement; ce que n'obtiendrait point la tendresse, la pitié, la lassitude le réaliseraient. Quant à Paulus... Mario n'en était plus à compter ceux qu'avait transpercés son épée! Bon nombre de croix marquaient, dans différents cimetières, la place où dormaient éternellement les victimes de ses violences... Un de plus! qu'importait à Mario?

Mais pour obtenir de l'argent, autant que pour frapper l'ennemi, il fallait atteindre au balcon.

En face de Mario, et prenant racine dans l'abîme, se dressait un chêne colossal dépouillé de ses feuilles. La puissance du tronc, la grosseur des branches fortement coudées, et s'élevant comme les degrés d'une énorme échelle végétale jusqu'au balcon, frappèrent pour la première fois les regards du jeune homme. Si faible qu'il fût, il pouvait encore l'enlacer; de branche en branche il parviendrait jusqu'au faîte.

Dès que cette idée commença à germer dans sa pensée, Mario s'occupa de la mettre à exécution. Il commença par se débarrasser de son manteau, puis fouillant dans sa poche, il en tira le couteau dérobé sur le cadavre d'un des voleurs, et du bras qui lui restait libre, il l'enfonça dans le tronc de l'arbre. De ce moment il possédait un degré. Avec une patience rendue indispensable par les cruelles douleurs auxquelles il se trouvait en proie, Mario gagna les plus basses branches, y demeura quelque temps assis, puis quand il se crut assez fort pour monter davantage, il se hissa jusqu'aux branches placées plus haut.

Chaque effort lui coûtait une cuisante souffrance; mais aussi chaque effort le rapprochait du but. Encore un peu de courage et il y touchait.

Il allait atteindre une branche sur la force de laquelle il comptait, quand elle se rompit soudainement, et Mario retomba sur les reins en étouffant un cri d'angoisse. Il crut qu'il roulait au fond du précipice, mais il put se raccrocher à un rameau. Il demeura un moment les reins pliés, se demandant s'il ne renoncerait point à la tentative, mais encore une fois le péril grandissait à mesure que ses forces déclinaient; rassemblant une énergie désespérée, il regagna le terrain perdu, gravit trois degrés et se retrouva enfin à la hauteur du balcon. La branche n'y atteignait point encore, cependant Assez faible à son extrémité, elle pliait, soulevant, abaissant le corps de Mario. Enfin une rafale fouetta le balcon avec les rameaux glacés, et Mario prenant son élan, se laissa glisser sur le balcon.

Il resta étourdi, le cerveau vacillant, la vue troublée.

Cependant il gardait la certitude d'être en sûreté. Ses pieds s'appuyaient sur la pierre du balcon, ses doigts en étreignaient la balustrade. Il pouvait reprendre courage, et réfléchir à ce qu'il devait faire.

Mais le malheureux se sentit envahir par une étrange faiblesse, et pour la seconde fois depuis le moment où commença sa lutte contre les bandits, il perdit connaissance. Seulement il n'éprouvait plus un désespoir sans nom, il ne redoutait plus de mourir. Il croyait au contraire que la vie affluerait en lui plus forte, dès que Palma lui tendrait un flacon de l'Élixir de longue vie.

Il ne s'était point aperçu au moment où il roula sur le balcon, que la fenêtre n'était point fermée. Afin de renouveler l'air de la chambre, le comte l'avait laissée ouverte; un rideau retombant en avant, tamisait la clarté de la lampe.

Il demeura quelque temps sans mouvement derrière la tenture enflée par le vent de la nuit, tandis qu'à quelques pas, Gilda, la curieuse, dormait tapie sur un antique fauteuil.

Dans la salle du festin la plupart des invités manifestaient une gaieté expansive. Le comte, en dépit des préoccupations qui le devaient assiéger, ne laissait lire sur sa physionomie que l'expression d'une urbanité exquise, accueillant des hôtes de haute naissance, de grande fortune ou doués de talents remarquables. Il s'efforçait d'oublier quelle étrange et dangereuse bataille il livrerait dans quelques heures.

On eût même dit qu'il s'efforçait d'empêcher l'entretien de rouler sur des questions scientifiques.

En face de lui, soit hasard, soit vouloir, se trouvait Molda Komorn. Les yeux profonds du comte s'attachaient souvent sur cette pâle et intéressante figure. Il se disait qu'à cette enfant torturée par les vices d'un père qui la ruinait, il serait doux d'offrir une vie fastueuse. Ne fallait-il point à cette beauté délicate un cadre digne d'elle ? En vérité, le souvenir de Molda était si profondément gravé dans le cœur de l'alchimiste que si, à cette heure on lui eût demandé quelle raison le poussait de la façon la plus violente à souhaiter le rajeunissement qu'il attendait, il n'eût point manqué de répondre :

— Afin d'arriver à devenir l'époux de Molda.

Quant à elle, dans sa simplicité candide, elle semblait ne point voir l'admiration ardente reflétée dans les prunelles de Palma ; de temps à autre, elle échangeait une parole avec Salomé sa voisine, un regard avec Paulus, et sous cet honnête regard elle rougissait un peu. Le bruit d'une grande fête auquel Molda n'était point accoutumée la troublait plus qu'il ne la charmait. Elle eût préféré à l'éclat des lumières et des parures, à la somptuosité de ce repas, une heure passée dans le jardin abandonné de l'hôtel, sur le banc de pierre où elle s'était un jour assise avec Paulus.

Salomé surprise, charmée et reconnaissante de se trouver, pour la première fois de sa vie, près d'une jeune fille de haute naissance, ne rougissant point de lui parler, oubliait que l'arrêt de la science la condamnait à une mort précoce.

Suivant sa promesse, Abraham Zek s'était montré prodigue à l'égard de sa fille. Une robe de satin blanc, brodée de perles, s'harmonisait d'une façon idéale avec son teint d'une pâleur maladive, éclairé par deux yeux noirs au fond desquels une vie ardente s'était réfugiée. Des plumes blanches ondoyaient parmi les boucles noires de sa coiffure, mêlées à des diamants plus magnifiques que ceux des femmes des magnats. Zek avait vidé ses coffrets de pierreries afin de mieux parer son enfant. Ses yeux la couvaient avec ivresse. Quand il surprenait un sourire sur ses lèvres, tandis qu'elle échangeait d'amicales paroles avec Molda, il lui venait par bouffées des pensées extravagantes de dévouement et de prodigalité. Il se disait que si sa fille ne pouvait plus se passer de la compagnie de Molda, il lui achèterait cette compagnie à tout prix.

Zek connaissait assez profondément Komorn pour le mépriser.

Quelle lâcheté ne commettrait point le joueur pour de l'argent! Eh bien! Zek lui en prêterait à la condition que Molda ne quitterait plus sa fille.

Le Juif, avec ses habitudes de trafic éternel, ne croyait jamais qu'il est des trésors sacrés que rien ne paie, et que l'amitié, la sympathie ne s'achètent jamais. Tandis qu'il se demandait comment il parviendrait à faire de la belle et fière Molda la compagne de Salomé, la fille du magnat hongrois se sentait attirée vers la Juive d'une façon touchante. Un divin aimant l'appelait vers ce cœur souffrant qu'elle se sentait capable de guérir.

Sans lui avoir demandé : Souffrez-vous? elle était certaine à l'avance que Salomé ressentait une douleur cachée. Elle voulait lui en arracher le secret à tout prix; à force d'endurer un martyre perpétuel, elle en était venue à s'y connaître en douleurs... La pensée que l'inégalité de leurs situations devait empêcher entre elles une véritable intimité, ne lui vint même pas. Le caractère spécial de la beauté de Salomé, le visage et la tournure du petit Juif, mal à l'aise sous des habits de grand seigneur, qu'il semblait redouter de froisser, auraient révélé à Molda à quelle race appartenait Salomé, si la douce fille ne l'eût avoué. Qu'importe si Molda pouvait être la bonne Samaritaine pansant les plaies de cette âme blessée? Elles s'isolaient toutes deux du tumulte régnant autour d'elles; mais en même temps il arrivait quelquefois à leurs regards de s'arrêter sur Paulus.

Le secrétaire de Palma voyait bien le rayonnement de deux yeux bleus, mais il ne regardait point les grands yeux sombres.

A mesure que s'avançait le festin, la gaieté devenait plus communicative. Les vins exquis faisaient pétiller l'entrain et l'esprit. Mathias Rath, rédacteur du journal de Buda-Pesth, ne se montrait pas le moins rempli de joyeuse humeur. Le petit littérateur bossu, contrefait, d'une laideur sans pareille, se donnait le luxe de dépenser un esprit diabolique. Médisant comme un gazetier, instruit des nouvelles, des chroniques, et de maints secrets intimes, il lançait des demi-révélations sur les absents, racontait de piquantes anecdotes et faisait trembler plus d'un de ceux qui l'écoutaient. Peut-être se croyait-il le droit de se venger de mainte injure, et profitait-il de l'occasion.

Mais tout en se laissant aller à sa verve, Mathias Rath n'abandonnait point son métier de journaliste.

De temps à autre il prenait une note sur un carnet, inscrivant un bon mot, mentionnant ce qui avait rapport au comte Palma. De même que le médecin prend le bras d'un malade, afin de se rendre compte de son degré de fièvre, Mathias Rath n'oubliait aucune des expressions de physionomie de Palma; pas une de ses phrases ne lui échappait. Il le lui fallait analysé, commenté, disséqué, avant et après l'expérience.

Né critique et sceptique, Mathias pouvait admirer la science prodigieuse du comte Palma sans garder créance dans ce qu'il regardait comme un miracle.

Sans doute, le comte opérait des guérisons tenant du prodige, mais quoi! cela prouvait seulement que, comme médecin, il possédait plus de science que ses rivaux. Entre son talent indiscutable, et la puissance qu'il s'attribuait, de fabriquer l'or et de rajeunir les vieillards, grâce à l'Élixir de longue vie, un abîme se creusait, et cet abîme, Mathias Rath ne le franchissait pas.

Que la fortune du comte fût énorme, cela pouvait être; qu'il la dépensât en prodigue, nul autre que lui n'y était intéressé; mais qu'en jetant au fond d'un creuset des matières diverses, Palma en tirât plus tard de l'or vierge, voilà ce qu'il admettait difficilement.

Les femmes se montraient particulièrement gracieuses pour Palma. Chacune comptait bien exploiter sa galanterie connue au profit d'une coquetterie mystérieuse.

S'il pouvait rendre la jeunesse à ceux qui l'avaient perdue, ne lui serait-il point mille fois plus aisé de la conserver à celles qui la possédaient encore?

Combien de prières discrètes, d'engagements tacites! Palma répondait par un sourire, et de temps à autre son clair regard se fixait sur la grande horloge de Boule indiquant la marche des heures.

C'est à minuit que Palma doit tenter son expérience.

Il est dix heures seulement.

Le souper touche à sa fin; le concert commence dans la salle voisine; au concert succédera le bal. Tous les plaisirs mondains se réunissent durant cette nuit. Qui sait si parmi ceux qui sont là, il n'en est point qui ne verront pas luire l'aurore suivante?

Mais nul n'y songe; les accords des instruments deviennent plus vifs, le comte se lève, il se dirige vers Molda, et lui offre le bras. Elle accepte, tremblante, effrayée, tandis que Komorn s'applaudit du succès de sa fille.

Après avoir vendu les domaines formant l'héritage de l'orpheline, n'est-il point disposé à la sacrifier elle-même, afin de garder assez d'or pour tenter encore et toujours la fortune qui semble le fuir ?

L'ÉLIXIR DE LONGUE VIE

Je soupirais en détournant la tête. (*Page* 123.)

XI
PAUVRE JUIVE

— Pourquoi refusez-vous de danser, Molda?
— Vous-même, Salomé, quelle raison vous porte à préférer ce coin abrité dans la serre à l'éblouissement de la salle de bal?

— Si je dansais, répondit la Juive, on m'a prévenue que mon cœur se briserait...

— Moi, je suis trop indifférente aux plaisirs de ce genre pour les partager.

— Cependant ces brillants gentilshommes sont de votre monde, à vous?
— Oui, et non, Salomé.
— Puis-je vous demander de vous expliquer?
— Certainement. Voyez-vous, Salomé, ces gentilshommes sont du même monde que moi par la naissance, mais non pas par la situation de fortune... Ils sont riches, je suis ruinée... On n'épouse guère les filles sans dot.
— A moins d'être alchimiste, répliqua la Juive.
— Taisez-vous, Salomé, vous m'effrayez.
— Ce projet vous répugnerait-il donc?
— J'aimerais mieux mourir que d'être la femme du comte.
— Alors gardez-vous! Si je ne me trompe, Palma est au mieux avec votre père.

— Ah! c'est mon désespoir! Mais je ne suis pas une enfant. On cède plus vite une dot qu'on n'engage sa liberté. Je garderai la mienne, soyez tranquille... Je vous disais donc que parmi les jeunes gens qui se présentent comme danseurs, bien peu s'offriraient en qualité de maris. Pourquoi leur accorder la facilité de me parler même durant quelques minutes? Je suis ombrageuse et fière, Salomé! Si je me marie jamais, l'homme que j'épouserai aura ma tendresse unique, mais encore une fois, nul ne vous oblige à cette réserve ombrageuse.

— L'obligation de me soustraire au contact d'un monde qui n'est pas le mien et qu'aujourd'hui je traverse en étrangère, est bien plus importante pour moi, au contraire... Vous êtes ruinée, soit! Mais vous appartenez à une famille antique. L'histoire de vos aïeux est inscrite dans les annales de la Hongrie... Tenez, vous semblez aussi bonne, aussi indulgente que vous êtes belle, et cependant qui sait si vous ne vous écarteriez pas de moi comme d'une pestiférée, si je vous disais...

— Salomé est Juive... Voilà ce qui vous fait rougir? demanda Molda.
— Juive! répéta Salomé, vous le saviez... Qui vous a dit?
— Votre race est écrite sur votre front, Salomé!
— Oui, je suis Juive! reprit la jeune fille en appuyant sa main frêle sur le bras de Molda Komorn. Juive par le sang qui coule dans mes veines, par l'éducation qui me fut donnée, les espérances qu'on m'a fait entrevoir. Juive dans le passé, Juive dans le présent! voilà ma douleur et mon mal; voilà ce qui fait que j'étouffe dans la vie, et ce qui m'entraîne vers la tombe.

— Oh! pauvre, pauvre enfant!

— Oui, vous avez raison de me plaindre, jamais vous ne me plaindrez autant que j'ai pleuré!... Croyez-vous à la transmission du sang à travers les races? J'y crois, moi... Mais ce dont je suis encore plus absolument convaincue, c'est que certaines idées, certaines affinités peuvent devenir héréditaires comme les instincts, la beauté, tout ce qui constitue l'être physique... Je n'ai jamais appris d'une façon complète l'histoire d'une femme qui fut ma bisaïeule... On la raconte tout bas, avec une sorte de crainte et de honte... Elle donna le jour à mon grand-père Abraham... Une fois, une seule, il m'a été permis de regarder son portrait... Je lui ressemble d'une façon frappante... Mais elle ne me transmit pas seulement les traits de son visage, elle me légua, héritage mille fois plus fatal que sa beauté, les pensées de son cerveau, les préférences de son cœur... Ma bisaïeule était chrétienne! Par quel enchaînement d'événements devint-elle la femme de Jacob Zek, on ne me le raconta jamais. En l'épousant, elle renia sa foi pour adopter celle de sa nouvelle famille... La passion l'entraînait, elle alla jusqu'à l'apostasie... Mais à la fougue d'un amour dont elle vit bientôt la fin, succédèrent des regrets dont elle ne révéla le secret à personne. Si elle s'était montrée assez faible pour renier son Dieu, elle ne put supporter le poids de ses remords... Deux années suffirent pour la conduire à la tombe. Quand on l'ensevelit, on trouva sur elle un cilice à pointes aiguës... Évidemment elle avait crié miséricorde à Dieu... Elle laissait un enfant : Abraham Zek, mon grand-père. Celui-ci fut élevé d'une façon d'autant plus austère qu'on avait de graves raisons de douter de la fidélité de sa mère au culte adopté par elle. Mon grand-père ne se montra pas seulement israélite fervent, mais enthousiaste. Élevé par un rabbin très savant, il songea longtemps à se vouer à l'étude des Livres saints d'une façon absolue. Ce fut le vieux Jacob Zek qui le supplia de prendre la suite de son commerce de pierreries. Une fois que mon grand-père eut essayé du négoce, la fièvre de l'or s'empara de lui comme elle prend ceux de notre race. A la soif du gain se joignit le désir de me voir riche dans l'espérance que je serais plus heureuse. Dès lors il travailla avec un zèle dont je m'attristai souvent. Quand le soir, las d'une journée passée à rogner des ducats ou à négocier des emprunts, il prenait ses livres, et tentait de m'intéresser à de longues colonnes de chiffres, je soupirais en détournant la tête. Que me faisaient l'or entassé dans des tonnes, les bijoux remplissant les cassettes, les obligations signées par des grands seigneurs, et qui, sans doute, faute d'être payées à échéance, laisseraient entre les mains de mon aïeul des domaines, des forêts, des châteaux... J'avais lu, dans un récit de l'antiquité, que le châtiment d'un monarque avare était, durant une multitude de siècles dont il serait impossible à l'homme de supputer le nombre, de voir se changer en or tout ce que l'on présentait devant lui... Oh! Molda! que de fois j'éprouvai cette sensation terrible et décevante! Il y a plus, derrière les monceaux de cet or je voyais les larmes qu'il coûtait, j'entendais les sanglots qui en déploraient la perte... Je voyais du sang sur les ducats. Je devinais des ruines, des crimes dans ces fortunes s'écroulant pour grossir la nôtre... Lorsque je tentais de persuader à mon aïeul qu'il devait se montrer compatissant, il se contentait de me répondre : « — Le trafic est le trafic, ma fille, et tu n'y entends rien! » — Je crois même que sa voix s'abaissait jusqu'à la tristesse quand il me répétait cette phrase, résumant son code commercial. Il eût souhaité me causer plus de joie quand il énumérait ses bénéfices ou qu'il bâtissait des châteaux partout, même en Espagne!

Les soirées durant lesquelles il m'entretenait de calculs, d'intérêts, de toutes ces choses qui me restaient profondément étrangères, me semblaient d'une mortelle longueur.

J'éprouvais la hâte de les voir finies. Alors je rentrais chez moi, et de même que mon grand-père se livrait incessamment au même calcul, je recommençais le même rêve monotone.

Remontant le passé, je me représentais celle que je n'avais point connue, cette chrétienne que la passion pour un homme ou l'amour de l'or jeta dans l'apostasie. Elle m'apparaissait tantôt sous une forme, tantôt sous une autre... Je la voyais quelquefois jeune et charmante sortant du temple où elle avait prié... Puis dans l'ombre d'un pilier un œil sombre la suivait, l'œil fascinateur de l'Ange des ténèbres. Elle tremblait, sa poitrine se soulevait ; lentement elle se tournait vers l'autel afin d'implorer la force dont elle avait besoin, puis elle descendait les degrés de l'église, et se perdait dans les dédales des rues sombres...

Puis je l'entrevoyais penchée sur une cassette renfermant des diamants, jouant avec les escarboucles dont le rayonnement la fascinait ; ses regards brillaient autant que les saphirs ; ses lèvres empruntaient leur pourpre aux rubis. Après avoir admiré les gemmes, elle les enlaçait à ses cheveux, les roulait autour de son cou, les suspendait à ses oreilles, en ornait les dentelles de son corsage... Tout à coup une tête surgissait de l'obscurité, toujours la tête du Tentateur... Mais la jeune femme ne regardait plus l'image qu'elle adorait dans l'église, elle ne voyait plus que les diamants et leurs prismes fascinateurs.

La vision changeait : un jeune homme de notre race se trouvait à côté de la chrétienne ; il lui parlait bas, et la jeune fille se troublait. A l'expression de son visage je devinais tour à tour la colère, l'effroi, l'indécision..

Puis elle joignait les mains, baissait la tête et pleurait. Elle était vaincue...
Et tandis que des larmes roulaient sur son visage, la physionomie du
jeune homme exprimait une joie triomphante.

Souvent il m'arrivait de me croire transportée dans une forêt sombre et
majestueuse, pas un bruit, pas un souffle... Si, je me trompe, une brise
si faible qu'elle semblait le soupir d'un être humain ; un bruit pareil au
murmure d'une source et qui peut-être n'était que l'écho d'un sanglot...
La curiosité, la pitié m'attiraient vers l'endroit d'où venaient les sons
affaiblis de cette douleur... Alors assise sur une pierre, à demi ensevelie
sous l'ombrage d'un hêtre au feuillage rouge, j'apercevais une forme dra-
pée de noir, étendue au bord d'un étang aux eaux glauques. Elle pleurait,
et ses larmes roulaient dans le petit lac, et il me semblait que ses larmes
devaient couler, jusqu'à ce que l'étang débordât, et vînt noyer la forêt
entière... Oh ! combien elle regrettait sa lâcheté, son apostasie ! Avec
quelle joie elle eût accepté un avenir plus malheureux encore, si elle avait
gardé l'espoir de voir un jour sa faute rachetée...

Ces visions me hantaient, m'oppressaient. Comment avouer à mon aïeul
ce qui se passait en moi ? Étais-je malade ? Chaque nuit je tombais dans
un nouvel accès de fièvre... Enfin l'apparition se fit plus terrible, plus
effrayante.

Je considérai comme un supplice de la voir, et il me devint impossible
de la chasser. Elle revenait. On eût dit qu'elle se collait à mon corps et
faisait partie de moi-même... Comment vous la peindrais-je ? de quels
mots me servir pour rendre l'effet produit sur moi par cette obsession
épouvantable ? Je croyais voir une grande étendue enflammée, telle qu'on
nous peint des savanes dans lesquelles court l'incendie. Ce brasier était
clair, transparent pour ainsi dire, et au milieu se mouvait une figure que
je reconnaissais bien ! Elle courait, courait sans trêve, moins pour échapper à la flamme que pour parvenir à saisir une croix au pied de laquelle
coulait une source vive. Mais la croix reculait devant elle, car la même
distance subsistait toujours entre l'infortunée et le calvaire... Alors ses
yeux se tournaient vers moi avec l'expression de la supplication. Ce qu'elle
ne pouvait faire, il m'était possible de l'accomplir... Je devinais qu'en prenant la croix dans mes bras, en buvant l'eau de la source, je calmerais le
supplice de l'infortunée... Jéhovah acceptait un mystique échange... Je
devais croire ce qu'elle avait renié, pour la soulager dans le sein de la
géhenne. Elle avait tant regretté, tant pleuré sa faute que le ciel se montrerait miséricordieux à la condition que j'expierais à sa place...

Peut-être trouvez-vous, Molda, que je vous raconte ces choses étranges
d'une façon inintelligible. Je ne saurais les traduire autrement. Les mots

manquent pour des impressions de ce genre. Cependant à force de songer à ma bisaïeule, de m'environner d'objets lui ayant appartenu, j'en vins à croire que je devais obéir à ses ordres... Un jour, durant une absence de mon grand-père, nous nous trouvions alors à Vienne, j'entrai dans une église catholique... Je tremblais fort! Il me semblait qu'on lisait ma race et mon culte sur mon front. Je me demandais si les anges agenouillés devant le tabernacle n'allaient pas soudain prendre des glaives de flamme, et me chasser du sanctuaire? Je me rassurai en voyant que tout demeurait paisible... A l'autel un prêtre officiait au milieu d'un nuage d'encens... Les cierges illuminaient le tabernacle, une grande figure de femme soutenait un enfant dans les bras. Sur les marches de l'autel se trouvaient des jonchées de roses... Je respirais une atmosphère nouvelle. Je me sentais des ailes; des voix chantaient en moi! Une impulsion secrète me poussait vers cet autel pour m'y agenouiller; vers ce prêtre pour lui dire : Instruisez-moi! Je me demandais comment j'avais pu vivre jusqu'alors privée de cette vie à laquelle je me sentais appelée... Je sortis bouleversée du temple catholique, et j'y serais sans nul doute retournée, si le lendemain nous n'avions brusquement quitté Vienne... Mais le souvenir de l'impression subie ne me quitta plus. Je me trouvai partagée entre des sentiments divers, complexes, troublants qui, dévorant mon cœur et ma pensée, me jetèrent dans un état de souffrance et de langueur incroyables. Je manquais d'énergie pour accomplir ce que je regardais comme un devoir. Il m'était impossible de révéler à mon grand-père qu'en secret je reniais déjà mon culte et que l'ardeur de mon désir m'entraînait vers la foi chrétienne... Si mon aïeul chérit l'argent, il aime sa foi; peut-être mourrait-il de regret si la ruine s'abattait brusquement sur lui, mais il subirait le plus épouvantable des supplices plutôt que de renier son culte. Lui parler de me faire chrétienne était lui donner le coup de la mort, à lui, déjà si cassé, si vieux; à lui qui a vécu près d'un siècle... Et cependant il m'est désormais impossible d'étouffer en moi le sentiment qui m'oppresse et me dévore... La chrétienne qui renia son Dieu me supplie chaque nuit d'embrasser le calvaire... Folle que j'étais d'abord, d'évoquer cette figure attristée! Maintenant elle ne me quittera plus jamais! jamais!

— Pauvre chère fille! dit Molda, où trouver le secours qui vous est nécessaire?

— C'est pour cela que nous sommes dans ce château. Le comte a promis de me sauver. Mais mon aïeul semble douter de sa parole, et nous resterons au château du Danube, jusqu'à ce que j'aie retrouvé mes forces. Je ne nie point le savoir du comte, il a du reste opéré dans toute la Hongrie assez de prodiges pour inspirer confiance ; mais le mal dont je souffre, n'est point de ceux que soulage un élixir, que guérit un breuvage. Le corps est frêle, mais l'âme use l'enveloppe... Je me meurs de ne pouvoir prendre la résolution vers laquelle m'entraîne mon désir... Placée entre le vœu d'embrasser un culte qui me semble l'héritage d'une infortunée, et la crainte de frapper mon aïeul d'un coup mortel, je m'étiole et je m'éteins...

Ce fut avec l'entraînement de la sympathie et de l'amitié que Molda pressa les petites mains de la Juive.

— Dieu ne nous a point rapprochées sans dessein, répliqua la fille du comte Komorn. Chacune de nous se sentait isolée; chacune de nous portait le poids d'un secret...

— Vous aussi! s'écria Salomé.

— Ah! fit Molda, croyez-vous être seule à souffrir!

— J'espérais, je croyais que vous étiez heureuse!

— Je porte ma croix avec courage, et j'attends tout de la bonté de Dieu. Mais aujourd'hui garderais-je le courage de me plaindre, quand je vous vois si triste, si délaissée? Je sais à qui confier mes peines. Je m'adresse au Consolateur divin; il y aurait trop d'ingratitude à pleurer sur moi-même, quand vous mourez du regret de ne point connaître mon Dieu.

— Oui, reprit la Juive, ma vie s'écoule dans l'attente d'une révélation, dans l'espoir d'une miséricorde suprême. Je me regarde comme une créature égarée au milieu d'un désert, et qui, de loin verrait le mirage d'arbres chargés de fruits, de lacs rafraîchissants, de sources ombragées. Mais l'oasis recule toujours dans les lointains, et le lac se dessèche et coule à travers la plaine stérile quand je crois en approcher.

— Ne vous est-il point possible de retourner dans nos églises?

— Mon grand-père ne me quitte plus. Lorsque nous sommes descendus à Buda, j'ai cru ne jamais pouvoir sortir de la chambre de l'hôtellerie.

— Et comment votre aïeul se trouve-t-il ici?

— Il s'est adressé au comte en le priant de me guérir... Lors de sa première visite au château, il en rapporta un cordial qui me rendit une force inespérée. Vers le soir nous vînmes ici nous installer.

— Votre aïeul semble très lié avec le comte. Évidemment ils se connaissent d'ancienne date.

Les yeux troublés de la Juive se levèrent sur Molda.

— Peut-être... En effet, mon aïeul parle au comte avec une sorte d'autorité... J'ai cru même comprendre qu'il avait presque imposé à Palma notre séjour au château.

— Aimez-vous le comte?

— Il m'inspire un sentiment de terreur.

— Comme à moi, répondit Molda.

Toutes deux continuaient leur affectueux entretien, à l'ombre des arbres exotiques de la serre, au bruit d'une cascade légère tombant dans un bassin de marbre.

Heureuses d'oublier le monde frivole s'agitant autour d'elles, et de sentir naître au fond de leurs âmes ingénues une de ces tendresses douces et puissantes qui sont une consolation à toutes les peines.

Pendant ce temps, dans les salons du Château maudit, les invités se livraient à des plaisirs variés suivant les dispositions de leur caractère. Les uns, au son d'instruments disséminés sous les massifs de fleurs, se livraient au plaisir des danses nationales. A des tables de jeu on risquait de grosses sommes à des parties d'hombre. Les savants, debout dans les embrasures des fenêtres, discutaient sur l'événement qui les préoccupait tous.

— Enfin, demanda un naturaliste dont la réputation dépassait les frontières de la Hongrie, en s'adressant à un habile chimiste de ses amis, croyez-vous que le comte Palma tienne sa parole?

— Non, répondit le naturaliste, non! mille fois non! Que l'homme doué primitivement d'une constitution robuste, et dont la vie reste pure de tous les écarts qui affaiblissent l'organisme, conserve plus longtemps l'élasticité de ses muscles, la vigueur de ses membres, et jusqu'à un certain point la beauté de son visage, j'en suis convaincu. Ceci est à la disposition de tous, comme l'hygiène et la gymnastique; mais qu'un homme de soixante ans, dont les cheveux ont blanchi dans les veilles, dont le visage ridé porte les traces des fatigues de la science et du ravage des passions, redevienne tout à coup, sous nos yeux, jeune et fort, je ne le crois pas, je ne le croirai jamais.

— Eh! mon cher savant! fit un poète, niez le moyen âge tout entier; faites plus, mettez en doute les souvenirs de l'antiquité la plus reculée. Les poètes nous ont transmis dans leurs odes, et les mages dans leurs manuscrits, la preuve que de tout temps on a pratiqué l'art mystérieux auquel s'est voué Palma. C'est un homme échappé des temps antiques un Égyptien du temps de Moïse, enchanteur comme les prêtres de Pharaon et qui va lever pour nous les voiles de Neith. Avez-vous oublié les prédictions des filles inspirées par l'esprit de Python, les sorcières de Larisse, l'évocatrice d'Endor?... Ne savez-vous point que certains êtres gardent avec la nature des affinités mystérieuses? J'ai relu dernièrement la vie d'Albertus, ce grand évêque qui fut l'homme le plus admirable de son temps; il faisait ce que promet d'accomplir le comte Palma.

— Oh! vous! dit le chimiste, vous vivez de fictions!

— Et vous les niez sous prétexte que vous découpez les corps, et qu'une fiction ne s'analyse pas!

— Si nous demandions l'avis de Matthias Rath ? reprit le naturaliste.

Le gazetier ajoutait une note à celles qui gonflaient déjà son carnet.

— Êtes-vous ému? lui demanda le chimiste.

— Je ne le cache point, et j'observe la pendule avec une certaine angoisse. Il me semble que je suis pour quelque chose dans le fait qui va s'accomplir. Ou Palma est le dernier des charlatans ou bien il faut convenir qu'il est un homme de génie.

— Nous saurons quel jugement porter sur lui dans une heure.

— Regardez-le ce soir, au milieu des invités encombrant ces salons, il ne semble pas même préoccupé de la bataille qu'il va livrer, et cependant elle sera mortelle... Je crois connaître assez le caractère de Palma pour affirmer que s'il échoue, il ne survivra point à sa défaite. Ne pouvant rajeunir, il mourra.

— Oh! il mourra!

— C'est ma conviction. Un tel homme, doué d'une semblable dose d'orgueil, ne peut être vaincu. Il gagne la partie, ou s'il la perd, c'est un beau joueur. Celui qui connaît assez l'emploi des minéraux et des sucs des plantes pour guérir les maladies les plus invétérées, sait aussi, croyez-le, trouver le moyen de cesser de vivre sans souffrir. Au surplus, je comprends que la déception serait cruelle.

— Ne pourrait-il la recommencer? demanda le poète.

— Ailleurs, peut-être, mais pas en Hongrie. Notre souverain, la cour, le vice-roi l'ont comblé de présents et lui ont fait un accueil enthousiaste; il doit fatalement tomber ou grandir!

Tandis qu'on supputait, dans une partie des salons, les chances de succès du comte Palma, celui-ci après avoir fait les honneurs de son palais à ses hôtes, et s'être montré autant homme d'esprit que grand seigneur, prit le bras de Komorn et l'entraîna vers l'embrasure d'une fenêtre.

— Eh bien! comte, demanda Palma avec un sourire qui n'était pas sans raillerie, vous amusez-vous à cette fête ?

— Superbe! mon ami, elle est superbe, et de tout point réussie. Repas délicieux, musique entraînante, un bal qui réunit les plus jolies femmes de Buda-Pesth...

— Oui, dit le comte, en en compte un grand nombre qui sont charmantes, mais je n'en ai vu qu'une.

— Laquelle? demanda le joueur.

— Est-il besoin de vous le dire...

Il promena son regard dans la salle de bal, puis se tournant vers Komorn.

— Je ne vois pas votre fille.

— Molda danse, sans doute.

— Elle a disparu après le festin... Où peut-elle être?
— Sans doute avec les filles de la baronne Samper.
— `o , répliqua le comte.
— Je la chercherai tout à l'heure... Vous avez la bonté de vous informer si cette soirée me semble belle, gaie, inoubliable... Mais pour cela, mon cher comte, il faudrait que je sentisse les écus danser une sarabande au fond de mes poches. Et je vous jure qu'il n'en est rien... Une déveine dont rien n'approche... Avez-vous quelques louis sur vous?
— Je ne crois pas, répliqua distraitement le comte.
— Comment ferai-je? demanda Komorn. Suis-je condamné à ne plus jouer de la soirée? Comment demain acquitterai-je ma dette?
— Demain, répliqua le comte, vous et moi nous serons peut-être morts.

Il demeura un moment silencieux, songeant à l'incertitude de son avenir. Vivre? Mourir? Quelle énigme! Et les aiguilles marchaient sur le cadran, marquant déjà onze heures et demie!

— Je vous en prie, ajouta Komorn, une centaine de ducats seulement.

Palma fit un geste de colère. Quoi! au moment où il allait tenter une expérience dont dépendait sa vie, Komorn ne songeait qu'à sa partie d'hombre! Il fit un pas pour s'éloigner.

Alors le joueur ajouta tout bas :

— Pendant que je chercherai Molda pour la ramener ici, soyez assez bon pour me trouver deux cents ducats.

Le joueur partit à la recherche de sa fille.

Il la trouva dans la serre, poursuivant avec Salomé son entretien d'âme à âme. La physionomie de Komorn était celle des mauvais jours, des heures de perte acharnée, que Molda connaissait si bien. Elle tressaillit d'angoisse, serra la main de la Juive et se leva.

— Venez, dit Komorn en lui prenant la main.
— Laisserai-je ici cette jeune fille?
— Son père viendra la chercher.
— Où me conduisez-vous?
— Dans le salon; l'heure de la grande expérience va sonner. Il faut que vous soyez là quand elle aura lieu.

Molda poussa un soupir et suivit son père.

Au moment où Komorn et sa fille pénétraient dans la vaste salle de bal, le comte Palma y revenait. Du premier regard il aperçut Molda.

Alors, avec un double mouvement plein de grâce, il porta à ses lèvres la main de Molda, et remit une bourse à Komorn.

La jeune fille recula comme si un serpent l'eût piquée.

— Mademoiselle, dit le comte, ceux qui allaient jadis affronter les périls du cirque saluaient César avant la mort... J'ai souhaité vous voir la dernière, afin que vous me portiez bonheur, et que votre regard fût le dernier que je recevrai dans cette salle... Palma avec ses cheveux blancs, et un âge qui l'éloigne trop de vous, a voulu vous révéler un secret seulement connu de votre père... Je vous aime! Et si j'aspire à une seconde jeunesse, c'est dans l'espoir de vous consacrer ma vie...

En ce moment l'horloge sonna onze heures trois quarts.

Le comte tressaillit, et Molda devint plus blanche que sa robe.

— Écoutez-moi, l'heure est solennelle, mademoiselle; je parle devant le comte Komorn, avec son autorisation... Depuis longtemps déjà il me laissait libre de vous révéler le secret de mon cœur... Mais comment oser vous offrir a vous si belle, dans la floraison de la jeunesse, d'unir vos seize ans à un vieillard pâli sur les livres de science et sur les creusets d'où sortent l'or vierge, et le philtre qui donne à l'homme presque autant que l'immortalité... Non! non! Je rêvais de redevenir pour vous le cavalier de vingt ans que j'étais jadis, de mettre à vos pieds des trésors inépuisables, de vous parer de diamants royaux et de vous supplier d'accepter avec mon nom une tendresse impérissable.

Molda se taisait, mais elle tremblait comme une feuille au vent.

— Un mot, un seul, je vous en supplie, reprit Palma.

— Ma parole vous est engagée, mon cher ami, fit le comte Komorn; vous devez faire la part des timidités d'une jeune fille... Molda était loin de s'attendre à l'honneur que vous faites à notre maison; croyez qu'autant que moi elle s'y montre sensible.

Palma serra les mains de Komorn, puis s'inclinant :

— Pour toute la vie, répéta-t-il.

Une fois encore ses regards se fixèrent sur la pendule; les aiguilles marchaient avec une rapidité fantastique.

Il ne restait à l'alchimiste que le temps de prendre congé de ses hôtes avant la transformation annoncée.

Il reprit subitement sur lui-même l'empire que l'émotion de cet entretien venait de lui enlever, et s'appuyant d'une main sur le clavecin, tandis que l'autre se perdait dans les dentelles de son jabot :

— Dans quelques minutes, dit-il, je quitterai ce salon; je m'enfermerai dans mon cabinet, et je viderai le contenu d'un flacon dont l'absorption doit me rendre la jeunesse... Tous mes travaux ont eu pour but la recherche de ce breuvage. Si j'ai découvert l'essence même de la vie, si je puis à mon gré renouveler le sang dans les veines, assouplir les muscles, rendre l'éclat au regard, la fraîcheur aux lèvres, la force à l'organisme humain, j'aurai réalisé le plus grand, le plus admirable des prodiges... Je crois pouvoir crier l'Euréka des anciens! Mais point de milieu possible : ou le breuvage combiné avec tant d'art et de patience me rendra la juvénile beauté de mes vingt ans, ou la puissance du breuvage me foudroiera... Sans m'accuser de charlatanisme, considérez-moi seulement comme un de ces martyrs de la science qui expirent à l'heure où ils se croyaient victorieux, et qui lèguent à un plus heureux la gloire de la réussite... Mieux vaut encore tomber sur la brèche, en combattant pour la science, que de vivre inutile et méconnu... J'ai fait à la fois le testament de mon cœur, et celui de mes biens... Tout à l'heure je presserai les mains de mes amis...

Palma se tourna vers un portrait qui le représentait dans sa jeunesse.

— Voici, dit-il, la copie d'une peinture dont l'original se trouve dans mon cabinet de travail... J'étais ainsi, il y a de longues années, et c'est ainsi que vous allez me revoir... Afin qu'il vous devînt plus aisé de comparer et de me reconnaître. j'ai fait faire un costume absolument semblable... Même habit de velours rouge, même jabot de Malines, même émeraude au doigt; quant à l'épée de bal, je l'ai conservée...

Palma tendit la main au baron Samper, au vice-roi, à Matthias Rath; il adressa à chacun d'eux des paroles empreintes d'une certaine solennité. En un moment il se trouva entouré de tous ceux qu'il avait conviés à cette fête, et de toutes les bouches, sinon de tous les cœurs, jaillirent des vœux pour la réussite de son expérience.

Le premier coup de minuit sonna et Palma, s'arrachant au cercle vivant qui l'entourait, quitta brusquement le salon.

L'ÉLIXIR DE LONGUE VIE

Un de ces deux hommes allait mourir. (*Page* 139.)

XII
LE PRODIGE

Au moment où il allait franchir le seuil de son cabinet une masse sombre s'agita, des sanglots soulevèrent une poitrine, et deux lèvres brûlantes se posèrent sur sa main.

Livraison 12.

— Bug ! mon fidèle Bug ! fit le comte.

Le noir ne pouvait parler, mais l'expression mobile de sa physionomie exprimait tout ce qui se passait dans son âme naïve et reconnaissante. Palma l'obligea à se lever, et avec une bonté touchante il lui tendit la main.

Ensuite, d'un geste, il congédia le noir.

Quand il entra dans son cabinet Paulus se leva. Il venait de se réfugier dans le dernier asile où il lui serait possible de voir un maître si cher. Il voulait entendre ses recommandations suprêmes ; et ne le quitter qu'à l'heure où Palma approcherait le flacon de ses lèvres. Le sentiment de tendresse dont l'âme du jeune homme débordait n'était point le seul qu'il ressentît à cette heure. Une crainte indéfinissable le dominait en dépit de sa confiance dans la science prodigieuse de Palma... Trop pieux pour croire que Dieu permît à l'homme de corriger pour ainsi dire l'œuvre de la création, il doutait de la réussite de cette tentative, qu'il considérait comme orgueilleusement impie. Il lui semblait qu'en essayant de retrouver sa jeunesse évanouie, le comte Palma commettait le péché des Anges rebelles. Une dernière fois, il voulut tenter de l'arrêter sur la pente d'un abîme au fond duquel il tremblait de le voir rouler.

— Mon maître, dit-il, mon maître et mon père, car vous êtes pour moi le maître qui enseigne, le père qui chérit et protège ! je vous en supplie, ne mettez pas encore votre projet à exécution... Vous allez tenter Dieu ! Tremblez qu'il vous châtie .. Le savoir humain a des bornes, n'essayez point de les reculer au delà du possible. Je m'épouvante et je tremble à la pensée de ce qui se passera ici dans quelques instants... Renoncez à une tentative imprudente. Qu'importe ce que pensera la foule... Ne courez-vous point un danger de mort en vidant cette fiole ? Laissez croire à tous que vous avez disparu, si vous ne voulez point révéler le secret d'une défaillance. Un mot, et je presse le ressort caché dans la moulure de cette porte, nous descendons ensemble l'escalier dérobé dont personne ici ne connaît l'existence. Une fois dans les souterrains du château nous pouvons gagner l'entrée du Danube... Une barque y est amarrée par mes soins, nous fuyons cette nuit même. Demain je reparais ; grâce au testament écrit par vous, je prends possession de vos biens, je vends le château, une partie de ce qu'il renferme, j'emporte le reste, et je vous rejoins dans quelque autre coin du monde... Puis, quand je vous sais en sûreté, je reviens seul ici... Je demande la main d'une jeune fille, et je vous prie de l'aimer comme m'avez aimé moi-même...

— Ton affection te crée des chimères, Paulus ! fit le comte. Sans doute, je cours plus d'un danger en buvant l'Élixir de longue vie. Mais je reculerais à cette heure? Non! non! quand je devrais mourir! Crois-tu donc que je tienne à l'existence si je dois traîner une horrible vieillesse comme Abraham Zek ou le Juif Moser qui m'enseigna l'alchimie? Vienne le trépas subit, plutôt que la sénilité progressive! Tu ne sais donc pas ce que c'est que d'avoir vingt ans, Paulus! Tu n'apprécies point le bonheur dont tu jouis; tu gaspilles des trésors que tu pleureras plus tard. Mais non, tu ne les pleureras jamais, car je serai là pour te transmettre le secret de ne jamais vieillir et d'être toujours aimé!

Palma saisit la fiole et la regarda à la clarté opaline de la lampe.

— Voici cet élixir, dit-il, on dirait du rubis en fusion! Les esprits les plus subtils sont contenus dans ce flacon; j'y ai concentré le feu vital, le fluide nerveux, la force suprême! C'est mon sang, ma vie, mon immortalité! Et maintenant, adieu, Paulus; sépare-toi de celui qui remplaça ton père et que tu jures d'aimer sous son avatar nouveau. Au lieu d'un vieillard tu trouveras un jeune homme, compagnon de tes plaisirs, rêvant le même bonheur que toi-même... Tu lui amèneras la fiancée choisie, peut-être te révélera-t-il à son tour le secret d'un cœur rajeuni... Tu me chéris profondément, tu me chériras toujours! Nous travaillerons ensemble; nous chercherons le moyen de réaliser d'autres prodiges; je te ferai traduire des manuscrits étranges rapportés de mon dernier voyage... Les scrupules qui jadis m'arrêtaient ne me retiendront plus... Tu partageras véritablement les secrets de mon esprit et de mon âme.

Palma étreignit Paulus sur sa poitrine avec une mâle énergie.

— Rentre au salon, lui dit-il.

— J'ai peur! fit Paulus, j'ai peur!

— Moi, jamais je ne me sentis plus courageux.

— Eh bien! tentez-la donc cette expérience fatale... mais devant moi, rien ne vous oblige à me renvoyer...

— Quand j'aurai vidé ce flacon je tomberai comme foudroyé.

— Raison de plus pour que je vous veille.

— Combien de temps durera cette catalepsie? Une demi-heure sans doute...

— J'épierai votre réveil, je le hâterai, si je le puis.

— Va-t'en! fit le comte, l'heure passe... Si l'horloge sonnait une autre fois avant que l'expérience fût tentée, peut-être faudrait-il la recommencer... Ne crains rien, mais va-t'en! va-t'en!

Cette fois, le jeune homme comprit qu'il ne pouvait plus insister, et les jambes tremblantes, les bras cassés, il quitta le cabinet de maître Palma.

L'alchimiste demeura seul.

Seul! Il le croyait, du moins.

Et cependant cette scène avait eu un témoin invisible.

Après qu'il eut gagné, avec une peine infinie, le balcon du château dont les enroulements de fer touchaient les derniers rameaux de l'arbre grandi sur le bord du précipice, Mario demeura étendu sur le marbre du balcon, pendant un espace de temps qu'il lui eût été impossible de déterminer. Quand il rassembla quelques idées, il s'étonna d'abord de ne point se trouver sur la grande route. Un élancement qu'il sentit à l'épaule lui rappela sa blessure, et l'hospitalité forcée qu'il venait demander à son père.

Poussant les deux battants de la fenêtre, il se trouva de l'autre côté, protégé par un grand rideau rouge complètement tiré devant la croisée, et dont les plis lourds tombaient jusqu'à terre.

Mario n'entendait pas un bruit, pas un souffle. Il écarta doucement la tenture, et put inspecter la chambre à la clarté de la lampe. Il était bien seul. Avisant sur un plateau des pâtisseries et du vin d'Espagne, il se versa un grand verre de Malvoisie qui lui rendit des forces, puis il reprit tranquillement son poste d'observation.

De loin en loin un chant lui arrivait, ou la ritournelle d'instruments sonores. Le concert et le bal se poursuivaient dans les grands salons. Cependant il saisit un bruit de pas et de voix près de la porte de la chambre où il se trouvait, et puis une seconde après le comte et Paulus y entrèrent.

Il sut alors quelle tentative folle, téméraire, impie comme l'orgueil de Satan, allait risquer son père. Jusqu'alors il l'avait cru riche; mais brusquement il apprenait que Palma possédait les secrets les plus puissants de l'alchimie. Ce qu'il n'obtiendrait point du père irrité, ne pouvait-il tenter de l'arracher au savant dont l'œuvre était là, sous la forme d'une fiole de cristal, remplie d'une liqueur rouge, et qu'on pouvait briser dans un accès de vengeance ?

Pas un des mots de Paulus ne fut perdu pour Mario. Il les notait dans sa mémoire avec un soin extrême. N'allait-il point s'en servir pour devenir à son tour puissant et riche?

L'oreille collée au parquet, il entendait sans voir.

Quand la porte se referma sur Paulus, il souleva le bas du rideau, et vit son père debout, tenant en main la fiole fatale.

— Mon Dieu! fit Palma, ne m'imputez point à crime ce que je vais faire... De tous les trésors que vous nous avez départis, le plus magnifique est la jeunesse! Rendez-la moi, cette jeunesse dont je n'appréciais point assez le prix! Rendez-la moi, non pas seulement sur les traits de mon visage, mais dans le fond de mon âme, dans la fleur de mon intelligence, dans les lumières de mon esprit! Ce que je vais essayer est coupable, affirme Paulus... Et cependant si vous m'avez départi des facultés puissantes, n'est-ce point afin que j'en fasse usage? Est-il permis de laisser stériles et incomplets les travaux de ceux qui nous précédèrent ? Ai-je le droit de mettre la lumière sous le boisseau, lorsque comme vous je puis dire : « Fiat lux ! » Non ! non ! je ne puis le croire. Si la face de l'homme reflète votre ressemblance divine, son âme la reproduit davantage... Vous lui permettez, en ce monde, de porter les mains en haut pour tenter de cueillir les fruits de l'arbre de la science. Ils sont assez amers pour que vous en laissiez la saveur à nos lèvres. Paulus parlait du péché des anges : l'orgueil! Vous qui lisez au plus profond de ma conscience, vous savez bien qu'à l'heure de livrer un combat sans merci, entre la vieillesse qui m'étreint, et la jeunesse que j'appelle, je songe moins à la vanité qu'à l'amour... Être élu par Molda, faire de Molda la compagne de ma vie, voilà le désir ardent, voilà le but !

Il saisit la fiole, et fit un mouvement pour la porter à ses lèvres ; mais alors il se vit dans la glace et recula.

— Comme je suis pâle, dit-il, pâle comme un mort !

Une minute il s'examina; la fiole qu'il venait de replacer sur la table brillait comme du sang liquide sous les rayonnements de la lampe.

Jamais visage humain ne refléta une anxiété plus grande. Le teint ardait la pâleur des cadavres; les lèvres tremblaient ; les narines pincées, les sourcils froncés racontaient l'anxiété terrible de l'alchimiste. Il s'efforça, cependant, de dompter cette impression, et murmura :

— Allons donc ! Si mes invités me voyaient, ils croiraient que j'ai peur... Je bois à toi, Molda, cette pensée me donnera du courage... Vivre, mourir? Quel problème !

Il allongea la main pour reprendre la fiole, mais avant qu'il l'eût saisie, des doigts plus glacés encore que les siens s'abattirent sur son poignet.

Palma recula, le front couvert d'une sueur glacée.

En reconnaissant son fils il poussa un cri de sourde rage :

— Vous ! encore vous !

— Et cette fois malgré moi, mon père !

— Espérez-vous me le faire croire?

— Non ! les hommes ont coutume de douter de la vérité.

— Je vous ai donné de l'or pourtant.

— C'est vrai.

— Que voulez-vous donc? une somme plus forte?

— Celle que je possédais me suffisait... provisoirement... Malheureusement votre fête, se combinant avec la foire annuelle de Buda, n'a pas manqué d'attirer des brigands dans le pays. Ils savent que les aubaines seront fréquentes et fructueuses. Comme je quittais le château, monté sur mon maigre bidet, j'ai été assailli non par un brigand, mais par cinq. Je sais l'escrime, et je suis Italien ! Deux raisons pour bien savoir se battre, et, vive le diable ! j'ai fait mon devoir... si bien qu'en ce moment deux cadavres gisent au vent de la nuit sur le grand chemin... Mais si j'ai troué des poitrines, je ne reste pas sans égratignures. Un coup de couteau à l'épaule, voilà pour ma part... Voyez le sang sur mon habit... J'ai pansé tant bien que mal la blessure... Que faire ? Demander l'entrée du château ? Il était trop tard ; vous auriez refusé de me recevoir, et cette fois je n'eusse peut-être pas eu la chance de monter les escaliers sans rencontrer quelqu'un. J'ai pris un chemin moins facile. Les branches d'un arbre m'ont servi d'échelle, et grâce à ce système aérien, je suis arrivé jusqu'ici... J'y suis resté longtemps évanoui... Que voulez-vous, on n'est pas de fer... Un bruit de voix m'a réveillé... Vous causiez avec Paulus... Celui-là est le véritable fils de votre cœur...

— Ainsi, demanda le comte, vous savez...
— Que vous allez risquer votre vie.
— Et à quel prix.
— J'ai tout entendu, vous dis-je.
— Je n'ai pas besoin alors de vous répéter que j'ai besoin d'être seul, absolument seul.
— Qu'allez-vous faire de moi ?
— Pourvu que vous sortiez, peu importe !
— De cette pièce, volontiers.
— Et du château.
— Jamais.
— Encore de la révolte !
— Vous êtes bien inhumain, vous ! Sortir ? N'avez-vous donc point compris que je suis blessé, dangereusement peut-être ? Si vous tenez à recouvrer votre jeunesse, je tiens, moi, à garder la vie dont je fais, à mon sens, assez bon usage...

Palma prit un flacon d'or dans une boite.
— Lavez la plaie avec cette eau, dit-il, dans trois jours elle sera cicatrisée.

Mario mit le flacon dans son habit ; puis il s'assit dans un fauteuil.
— J'en userai, soyez tranquille. Seulement, je suis ici, et j'y reste. Rien ne me fera désormais quitter ce château, rien, entendez-vous ! Et vous allez me jurer de m'y garder à jamais, de me rendre vos bonnes grâces, de me rétablir dans mes droits, comme si jamais je n'avais cessé d'être e meilleur et le plus tendre des fils.

Palma, le visage irrité, marcha droit vers Mario.

— Demain, dit-il, tu reviendras demain !

— Et si vous mourez cette nuit... L'alternative est terrible. Assez de misères ! le fils de l'alchimiste veut à son tour être riche à millions.

— Joueur, débauché ! Cet or ne servirait qu'à t'enfoncer plus avant dans le vice.

— J'aime comme je puis, vous aimez bien encore, vous !

— Tais-toi, misérable, tais-toi ! Je te chasse, en te jetant ma dernière aumône, mais cette fois j'y ajoute ma malédiction.

— Amen ! fit Mario.

Bondissant vers la table au moment où le regard de son père cessait de le surveiller, il saisit le flacon renfermant l'Élixir de longue vie.

— Ah ! damné ! fit le comte, damné !

Il voulut saisir Mario, mais celui-ci tira le rideau de la fenêtre et s'élança sur le balcon :

— C'est votre vie que je tiens entre mes mains, cria-t-il, si vous ne cédez à mes volontés, c'en est fait de vous !

— Lâche ! ingrat ! parricide !

Le comte venait de rejoindre Mario. Tous deux en ce moment luttaient d'une façon terrible : l'un pour garder, l'autre pour reprendre le flacon contenant l'Élixir de longue vie. La colère rendait à Mario les forces que sa blessure lui avait fait perdre. Palma exaspéré saisit Mario à la gorge, tandis que le jeune homme étreignait le corps du vieillard.

Ils ne voyaient plus qu'à demi leurs visages ; les souffles haletaient, les doigts se crispaient, les prunelles semblaient prêtes à jaillir de l'orbite... Un de ces deux hommes allait mourir.

— Cédez ! cédez ! répétait Mario.

— Parricide ! parricide ! disait le comte.

Enfin un son rauque dans lequel se confondaient la rage de la défaite et les râles de l'agonie vibra au-dessus de l'abime... On entendit par trois fois tomber et rebondir un corps pesant... Un cri faible comme un soupir monta d'en bas, et ce fut tout...

La draperie rouge de la fenêtre s'agita, un mouvement trop brusque imprimé à la table renversa la lampe et l'homme qui quittait le balcon, après avoir tâtonné dans les ténèbres apercevant une clarté sous la porte de la chambre voisine, se dirigea de ce côté.

L'horloge sonna d'une façon lugubr .

Dans le couloir deux êtres demeurés en sentinelles s'étreignaient les mains.

C'étaient Bug et Paulus.

Le délai indiqué par le comte venait d'expirer. Le cœur du jeune secrétaire, dévoré d'inquiétude, battait à rompre sa poitrine. Que n'eû'-l point donné pour avoir le droit de pénétrer dans cette chambre où s'accomplissait un fait étrange et terrible... Allait-il tout à coup voir reparaître Palma vivant...?

Après plusieurs heures d'une anxiété terrible, bravant les ordres du maître, ouvrirait-il la porte close pour trouver étendu, livide, sur le plancher, l'homme qui lui avait servi de père? Tantôt, confiant dans la science de Palma, il comptait sur l'accomplissement d'un prodige; tantôt retrouvant ses doutes, il s'épouvantait à l'idée que le Seigneur avait dû le châtier de son orgueil. Le cœur étreint par l'angoisse, tantôt il passait une main tremblante sur la clef de la porte, tantôt il se reculait effrayé de sa hardiesse. Les minutes lui semblaient des heures. En face de lui, accroupi sur le tapis du couloir, il voyait Bug, qui, de temps à autre, poussait un cri rauque, puis retombait dans son immobilité.

Dans les salons, durant les premières minutes qui suivirent le départ de Palma, les conversations montées à un haut diapason occupèrent suffisamment les hôtes du château. Groupés dans un angle, les savants discutaient la possibilité du prodige. On citait le nom de Cagliostro comme celui d'un homme ayant réalisé la même merveille. Celui-ci, à la cour de Louis XVI, ne parlait-il point de personnages ayant vécu plusieurs siècles auparavant, et dans la familiarité desquels il affirmait avoir été admis? Les uns attestaient, les autres niaient. Les jeunes gens répétaient que si les vieillards trouvaient le moyen de rajeunir, ils perdaient tous leurs avantages puisque ceux-ci joindraient à l'expérience de la vie, la possession de la fortune et des hauts emplois. Les femmes, amies du merveilleux, se montraient plus impatientes que les hommes, et leurs regards se tournaient fréquemment du côté du portrait du gentilhomme vêtu de rouge représentant le comte dans sa vingt-cinquième année.

Molda et Salomé profitaient de l'animation générale pour s'absorber dans une causerie intime. Après que le comte eut fait à la jeune fille la déclaration formelle de ses espérances, la fille de Komorn revint près de sa nouvelle amie, en proie à une agitation si douloureuse que la Juive lui demanda :

— Un chagrin vous a frappée?

— Oui, chagrin violent, déjà pressenti, mais dont je m'efforçais de bannir l'idée.

— Votre père ne peut-il le conjurer?

— Mon père! s'écria Molda avec un accent indéfinissable.

Elle n'ajouta rien, mais dans ce mot quelle accusation muette!

— Je vous ai raconté mes peines, ne pouvez-vous me confier les vôtres?
Molda secoua la tête.
— Plus tard, répondit-elle, plus tard.
Voyant qu'il répugnait à Molda de parler d'elle-même, Salomé crut pouvoir amener l'entretien sur le sujet qui faisait l'objet de la curiosité générale.
— Croyez-vous, lui demanda-t-elle, que le comte Palma parvienne à se rajeunir?
— Dieu veuille qu'il y soit impuissant, répliqua la jeune fille, car alors mon malheur serait complet. Non! non! il ne réussira pas! Le Seigneur ne permet pas que l'homme retouche et corrige son œuvre divine. Palma échouera misérablement et n'aura plus qu'à quitter ce pays où jamais il n'aurait dû venir pour le repos de plusieurs... Pardon! J'oublie que de lui votre aïeul attend votre guérison... Je puis croire que jamais Palma ne retrouvera la beauté et la force de la jeunesse, mais je conserve la conviction qu'il possède la science nécessaire pour vous guérir!
— Eh! que m'importe qu'il garde sa double impuissance, pourvu qu'il me soit possible en expirant de repousser le terrible héritage de mon aïeule... Il faut, pour apaiser son âme et sauver la mienne, que j'embrasse le ̃ i qu'elle renia. Si je meurs chrétienne je trouverai son âme délivrée sur la route du ciel, car elle se repentit, et Dieu pardonne au repentir... Et sur la voie que je veux suivre je vous verrai, Molda, j'en suis certaine... Mon aïeul souffrira grandement de me perdre, je le sais, mais à son âge on se console vite... lui-même épuisé s'éteindra bientôt, et lorsque lui seront révélés les mystères éternels, il comprendra ce que souhaitait sa fille.
L'aiguille se traînait sur le cadran avec une extrême lenteur pour les invités, et cependant Dieu sait comme elle semblait courir sur l'émail à celui qui devait bientôt reparaître.
Après la scène terrible du balcon, pendant laquelle un père et un fils avaient lutté chacun pour défendre sa vie, le vainqueur de cet épouvantable combat traversa le cabinet et rentra dans la chambre. Tombant sur un sopha, il y demeura quelque temps privé de mouvement, sans souvenir de ce qui venait de se passer, sans force pour s'occuper de l'avenir. De temps à autre il passait la main sur son front, et s'efforçait de retrouver la lucidité de sa pensée.
Ce travail se fit lentement. On eût dit que, frappé subitement aux sources mêmes de la vie, il demeurait impuissant à se ressaisir lui-même.
Enfin un mot jaillit de ses lèvres :
— L'Élixir de longue vie!

Ce mot le galvanisa.

Il se redressa soudain, porta à ses lèvres un flacon que le hasard plaçait sous sa main, puis ranimé d'une façon soudaine, il jeta autour de lui un regard curieux.

Le même portrait vêtu de rouge se trouvait en face, et tout près, rangés avec un soin méticuleux, les objets divers dont se composait le costume du jeune et beau gentilhomme : habit en velours rouge brodé d'or, dentelles, épée de bal, bague d'émeraude... Tremblant, bouleversé, incertain pour ainsi dire de son existence, l'homme qui venait de pénétrer dans la chambre considéra ces objets divers. Un travail se faisait dans son esprit. La lumière perçait les ténèbres. Avec le souvenir renaissait une volonté, volonté persistante, terrible qui, une fois prise, ne devait plus jamais se trouver en défaut.

Il enleva son costume, lava dans des eaux de senteur son visage fatigué ; puis lentement il passa les divers objets composant son costume. Il le faisait sans se regarder dans le miroir, réservant pour plus tard l'émotion dont il ne pouvait manquer d'être saisi quand il fixerait ses yeux sur la glace qui lui renverrait son image.

Lorsqu'il se sentit assez fort pour tenter cette épreuve, il marcha rapidement vers le miroir, et leva la tête...

Un cri lui échappa.

C'était bien vivante, jeune et superbe, la reproduction du tableau. On eût dit un frère jumeau du gentilhomme représenté sur la toile à voir cette figure fine, distinguée, railleuse peut-être, mais fatalement belle.

Il se regarda longtemps... longtemps, puis il murmura :

— C'est bien !

Alors quittant la chambre, il traversa le cabinet, et frissonna en passant devant la croisée... Le vent soufflant du dehors gonflait le rideau, et lui donnait l'apparence d'un spectre sanglant.

Il se dirigea vers cette croisée pour la fermer, mais auparavant, il roula divers objets, et les lança dans le gouffre du haut du balcon.

Le second portrait semblait le suivre du regard.

Enfin il quitta le cabinet de travail, et heurta Bug dont les deux mains s'attachèrent à ses pieds.

Reculant vivement, il parut saisi d'une terreur soudaine, mais en regardant l'être qui se prosternait à ses genoux, et dont les yeux noirs reflétaient une admiration et un dévouement sans bornes, il se rassura.

— Assez ! fit-il, assez !

Alors deux mains fines saisirent les siennes.

— Maître ! Maître ! Est-ce donc vous ! Oh ! béni soit le ciel, de vous avoir communiqué la force d'accomplir ce prodige... Jamais vous ne saurez ce que votre Paulus a souffert durant cette heure mortelle... Vous aviez affirmé que l'épreuve durerait seulement trente minutes, il vous en a fallu davantage.

— Oui, davantage.
— Avez-vous souffert?
— Beaucoup.
— Êtes-vous remis?
— Non! mais qu'importe!

Il parlait d'une voix étrange, brève et rapide. Les fantômes doivent avoir ce timbre profond, saccadé... Mais ne revenait-il point du monde des esprits et du pays des spectres?

Paulus ne se lassait point de le regarder. Il reconnaissait bien l'original du portrait rouge et, se réjouissant et s'épouvantant à la fois, il goûtait une certaine douceur à garder pour lui seul, pendant un instant rapide, la certitude que l'homme à qui il se dévouait avec une si ardente tendresse, était vivant! vivant!

Cependant le maître retira ses doigts des mains de Paulus, et d'un geste lent, il lui désigna la porte du grand salon.

Le bruit de voix grandissait. A mesure que l'heure s'avançait davantage, on mettait plus haut en doute la puissance du comte. Le juge Samper n'était point éloigné, au nom de l'humanité, de faire forcer l'appartement de l'alchimiste par un médecin, quand les deux battants de la porte du salon s'ouvrirent tout à coup, la voix vibrante de Paulus cria :

— Son Excellence le comte Palma.

L'étonnement se traduisit par un cri de stupeur.

C'était bien lui, tel qu'il avait promis d'apparaître, jeune et beau...

Avec une sorte de coquetterie, Palma se rapprocha du portrait représentant Palma à l'âge de vingt-cinq ans, comme s'il attendait la comparaison et la victoire.

Après le premier mouvement de surprise, l'admiration éclata par des bravos et des témoignages d'ardentes sympathies. Toutes les mains se tendirent vers Palma, et Matthias Rath le gazetier prit plus de notes que jamais.

Le comte recevait les témoignages d'affection avec une modestie grave, mêlée d'une sorte de trouble et de tristesse.

A une question que lui adressa le juge Samper, il répondit :

— J'ai cru mourir...

Puis comme il éprouvait la hâte d'échapper aux félicitations et aux questions qui se croisaient de tous côtés, il dit à Paulus quelques mots, et sur l'ordre du maître, l'orchestre reprit une valse d'un mouvement lent et charmant.

Les yeux de Palma firent le tour du salon. Tout à coup ils s'arrêtèrent sur Molda tremblante, et s'avançant vers elle, l'alchimiste rajeuni s'approcha, et sollicita l'honneur de la faire danser.

Elle allait refuser, quand son père s'approcha.

— Je vous accorde, dit-il, l'autorisation que vous souhaitez; j'espère que le brillant comte Palma gardera toujours pour ami le comte Komorn.

— N'en doutez point, répondit le jeune homme, n'en doutez jamais.

Il disparut avec Molda au milieu des danseurs.

Pendant une heure le bal continua, puis la lassitude s'empara des femmes et, lentement, les invités du château regagnèrent leurs appartements, tandis que les habitants de Buda-Pesth faisaient demander leurs carrosses et leurs gens.

Bientôt sur la route, par cette belle nuit glaciale, on ne vit que coureurs armés de torches, cavaliers lancés à toute bride, chaises portées au pas de course, et voitures roulant sur le chemin sombre.

Puis les lumières s'éteignirent, la façade du château redevint sombre, et la nuit enveloppa de ses voiles la demeure maudite et ses habitants.

L'ÉLIXIR DE LONGUE VIE

Que faites-vous ici? demanda-t-il (*Voir page* 146.)

XIII
LES YEUX BLEUS

Palma se retrouvait seul dans le cabinet. Il venait de se jeter sur une causeuse, et, brisé à croire que jamais il ne retrouverait la force de quitter cette place, il restait immobile, l'œil vaguement fixé devant lui. Quel souvenir hantait sa pensée à cette heure? Évidemment, la pâleur de son front trahissait une souffrance intérieure. Ses lèvres tremblaient, ses doigts se tordement nerveusement. Tout à coup sa prunelle vague prit une expression de curiosité indéfinissable; elle s'anima, fixa, fouilla. Au fond de la chambre, environ à une hauteur de deux pieds, Palma voyait luire quelque chose d'effrayant... Oui, bien effrayant : deux prunelles bleues, d'un bleu doux, et qui cependant, à cette heure, semblèrent à Palma plus épouvantables que ne l'eût été l'apparition même de la dame assassinée, dont le fantôme errait durant les nuits le long des corridors du château du Danube.

D'abord, se croyant le jouet d'une illusion diabolique, Palma essaya de raidir ses nerfs, d'appeler à lui la hardiesse faisant le fond de son caractère; mais plus il étudiait le phénomène qui l'épouvantait, plus il devenait convaincu que deux grands yeux restaient fixés sur les siens.

En face de Palma se trouvait un fauteuil de taille colossale, sorte de trône seigneurial ayant appartenu au premier maître du manoir. Les deux prunelles bleues brillaient sous le siège monumental.

Il fallut à Palma un réel effort pour se décider à quitter sa place, et ce fut d'un pas d'automate qu'il se dirigea vers le grand fauteuil.

Au même moment une voix tremblante murmura :

— Pardonnez-moi, Monseigneur ! pardonnez-moi.

Et la fille de Niklas, l'aubergiste, tombant à genoux, éleva ses mains jointes.

La face du jeune homme s'empourpra de colère.

— Que faites-vous ici ? demanda-t-il d'une voix tremblante de rage contenue.

— J'y suis venue sans mauvaise intention, Monseigneur... vous me connaissez sans doute, Gilda, la petite Gilda... Ma mère tient l'auberge des Trois Pommes de Pin... J'ai eu tort, je sais bien que j'ai eu tort... Ne me grondez pas... Depuis ce soir je m'adresse assez de reproches... La fête devait être si belle que la curiosité m'a prise de la voir... Ma mère Niklas ne voulait pas, elle craignait les embarras de voitures sur la route... Je me suis enfuie, elle m'a reprise, enfermée, mais je me suis sauvée de nouveau avec Gyorgio, mon petit camarade.

— Cela ne m'apprend pas pourquoi je vous trouve dans cette chambre. Vous désiriez voir les équipages, soit ! il fallait rester aux abords du château.

— Gyorgio et moi nous voulions entrer... Lui pour goûter à la cuisine du festin, moi pour regarder les toilettes des belles dames... Voilà ma faute, Monseigneur... Pendant une minute, redoutant d'être surprise, j'ai cherché un refuge dans cette chambre, elle était alors inhabitée...

— Et puis?

— Je tremblais qu'il arrivât quelqu'un... Et pourtant le vieux comte était très bon, peut-être ne m'eût-il point grondée... Mais je restai seule longtemps, bien longtemps, si longtemps que je m'endormis sous le grand fauteuil où je m'étais réfugiée.

— Et, demanda le jeune homme, vous vous êtes réveillée en entendant ici deux hommes parlant haut?

— Je vous demande pardon, fit Gilda, je n'ai rien entendu.

— La vérité! Il me faut la vérité! entends-tu, reprit-il de sa voix irritée. Oui, je te le concède, tu as pénétré ici à l'étourdie, sans songer que tu commettais une indiscrétion grave... Mais quand le comte Palma, celui que tu appelles le vieux comte, est revenu dans cette chambre, tu t'es réveillée?

— Non, je vous le jure... Et maintenant laissez-moi quitter le château, je trouverai Gyorgio, il me ramènera à la maison, et je pourrai rentrer sans que ma mère se soit aperçue de mon absence. Sans cela, elle pleurerait demain, et me croirait perdue...

— Oui, tu reverras ta mère, mais à la condition de me révéler ce que tu as surpris... Il faut le silence, un éternel silence sur cette nuit, entends-tu!

— Mais je n'ai rien vu! rien entendu! répéta l'enfant.

— Tu mens!

— Non, par la Vierge, jamais je n'ai menti! Voilà que vous me faites peur, avec vos regards irrités, et votre voix sévère... Que faut-il dire pour vous calmer?

— Ce que tu sais.

— Mais je ne sais rien!

— Rien! Quoi! le bruit fait dans cette chambre ne t'aurait point arrachée au sommeil!

— Je m'éveillais au moment où vous ouvriez la porte.

— Gilda, reprit le jeune homme, Gilda, tu te trompes si tu me crois en colère.. J'ai eu tort de te parler durement. Crois que tu n'as rien à craindre de moi, et que je te pardonnerai de grand cœur ton indiscrétion, si tu te montres sincère... Non seulement, pour te récompenser de ta franchise je te fais cette nuit même reconduire chez ta mère par un de mes valets, mais je remplirai d'or tes petites mains...

— Comme faisait le vieux comte, alors. Oh! lui m'aimait bien... Appelez-le, Monseigneur, demandez-lui ce qu'il pense de la petite Gilda, il vous dira que, d'habitude, elle ne désobeissait point à sa mère... Allez! je suis trop punie de ma curiosité, je ne recommencerai jamais! jamais.

— Ainsi, tu refuses de parler?

— Que voulez-vous que je dise?...

— Ce que tu as vu, en t'éveillant.

— Vous, Monseigneur, vous assis dans ce fauteuil. J'ai eu grand peur de me savoir découverte... Vous m'avez aperçue, et je vois bien à votre air que vous comptez me punir.

— Oui, tu serais punie.

— Beaucoup ?

— Jusqu'à ce que tu avoues...

— Mais quoi ? seigneur, quoi ? Que s'est-il donc passé dans cette chambre si terrible, pour que vous redoutiez d'apprendre que j'en ai été témoin ?...

Palma ne répondit pas. Après avoir marché presque au hasard dans le cabinet, il aperçut un objet capable de servir ses projets, et il s'en saisit. C'était un mouchoir de soie souple et solide. Il le prit, et brusquement en forma un bâillon capable d'étouffer les cris de la petite Gilda.

Les grandes prunelles bleues de l'enfant s'emplirent de larmes, elle commençait à comprendre qu'un sort affreux lui était réservé.

Après avoir bâillonné Gilda, le jeune homme lia les poignets et les chevilles de l'enfant, la roula dans un manteau, et poussa du pied comme un paquet le corps de la petite fille.

Ensuite, prenant la lampe, il se dirigea vers une partie de la boiserie ornée de riches moulures et, successivement, il appuya la main sur les principales saillies. Beaucoup resistèrent ; une d'elles céda. En même temps un panneau s'écartant roula sans bruit sur ses gonds, un air frais frappa Palma au visage ; une seconde il hésita, mais prenant rapidement son parti, il s'engagea d'abord dans un couloir étroit, puis il descendit un escalier tournant ménagé dans l'épaisseur des murailles.

Il était impossible de deviner quand prendrait fin cette spirale dont on eût dit que le centre se trouvait en enfer, tant l'escalier semblait effrayant, rapide et sombre. Cependant, à la fraîcheur croissante de l'air, Palma comprit qu'il descendait au niveau, peut-être même au-dessous du fleuve. Enfin, il posa le pied sur le sol, et se trouva en face d'un couloir sur lequel s'ouvraient diverses portes. Des crampons de fer scellés dans la muraille supportaient jadis des torches dont la flamme avait laissé des traces noires. Des portes, munies de leurs clefs, s'ouvraient sur ce couloir. Elles tournaient avec peine dans des serrures rouillées ; enfin une des sinistres retraites ménagées sous le manoir s'ouvrit devant Palma, qui en franchit le seuil en frémissant. Tout y semblait préparé pour recevoir des condamnés et des coupables. Un banc de pierre, une chaîne tenant à un carcan de fer. Il ne manquait que le captif.

Après avoir, un instant, contemplé cette sinistre oubliette, Palma remonta plus rapidement qu'il n'était descendu, rentra dans le cabinet, chargea le paquet sur son épaule et descendit, pour la seconde fois, l'escalier sombre. L'enfant ne se débattait point. Peut-être s'était-elle évanouie... Si la terreur l'avait tuée .. ce serait véritablement un grand souci de moins pour le comte... Cette vie était si frêle ! Un geste, et l'enfant serait réduite à l'impuissance, pour jamais, pour jamais... Il le savait bien... Et l'idée de la précipiter dans le gouffre lui était venue . Mais à la pensée de rouvrir la fenêtre, de s'incliner sur cet abîme, une sueur froide avait couvert ses membres... Non! il la garderait prisonnière, jusqu'à ce qu'elle parlât.

Au moment où il déposa à terre son léger fardeau, Gilda ne donnait plus signe de vie. N'ayant plus la crainte que les cris de l'innocente victime fussent entendus, il délia ses pieds et ses mains, lui ôta son bâillon, plia en quatre doubles le manteau qu'il étendit sur le sol, et coucha l'enfant sur ce lit improvisé.

Puis après l'avoir fixement regardée, il ferma la porte, et remonta le mystérieux escalier.

Rentré dans sa chambre, sans prendre le soin de se déshabiller, il se jeta sur son lit, et tomba dans un étrange sommeil peuplé de rêves et de fantômes sanglants. Il faisait grand jour quand il s'éveilla. Sautant brusquement à bas de sa couche, il regarda autour de lui avec une indéfinissable expression de terreur. Cependant la crainte à laquelle il était en proie se calma par degrés; il s'efforça de ressaisir son sang-froid, et il venait d'entrer dans le cabinet quand on frappa légèrement à la porte.

— Maître! maître! dit une voix inquiète.

— C'est vous, Paulus?

— Oui, Monseigneur, il me tarde d'apprendre comment vous avez passé le reste de cette nuit.

La main de Palma trembla légèrement, il tourna à deux reprises la clef, cependant la porte s'ouvrit, et Paulus entra dans la chambre.

Il s'élança vers son maître, les mains tendues, le regard brillant

— Ah! s'écria-t-il, cela est donc vrai, bien vrai, vous m'êtes rendu! Si vous compreniez combien j'avais peur de vous perdre... Je vous savais savant et puissant en œuvres, mais ce que vous rêviez d'accomplir semblait tellement au-dessus du pouvoir de l'homme que le doute me poignait le cœur... Vous! c'est vous! Je vous reconnais, Monseigneur, et pourtant vous n'êtes plus le même.

— Plus le même?... répéta le comte d'une voix troublée.

— Oh! je m'explique; je retrouve votre regard avec son expression de fierté, de force, seulement il paraît avoir perdu de sa douceur... Vos traits sont ceux du portrait, amaigris et plus pâles... Quelle nuit! et quelles étranges impressions ont dû être les vôtres!

— Étranges et inoubliables, Paulus.
— Et maintenant, comment vous sentez-vous?
— Pareil à un homme qu'aurait étourdi un coup violent... Je suis bien moi, et cependant je ne me retrouve pas. Le puissant breuvage que j'ai absorbé semble m'avoir pour quelques jours sans doute enlevé une partie de mes facultés... On dirait que ma mémoire s'est engourdie... Mes doigts me refusent également le service ; ils tremblent comme ceux d'un vieillard.
— Ce ne sera rien, n'est-ce pas, maître?
— Rien; d'ailleurs le malheur n'est pas grand, Paulus, puisque tu connais ce château aussi bien que moi-même.
— Mieux que vous-même, Monseigneur. N'oubliez pas qu'après l'avoir acheté vous me laissâtes le soin de le faire réparer, depuis le grenier dont vous avez fait un laboratoire, jusqu'aux oubliettes creusées dans le roc.
— Les as-tu visitées? demanda brusquement le comte.
— Naturellement.
— Et tu n'y trouvas ni squelettes, ni lugubres impressions, ni instruments de torture?
— Pardonnez-moi ; le vieux comte hongrois prenait ses précautions; attachant un grand prix à ses prérogatives, il comptait en user largement à l'égard des vassaux indisciplinés et coupables. Mais le temps lui manqua pour peupler les cachots du manoir maudit... le magnat fit une seule victime, celle dont le sang tache les dalles de marbre blanc du péristyle...
— Ainsi donc, ce matin, reprit le comte, tu voudras bien, Paulus, me servir de secrétaire?
— Monseigneur dictera.
— Tout à l'heure. En ce moment, j'ai besoin de remplir d'or les poches de mon habit, aie la bonté d'ouvrir ma cassette, je me sens, comme je te l'ai dit, d'une incroyable maladresse.

Paulus saisit, sur un guéridon, un trousseau de clefs fines et ciselées, il en choisit une, la plus petite, et l'introduisit dans la serrure presque invisible d'une caisse de bois de cèdre garnie de lames d'argent.

Le couvercle soulevé, Paulus se pencha sur le coffre, et le comte se courba derrière lui, l'œil avide, les mains tendues.

— Oh! oh! Monsieur le comte, fit Paulus avec un franc rire, vous vous appauvrissez! prenez garde! Heureusement vous connaissez l'art de faire de l'or, et vous en userez prochainement.
— Si l'or me manquait, dit Palma, mes diamants sont une ressource.
— Quoi! vous avez changé d'avis, vous consentiriez à les vendre?
— Je ne dis pas, répondit Palma, ce serait un sacrifice, sans doute, mais dans un moment où l'or me ferait défaut...

Il n'acheva point, Paulus souriait.

— Avez-vous oublié que dans deux jours les creusets seront pleins d'or vierge!

— Pleins d'or! répéta Palma avec l'accent d'une convoitise ardente; mais, ajouta-t-il d'une voix presque inquiète, penses-tu que j'aie accompli toutes les règles prescrites?... qu'il ne me reste plus qu'à recueillir le précieux métal?

— Vous me l'avez affirmé, maître.

— Alors cela est vrai... Quelles étranges sensations sont les miennes, aujourd'hui! Je doute, j'hésite, je tremble... Je retrouve avec peine, et une à une, les sensations d'autrefois. Mon être est double... Comprends-tu cela, Paulus? Ainsi je me trouve jeune, fort comme jadis, mais en même temps, ce Palma nouveau ressaisit avec peine la personnalité physique évanouie... Mes sentiments, mon amour de la science, ma puissance d'autrefois paraissent sommeiller dans mon cerveau... Je te questionne sur des choses que je sais pertinemment, et cependant, à cette heure, leur définition m'échappe, et leur souvenir s'envole... Autrefois, quand je m'entretenais avec toi de cet avatar mystérieux, t'ai-je jamais exprimé la crainte de ce qui m'arrive?

— Au contraire, répondit Paulus, vous affirmiez que le plus grand triomphe de votre science serait de garder, dans l'homme jeune que vous seriez redevenu, la science pratique acquise pendant une longue suite d'années.

— Sur ce point, je me suis trompé, répliqua lentement Palma; mais lorsque ma mémoire faiblira, tu me rappelleras ce qu'elle refuse de me redire...

Paulus secoua la tête.

— Oui, maître, dit-il, vous avez oublié... Au réveil vous me prêtez un pouvoir qui me manque. Tout ce qu'il me sera possible de faire pour vous prouver mon dévouement, je le ferai, soyez-en certain; mais ma bonne volonté gardera des bornes trop restreintes. Vous changez, je reste le même. En vous l'alchimiste avait tué le chrétien. Le Dieu dont vous braviez les lois secrètes vous semblait presque un ennemi, tandis que je conservais religieusement, comme un trésor, les enseignements des moines qui m'ont élevé. Je sais le latin, le grec, l'italien et l'espagnol, voilà tout. Mais vous, maître, quelle est la langue, l'idiome que vous ignorez? Je suis resté votre aide inconscient, le préparateur naïf dont vous réclamiez peu les services... Cependant, maintenant surtout, vous pouvez compter sur moi, car vous paraissez souffrir...

— Tu as raison, Paulus, je souffre.

Pendant une minute, Palma garda le silence, puis se leva, et prenant la main du jeune homme.

— Accompagne-moi au laboratoire, dit-il.

Dans le château, tout le monde dormait, sauf Bug qui s'était étendu à la porte du maître ainsi qu'un chien fidèle. Il se leva en apercevant Palma, et ses yeux exprimèrent une adoration mêlée à la fois de surprise et de regret.

Dans le regard du maître rajeuni, il cherchait vainement l'expression de bonté compatissante qu'il avait coutume de rencontrer chez celui à qui il devait plus que la vie la liberté et le bonheur. En face de lui, quand se dressait ce beau jeune homme au visage pâle ressemblant à l'alchimiste d'une façon frappante, il ne retrouvait plus celui qu'il chérissait si profondément la veille. Dévoué jusqu'au fanatisme, le noir gardait au-dedans une peine profonde et, lorsque Palma passa sans le voir de grosses larmes roulèrent dans ses yeux.

Les deux jeunes gens entrèrent ensemble dans le laboratoire. Le feu des creusets était éteint depuis quelques heures, mais au fond de l'un d'eux Palma trouva des barres d'or pur d'un poids et d'une valeur considérable. Cependant sa joie parut, à Paulus, mêlée d'inquiétude.

— Combien, à la monnaie, trouverons-nous de ducats de cet or?

— Pour deux cent mille livres.

— Bien! dit Palma, bien!

Paulus ouvrit un coffret, en tira divers manuscrits et les étala devant son maître.

Voilà, dit-il, les livres chers et mystérieux dans lesquels vous avez appris l'art étrange de renouveler votre jeunesse.

Palma les feuilleta du doigt, avec nonchalance.

— Plus tard! fit-il, plus tard!

Et quittant la table, il ouvrit une des vastes fenêtres de la chambre.

Le paysage qui frappa sa vue était splendide.

Au loin, dans une brume lumineuse, apparaissaient Pesth et Buda reliées entre elles par un pont gigantesque. Le Danube brillait sous les rayons rouges d'un soleil hivernal. Pendant la nuit le fleuve qui, déjà la veille, charriait des glaçons, avait achevé de se prendre, et présentait à cette heure une route unie comme une glace. Le froid de l'air parut, en soufflant sur le front de Palma calmer un peu la fièvre qui le dévorait. Il demeura longtemps accoudé sur la croisée, tandis que, l'une après l'autre, s'éveillaient les cloches des différentes églises de Buda. Quand il tourna vers Paulus son visage pâle, il avait reconquis une sorte de sérénité.

— Tu m'excuseras, dit-il, près de nos convives. Ma lassitude est si grande, je me sens si peu sûr de moi, après les terribles émotions de la nuit, que l'idée de me trouver mêlé à une fête, de présider au repas, de prendre part à des entretiens, me paraît insupportable. Fais-leur comprendre que l'ébranlement reçu me retient chez moi. Tu restes, remplace-moi dignement. Multiplie les chasses, les festins, les concerts. La moitié de ceux qui assistaient hier au bal sont partis, il reste ici environ...

— Cinquante invités, Monseigneur ; vous leur offrez l'hospitalité pour une semaine, et vous vous trouverez sans doute plus fort demain.

— Je l'espere. Il en est, parmi eux, que je souhaite vivement revoir... des hommes instruits, des jeunes filles ravissantes... Mais plus tard, plus tard .. Quitte-moi, Paulus, je souhaite rester seul, tout à fait seul.

— J'obéirai à vos ordres, maître.

Le jeune homme s'éloigna.

Lorsque la porte se fut refermée derrière lui, Palma se leva, et fit lentement le tour du laboratoire. Évidemment, il disait vrai en affirmant que le choc reçu la veille lui ôtait une partie de ses forces et de sa mémoire. Il errait dans le laboratoire comme s'il se fût trouvé dans un lieu mystérieux lui inspirant un respect craintif. Il s'éloignait avec terreur de certains objets dont les formes lui semblaient effrayantes ; il soulevait des flacons et en regardait le contenu à travers la lumière du jour, en cherchant, d'après la couleur du liquide, à deviner quel pouvait être le pouvoir de ces liqueurs jaunes ou rouges. Les grands manuscrits arabes, hébreux et coptes ne l'intéressaient plus ; mais il fouillait dans toutes les cassettes, ouvrait les meubles, prenant l'or dans chaque endroit où il en rencontrait, en emplissant les poches de son vêtement, l'amoncelant sur la table. Était-il donc devenu avare, depuis sa transformation ? Deux heures s'écoulèrent pendant qu'il poursuivait l'examen de cette pièce où il avait passé de si longues heures, où il avait trouvé le secret de l'*Élixir de longue vie*. Désormais il se souviendrait exactement de la place de chaque chose, il aurait au besoin dessiné l'atelier de l'alchimiste, et il le quittait pour redescendre au premier étage quand, sur le palier de l'escalier, en face de lui, se dressa le petit juif Abraham Zek.

— Que voulez-vous? demanda Palma avec la brusquerie d'un homme réveillé en sursaut.

Abraham fit entendre un rire sec.

— Vous le savez, dit Abraham. Entrons, fit-il, et causons.

— Pas ici, du moins.

— Pourquoi pas ? Nous nous y sommes déjà rencontrés .. C'est là que je suis venu te rejoindre... Jéhovah me faisait retrouver, à travers l'Europe, le seul homme capable de sauver mon enfant... Écoutez, Monsieur le compte, je vous savais un docteur habile, et je vous croyais capable de soulager les maux de l'humanité, mais ma raison n'admettait point que vous eussiez trouvé le secret de rajeunir... Jusqu'au moment où vous m'êtes apparu, si absolument semblable au portrait du gentilhomme habillé de rouge, j'ai cru que vous nous en imposiez de bonne foi, et j'ai gardé dans le fond de mon âme des doutes sur le salut de ma fille. Ces doutes sont dissipés, maintenant... Je vois! Je crois! vous êtes un grand homme ou un infernal sorcier, peu m'importe! Je ne connais que mon enfant, moi! Vous mériteriez la hart et le bûcher que je vous estimerais le plus utile, le plus admirable savant de l'univers, si vous me rendiez Salomé belle, fraîche, vivante comme on le doit être à son âge!... Et maintenant, remettez-moi ce que vous m'avez promis...

— Ce que je vous ai promis... répéta lentement Palma.

— Eh quoi! ne vous souvient-il pas?

— J'ai subi une secousse terrible, vieillard, et mon cerveau fatigué retrouve avec peine la mémoire.

Le Juif secoua la tête.

— C'est possible, après tout! fit-il, si je me retrouvais subitement à vingt ans, je saisirais peut-être avec peine certaines choses trop anciennes ou trop nouvelles pour moi... Cette explication entre nous est trop importante pour que je la remette à plus tard... Vous m'avez promis, à moi, Abraham Zek, de me livrer la moitié de la fiole de l'Élixir de longue vie, afin de guérir ma fille mourante...

— En effet, Abraham Zek, j'ai promis de sauver votre enfant, de vous remettre un peu de l'élixir grâce auquel j'ai subitement retrouvé ma jeunesse... Mais j'ignorais, je vous le jure, que j'eusse besoin pour moi-même de tout le contenu de ce flacon...

— Il n'en reste plus? demanda Zek d'une voix tremblante.

— Non, fit Palma, il n'en reste plus!

— Mais ma fille! ma fille! cria le Juif en saisissant de ses doigts osseux les mains blanches du jeune homme, comment espères-tu tenir ta promesse? Et si tu y manquais! Mais tu n'aurais ni ce courage ni cette audace! Tu sais bien que, tout vieux que je reste, je suis plus puissant que toi, puisque d'un mot...

Il s'arrêta, craignant d'irriter davantage Palma dont les yeux brillaient de colère, et qui venait d'arracher brusquement ses mains à l'étreinte du petit Juif. Une colère croissante bouillonnait dans le cœur de Palma. Il se sentait une furieuse envie de chasser Abraham du laboratoire, et cependant il ne le fit point. Par degrés, il redevint maître de lui-même et, d'une voix qu'il s'efforça d'adoucir, il dit au vieillard :

Vous aurez ce que vous souhaitez, je vous le promets, ne comptez-vous point sur l'amitié qui nous lie?

— De l'amitié ! Raillez-vous, Palma ? En recouvrant votre jeunesse, perdez-vous le souvenir? Ah ! si les liens qui nous attachent l'un à l'autre étaient d'une autre nature, peut-être serait-il possible, en effet, qu'ils gardassent sur vous quelque puissance... Mais s'il existait ici une machine assez puissante pour me foudroyer, vous en feriez, je le sais, rapidement usage. Mon arrivée au manoir maudit fut pour vous un coup de foudre... Je ne la préméditais point... le hasard est puissant ou, si vous le voulez, la Providence est grande... Mais nous sommes en face l'un de l'autre... Vous avez juré, j'attends l'effet de votre serment... Attendre! vous ne comprenez donc pas quelle ironie ce mot prend dans votre bouche! Attendre! mais ma fille bien-aimée, ma Salomé, n'a que le souffle... Après le bal, quand je la ramenai dans son appartement, il me sembla qu'elle allait rendre l'âme, et sans le breuvage fortifiant que vous m'aviez remis le matin...

— Vous le voyez bien! fit Palma, j'ai déjà fait quelque chose.

— Le flacon sera vide dans deux jours, et ma fille est perdue, si vous ne me remettez point ma part de l'Élixir de longue vie... Mais prenez garde! Palma ne cache point assez un autre nom pour que...

— Taisez-vous! taisez-vous! s'écria le jeune homme.

— Oh ! je le sais, quand j'évoque les souvenirs d'Italie, quand je remets en mémoire ce que vous voudriez vainement oublier, vous tremblez, vous promettez, quitte ensuite à faillir à votre serment... Mais je m'attache à vous, je ne vous abandonnerai point avant que vous ayez sauvé ma fille. J'habiterai le château, vous me trouverez sur vos pas semblable à un spectre, vous répétant : Sauve ma fille, ou je te perds!

Palma devint blême.

— Je la sauverai, fit-il, je la sauverai ; accordez-moi le temps de recomposer un elixir...

— Combien te faut-il de jours?

— Une semaine! Je demande une semaine!

— Mais, reprit le Juif, es-tu certain de posséder tout ce qui est indispensable pour la confection du philtre?... Sais-tu quelle était ma pensée, lorsque je redoutais de te voir échouer? Dans chaque formule des vieux alchimistes, il est dit que pour réussir certains breuvages, les plus mystérieux, les plus puissants, le sang d'un enfant innocent est nécessaire... Un enfant! As-tu osé...

Un frémissement de Palma jeta le doute dans l'esprit du Juif qui reprit d'une voix plus basse :

— Pour ma fille, moi, ma fille unique, je serais capable de tout!
— Assez! fit Palma, vous devenez fou.
— Peut-être, mais je ne suis pas encore furieux.
— Je vous ai dit : dans huit jours, reprit Palma; jusqu'a cette date, je prétends rester le maître ici.
— C'est une trêve, dit le vieillard.
— Oui, répondit Palma.
— Je l'accorde, mais après la trêve, la guerre !

Abraham Zek sortit sur ce mot.

Presque immédiatement, Palma redescendit dans son cabinet, et trouvant sur une table l'en-cas servi par Bug. il prit un pain, une carafe d'eau, descendit l'escalier dérobé, plaça ces vivres dans le cachot de Gilda endormie, remonta dans son appartement et s'y enferma.

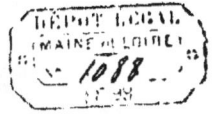

Elle tomba à genoux devant le juge (*Voir page* 167.)

XIV
ANGOISSES MATERNELLES

Au moment où le petit Gyorgio avait vu sa compagne gravir le grand escalier d'honneur, effrayé de son audace, il regagna craintivement les cuisines, et s'efforça d'oublier l'étourderie de Gilda en dévorant des tartes et en goûtant les liqueurs épicées que son ami, le marmiton, lui gardait en réserve. Le fumet des vins, la chaleur des fourneaux, la lassitude causée par une longue promenade, ne tardèrent point à lui donner une furieuse envie de sommeil ; il se coucha sur un banc, et y perdit le sentiment des choses réelles.

En dépit du bruit causé par les chocs retentissants des cuivres, les ordres du chef, les courses effarées des marmitons et des servantes, il dormit sans rêve, et ce fut un rayon de soleil qui, tombant sur son visage, le réveilla subitement.

Où se trouvait-il ? Gyorgio ne le comprit pas tout de suite, et quand il reconnut la grande cuisine du château, il regarda l'heure à l'horloge, un frisson de terreur parcourut ses membres. Il ne pouvait manquer d'être battu par son maître, et le bras du maître était lourd. Mais bah ! il s'était si bien amusé la veille, il avait goûté à tant de plats exquis, que les jouissances passées valaient le châtiment futur.

Puis il se souvint de Gilda.

— Oh ! pensa-t-il, la mignonne n'est point si sotte que moi ; après avoir regardé les belles dames, admiré l'ordonnance de la salle du festin, elle sera retournée chez sa mère. La fenêtre était ouverte sur le jardin, il lui aura été facile de grimper le long des treillages : elle est légère, et la croisée est basse...

Après s'être mis en quête de Gurgi, Gyorgio quitta le château et courut du côté du village, bien résolu à entrer aux Trois Pommes de Pin avant de regagner la demeure de son maître.

Dans quelle désolation Niklas était plongée depuis la veille !

Quand elle revint de la cave où elle était descendue prendre du vin pour ses pratiques, elle chercha vainement Gilda du regard. Ne l'apercevant point elle l'appela, car l'idée ne lui vint pas que cette enfant, d'ordinaire si douce, pût lui avoir désobéi. Elle s'approcha du rideau derrière lequel les enfants s'abritaient d'ordinaire, mais les deux places se trouvaient vides. Pourtant elle ne s'inquiéta point encore. Ils jouaient dans le petit enclos, et pour la punir de son refus ils venaient de la quitter et boudaient.

D'ailleurs, en ce moment, Niklas se trouvait fort occupée. La fête du château paraissait avoir un écho dans la modeste auberge. Ouvriers, paysans, curieux y affluaient, les uns afin de se reposer de la tâche accomplie, les autres pour voir passer les invités du comte Palma.

Il fallait verser à boire à l'un, apporter à l'autre du pain et du fromage, répondre à tous, monter au grenier, redescendre à la cave. Cependant, de temps à autre, les yeux de Niklas se tournaient vers la porte. Est-ce que les enfants n'allaient pas revenir ?

Le jour baissait ; sur les routes l'encombrement augmentait, et Niklas en vint à se demander si Gyorgio et sa fille, contrevenant à ses ordres, ne se trouvaient point à cette heure au milieu du brouhaha des carrosses, exposés à chaque instant à être renversés par des porteurs de chaise, et foulés sous les pieds des chevaux.

— Qu'avez-vous donc, Niklas ? demanda un de ses voisins.

— Gilda est sortie, répondit la veuve, je suis inquiète, je crains qu'elle soit allée rôder aux alentours du château. Un jour ordinaire, il m'eût été indifférent qu'elle allât au manoir. Ne connaît-elle point la moitié des serviteurs de la maison ? Gurgi, le marmiton, est l'ami de Gyorgio... Mais la nuit est venue, le mouvement est grand sur la route, et j'ai peur, j'ai peur...

— Allons, rassurez-vous, Niklas, la petite est adroite, légère, il ne lui sera pas arrivé de mal, surtout si Gyorgio l'accompagne.

Mais, en dépit de cette parole, Niklas sentit de minute en minute grandir son angoisse. N'en pouvant plus de crainte, elle chargea une voisine de veiller sur son auberge, et partit en courant.

Le tumulte s'affaiblissait sur la route. La lumière blanche et froide de la lune éclairait la campagne, les arbres dépouillés dressaient au loin leurs bras de squelettes ; la grande masse du château apparaissait dans le lointain jetant du feu par toutes ses fenêtres ; Niklas courait, appelant :

— Gilda ! Gilda !

Mais nul ne répondait à la mère éplorée. Les grandes portes du manoir étaient refermées. La veuve n'osa point y frapper, elle se contenta de rôder autour du château et d'appeler sa fille d'une voix désolée.

Il lui était arrivé malheur ! Sans cela, ne fût-elle point rentrée, même après sa désobéissance ? Car elle avait désobéi à sa mère, Niklas en était certaine maintenant.

Tout à coup elle pensa que, peut-être, Gilda était allée avec son petit camarade Gyorgio chez le maître de celui-ci. Et quittant la grande route, Niklas reprit sa course vers la maison du vieillard.

C'était un rude chevrier, à la face dure, aux mains rugueuses, dont le regard fixe gardait quelque chose des yeux de l'oiseau de proie. Avare et brutal, on l'accusait de traiter l'orphelin avec une sévérité approchant de la barbarie. Mais Niklas connaissait le moyen de l'adoucir. Il lui suffisait pour dompter le vieux Rosko, de lui verser aux Trois Pommes de Pin un verre d'eau-de-vie et, grâce à ce talisman, elle en obtenait ce qu'elle voulait, même la grâce de Gyorgio quand celui-ci était menacé d'un châtiment exemplaire.

La veille, Rosko avait touché un peu d'argent, et il s'était empressé d'acheter une bouteille de genièvre. Il achevait de la vider à petits coups, lentement, la regardant souvent avec tristesse, tantôt pris du désir de conserver pour le lendemain ce qu'elle contenait encore; tantôt avide de boire le reste de cette liqueur réchauffant un corps usé, et ramenant dans son cerveau de joyeux souvenirs. Il n'était point assez ivre pour ne pas reconnaître ceux qui pouvaient entrer chez lui, mais il n'attendait personne, et quand un coup rapide fut frappé à la porte, il s'empressa avant d'ouvrir, de serrer sa bouteille de genièvre, afin de n'être pas obligé d'en offrir au visiteur.

Cette précaution prise, il se leva.

— Ah! vous voici, Niklas, je suis content de vous voir; vous êtes une bonne femme, une très bonne femme... Me ramenez-vous ce paresseux de Gyorgio?

— Quoi! n'est-il point chez vous?

— Lui! demain je lui casserai les os, Niklas! Un paresseux, un vagabond! Il ne gagne pas même le pain noir qu'il mange... Je le chasserai, aussi vrai que vous êtes une honnête femme. Je me suis montré trop bon à son endroit, voyez-vous, et vous y êtes pour quelque chose..

— Pas rentré! répéta Niklas. Je comptais les trouver ici...

— Qui, eux?

— Gyorgio et Gilda.

— Sont-ils donc sortis ensemble?

— Je le crains, Rosko... Dieu du ciel! quel malheur est arrivé à ces petits malheureux? Gilda! ma Gilda!

— S'il ne s'agissait que de ce mécréant de Gyorgio, je vous répondrais qu'il est capable de tout, de voler un magnat, d'assassiner une personne sur la grande route... mais il y a Gilda, et pour rien au monde il ne lui fera mal... Sa Gilda est tout pour lui. Attendez avec patience, Niklas; ces deux curieux sont allés rejoindre Gurgi dans les cuisines du château, et ils y sont restés. Tandis que vous vous gelez sur la route et que vous vous mangez le cœur ils dorment bien tranquillement... Je tuerai Gyorgio lorsqu'il rentrera, quand ce ne serait que pour vous prouver mon dévouement.. Je ne suis qu'un pauvre homme, mais je vous estime et je vous aime, Niklas; je vous vengerai sur les épaules de ce petit misérable.

Niklas saisit le bras de Rosko qui levait, d'un air menaçant, sa bouteille aux trois quarts vide qu'il était allé reprendre.

— Vous ne le battrez pas, dit-elle; qui sait si Gilda n'est point la première coupable... Mon enfant l'aime trop pour supporter l'idée de le voir châtier... qu'ils reviennent seulement, qu'ils reviennent tous deux, je pardonnerai.

Rosko grommela des mots sans suite, et ingurgita une nouvelle rasade.

— Les bouteilles sont trop petites ! dit-il.

Il avala l'horrible breuvage, allongea ses bras sur la table et s'abandonna à un lourd sommeil.

Comprenant qu'elle ne tirerait rien de l'ivrogne, l'hôtesse des Trois Pommes de Pin quitta la demeure du maître de Gyorgio et reprit le chemin de sa maison.

Les buveurs s'en allaient un à un, la salle était presque vide, Niklas se laissa tomber sur un siège et fondit en larmes.

Une heure plus tard, elle se trouvait seule, et ses pleurs continuaient de couler.

Elle fut brusquement arrachée à sa douleur, en sentant deux mains d'enfant presser les siennes.

— Gilda est rentrée, n'est-ce pas? demanda une voix tremblante.

C'était Gyorgio.

— Gilda! Ne la ramènes-tu pas?

— Oh! Niklas, Niklas, ne m'accusez point, ce n'est pas ma faute... Il ne faut pas mentir cependant... Je voulais voir les cuisines et partager les friandises de mon ami Gurgi... Gilda refusait...

— Méchant enfant! tu l'as entraînée?

— Je lui ai seulement dit : « Viens voir! Nous rentrerons de bonne heure... » Alors, nous tenant la main, nous sommes allés au château... Il n'y avait pas de danger sur la route, voyez-vous, Niklas; nous arrivâmes tranquillement et Gurgi nous reçut à merveille... Quand nous eûmes goûté les gâteaux et les vins, je tentai de ramener Gilda... Elle refusa de me suivre... — Je verrai les toilettes des dames... me répéta-t-elle. J'insistai, et comme je voulais l'entraîner elle m'échappa...

— Dans le château?

— Oui, au pied du grand escalier d'honneur.

— Et tu l'as abandonnée?

— Je tremblais d'être aperçu, et je redescendis dans les cuisines, où Gurgi me fit souper... J'attendais Gilda, il me semblait qu'elle viendrait m'y rejoindre... mais un grand jour m'a réveillé, et je suis accouru chez vous afin de savoir si elle était rentrée.

— Non! non! fit Niklas en se tordant les bras, ma Gilda n'est pas revenue, elle est morte à cette heure! morte ma bien-aimée, la joie de ma vie!

— Non! non! Elle n'est pas morte, Niklas, je vous le jure; elle a peut-être perdu sa route pendant la nuit, cependant il faisait clair de lune.

— Mais le fleuve! le fleuve!

— Elle n'avait pas besoin d'aller sur les bords.

— Avait-elle besoin davantage d'entrer au château? Tu l'as entraînée au mal, Gyorgio... Ma Gilda était une enfant sage, innocente et docile! Sois maudit, toi qui as causé sa mort...

— Causé la mort de Gilda! ne répétez pas cette cruelle parole, Niklas, il me semble que vous me broyez le cœur... La nuit était glacée, le froid l'aura saisie, elle est restée dans une écurie du manoir. Toutes les portes étaient ouvertes; la pauvrette se sera réfugiée dans un endroit abrité!...

— Si cela était vrai, ne serait-elle point déjà revenue?

— Allons au château, répéta Gyorgio, c'est là que nous la retrouverons.

Niklas lui saisit la main, et tous deux se dirigèrent du côté du sombre manoir.

Jamais sa lourde masse ne parut plus solennelle et plus sombre. Dans le froid brouillard du matin, entrevu à travers la distance, il semblait un géant de pierre, menaçant et terrible, un monstre sans entrailles capable de cacher des crimes dans son sein et de recéler les plus noirs mystères. Tout ce que Niklas en avait entendu dire d'effrayant se représenta à sa mémoire, depuis l'histoire de la jeune dame dont le sang rougissait les dalles, jusqu'aux récits faits par les paysans des alentours.

Ceux-là ne se gênaient point pour accuser le comte de sorcellerie, et la grande cheminée du laboratoire ressemblait pour eux à un soupirail de l'enfer.

La maîtresse des Trois Pommes de Pin ignorait encore le prodige du rajeunissement de Palma; si elle l'avait connu, sa terreur s'en serait accrue. Qu'attendre d'un homme qui conclut un pacte avec Satan, et lui vend son âme, en échange d'une éternelle jeunesse?

C'était là qu'elle retrouverait Gilda; c'était là qu'il fallait la chercher, et sans songer que le petit Gyorgio avait grand'peine à la suivre, elle l'entraînait, courant de toutes ses forces sur la route déserte.

Le soleil se levait transperçant le brouillard d'une lueur indécise; les grands arbres montraient leurs troncs noirs, et des amas de vapeurs montaient du Danube, traînant sur le fleuve immobile, semblable à de grandes voiles déchirées, puis ils allaient rejoindre les nuages, et bientôt se confondre avec eux.

Au château, les serviteurs s'étaient couchés si tard que le mouvement ne recommençait point encore dans les vastes caves, les nombreuses écuries et les jardins en terrasse.

Le sommeil protégeait les habitants du manoir maudit, et quand Niklas se trouva en face de la grande porte, elle fut obligée d'y frapper. L'homme chargé de la garder dormait encore.

Il se leva honteux, se vêtit à la hâte, et ne se rassura qu'en voyant l'humble visiteuse. Il eût adressé des excuses à un personnage important, il se redressa rogue et méprisant devant l'infortunée.

— Que demandez-vous? fit-il.
— Ma fille, ma Gilda qui doit être restée au château.
L'homme poussa un insolent éclat de rire.
— Ah ! ça ! Elle faisait donc partie des invités, votre fille ? C'était une princesse déguisée, peut-être ! la noble demoiselle Gilda aura dansé la nuit dernière avec Monseigneur Palma...
— Oh ! ne raillez pas ! répondit Niklas en joignant les mains. Si vous saviez quelle est mon angoisse !... Vous avez des enfants, vous aussi ; quelle inquiétude vous rongerait le cœur s'ils ne rentraient pas un soir dans votre maison... Ayez pitié de moi pour l'amour du Christ !
— Allons ! allons ! répondit le gardien, ne pleurez pas de la sorte, d'abord, moi je ne peux pas voir pleurer les femmes... Quand cela arrive à la mienne elle apprend ce que pèse mon poing... Vous venez ici trop matin, voyez-vous ; personne n'a dormi... Les idées ne sont point débrouillées encore... J'ai les yeux gros de sommeil, et vous ne trouverez pas un domestique capable de vous répondre.
Gyorgio s'approcha bravement.
— J'ai un ami dans les cuisines, dit il, permettez-nous seulement d'entrer, je demanderai à Gurgi s'il a vu Gilda... La petite le connaissait déjà, nous avions dîné ensemble tous trois... Vous comprenez que nous sommes bien malheureux de ne point savoir ce qu'elle est devenue.
— Mais Gurgi, une assez mauvaise connaissance entre nous, que ce fainéant de marmiton, Gurgi ne doit pas être levé.
— Cela ne fait rien, je sais où il couche.
— Allez ! fit l'homme, aussi bien, il fait un froid de diable, et toute la science du seigneur Palma ne me guérirait pas si je restais cinq minutes de plus exposé à ce vent glacial.
Ce fut au tour de Gyorgio d'entraîner Niklas.
Le marmiton couchait dans un étroit cabinet voisin des cuisines... Maintes fois l'orphelin, dans ses heures de tristesse, et les jours où la faim criait trop fort dans ses entrailles, était allé se coucher et se rassasier près de Gurgi. Le gardien n'avait pas absolument tort en jugeant le marmiton d'une façon sévère; Gurgi goûtait plus de sauce qu'il ne faisait de besogne. On pouvait lui reprocher un grand amour de la flânerie, un besoin exagéré de sommeil, un appétit descendant à la gourmandise ; mais il avait joyeuse mine, il chantait des chansons tellement drôles ; il se montrait si bon enfant, serviable à tous et d'une si constante gaieté, que les servantes le défendaient contre les cuisiniers.
Gurgi était toujours prêt à leur venir en aide, et quand les chefs menaçaient de le chasser pour sa nonchalance et sa gourmandise, elles implo-

raient sa grâce avec tant d'instances, que Gurgi gardait sa situation de dernier marmiton du château.

Niklas suivait Gyorgio dans les couloirs, les salles d'office; elle gagna avec son guide un cabinet sans jour et sans air où Gurgi, couché sur un lit mince et bas, dormait d'un bienheureux sommeil.

La secousse que Gyorgio imprima à son épaule l'éveilla brusquement.

— Pardon ! dit-il, ne me grondez pas, maître Rok.

Il croyait être pris en faute par celui de ses chefs qui le gourmandait davantage.

— Il ne s'agit pas de Rok, c'est moi, ton ami, Gyorgio.

— Ah ! bien ! Tu reviens à la cuisine, nous y ferons un fameux déjeuner. Il reste de tous les plats, de tous ! Et quels desserts ! Encore une noce !

— Je ne songe guère à manger, Gurgi. Je viens avec Niklas... Niklas qui s'est montrée si bonne pour moi, tu le sais... Sa fille est comme ma sœur, et Dieu sait si je l'aime... N'as-tu pas revu Gilda, hier au soir ?

— Non, répondit Gurgi, je pensais qu'elle avait quitté le château en même temps que toi...

— Gurgi ! Gurgi ! aie pitié de ma détresse, dit Niklas en joignant les mains. Informe-toi près de tes camarades, mon ami, il me faut ma fille, il me faut Gilda !

Gurgi se trouvait déjà debout. Il ne songeait plus vraiment à se reposer : l'idée d'un service à rendre le trouva plein de vaillance. Habillé à la hâte, il quitta sa petite chambre avec Niklas et Gyorgio, et parcourut avec eux tout le rez-de-chaussée du château.

Les serviteurs y reprenaient peu à peu leur service; on s'informa près d'eux, mais pas un n'avait vu Gilda depuis le moment où elle quitta les cuisines avec Gyorgio pour se hasarder dans le grand escalier du château. La matinée se passa en recherches infructueuses. Enfin, aveuglée par les larmes, le cœur brisé, tremblant au point d'avoir besoin de s'appuyer sur l'épaule de Gyorgio non moins désespéré qu'elle, l'hôtesse des Trois Pommes de Pin franchit le seuil du manoir.

Il était près de midi.

Toutes les fenêtres s'ouvraient.

La campagne resplendissait sous une parure de pierreries. Les branches des arbres, sombres la veille, portaient les diamants étincelants qu'y suspendit la main de la nuit. Stalactites brillantes, gemmes irisées aux rayons du soleil. Sur la terre on eût dit qu'une poussière de perles venait d'être semée. La surface gelée du fleuve reflétait la clarté incandescente du soleil; et plus loin, de l'autre côté de la berge, de hardis patineurs s'élançaient sur le Danube filant avec la rapidité de la flèche, décrivant des courbes savantes, se jouant des difficultés de cette course qui **leur prêtait** presque les ailes de l'oiseau.

Niklas s'approcha du fleuve.

— Il m'a volé ma fille, Gyorgio ! dit-elle en s'agenouillant sur le bord, Gilda se sera trompée de route... Elle a quitté le manoir la nuit... le pied lui a glissé, elle a roulé dans l'abîme... Le fleuve n'était pas encore pris... Depuis, une couche durcie s'est étendue sur les eaux, et je ne trouverai pas même le cadavre de mon enfant... Oh! si le fleuve ne s'était pas glacé, je l'aurais trouvée, vois-tu, dans un lit d'herbes vertes, toute froide et pâle, c'est vrai, mais j'aurais encore embrassé son cher visage, je l'aurais couchée dans son petit cercueil, j'aurais pu prier sur sa tombe...

— Gilda n'est pas morte! dit Gyorgio en crispant ses doigts sur le bras de Niklas, jamais je ne croirai qu'elle a cessé de vivre... La lune éclairait la route hier ; elle n'avait rien à faire sur les berges du fleuve. Nous la retrouverons, Gilda, nous la retrouverons...

— Où la chercher? demanda Niklas.

— Allons chez le juge Samper, dit l'enfant.

— Tu as raison ! s'écria Niklas, oui tu as une bonne idée, **Gyorgio**... Un magistrat chargé de rendre la justice à tous ne doit rien ignorer... Le baron est charitable d'ailleurs... je connais ses filles... toutes quatre belles à miracle ! et si pieuses : Honoria, Thécla, Lina... Un père s'intéresse toujours à une pauvre veuve.

Ni la femme ni l'enfant ne s'apercevaient de leur fatigue ; une lueur d'espérance suffit à les soutenir ; tous deux reprirent leur course vers Buda.

Le mouvement dont la ville était le théâtre s'accentuait davantage. Les rues emplies de voyageurs ne permettaient guère un libre passage. Chacun courait du côté de la grande place sur laquelle se dressaient les boutiques en bois, les marchands ou les théâtres divers destinés à l'amusement du peuple.

Il fallut que Niklas se glissât au milieu des groupes, en dépit des plaintes de bon nombre de gens; Gyorgio la suivait, passant entre les jambes des chevaux, se faisant menu, souple comme une anguille.

Devant la maison du juge se pressait un rassemblement de gens venus là pour demander des nouvelles de leurs procès. Quelques-uns voulaient réclamer justice ; d'autres, appelés par le baron Samper, s'épouvantaient à l'avance de l'interrogatoire qu'ils allaient subir. Niklas, au lieu de prendre son rang, se rapprocha de la demeure du magistrat et, s'aplatissant pour ainsi dire contre la muraille, elle se trouva subitement à côté du perron. On la trouva bien un peu audacieuse, mais elle cria, en **manière d'excuse**, d'une voix si déchirante : « J'ai perdu ma fille ! je vais demander au juge de me la rendre ! » que les méchantes humeurs s'apaisèrent. Qu'étaient les intérêts d'argent, à côté de cette mère en larmes ?

D'ailleurs, Niklas connaissait des paysans dans la foule. L'hôtesse des Trois Pommes de Pin était aimée, on répéta son nom, et il lui fut répondu :

— Vous entrerez la première, Niklas !

L'audience du juge commençait à midi.

Certes, le baron Samper eût été presque excusable si, ce jour-là, il en avait retardé l'heure. Rentré fort avant dans la nuit, après avoir assisté avec sa femme et ses filles, au miraculeux rajeunissement du comte Palma, il n'en donna pas moins ordre à son valet de l'éveiller à l'heure ordinaire.

Le juge ne croyait point que les plaisirs de l'homme privé dussent empiéter sur les devoirs du magistrat.

En dépit de la rigueur de la saison, il se trouvait donc debout à huit heures. Une ablution d'eau glacée chassa les derniers vestiges du sommeil, et quelques instants plus tard il s'asseyait devant une table couverte de papiers, et commençait l'étude de dossiers volumineux.

Une cause grave devait être prochainement portée devant le tribunal de Buda-Pesth. Il s'agissait de l'enlèvement d'un enfant, enlèvement perpétré par une troupe de tziganes nomades qu'on accusait de l'avoir tué après lui avoir fait subir des traitements odieux, dans le but de lui assouplir les membres. Le malheureux petit être avait succombé, et les bohémiens allaient répondre à la fois du rapt et du meurtre.

A la vérité ils niaient avec effronterie, mais les témoignages affluaient contre eux ; on avait reconnu l'enfant en leur compagnie, un paysan affirmait avoir rencontré le petit martyr fuyant à travers la campagne pour échapper à ses bourreaux, mais ceux-ci l'avaient atteint, et un coup de bâton asséné sur la nuque du pauvre enfant l'avait jeté sanglant sur l'herbe. L'homme n'en avait pas appris davantage, car une heure après les bohémiens remontaient dans leur chariot et s'éloignaient au pas d'une maigre monture, sans doute afin de n'avoir point à répondre de cet acte de brutalité. Depuis, nul n'avait vu l'enfant avec eux. Ils affirmaient qu'il était parvenu à s'enfuir en dépit de ses blessures.

Samper croyait à la culpabilité des tziganes. Ce n'était point la première fois que ceux-ci portaient le désespoir dans l 3 familles, et il se promit de requérir contre eux une peine sévère.

Le second dossier qu'il feuilleta était était celui d'un juif appelé Zachée. On l'accusait de s'être livré à des pratiques monstrueuses, et d'avoir, au milieu d'un groupe d'hommes de sa religion, égorgé un petit enfant afin d'aider à d épouvantables sortilèges. Quelques siècles auparavant les crimes de ce genre étaient nombreux; ils devenaient plus rares, à mesure que la croyance en la sorcellerie diminuait, et que les populations perdaient de leur crédulité aveugle. Cependant, en France, des procès presque récents avaient prouvé que des crimes mystérieux, ayant un but identique, s'étaient perpétrés dans des conditions semblables. Il fallait donc se livrer a une minutieuse enquête, et condamner sans merci les monstres qui avaient répandu le sang innocent.

La grosse pendule, en sonnant douze coups, rappela au juge que l'heure des audiences était venue. Il frappa sur un timbre, et donna ordre d'introduire les solliciteurs.

Niklas parut, accompagnée par Gyorgio.

Elle tomba à genoux devant le juge.

— Monsieur le baron, dit-elle, ma fille est perdue, rendez-moi ma fille !

D'abord elle n'eut que des sanglots, et répéta ces mots comme un refrain lamentable : « Rendez-moi ma fille ! » Peu à peu, cependant, encouragée par le juge, elle retrouva le courage et la lucidité, et lui raconta ce qui s'était passé la veille, depuis la visite de Gyorgio jusqu'au départ des deux enfants pour le château.

Pendant qu'elle parlait, le petit garçon pleurait à chaudes larmes.

Plus d'une fois le juge interrompit la mère, puis questionna l'enfant afin d'apprendre un nouveau détail. Quand il eut entendu leur double déclaration, il demeura un instant songeur, puis il répondit à la mère :

— Je comprends trop votre douleur, Niklas, pour tenter de l'adoucir... L'enfant a disparu, je ne crois point qu'elle soit tombée dans le fleuve... Ne savez-vous pas, Niklas, quel nombre de gens de Bohême s'est abattu sur nos places, et couvre nos routes à cette heure...? La pauvre petite innocente, quittant le château pour vous rejoindre, aura rencontré de ces misérables qui font métier de voler des enfants, ils l'auront emmenée... Nous chercherons, je vais lancer des soldats et des policiers dans les bouges de la ville et sur les chemins... Tout ce qu'il est possible de faire, je le ferai, Niklas, n'en doutez point...

— Ce château est maudit ! maudit ! répéta la veuve.

— Croyez-vous donc que Gilda y soit restée ?

— Oui, Monsieur le juge, je sais qu'elle y entra en compagnie de Gyorgio, et nul ne l'en vit sortir.

— Pouvait-on faire attention à une enfant si jeune, au milieu de la foule d'étrangers remplissant hier le manoir ! Elle est sortie pour vous retrouver, vous demander pardon d'avoir désobéi, et le malheur a voulu qu'on vous la volât... Pauvre femme ! On retrouve souvent ce p'tits malheureux, et nous vous rendrons Gilda... Quelle est ton opinion à toi, Gyorgio ?

— Monsieur le juge, je ne sais rien ! rien ! La douleur m'empêche de réfléchir... Tout me semble mort dans mon esprit, voyez-vous... J'ai voulu ramener Gilda avec moi dans les cuisines, elle a refusé, elle est montée seule au premier étage, pour voir la salle de bal et la salle du festin.

— Au premier étage, en effet.

— Je ne sais pas si elle en est descendue... Je l'avais suppliée de nous rejoindre dans les cuisines, moi et Gurgi... Ce matin j'ai été terrifiée, en apprenant qu'elle n'était pas rentrée...

Si habile qu'il fût, Samper ne put rien tirer de plus que ces renseignements vagues. Mais sa conviction demeura la même. Tout, en effet, devait faire présumer que l'enfant, après avoir satisfait sa curiosité, avait regagné la route, afin de rentrer aux Trois Pommes de Pin.

Le juge s'efforçait de faire entrer cette conviction dans l'esprit de Niklas, quand un officier de police vint lui apprendre que trois hommes venaient d'être arrêtés dans une des tavernes de Buda-Pesth. Blessés tous trois d'une façon dangereuse, ils avaient refusé de révéler de quelle façon et dans quelle occasion leur avaient été faites ces blessures. De plus, dans le gilet de l'un d'eux on avait trouvé une bourse de soie verte, portant une couronne de comte. Évidemment on avait affaire à des voleurs. Enfin un employé subalterne passant sur la route, et remarquant de larges places rouges en augurait qu'une lutte sanglante avait eu lieu en cet endroit.

L'officier reçut des ordres, puis le juge Samper dit à la veuve :

— Je vais faire fouiller toutes les charrettes des bohémiens, leurs tentes ; on cherchera votre enfant dans les environs de la ville. Prenez courage jusqu'à ce que je puisse vous donner des nouvelles.

Niklas saisit la main du juge, la baisa, la mouilla de larmes brûlantes, puis elle quitta le cabinet du baron en répétant :

— Oh ! le château Maudit ! le château Maudit !

Le noir leur ferma obstinément la porte (*Voir page* 170).

XV

MOLDA

Tant que le comte Palma, en cheveux blancs et courbé par l'âge, avait prédit des merveilles, si la plupart de ceux qui fréquentaient sa maison ajoutèrent foi à ses promesses, beaucoup s'obstinèrent dans leurs doutes.

Le journaliste Mathias Rath fut un de ceux qui se tinrent davantage sur la réserve. Mathias Rath évitait de se prononcer. Il fut, certes, de tous les invités du comte celui que troubla davantage la complète métamorphose qui s'opéra dans le comte Palma, et le fit reparaître jeune et beau, quelques instants après avoir annoncé qu'il allait boire un flacon de l'Élixir de longue vie.

Le lendemain le journaliste écrivit un long article, dans lequel il racontait les faits dont il venait d'être témoin.

On le connaissait, on l'estimait fort en Hongrie.

Nul n'éleva de doutes après qu'il eut parlé. D'ailleurs les correspondances particulières des invités du comte répandirent, dans le royaume, cette stupéfiante nouvelle : qu'un homme venait enfin de découvrir un breuvage dont la recherche avait été le but poursuivi par les alchimistes de tous les siècles voués à l'étude des sciences occultes.

Et ce n'étaient point des oui-dire, des affirmations isolées; il s'agissait d'un fait ayant eu plus de cent spectateurs choisis dans l'aristocratie, dans l'art et dans la science.

L'homme pouvait donc ne plus mourir. La beauté s'éternisait sur la terre. On ne verrait plus de vieillards que parmi les êtres las de l'existence, et pour qui la mort devenait une délivrance, ou les misérables qui, après s'être courbés sur le sillon ou l'établi, n'auraient pas économisé assez d'argent pour acheter le breuvage enchanté.

Une sorte d'affolement saisit, dans leurs hôtels et dans leurs châteaux, les puissants magnats de Hongrie. Chaque vieillard, avide de retrouver l'élasticité de ses membres, se promit d'obtenir de Palma cette eau qui faisait refleurir la jeunesse sur le visage. Les femmes dont les traits s'altéraient sous la main du temps, et qui voyaient avec une sourde douleur s'en aller une à une les grâces du visage, du regard et du sourire, retrouvèrent les ardents bonheurs de l'espérance. Chacun de ceux qui rêvèrent à leur profit la répétition de ce phénomène, ne songea plus qu'à calculer maintenant ce que pouvait coûter un flacon d'Élixir de longue vie, et ce fut une ruée vers le château du Danube.

Mais ce fut inutilement, le comte enfermé chez lui fit répondre qu'il ne pouvait recevoir, et le noir leur ferma obstinément la porte.

Au lieu de décourager les hommes et les femmes avides de recourir à la science de l'alchimiste, la réclusion du comte doubla la fièvre qui venait de s'emparer des esprits. On savait bien que les portes du château se rouvriraient, on comprenait que l'homme qui venait de subir une si étrange épreuve avait le droit de rester seul. Cependant, quand tous les invités de Palma eurent quitté le château, le comte sortit des appartements intérieurs, et ses domestiques le revirent passer tantôt dans la grande salle à manger, tantôt dans les vastes escaliers.

Son visage conservait une lividité étrange, et son regard brillait d'un feu sombre. Il ne souriait jamais. Si les traits avaient repris leur jeunesse, on ne pouvait retrouver sur cette physionomie, rien de ce qui en faisait le charme ordinaire. Quelque chose d'inflexible se lisait sur les lèvres serrées, et la prunelle semblait fixer des objets lointains.

On eût dit que, souvent, le comte éprouvait des hallucinations de l'ouïe. Il se levait tout à coup et répondait à une question que nul n'avait entendue par une interjection gutturale, un mot âpre et cruel, une sourde injure, puis il retombait dans le mutisme.

Paulus ne reconnaissait plus son maître.

Mais pour ce cœur aimant, les souffrances de l'alchimiste étaient une raison nouvelle de l'aimer. Jamais il ne lui témoigna un dévouement plus sincère et plus tendre. Palma en parut satisfait. Il fit plus. Ce que jamais le comte Palma vieux et las n'avait permis à Paulus, Palma rajeuni, mais triste et malade, le permit à son secrétaire. Jadis l'élève du vieux Moser paraissait craindre de troubler l'âme croyante et tendre de Paulus, en initiant cet esprit intelligent à une science dangereuse; mais à partir de l'heure où il eut pris le breuvage de vie, le comte exigea que le jeune homme l'accompagnât au laboratoire.

Il y avait un grand fonds de vérité dans les diverses appréciations qui se multipliaient sur le compte de Palma.

Il souffrait, il travaillait.

Avec Paulus il recommençait la distillation de son Élixir. Mais par un phénomène bizarre, et dont il fallait chercher le mot dans la commotion cérébrale subie, Palma tâtonnait dans ses travaux, il hésitait dans ses expériences. La lassitude le prenait en face de ses manuscrits. Il lui arrivait souvent de les repousser avec un geste farouche.

— Paulus, disait-il alors, je souffre! mon cerveau bouillonne, ma tête se fend, travaille à ma place.

— Maître, répondait Paulus, tout ce que je pourrai faire, je le ferai... Mais mon dévouement est impuissant à me donner la science... J'ignore les langues que vous avez apprises dans les contrées lointaines... Il m'est impossible de lire ces manuscrits écrits en Hindoustani, de déchiffrer le vieux livre trouvé au monastère du mont Athos... Oubliez pour un temps des recherches qui vous ont brisé... laissez-là les fourneaux... Que vouliez-vous? La jeunesse! cette jeunesse! vous l'avez.

— Je l'ai, répondit Palma, mais les trésors réalisés au fond des coffres s'épuiseront. Nous devons les renouveler, Paulus, il le faut...

N'as-tu pas remis hier une forte somme à l'intendant du comte Komorn?

— Dix mille florins, monseigneur.

— Tu le vois, nous devons fabriquer de l'or.

— Faisons de l'or, monseigneur! Cependant il est auparavant une chose... que vous me pardonnerez de vous rappeler, mais que le Juif logé dans le château semble attendre avec impatience.

— C'est vrai, je lui ai fait le serment de sauver sa fille, je l'avais oublié.

— Pauvre enfant, murmura Paulus, elle est touchante et résignée. Elle semble dévorée d'une peine intérieure... Le chagrin la tue plus que la maladie .. Il faut bien que cette jeune créature soit intéressante, puisque la belle et pieuse Molda Komorn la protège.

— Molda Komorn, sous quel prétexte?

— Pour quelle raison divine les anges aiment-ils les faibles et les pécheurs?

— Molda l'aime!

— Et je l'ai entendue jurer à Salomé qu'elle serait guérie et sauvée.

— Allons! fit Palma, ils sont deux contre moi, maintenant.

— Guérissez-la, sauvez-la!

— Oui, la sauver, la guérir! me débarrasser du Juif.. Mais, pour cela, il faudrait recomposer le breuvage, il faudrait garder le pouvoir de recommencer une œuvre terrible... Et je me sens si las, si las, Paulus, je ne veux plus même l'essayer... Il faut que le Juif parte, à tout prix, cependant! il le faut... Va le trouver, dis-lui... dis-lui... Eh! que pourras-tu lui dire... Si j'affirme qu'à cette heure je me sens impuissant, il ne me croira pas, il ne me croira jamais! Ah! cet Abraham Zek! je le hais de toute mon âme.

— J'essaierai de lui faire entendre raison, répondit Paulus.

— Essaie, tente l'impossible!

— Je vais le chercher, dit-il.

Le secrétaire sortit et se rendit à l'appartement d'Abraham Zek. Sa fille s'y trouvait seule.

Envahie par la tristesse, épuisée par un mal héréditaire, elle était en ce moment couchée sur un lit très bas. Vêtue d'une longue robe à manches flottantes, lâche à la taille, ses magnifiques cheveux répandus sur l'oreiller, les mains croisées sur sa poitrine, elle ressemblait à une figure de marbre couchée sur un tombeau.

En reconnaissant Paulus elle se souleva et sourit doucement.

— Seigneur Paulus, dit-elle, venez-vous de la part de Molda? Elle m'avait témoigné tant de bonté que je comptais sur sa visite. Je donnerais pour la revoir une partie des jours qui me restent à vivre... Elle m'avait promis d'apaiser mon âme, de faire de moi sa sœur, de me rendre digne de son amitié. Je lui avais confié des douleurs que je cache même à mon aïeul.

— C'est lui que je souhaitais trouver ici, répondit Paulus, est-il donc allé à la ville ?

— Je ne le crois pas... Quand il est sorti je dormais... Lui aussi est devenu bizarre, irritable. Il ne dort plus, et durant les nuits il erre dans ce château comme un esprit en peine. Qu'y cherche-t-il? Monte-t-il lui aussi au laboratoire? Prétend-il aider le comte à composer son breuvage? Ah! s'il savait que je tiens la vie pour triste et amère, il songerait plutôt à me voir m'endormir du dernier sommeil... Je vous en supplie, allez chercher Molda ! Molda me sauverait... Molda me donnerait les fruits du jardin du paradis qui apaisent la faim du corps et celle de l'âme...

— Salomé, répondit Paulus, ne savez-vous point que le comte ne permet à aucun étranger de franchir le seuil du château?

— Il le permettrait au comte Komorn.

— J'en doute.

— Il le permettrait à Molda.

— Dans tous les cas, Salomé, je vous jure que ce soir elle sera informée de votre désir.

Le lendemain Paulus se leva plus vite encore que de coutume, et se rendit à l'église de Buda. Il espérait rencontrer Molda au sortir de la messe.

Rarement les jeunes gens s'adressaient la parole, mais par une intuition mystérieuse de l'âme, Paulus devinait quand la fille du comte Komorn avait besoin d'entendre une parole d'encouragement et de tendresse.

Elle devenait si pâle et si triste, que même sans le grand et noble amour qu'il éprouvait pour elle Paulus se fût senti pris de pitié. Plus d'une fois il la questionna sur le mal secret qui la dévorait, mais elle éluda les réponses, et Paulus en fut réduit à la plaindre de ses secrètes douleurs, et à prier pour que Dieu la consolât, sans qu'il lui fût possible d'apprendre quel chagrin fondait sur elle.

Lorsque Paulus l'interrogeait, il voyait ses yeux s'emplir de larmes; elle tremblait, prise d'une fièvre intérieure, ses lèvres remuaient sans qu'elle prononçât de paroles, puis la pauvre enfant se contentait de répondre :

— Nous devons avoir confiance en Dieu, et tout attendre de sa miséricorde.

Un jour il lui demanda si son père trouverait étrange qu'il allât le voir à son hôtel, elle secoua la tête et répondit :

— Ne venez pas.

— Me tient-il dans le dédain pour la situation que j'occupe ?

— Non, répondit Molda, je crois seulement qu'il a d'autres vues relativement à mon mariage.

Elle ajouta de cette voix dont les infortunés connaissaient bien la douceur :

— Ne redoutez rien, Paulus, s'il s'était agi seulement de sacrifier mon existence à mon père, j'aurais pu le faire, sinon sans regret, du moins avec courage ; mais jamais, entendez-vous, jamais ! je ne risquerai mon âme immortelle qu'un avilissant contrat pourrait perdre.

— Molda ! s'écria Paulus avec angoisse, expliquez-vous davantage pour l'amour de Dieu.

— Contentez-vous de cette réponse, Paulus. Le Seigneur est avec les âmes innocentes. Nous ne redoutons rien de sa justice, et nous attendons tout de son amour... Il doit vous suffire de me rencontrer parfois au sortir du temple...

— Quand vous distribuez vos aumônes ! dit Paulus avec un sourire empreint de douceur et de respect

— A l'heure où je donne à qui souffre un peu d'argent, car je suis presque pauvre, mais avec une grande part de ma pitié, car Dieu créa mon âme compatissante.

Jamais, autant que ce matin-là, Paulus n'avait éprouvé de hâte à la pensée de voir Molda.

Cependant il se fût reproché comme une faute d'essayer de lui parler avant l'office. Arrivé le premier à l'église catholique, il s'approcha de l'autel, et quelque temps après, de la place qu'il venait de choisir, il la vit s'avancer suivie de sa gouvernante.

On devinait qu'elle avait pleuré. Ses yeux étaient rouges encore des larmes versées ; sa taille élégante pliait sous un mystérieux fardeau ; elle tomba plutôt qu'elle ne s'agenouilla sur son prie-Dieu.

A diverses reprises Paulus comprit qu'elle sanglotait sous le grand voile noir enveloppant sa toilette sombre.

La messe finie, Paulus descendit la nef le premier, et il attendit que la jeune fille eût distribué ses aumônes pour l'aborder.

— Pardonnez-moi, lui dit-il d'une voix tremblante, je n'aurais point osé vous présenter une requête personnelle ; mais il s'agit d'une créature mourante à qui vous daignâtes témoigner une grande pitié...

— Salomé se trouve-t-elle donc si mal ?

— Je la crois perdue ! Elle vous appelle.

— Seigneur Paulus, dites-lui qu'elle obtienne de son aïeul de se faire transporter dans une auberge de Buda-Pesth, j'irai la voir, je vous le jure, dès qu'elle sera installée.. Si le trajet lui semble trop long et trop fatigant, conseillez-lui de s'adresser à Niklas, l'hôtesse des Trois Pommes de Pin... C'est une digne créature qui lui préparera une chambre convenable et l'entourera de soins assidus, j'y courrai dès qu'elle y sera installée...

Paulus secoua la tête.

— Je ne crois point qu'elle quitte le château.

— Est-elle donc à toute extrémité ?

— Grâce au ciel, je ne le pense pas. Sa faiblesse est extrême; elle ne survivra point au mal qui la ronge, mais elle peut vivre quelques jours encore... Son père ne consentira jamais à ce qu'elle s'éloigne du manoir...

— Ne me demandez pas d'y aller, Paulus ! ne me le demandez pas !

— Il s'agit d'une âme à sauver ?

— Oh ! vous ne savez point ce que vous exigez. Paulus, si vous le saviez !

— Je crois que l'âme de cette enfant a besoin d'une céleste lumière et que vous seule la lui pouvez donner; je crois que le Seigneur vous tiendrait compte d'un sacrifice si grand que vous reculez quand il s'agit de l'accomplir.

— Écoutez-moi, Paulus, dit la jeune fille en serrant les doigts sur le bras du jeune homme, j'ai peur de me trouver au château du Danube, non point face à face avec Salomé, mais en présence du comte Palma.. Cette demeure m'épouvante comme si des démons la hantaient.. Palma est en lutte avec la nature et avec Dieu ! Palma garde sur le front un signe fatal et le ciel me pardonne ! si on ne lit point sur son visage la trace de ses remords...

La gouvernante de Molda se rapprocha avec défiance.

— Je suis à demi prisonnière, reprit Molda, quittez-moi, Paulus ; j'ignore quand s'achèvera le drame dont nous serons les victimes plus que les acteurs ; priez pour moi, et comptez que Molda vous garde son souvenir.

— Salomé ne comprendra point votre refus.

— Elle souffre ! Et pourtant je suis encore plus à plaindre qu'elle.

— Ainsi, vous ne franchirez jamais le seuil du château ?

— Non.

Molda ajouta à voix basse et comme si elle rougissait d'avoir à faire une semblable question :

— Mon père a-t-il envoyé au manoir ?

— Oui.

— Savez-vous pourquoi ?

Paulus baissa la tête.

— Vous n'osez me répondre, il le faut pourtant, Paulus, **vous en qui** j'ai mis toute ma confiance; parlez, parlez, au nom de ce que vous avez de plus sacré...

— Il a fait demander au comte Palma une somme importante.
— Combien ?
— Vingt mille florins.
— Je suis perdue ! dit Molda en cachant sa figure dans ses mains. je suis perdue !

Paulus, tenta une fois encore, d'apprendre le secret de son désespoir, elle refusa de lui révéler la cause de sa peine.

— Je me défendrai, Dieu me protégera ! répondit-elle. Consolez Salomé et faites luire à ses yeux la lumière. Et tenez, afin d'obtenir que Dieu nous sauve, dites-lui que j'irai...

Sans ajouter un mot, elle abaissa son voile, se rapprocha de sa gouvernante et prit avec elle le chemin de l'hôtel Komorn.

Hélas ! une épreuve terrible l'attendait à l'hôtel Komorn.

Son père ne s'y trouvait pas seul.

Quand elle le demanda, il lui fut répondu que le comte Palma venait d'arriver, et que Komorn avait ordonné de le prévenir au moment où sa fille rentrerait à l'hôtel.

Pour la première fois de sa vie, elle se révolta.

Si Palma se présentait à l'hôtel à une heure si matinale, si son père paraissait avoir besoin de son concours, c'est qu'il s'agissait d'une affaire grave, d'une décision à prendre, et cette décision elle la connaissait trop. On venait lui demander son consentement à un mariage qui l'épouvantait.

— Quoique mon père me fasse demander, dit-elle à sa gouvernante, je ne descendrai cependant pas au salon. Ce n'est point à cette heure que les gentilshommes se présentent chez les dames, et je ne suis pas prête à le recevoir.

— Mademoiselle, demanda Illa avez-vous songé à l'irritation que votre désobéissance devra causer à votre père ?

— Oui, répondit Molda, mais avant de le braver par un refus, je veux encore tenter de l'apaiser. Je dois lui dire des choses que jamais je n'oserais avouer en présence d'un étranger, et surtout du comte Palma que je considère comme mon plus cruel ennemi.

Mais la tentative de rébellion de Molda ne devait point avoir de suites ; le comte Komorn l'avait aperçue au moment où elle rentrait à l'hôtel, et il envoya immédiatement le valet de chambre lui transmettre l'invitation de descendre.

La jeune fille objecta son état de souffrance, et répondit qu'elle ne pouvait quitter son appartement.

— Comte, dit Komorn, venez ; si Molda ne descend pas, nous monterons.

— Pas de violence, je vous en conjure.

— Vous avez ma parole.
— Que me servira-t-elle si Molda me repousse?
— Jamais les femmes n'ont été consultées dans ma famille, répliqua Komorn ; ma mère épousa mon père bien qu'elle fût fiancée à un autre ; et la comtesse Komorn ne semblait point, avant son mariage, professer pour moi une violente tendresse. Elle ne s'est cependant jamais plainte plus tard de mes procédés. Quand elle mourut, et elle mourut fort jeune, elle m'appela près de son lit et me tendit la main en présence du prêtre. Molda fera comme son aïeule et comme sa mère. Venez, vous dis-je, venez...

Palma suivit le vieillard.

Il tremblait. Une fièvre ardente brillait dans ses yeux, la jeunesse qu'on voyait sur son visage paraissait flétrie, corrodée par un feu secret. Le son de sa voix même avait changé ! Il semblait en proie à un tourment indicible, et ce fut avec l'audace pleine d'angoisse du joueur prêt à risquer sa dernière partie, qu'il entra dans le salon particulier de la jeune fille.

— Le comte Komorn, le comte Palma, annonça la vieille Illa.

Toute pâle, la jeune fille se retourna. Le visage appuyé contre la fenêtre, elle ne les avait point entendu monter. Rassemblant son courage, elle s'avança vers son père et salua le comte Palma avec une froideur glaciale ; ensuite sans désigner de siège à l'étranger elle attendit debout, afin de bien prouver qu'elle comptait voir abréger cette visite.

Mais Komorn avait résolu d'en finir avec une situation plus que difficile : les dettes contractées envers Palma grandissaient chaque jour ; celui-ci avait envoyé des obligations écrites, avec des dates d'échéances, afin d'être certain que Komorn se déciderait à lui donner sa fille, dans la crainte de poursuites humiliantes et ruineuses. Plus craintif qu'il ne semblait vouloir le faire paraître, devant cette enfant dont l'innocence et la vertu lui imposaient, Komorn prit la main de Molda avec une brusquerie approchant de la brutalité, et lui dit de cette voix âpre qui était celle des mauvaises heures :

— Le comte Palma me fait l'honneur de demander ta main ; je lui laisse la faculté de plaider sa cause. Il a déjà mon consentement ; en fille respectueuse et soumise tu ne me feras point manquer à la parole donnée.

— Mon père ! dit Molda.

— Je le veux ! répéta Komorn à voix basse, je le veux

Molda ne répliqua rien. Elle regarda son père avec une expression de douleur sans nom, puis tandis qu'il s'éloignait, elle dit à Palma :

— Monsieur le comte, il est loyal à moi, il serait généreux à vous de ne point insister davantage. Vous venez ici, je le sais, fort de l'assentiment de mon père ; je viens vous supplier de ne pas m'obliger à décliner l'honneur que vous voulez bien faire à notre maison. Agir autrement serait m'exposer à la colère paternelle, et cette colère est terrible. Renoncez à une alliance qui ne vous offre aucun avantage. Je suis pauvre...

— Moi, je suis riche, Molda.

— Vous pouvez choisir une compagne parmi les plus nobles, les plus opulentes héritières de Buda. Oubliez dans cette maison à demi ruinée, une fille malheureuse depuis l'enfance, et qui ne la quittera peut-être que pour entrer au couvent.

— Ne comptez pas m'amener à un semblable renoncement, dit le comte ; du jour où vous serez ma femme, vous me verrez disposé à tous les sacrifices pour vous rendre heureuse ; mais pour vous obtenir, je ne reculerai devant rien ! devant rien !

— Même devant mes larmes ?

— Je les sécherai plus tard.

— Vous vous trompez, monsieur le comte, jamais, entendez-vous, jamais je ne saurai vous aimer. Tout nous sépare ne le comprenez-vous pas ? Lorsque vous aviez des cheveux blancs, vous m'inspiriez sans doute une sorte de crainte ; mes seize ans s'alliaient mal avec votre âge ; mais faut-il vous l'avouer, depuis le phénomène étrange qui vous a rendu la jeunesse, vous me semblez encore mille fois moins capable de devenir le compagnon de ma vie. Sans doute votre taille s'est redressée, votre regard a retrouvé la flamme de la jeunesse, mais votre âme est demeurée ce qu'elle était, fermée à toutes les idées de la foi, à toutes les inspirations de la charité, à tous les rayons de l'espérance. Vous pouvez demander leurs secrets aux entrailles de la terre, combiner des métaux, laisser de l'or au fond de vos creusets ; vous ne savez plus regarder le ciel, vous ne priez pas, jamais vous n'entrez dans une église. Vos pensées se perdent dans des mystères qui m'effraient. Chacun des succès dont vous vous enorgueillissez est une offense à ma foi, à mon Dieu. Que vous dirai-je ? Vous êtes là, devant moi, je vous examine, et plus je vous regarde, plus il me semble que votre vie est en quelque sorte factice. L'être que je vois me semble ne pas être lui-même... Vous tenez à la terre, mais vous restez lié par des chaînes mystérieuses à un monde où ne s'accoutume point mon esprit, et où j'aurais peur de voir sombrer ma foi...

— Écoutez-moi, Molda, une fois, une seule, la dernière si vous voulez. Je comprends vos craintes, vos terreurs, vos répugnances. Les femmes ne sont point accoutumées aux spéculations hardies de l'esprit ; la foi vous a gardée dans des langes enfantins, et tout ce qui n'est point d'accord avec votre existence pure, ignorante et chaste, vous paraît une atteinte à la loi du ciel. Vous avez raison, je n'entre plus dans les églises, je demande plus à la science humaine qu'à la science divine. Je fouille les mystères de la création, bien plus que je ne cherche ceux de l'avenir de l'âme. Je voudrais descendre jusqu'au fond de la pensée divine, pour décomposer puis reconstruire. Ce n'est pas ma faute si l'amour de l'étude me dévore. Mais pour vous, si vous l'exigiez, je renoncerais à une science qui vous épouvante. Je me sens ce courage afin de vous prouver ma tendresse...

— Promesse vaine! qui ne serait pas tenue!

— Je vous jure...

— Ne jurez rien. Il vous faut de l'or, beaucoup d'or, et cet or vous ne le trouvez qu'au fond de votre creuset. Jamais vous ne consentiriez à une vie de privations et de travail.

— Je n'en voudrais pas pour vous.

— Je ne suis cependant accoutumée qu'à cette existence, dit Molda en secouant la tête, et ce n'est pas la pauvreté qui me fait souffrir. Avec la paix autour de soi et le calme de la conscience on peut toujours être heureux... Vous avez pris le goût des plaisirs violents, des réceptions magnifiques, j'aurais mauvaise grâce au milieu de ce luxe et du bruit. Tout en vous et autour de vous se trouve en désaccord avec ce que j'aime... Il n'est pas jusqu'à ce château du Danube qui ne me cause une épouvante involontaire...

— N'est-ce que cela, Molda? nous le quitterons.

— Vous y demeurez depuis une année à peine.

— Qu'importe! je suis citoyen du monde. Ce qui vous déplaît ne saurait me charmer! Nous irons où vous voudrez, en Allemagne, en Italie... Votre père nous suivra volontiers, ne trouve-t-on pas partout des cercles élégants où l'on peut jouer aux cartes et remuer des dés! Oui, nous quitterons ce pays; je deviendrai un autre homme. Votre présence calmera la fièvre qui me tue. Vous serez l'ange gardien de mes jours, vous me défendrez contre la tentation de retourner à une science maudite, que je repousse parce qu'elle vous fait peur. Je vous aime, Molda, je vous aime! Ma suprême espérance est en vous. Rien n'a de valeur pour moi, hors vous-même. Dites un mot et de l'homme qui vous effraie, vous ferez un disciple et un esclave... car j'essaierai de prier devant l'autel où vous vous agenouillez!

— Mensonge!

— Vous me repoussez?

— Je ne saurais devenir votre femme.

— Laisserez-vous mon âme dans l'abîme?

— Je craindrais près de vous de perdre la mienne.

— Molda, si chrétienne, bravera t-elle la colère de son père ?
— Je consulterai Dieu d'abord, monsieur le comte.
— Vous ne me comprenez pas, Molda, vous ne devinez pas quel rôle d'ange gardien vous avez à remplir près de moi... Oui, ma vie est mauvaise, ma vie est perdue, sans vous peut-être mon âme sera-t-elle damnée... Mais vous feriez enfuir les visions terribles, vous effaceriez les traces du passé.. Il n'est rien de bon en moi que cette tendresse dédaignée... Par elle seule je puis remonter pourtant... Un mot ! un mot de vous, Molda !
— Monsieur le comte, répondit la jeune fille d'un accent voilé de tristesse, les pères comme le mien, Dieu me garde de le juger, de le condamner, surtout ! les pères comme le mien s'inquiètent peu des sentiments qui germent dans l'âme de leurs filles, presque sans qu'elles en aient conscience. Il se pourrrait que mes yeux se fussent fixés sur un autre, que mon cœur s'entendît avec un autre cœur .. Eh bien ! je vous le jure, si cela était, j'aimerais mieux renoncer à toute espérance de bonheur personnel, et dès demain entrer dans un cloître que de vous accepter pour mari.
— Vous en aimez un autre ! s'écria Palma.
— Ceci est mon secret, monseigneur.
— Voilà donc pourquoi vous me haïssez ?
— Je ne vous hais point !
— Peut-être croyez-vous par cette demi-révélation changer quelque chose à mes sentiments, et me détourner d'un projet sur lequel je fonde mon dernier bonheur ? Ne l'espérez pas. Ce que je veux s'accomplit, Molda, œuvre d'amour ou œuvre de haine... La jalousie me rendra seulement plus implacable, mais vous n'aurez pas la victoire dans cette lutte, car j'ai pour moi votre père, et c'est par lui que je vaincrai.
— Il me reste Dieu que vous oubliez, comte.

Palma salua d'un air hautain et sortit.

L'ÉLIXIR DE LONGUE VIE

Le cœur de Zek ne battait que pour Salomé (*Voir page* 182).

XVI

ESPIONNAGE

Palma ne mentait pas plus en affirmant son amour pour Molda, qu'en promettant, pour lui plaire, de quitter le château du Danube. S'il ne l'avait point abandonné déjà comme un lieu maudit et hanté, c'était seulement à cause de la fille de Komorn.

Jamais la vue d'une créature ne remua plus profondément son cœur. Près d'elle il lui semblait que ses craintes s'évanouissaient, que ses remords faisaient place à des espérances. La croyance en la présence des anges lui devenait facile près de cette enfant que l'aile du mal n'effleura jamais. Qu'elle devînt sa femme et il partirait avec elle, n'emmenant pas même Paulus dont le regard le troublait parfois.

Depuis que le manoir avait été réparé si vite on était certain de trouver aisément à le vendre. Palma y laisserait les trésors enfouis, les merveilles entassées, et il s'en irait avec sa femme, loin, bien loin En Italie peut-être, où il reverrait la *Maison des Roses*... Mais il ne s'éloignerait point avant qu'elle fût devenue sa compagne, avant aussi d'avoir refait de l'or, beaucoup d'or.

Depuis ce jour, Palma et son secrétaire avaient recommencé leurs travaux, l'œuvre de la transmutation avançait. Encore quelques jours et elle serait achevée.

Malheureusement les livres étaient unanimes sur ce point, qu'il devait s'écouler un nombre déterminé de semaines, qu'il fallait travailler sous l'influence de certains quartiers de la lune, et se servir de la puissance de planètes spéciales, pour arriver à un résultat satisfaisant. L'alchimiste ne pouvait hâter l'heure de la métamorphose des métaux, mais il lui était possible de presser celle de son mariage. Si par malheur il échouait dans son œuvre, il aurait au moins vu s'accomplir son vœu le plus ardent : devenir le mari de Molda.

Palma s'inquiétait peu de l'acceptation ou du refus de sa main par la jeune fille Il ne s'inquiétait véritablement que du Juif.

Le cœur de Zek ne battait que pour Salomé, fragile fleur échappée jusque-là comme par miracle à la mort qui avait fauché toute sa race. Abraham aurait sacrifié ses trésors, il aurait donné sa vie pour conserver celle de l'enfant ! Il tenait à l'existence pour elle, à cause d'elle. Maintes fois déjà il avait renouvelé au comte Palma ses adjurations pressantes. Celui-ci après s'être défendu d'agir d'une façon immédiate, ouvrit sous ses yeux des livres renfermant les formules et les recettes de l'*Élixir de longue vie*; et force fut au Juif de se rendre à l'évidence.

Mais il calcula les jours, les heures indispensables, et quand il put fixer une date à l'achèvement de l'œuvre, il se dressa devant Palma, non point suppliant, et courbé comme un mendiant en face d'un millionnaire, mais despotique comme un tyran, menaçant comme un juge :

— Deux semaines, lui dit-il, je t'accorde deux semaines. Pas une heure, pas une minute de plus. Jusqu'à cette époque le Dieu d'Israël daignera prolonger la vie de ma fille ; il me reste un flacon empli par toi d'un breuvage bienfaisant...

— Réfléchis, Zek, répondit Palma d'une voix troublée, je ne suis hélas ! qu'un homme... Tout homme est sujet à l'erreur. Si j'échoue dans ma tentative.

— Alors tant pis... Ma fille serait condamnée, et je resterais sans pitié.
— Ainsi...
— Je te dénoncerais... répondit le Juif.

Le dénoncer! Jamais Zek n'avait sur les lèvres que cette menace. Le dénoncer... Des mots bruissaient alors dans la tête de Palma : « la route des Abruzzes... le cadavre d'un homme... » Une sueur froide perlait alors à ses tempes. Il se demandait s'il ne serait pas prudent de forcer le Juif au silence, comme il y avait obligé Gilda...

Seulement, enfermer le vieillard ne suffisait pas... Que devait-il résoudre? Le sacrifierait-il à sa propre sûreté? Peut-être ! Dans la voie qu'il suivait, Palma ne pouvait s'arrêter. Mais comme les généraux attendant leur salut des chances d'une dernière bataille, il se disait qu'il serait toujours temps de recourir à des moyens extrêmes, et de supprimer l'obstacle qui se dressait devant lui.

Faible obstacle en somme que cet Abraham Zek, presque aussi près de la tombe que sa fille Salomé !

Il fallait patienter encore, patienter toujours.

Mais avant de savoir quel serait le résultat de cette attente, Palma songeait à quitter le château du Danube.

Tout se réunissait pour lui en rendre le séjour impossible.

Les terreurs de ses jours n'étaient rien en comparaison de celles de ses nuits.

Il errait souvent dans le manoir comme une âme en peine.

Les domestiques affirmaient l'avoir rencontré dans les corridors, parlant à voix haute, en agitant les bras, comme s'il conjurait un spectre.

— Va-t'en ! disait-il, va-t'en, ombre sanglante !

Tous croyaient que leur maître se rencontrait avec le fantôme de la jeune femme assassinée, dont le sang rougissait les marches du péristyle.

Une secrète terreur s'empara d'eux.

Bug, jadis si dévoué à la personne du comte Palma, paraissait parfois sous l'empire d'une irritation sourde. Le muet fuyait ses camarades; l'un d'eux le surprit écoutant à la porte du comte et le suivant le long des galeries.

Une nuit Bug, au moment où il cherchait son maître, se trouva face à face avec Zek.

Ils reculèrent pris de terreur, puis se rapprochant, chacun d'eux lut dans les prunelles de l'autre la même intensité de curiosité farouche.

A mesure que le temps fixé par le Juif approchait, il se faisait davantage l'ombre de Palma. De ses appartements au laboratoire où le comte s'enfermait avec Paulus, il allait, surveillant, épiant, âme damnée attachée à cette autre âme que semblait tourmenter une double angoisse.

D'abord, absorbé par des préoccupations de plus en plus grandes, Palma ne s'aperçut pas de la surveillance dont il était l'objet. Quand il acquit la certitude que Zek s'attachait à ses pas, il entra dans une furieuse colère, et le rencontrant un soir dans un corridor, il le saisit par le col de sa houppelande et le secoua avec une violence qui faillit jeter à terre le vieillard.

— De quel droit me suis-tu de la sorte ? lui demanda-t-il.

— Du droit d'un créancier sur son débiteur.

— Je ne te dois rien !

— Tu me dois la vie de ma fille.

— Il me reste huit jours encore.

— Cela est vrai, mais je te connais, Palma, et je me défie. Un pressentiment secret me dit que tu tenteras d'éluder ta promesse. Il me semble parfois, que non seulement tu veux me fuir, mais t'évader de cette ville comme un larron. Et je ne le veux pas, entends-tu, je ne le veux pas ! Résigne-toi à me voir partout et toujours, jusqu'à ce que tu aies consenti à sauver ma Salomé bien-aimée.

— Va-t'en, chien ! fit Palma en levant le bras d'une façon menaçante, je ne sais ce qui me retient...

— Peu de chose en vérité; l'embarras de te défaire de mon cadavre... Et puis, ne t'y trompe plus, Palma, si tu inspires l'admiration, on ressent en même temps pour toi une grande crainte... Tes serviteurs t'approchent en tremblant. Le dédain inspiré par le Juif n'approche pas de la terreur qui s'attache à ta personne... Tes ennemis affirment que tu as conclu un pacte avec Satan... Je ne suis pas éloigné de le croire... On ajoute que l'esprit du mal marque de sa griffe acérée le visage de ceux qui se donnent à lui... On trouve ces stigmates sur ton visage, Palma .. Enfin on assure que les hommes qui, pour arriver à la possession d'une science merveilleuse, ou de richesses immenses, trafiquent de leur éternité gardent dans l'allure quelque chose de la bête traquée... Tu portes encore ce signe... Tes yeux fixent des objets invisibles aux autres hommes ; ton oreille perçoit des bruits qui nous échappent... Tu es à Satan, et tu es à moi... Si tu montes à ton laboratoire, je t'y suivrai... Si tu rentres dans ton appartement, je me coucherai en travers de ta porte...

— C'est toi qui devrais t'appeler Satan ! s'écria Palma.

Et au lieu de continuer à traverser le couloir, il regagna son cabinet de travail.

Ainsi qu'il le lui avait annoncé, Zek se plaça devant la porte.

Au moment où le comte rentrait chez lui, il trouva Paulus. Le jeune homme venait lui rendre compte de divers travaux.

Le front du jeune secrétaire était couvert de nuages. De douloureux pressentiments l'avertissaient qu'on en voulait à son bonheur. Il continuait néanmoins à remplir avec dévouement les devoirs de son emploi, mais sans qu'il s'en rendît compte, s'il y mettait le même zèle, il n'y trouvait point la même joie.

En quittant le Juif, Palma se trouvait dans un état d'exaspération si grande qu'il dénoua sa cravate de dentelle et arracha son habit. L'air lui manquait et le sang affluait à son cerveau avec une telle violence, que Paulus courut à lui, croyant qu'il allait tomber frappé d'une attaque d'apoplexie.

— De l'air ! de l'air ! répéta Palma.

Le secrétaire ouvrit la fenêtre donnant sur le gouffre, puis revenant vers son maître, il retroussa rapidement la manche de batiste couvrant le bras gauche, et une lancette à la main, il se tint prêt à faire jaillir le sang de l'artère.

Le bras de Palma reposait inerte dans la main de Paulus, et machinalement celui-ci y chercha la cicatrice de la blessure que le comte y avait faite avec son poignard.

Le jeune homme se souvenait que Palma lui avait dit : « La marque de cette blessure, marque indélébile qui survivra à mon rajeunissement, te prouvera que sous l'apparence d'un être dans la force de l'âge, c'est bien ton maître qui te sera rendu. » En dépit de cette parole, le bras que tenait Paulus ne portait aucune trace de blessure. Rien n'en altérait la blancheur. La finesse de la peau demeurait égale, et à mesure que les yeux de Paulus constataient ce fait, un étrange travail s'opérait dans son esprit.

Un soupir profond de Palma l'arracha à son absorption, et ses prunelles se fixèrent sur le visage du comte avec une expression que celui-ci ne leur connaissait pas.

— Me voilà mieux, fit Palma, Zek est devenu fou par excès d'amour paternel. Il faut le surveiller, Paulus... Dieu sait de quoi il est capable

— Je surveillerai, répondit le jeune homme.

— As-tu terminé le travail dont je t'ai chargé ?

— Je demeure au-dessous de ma tâche, maître.

— Cherche de nouveau... Songe que j'ai donné ma parole à Zek et que cet homme m'effraie

— Pourquoi vous ferait-il peur, puisque vous avez le secret de l'Élixir?

— Ne vois-tu point que je suis las d'alchimie, de science, de recherches, de tout ce que j'aimais jadis... Je me contenterais aujourd'hui d'une vie cachée, presque pauvre, à la condition d'y trouver la paix... Tu ne sembles pas m'entendre, à quoi songes-tu, Paulus?

— A ce qui se passa entre nous dans votre laboratoire la veille du jour où vous reprîtes vos vingt ans... Vous en souvenez-vous, maître?

— Sans aucun doute.

— Et je me demandais pourquoi ce que vous m'avez annoncé ne se réalise point... Je devais trouver sur votre bras la trace d'une blessure qui est effacée...

— Effacée, répéta le comte.

— Et c'est, affirmiez-vous, à ce signe seul que je devais vous reconnaître...

Le regard de Paulus fouilla si profondément dans le regard du comte que celui-ci détourna les yeux.

— Est-il étrange que je me sois trompé sur ce point? répondit-il. Mon être entier s'est renouvelé, et de l'ancien Palma que tu as connu, il ne reste rien! rien!

— Pourquoi! demanda Paulus. Non, vous êtes le même, au contraire... Si le jeu des muscles fatigués a retrouvé sa vigueur, ce sont pourtant les mêmes muscles qui vous font agir; si votre chevelure a retrouvé sa couleur noire et brillante, c'est que vous y avez de nouveau fait circuler la sève vitale. Vous n'êtes pas deux, mais un, renouvelé, rajeuni. L'épiderme couvrant vos membres et votre visage est sans doute aujourd'hui exempt de rides, mais c'est le même épiderme, et la trace de la blessure n'aurait pas dû s'effacer...

— Je me suis abusé sur plus d'un point! fit Palma d'une voix sourde, et plût au ciel qu'il s'agît seulement pour moi d'une trace cherchée vainement sur mon bras. Il y a quelque temps, je m'imaginais que l'or prodigué pouvait tout payer, que sa puissance demeurait irrésistible, et je me heurte à des obstinations folles de vieillard, et à des caprices d'enfant! Oui, oui, il faut en finir, il faut que le creuset nous rende de l'or pur, il faut que nous quittions ce pays pour retourner dans ta patrie, dans la mienne...

— Quand voulez-vous partir, monsieur le comte? demanda froidement Paulus.

— Immédiatement après le résultat de cette tentative.

— J'espère, dit Paulus d'une voix grave, que vous ne m'accuserez point d'ingratitude, si je vous apprends que je ne saurais vous accompagner.

— Est-ce l'Italie qui te fait peur?

— J'y suis né, j'aimerais à la revoir. Il me serait doux de chercher au fond de son cloître le vieux moine qui m'instruisit, avant que le comte Palma changeât ma destinée. Je serais heureux de retrouver la cabane de la vieille chevrière perdue dans les gorges des Abruzzes ; certes, elle, me donnait à regret un morceau de pain noir et une tasse de lait ; elle me reprochait mon matelas de mousse sèche, et le peu de toit qui m'abritait, et pourtant, aux heures où la destinée a changé, il est bon de retourner en arrière et de suivre pas à pas même les vestiges des temps douloureux.

— Si ton pays t'est cher, pourquoi refuserais-tu de m'y suivre?

— C'est qu'à cette heure, monseigneur, il est quelqu'un que je préfère à ma patrie?

— Une jeune fille, n'est-ce pas?

Apprends-moi son nom, je t'aiderai à obtenir sa main, je te donnerai pour elle une partie des diamants enfermés dans mes coffres... Pourvu que tu restes près de moi, je me sens disposé à tous les sacrifices...

— Pourquoi tenez-vous à me conserver près de votre personne, monseigneur, puisque vous ne m'aimez plus? Oh! n'essayez point de vous en défendre, et de tenter de me prouver le contraire. Pour juger, je consulte mon cœur plus que mon esprit. Le dernier se trompe souvent, l'autre jamais... De vous à moi, rien ne ressemble à ce qui était jadis... Loin de me presser de vous venir en aide dans vos recherches, vous m'éloigniez jadis de vos fourneaux, comprenant ma répulsion pour un art touchant de près à l'enfer. Maintenant, il semble, au contraire, que vous ne sachiez plus rien tenter sans moi... Que sais-je, cependant? Lire les manuscrits latins et grecs, car le sens des autres m'échappe; près de vos creusets, je demeure un aide maladroit; donc au point de vue de l'alchimie, je ne saurais vous rendre de véritables services... L'affection! direz-vous. Je me souviens de vos longues causeries d'autrefois sur vos voyages, sur le vieux Moser, sur la *Maison des Roses*... Sans doute, vous ne veniez pas comme moi vous agenouiller devant l'autel, mais vous m'écoutiez vous parler de Dieu, et vous affirmiez souvent que ma foi vivace était pour vous semblable à une brise rafraîchissante. Quand vous m'avez parlé de l'œuvre étrange qui vous a rendu la jeunesse, vous me disiez : Paulus, je serai pour toi un compagnon meilleur; je me retrouverai avec mes croyances perdues, nous deviendrons presque frères... Maintenant au contraire vous semblez haïr Dieu, vous cherchez, dans l'ivresse, l'étourdissement et l'oubli; il est des heures où vous me souhaiteriez loin, bien loin, d'autres au contraire où vous prétendez river la chaîne qui nous lie. Brisons-la, monsieur le comte, ou plutôt, dénouons-la. Un sentiment invincible me retient désormais à Buda, et jusqu'à ce que mon sort soit décidé, je demeurerai ici...

— C'est bien ! fit le comte, allez ! Je croyais pouvoir mettre en vous toute ma confiance, et vous gardez des restrictions dans le don de la vôtre... Bonsoir, Paulus... Il sera fait comme vous le voudrez.. Mais si vous me quittez, si vous mentez au serment fait jadis quand je vous pris avec moi, je n'aurai plus de foi en personne, car vous aurez trompé mon attente. Pourquoi partir ? Épousez qui vous voudrez ! J'ai besoin de vous, un besoin urgent ; ma tête est faible, et ma volonté vacille... Tout à l'heure, je vous laissais libre de m'abandonner, j'avais tort... La liberté que vous demandez, je ne vous la rends pas ! Vous êtes à moi, comme l'élève au maître...

— Peut-être, répondit Paulus, auriez-vous raison, si le maître n'avait pas changé !

— Si vous ne croyez pas devoir rester près de moi par reconnaissance, faites-le par pitié. Je suis malheureux, Paulus ; je sens des tourments dont Dieu seul connaît les épouvantes.

— Que n'allez-vous trouver un prêtre ?

— Jamais ! jamais !

— Alors n'espérez pas guérir. Près d'un ministre du ciel vous trouverez seulement le pardon et l'espérance Que les anges vous gardent, maître !

Paulus sortit du cabinet du comte Palma.

Celui-ci étouffa un cri de rage.

— Ah ! fit-il, ne quitterai-je un ennemi dangereux que pour trouver un ami plus dangereux encore...

Le Juif m'épouvante et Paulus m'inquiète... Pourquoi refuser de me suivre ? quelle importance il semble attacher à la cicatrice manquant à mon bras ?... Il faut en finir, en finir vite, si je ne veux voir s'écrouler à la fois l'édifice de mon bonheur et celui de ma fortune... Komoru me donnera d'ici à trois jours une réponse favorable... Si Molda refuse d'obéir, il la contraindra .. Qu'importe qu'elle m'accepte avec répugnance, elle finira bien par m'aimer... Molda ! Je donnerais pour elle ce qui me coûta si cher à conquérir ! J'ai beau me répéter que cet amour est une folie, que je devais me défier d'une passion comme d'un malheur ; j'ai beau savoir quelle influence néfaste ont eue successivement sur moi les fantaisies qui traversèrent mon cœur ou mon cerveau, je ne saurais m'en défendre, j'aime Molda avec une intensité qui ou doit me porter à la félicité suprême, ou m'entraîner sans retour dans l'abîme... L'abîme !

Il répéta ce mot d'une voix sombre et, malgré lui ses regards se tournèrent du côté du balcon.

Longtemps il demeura immobile perdu dans le souvenir de la scène terrible qui s'était passée dans cette même pièce, avant l'heure où il parut dans le salon qu'emplissait une foule anxieuse, jeune, beau, triomphant, et pourtant le front couvert d'un nuage qui jamais plus ne devait se dissiper.

Quand il sortit de l'atonie dans laquelle le plongeaient certains souvenirs, il releva le front, prit une lanterne sourde, chercha dans un meuble quelques provisions prélevées sur l'ambigu que Bug lui servait tous les soirs, puis poussant le ressort caché dans la boiserie, il commença à descendre la longue spirale de l'escalier dérobé.

A l'instant même, sortant de l'ombre d'une draperie, le Juif montra sa face pâle, et voyant l'issue par laquelle le comte Palma venait de sortir, il étouffa une exclamation de surprise, et s'engagea résolument à la suite de Palma.

Depuis le jour où l'alchimiste fit usage de son élixir, Zek rest..)-ede par l'idée que l'existence de Palma se compliquait d'un nouveau secret. Sans doute le passé était assez grave pour qu'il devînt loisible au père de Salomé de contrebalancer la fortune de l'alchimiste; mais les faits auxquels il faisait souvent allusion d'une façon menaçante s'étaient passés, il y avait longtemps déjà, dans un pays éloigné, et peut-être lui serait-il difficile d'en fournir la preuve. Le comte paraissait grandement en redouter la révélation, et pourtant, il n'était pas certain que cette révélation dût suffire pour le perdre... Qui sait même si Palma, environné du prestige d'une puissance plus qu'humaine, ne parviendrait point à faire passer Abraham pour un calomniateur? Tandis que si le Juif pénétrait un secret nouveau, s'il découvrait un mystère récent dans l'existence de Palma, il serait véritablement le maître, et le contraindrait bien cette fois à lui remettre ce qu'il eût payé au prix du vieux sang coulant dans ses veines.

Où pouvait conduire l'escalier dans lequel venait de s'engager Palma? S'il menait seulement à une cave emplie d'or, peu importait au Juif. N'était-il pas riche? Plus riche que Palma lui-même? A petits pas, se collant contre les parois de la muraille, Zek descendait à la suite du comte.

Celui-ci, parvenu au bas de l'escalier, s'arrêta un moment, fouilla dans sa poche, et en tira une clef qu'il introduisit dans la serrure. Elle ne grinça pas comme la première fois, mais elle tourna aisément et sans bruit.

Le comte poussa la porte, et à la lueur de la lanterne sourde, Zek entrevit un spectacle qui, à tout autre qu'à lui, aurait arraché des larmes.

— Une enfant! murmura-t-il, une enfant!

Il se tapit contre la muraille, le corps en arrière, avançant la tête, et regardant avec des yeux agrandis, dans lesquels s'allumait une flamme infernale.

Elle était bien changée, la petite Gilda, depuis que Palma l'avait surprise cachée sous un haut fauteuil, fixant sur lui ses grands yeux bleus humides.

La fraîcheur avait disparu de ses joues, son regard s'était terni dans les pleurs; son corps gracieux et frêle était devenu maigre; la terreur à laquelle Gilda restait en proie dans ce cachot souterrain communiquait à son joli visage une expression d'effarement douloureux.

Il lui eût été impossible de calculer combien de jours s'étaient écoulés depuis son emprisonnement; perdue dans une nuit absolue, sans nul moyen de calculer les heures, elle en passait la moitié plongée dans un lourd sommeil, l'autre assise sur la paille jetée dans un angle de sa prison.

Encore ce sommeil lui retraçait-il les rigueurs du présent, plus qu'il ne lui rappelait les temps heureux d'autrefois. Il arrivait cependant qu'elle s'imaginait être de nouveau transportée dans l'auberge des *Trois Pommes de Pin*; elle y jouait avec Gyorgio sous le regard de sa mère; elle entendait les daïnos gracieux chantés par Niklas, elle voyait jouer les buveurs joyeux, les voyageurs qui souriaient en lui remettant une pièce de monnaie blanche qu'elle payait d'un sourire.. Ou bien encore elle se trouvait dans la rue du village, et sur le banc d'une des plus pauvres maisons, elle voyait Guisko, le jeune garçon infirme jouant de la cithare...

Quand elle sortait de ces rêves pour se retrouver au fond d'un trou noir, l'opposition du songe avec la réalité devenait si poignante que l'enfant éclatait en sanglots. Elle savait bien hélas! que nul ne les entendait, mais elle s'abandonnait au paroxysme de douleur qui saisit même les hommes à l'heure où la force défaille et où le cœur se laisse envahir par le désespoir. Gilda s'en souvenait d'ailleurs, sa mère lui répétait souvent qu'il est au ciel un Dieu pour ceux qui souffrent; que Jésus enfant protège les petits; et Gilda prisonnière, les mains jointes, les yeux noyés de larmes, s'adressait à lui et redemandait sa mère.

Quand elle ne gardait plus même la force de pleurer, elle retombait sur la paille et finissait de nouveau par s'assoupir.

Si la faim se faisait sentir d'une façon trop cruelle, elle mangeait un peu de pain, et approchait les lèvres de sa cruche d'eau.

Il lui vint un jour la pensée de se laisser mourir.

La pauvre petite Gilda n'eut point l'idée qu'elle commettrait un crime: le mot suicide restait pour elle sans signification précise. Elle pensait que l'excès de son malheur lui rendait la liberté de retourner vers Dieu. Pendant deux jours elle émietta son pain et renversa sa cruche d'eau; mais elle eut la nuit suivante un rêve qui lui rendit le courage. Elle crut voir sa mère, Niklas, courant à travers la campagne, et l'appelant à grands cris. L'impression produite par cette vision fut si vive que Gilda réveillée, assise sur son lit misérable, crut de nouveau entendre prononcer son nom.

Quelle voix fût parvenue cependant à travers ces épaisses murailles? Quelle apparence que les sanglots d'une mère au désespoir arrivassent jusqu'à la prisonnière?

Cependant l'effet produit sur Gilda par cet accent dont l'écho seul hantait sans doute sa mémoire, fut si puissant qu'elle ne songea plus à mourir de faim.

Sa mère la cherchait. Gyorgio lui-même ne pouvait l'abandonner. A eux deux ils la délivreraient.

Sous l'empire de cette croyance, Gilda, qui d'habitude, s'effrayait plus qu'elle ne se réjouissait des visites de Palma, l'attendit cette fois avec impatience.

La faim commençait à la faire cruellement souffrir.

Tandis que Gilda désirait la venue de son geôlier, celui-ci se demandait s'il ne valait pas mieux en finir avec cette faible créature, et changer en une tombe le cachot dans lequel il l'avait enfermée. Il avait vaguement entendu les domestiques parler de la disparition de l'enfant.

Il savait que Gurgi, l'ami de Gyorgio, connaissait Gilda, et racontait les détails de la venue de la petite fille au château, et ses promenades dans les longs corridors. Sans paraître attacher une grande importance à ces bruits, il ne pouvait cependant les négliger d'une façon absolue.

Que l'enfant restât prisonnière, peu importait. Il serait toujours libre de lui rendre la liberté, et à force de menaces, Palma obtiendrait qu'elle ne révélât jamais le secret de son emprisonnement.

Mais le hasard, un caprice de magistrat, l'influence exercée par une mère au désespoir, pouvaient amener une catastrophe.

Mieux valait encore la laisser vivre.

Et Palma, après avoir négligé pendant quarante-huit heures de descendre dans le cachot, en reprit enfin le chemin.

En l'apercevant Gilda poussa un cri.

Perdant le souvenir de la cruauté inflexible, vaincue par la douleur, enfiévrée par la faim et la soif, elle se précipita au-devant de lui, s'attachant à ses vêtements, et le suppliant avec des cris et des larmes de lui rendre la liberté.

— Monseigneur, lui dit-elle, monseigneur, ayez pitié, vous m'avez assez punie, voyez-vous... Si vous me laissez davantage dans ce cachot, j'y mourrai, et vous ne voudriez pas me tuer... Non, vous ne le voudriez pas... Je ne vous ai pas fait de mal... je ne révélerai pas ce que je suis devenue depuis que vous m'avez enfermée... J'ai peur ici, il y fait trop noir... J'ai froid, les murailles sont humides, et puis, vous ne savez pas, la nuit j'entends des bêtes courir sur le sol et le long des murs... Les rats ! vous ne savez pas ce que c'est que les rats, monseigneur ! Ils finiraient par me dévorer... Je leur cède la moitié de mon pain, mais ils rampent sur moi, ils me mordent... Emmenez-moi ! Emmenez-moi !

Palma essaya de se débarrasser de l'enfant, mais en ce moment la fièvre et le désespoir donnaient à cet être frêle une incroyable force. Ses petites mains se cramponnaient comme des griffes aux habits du comte ; il s'efforça de les en détacher ! mais il n'y réussit point. Ce visage d'enfant, exprimant un paroxysme d'épouvante, lui rappelait un autre visage...

Il parvint cependant à rejeter l'enfant au fond de son cachot, mais elle revint à la charge, effrayante dans sa douleur qui touchait à la folie.

— Rendez-moi la liberté, dit-elle, rendez-la moi. Si vous me gardez longtemps ici, Dieu vous punira... Vous ne croyez pas en Dieu, vous ! Et cependant il existe, ma mère me l'a dit, je le sais... Tous les crimes sont châtiés... Le juge saura, le juge Samper, puis le juge Éternel... Et vous serez un jour réduit à une misère plus grande que la mienne... Vous vous trouverez dans un cachot comme moi, mais vous n'y prierez pas, et les anges ne viendront point vous visiter... Pitié ! pitié pour moi, pour ma mère, et pour vous !

Mais Palma venait de reprendre la lanterne et il allait quitter le cachot, quand d'un élan de chat sauvage, la petite fille lui saisit le poignet et le mordit si cruellement qu'il lâcha la lanterne, en poussant un blasphème.

La lumière s'éteignit, un soupir étouffé frappa son oreille, il saisit vivement un briquet dans la poche de son habit, le battit rapidement, retrouva à tâtons la lanterne, mais quand la cire en fut rallumée, il chercha vainement Gilda dans son cachot ; la prisonnière avait disparu.

L'ÉLIXIR DE LONGUE VIE

Un instant après un traîneau stationnait devant la porte. (*Voir page* 193.)

XVII

RAYONS DE LUMIÈRE

Toute promesse était sacrée pour Molda. Elle avait juré de se rendre près de la fille d'Abraham Zek, et elle avait à cœur de tenir son serment.

Il est vrai qu'à cette heure Mlle Komorn gardait encore la croyance d'échapper aux poursuites du comte Palma. Elle répétait dans sa naïveté que celui-ci ne persisterait point à vouloir pour compagne celle dont le cœur ne lui appartiendrait pas.

La pauvre enfant se leurrait d'une folle espérance, bien qu'elle soupçonnât le comte capable de tout.

En effet, Molda ne professait point pour Palma une profonde estime ; elle jugeait déloyaux les moyens dont il se servait pour l'obtenir ; mais elle le croyait fier et ombrageux, capable de vengeance, mais sensible au mépris. Aller au château du Danube pouvait devenir une imprudence après son refus formel de l'épouser. Mais il s'agissait du salut de Salomé, et Molda comprenait le prix d'une âme. Elle devait agir vite, car le comte Palma ne manquerait point de saisir la première occasion qui se présenterait pour mettre le joueur en demeure d'imposer sa volonté à sa fille, et Dieu sait ce qui arriverait de Molda elle-même. Ou elle serait sacrifiée sans retour, ou elle devrait se résigner à briser les derniers liens qui l'attachaient à son père.

Pendant qu'elle agitait ces questions au fond de son âme troublée, au château du Danube, on l'appelait du cœur et des lèvres.

Toute hésitation la rendait coupable : ne devait-elle point y courir et remplir sa mission sainte ? Pouvait-elle laisser Salomé mourante, dévorée par d'inexprimables angoisses ? Abandonnerait-elle cette aimante et douce créature aux doutes qui lui rongeaient le cœur, quand elle pouvait au prix d'un sacrifice imprudent peut-être, mais certainement sublime, lui rendre de célestes espérances ? Molda laisserait-elle la pauvre Juive entre un homme dont chaque acte était un outrage envers Dieu, et Abraham obstiné dans son fanatisme ? Les vérités évangéliques dont les premières clartés brillaient déjà aux regards de Salomé allaient-elles subitement s'éteindre et par sa faute ?

Le devoir de Molda était de se rendre au château, elle irait, dût-elle par cette démarche augmenter des difficultés déjà trop grandes et courir même au devant du péril.

Profitant donc d'un moment où les chances du jeu semblaient avoir été moins défavorables à son père, Molda prit un air enjoué et, s'approchant de Komorn, lui dit :

— Je souhaiterais visiter Salomé, mon père, daignerez-vous m'accompagner ?

Le comte, agréablement surpris, crut que Molda profitait de ce prétexte pour revenir sur le refus fait au comte Palma. Aussi répondit-il avec empressement :

— De grand cœur, ma fille.
— Vous est-il indifférent de vous y rendre par traîneau en côtoyant le bord du fleuve ?
— Absolument.
— Alors, commandez un traîneau, mon père.

Le comte sourit, et attirant vers lui Molda, il l'embrassa.

— Tu es vraiment une bonne créature, dit-il, et je crains bien de m'être souvent montré un peu brusque à ton égard... Mon cœur vaut mieux que mon caractère ! Les chances de la fortune me sont souvent défavorables, vois-tu, mon enfant ; il faut beaucoup pardonner à un joueur presque toujours malheureux.

— J'oublie tout ! répondit Molda.
— Même de vouloir te rendre heureuse malgré toi ?
— Oui, parce que vous placez la félicité humaine dans un milieu qui n'est pas le mien.
— Jette une pelisse fourrée sur tes épaules, ma fille, dans un moment le traîneau sera prêt.

Et le comte Komorn sortit pour aller donner des ordres.

Le temps était magnifique. Un gai soleil d'hiver rayonnait dans un ciel pâle, et le Danube étincelait semblable à un miroir d'argent. L'air vif sans âpreté semblait bon à respirer, et l'idée d'une course sur la surface glacée du fleuve souriait à Molda.

Un instant après un traîneau stationnait devant la porte. Le comte et Molda s'approchèrent et, lorsqu'ils furent montés, l'attelage partit à bonne allure. Le coup d'œil présenté par le Danube était superbe. De légers équipages, affectant des formes bizarres, se croisaient en tous sens. Gondoles légères, cygnes au long col, chimères à la gueule ardente, déployant de larges ailes, tout cela peint, doré, enluminé, rutilant sous le soleil. Et dans ces conques, dans ces chars fantaisistes, apparaissaient de charmants visages de femmes, le sourire aux lèvres, le teint animé, le regard brillant. Des patineurs glissaient sur la route de cristal, tantôt filant avec la rapidité d'une flèche, tantôt décrivant des courbes savantes. Quelques couples partaient enlacés pareils à des cygnes voyageurs ; les plus habiles passaient avec une grâce aérienne au milieu des méandres d'une valse de sylphes. Quelquefois le son d'un tambour bohème, ou les accords de la cithare s'élevaient, et de joyeux musiciens se mêlaient aux patineurs dont ils rythmaient les gracieuses paraboles.

Molda ressentait une sorte de soulagement.

La brise rafraîchissait son front, le mouvement qui l'entourait l'enlevait à elle-même, l'emportait au delà de l'heure présente. A mesure qu'elle approchait du château de Palma, elle redevenait cependant plus grave. La haute façade du manoir se découpait crûment sur le ciel clair, formant une masse unique avec la roche noire. Quand elle se trouva tout à fait au pied, elle donna ordre d'arrêter, et resta un moment dans le traineau, appuyée sur les coussins, sa belle tête pâle légèrement renversée en arrière, le regard perdu dans le vague.

Le palais lui apparaissait, maintenant, dans une splendeur de féerie : ses vastes proportions, fondues dans la limpidité d'un horizon sans bornes, perdaient de leur rudesse et s'adoucissaient dans la lumière d'un paysage grandiose. Il prenait, à ses yeux, quelque chose de la grâce et de la légèreté d'une tente dressée sur un nuage; l'air et le jour y pénétraient de tous côtés; des fleurs, à profusion, dissimulaient les soubassements, et grimpant le long de ses balcons, s'enchevêtrant, se mêlant aux caprices de son architecture, elles faisaient souvenir des feuillages et des grappes embaumées qui, dans les forêts, s'enlacent aux troncs robustes des grands arbres.

Le génie de Paulus avait accompli cette métamorphose et le château maudit ressemblait, à cet instant, à un monstre enchaîné dans des guirlandes de fleurs et de verdure, et l'esprit de la jeune fille voyait, à travers sa rêverie, s'ériger la silhouette fine et élancée du noble jeune homme qui calmait ses angoisses et l'enveloppait de tendresse avec des précautions d'ange gardien.

Une voix douce vint l'arracher à cette impression vague; cette voix était celle d'un enfant.

— Mademoiselle, dit-il d'un accent humble et triste, je suis bien malheureux.

Molda tira de sa bourse une légère aumône.

— Tiens, prends, fit la jeune fille en lui tendant quelque monnaie.

— Je vous remercie, lui dit-il, vous me sauvez, je n'ai pas mangé depuis hier...

— Pauvre enfant! Es-tu donc sans famille?

— Mon père et ma mère sont morts depuis longtemps. Je gardais les chèvres chez un maître dur que j'ai quitté dans la crainte qu'il me tuât.

— Ne peux-tu entrer chez un autre?

— Je le ferai sans doute, Mademoiselle, mais plus tard.

— Pourquoi pas tout de suite?

— C'est que, voyez-vous, je pleure Gilda.

— Qui est cette Gilda?

— Ma petite amie. Je ne chérissais qu'elle au monde, et je l'ai perdue...

— Est-elle donc morte?

— Je ne sais pas! fit l'enfant en secouant la tête.

— Comment ! tu ne sais pas ?
— Non, elle a disparu.
— Disparu ? Et la police...
— Ne trouve rien.

Voilà qui est étrange, murmura la jeune fille, subitement troublée. Puis s'adressant à l'enfant :

— Comment t'appelles-tu ?
— Gyorgio.

Molda lui eût sans doute adressé d'autres questions, mais le comte Komorn s'agitait, surpris que sa fille ne songeât pas encore à quitter le traineau.

— Voyons, ma chère Molda, fit-il, pourquoi s'attarder à cet enfantillage ? Entrons.

— Si vous voulez, mon père.

Et Molda s'appuya sur son bras, gagna le manoir, et en franchit le seuil, tandis que Gyorgio s'éloignait avec tristesse et disparaissait au milieu des rochers.

Un moment après, le comte Komorn et sa fille traversaient le vestibule du Château maudit.

Paulus se trouva brusquement sur leur passage.

Le visage du jeune homme s'éclaira.

Il s'inclina respectueusement devant Molda et son père.

— Vous désirez vous rendre auprès du seigneur Palma ? fit-il.

— Tout de suite, répondit le comte Komorn, si c'est possible.

— Monsieur le comte, dit-il à Komorn, mon maître travaille dans son laboratoire, sans doute il ne tardera pas de descendre. Voulez-vous que j'aille le prévenir de votre arrivée ? Je ne saurais, certainement, lui faire une surprise plus agréable...

— Inutile de le déranger. Je l'attendrai dans la galerie, répondit le comte.

— Seigneur Paulus, demanda Molda, voulez-vous me conduire vers Salomé ?

— Vous permettez ? mon père, dit la jeune fille en s'adressant câlinement au comte.

— Allez, mon enfant.

— Vous serez reçue par cette pauvre fille comme une messagère du ciel, dit Paulus.

— Venez donc, fit-elle.

Paulus lui tendit la main.

Elle la prit, heureuse et tremblante.

Cette main, elle la savait loyale ; elle aurait voulu pouvoir la garder éternellement dans la sienne, et suivre ainsi sa route à travers le monde, sans crainte de voir faillir son compagnon de route, sans regret du passé, sans terreur du présent. Elle savait que l'âme pure de Paulus battait à l'unisson de la sienne. Dans le rayonnement de ses yeux, dans son sourire, elle trouvait tout ensemble l'espoir et la force. La même foi divine les illuminait. Couple innocent, ils pouvaient marcher sous le regard de Dieu. Les tristesses, dont les ailes sombres les effleuraient, servaient seulement à leur faire paraître plus doux les rapides instants pendant lesquels il leur était donné de se mieux connaître. Ils devinaient pour tous deux de grands dangers à braver, des luttes à soutenir. Ils savaient le succès incertain, la souffrance prochaine, et cependant ils ne s'abandonnaient point eux-mêmes, et gardaient une confiance sereine dans le Dieu qui protège les faibles. Des angoisses différentes leur serraient le cœur. Paulus se posait souvent d'étranges problèmes qu'il demeurait impuissant à résoudre ; Molda cherchait le moyen d'éluder, sans la braver, la volonté d'un père.

Paulus prit les devants pour annoncer à Salomé la visite de son amie. A ce corps malade, à cette âme anxieuse, il fallait éviter toute émotion trop vive.

En se dirigeant vers l'appartement de la jeune fille, Paulus admirait le courage de Molda qui, connaissant les projets de Palma, affrontait sa présence, plutôt que de manquer au devoir d'enseigner à la pauvre Juive le chemin du ciel qu'elle demandait à tous.

Avec quelle anxiété celle-ci les attendait !

Pris de pitié pour sa souffrance, Paulus s'informait souvent de la jeune malade ; dominant même le sentiment répulsif que Zek lui inspirait, il consentit souvent à venir faire la lecture près du lit de Salomé. Instruit de la nature de ses regrets et connaissant ses aspirations, il choisissait des pages empreintes d'un sentiment d'espérance et d'amour capables de consoler le cœur endolori de la jeune fille.

Tandis qu'il lisait d'une voix harmonieuse, elle se penchait vers lui, comme attirée par un secret aimant. Ses grands yeux noirs s'emplissaient de flammes, un sourire extatique errait sur ses lèvres.

Il arriva plus d'une fois que Zek, inquiet de l'attention prêtée par sa fille aux lectures de Paulus, et redoutant d'y trouver des passages en désaccord avec les traditions sémitiques, témoigna qu'elles lui déplaisaient, et demanda au jeune homme de choisir d'autres volumes. Paulus regarda Zek profondément, et lui répondit :

— Ne voyez-vous pas que ceux-là seuls raniment votre enfant?

— Je vois ! je vois ! s'écria un jour Abraham, que vous êtes en train de me voler son âme.

— Rendez-moi cette justice que ce serait seulement pour la rendre à Dieu !

— Ah ! dit un jour le Juif, en crispant sa main amaigrie sur le bras du jeune homme, Jéhovah me punit d'une façon cruelle des fautes que j'ai pu commettre... Non seulement ma race s'est épuisée, frappée dans sa fleur comme les arbres blancs de corolles printanières atteints par la gelée, mais il enlève à la dernière de la famille la fidélité au culte de ses ancêtres. Salomé me chérit toujours, mais Salomé ne croit plus comme jadis. Je le sens, je le sais ! Et ce qui est plus terrible, je n'ose ni la contraindre ni la menacer. Je redoute qu'elle me prenne en haine, si je me place entre elle et le Dieu vers lequel vous l'entraînez. Mon devoir est de vous interdire ces visites, ces lectures, ces entretiens, et le courage me manque. Vous ne m'aimez pas, seigneur Paulus, mais si vous lisiez au fond de mon âme, vous en arriveriez à me plaindre. J'ai placé sur la tête de Salomé mon dernier amour, et Salomé ne me rend plus ma tendresse. Ah ! je suis bien malheureux !

— Vous vous trompez, répondit Paulus, oui, vous vous trompez !

— Un père ne se trompe pas quand il s'agit de son enfant. Elle a pitié de l'aïeul qui l'adore, dont la vie s'est passée à lui amasser une fortune de princesse, à collectionner pour elle d'admirables bijoux, mais elle ne se jette plus dans mes bras avec effusion. On dirait tantôt qu'elle me craint, et tantôt que je l'épouvante. Seigneur Paulus, il y a entre elle et moi un obstacle qui nous sépare.

— Le pouvez-vous croire ?

— J'en suis sûr. Quand j'essaie de voir à travers ses yeux jusqu'au fond de son âme, elle détourne la tête en soupirant. Sur le point de me parler, Salomé s'arrête prise d'un effroi incompréhensible. Elle m'a supplié de renoncer à l'idée d'exiger du comte Palma l'Élixir de longue vie. On dirait qu'elle éprouve la hâte d'abandonner son aïeul et de mourir avant lui... Seigneur Paulus, parlez, vous qui savez convaincre, parlez-lui, dites-lui qu'elle doit m'aimer, que tout ce qu'elle voudra, je le ferai, tout ! Mais qu'elle vive ! qu'elle vive !

La douleur du vieillard émut le jeune homme, il promit au Juif d'obtenir de sa fille une confiance entière, et durant une après-midi il entra seul dans l'appartement de Salomé.

Les serres du comte Palma avaient été dévalisées pour orner le boudoir de la jeune fille. Vêtue de blanc, le teint d'une pâleur d'ivoire, et n'ayant dans le visage de vivant que les yeux, elle tenait ses regards fixés sur le fleuve glacé et voyait vaguement passer les traineaux lancés dans une course rapide. Une teinte rosée se répandit sur ses joues quand elle vit entrer le jeune homme, sa main amaigrie s'étendit vers lui, puis elle lui désigna un siège.

— Comment vous trouvez-vous, Salomé? demanda-t-il.

— Bien, répondit-elle avec un sourire énigmatique, je me rapproche de la patrie où l'on cesse de souffrir.

— Ce qu'affirme votre aïeul est-il donc vrai?

— Que vous a-t-il dit, seigneur Paulus?

— Que vous souhaitiez mourir?

— Il ne se trompe pas!

— Mourir, vous, si jeune, si belle!

— Ah! s'écria la Juive, qu'importent l'âge et la beauté, si l'on n'est pas aimée! Mon aïeul ne comprend rien à ce qui se passe en moi! Une passion aveugle l'a privé de la faculté de juger les hommes et les choses. Longtemps il crut que ses richesses pouvaient me faire trouver un époux réunissant toutes les qualités qui charment et attachent. Il ne reconnaît que la puissance de l'or! Mensonge! Mensonge! Il est des hommes qui croiraient indigne d'eux d'aimer Salomé, la Juive opulente, et mon père offrirait vainement des millions de ducats à plus d'un gentilhomme que celui-ci les refuserait... Si je ne puis sentir battre mon cœur, Paulus, en espérant qu'un autre cœur me répondra, pourquoi vivrais-je? Ah! vienne la mort, plutôt que de traîner une existence vide et inutile! La mort qui me fera libre, et me donnera des ailes pour monter au ciel... J'ai vécu séparée de ceux vers qui je me sentais attirée, ma mort me rendra digne de les retrouver. Le Dieu bon dont vous me parlez me recevra avec indulgence... Ce Jésus insulté, vendu, crucifié par ma race, deviendra mon Dieu, parce qu'il est le vôtre! Vous êtes chrétien! Je serai chrétienne afin de vous retrouver un jour.

— Salomé!

— Oh! ne craignez pas que j'espère rien en ce monde, Paulus... Ne redoutez pas que j'aie à rougir d'un sentiment involontaire... Je ne sais pas comment je me suis prise à vous aimer, — ce sentiment ne s'analyse point, — mais je vous aime! Non point à la façon dont une autre femme vous chérira, mais comme une créature sur qui la mort a d'avance posé la main, et qui sent d'heure en heure s'épuiser davantage les forces d'un corps débile. Vous ne m'aimerez jamais, je le sais; vous êtes fiancé à Molda... Molda qui veut bien être mon amie et daigne souvent m'appeler sa sœur... Je ne suis point jalouse... Qui, plus qu'elle, serait digne d'être chérie par vous? Le sentiment que je vous ai voué ne saurait lui porter ombragé... Il m'arrive souvent de vous confondre dans une égale tendresse C'est près de vous que mon cœur a battu pour la première fois ; c'est près d'elle que la lumière d'en haut me fut révélée. Je me trainais dans les limbes de l'esprit, elle m'ouvrit les portes du ciel... Cher Paulus, prenez les Évangiles et lisez ! A mesure que j'entends ces pages admirables, je me sens transportée dans un autre monde... Je parcours une voie divine à l'extrémité de laquelle je découvrirai le jardin céleste produisant les fruits qui apaisent la faim, et dont les racines puissantes trempent dans l'eau des fleuves capables de désaltérer ma soif... Comprenez-vous cette joie de vous devoir, à vous et à Molda, le paradis vers lequel se tournent mes regards? Elle viendra, vous l'avez dit. Ensemble, vous prierez pour la pauvre Juive ! Vous en ferez une chrétienne... La mort accourt... Il ne faut point qu'elle me surprenne, mais qu'elle m'accueille, et m'endorme sur son sein.

— Salomé ! ma sœur, répondit Paulus, ce que mon cœur garde de tendresse en dehors des devoirs de reconnaissance qui m'attachent au comte Palma, et du sentiment profond qui me lie à Molda, est à vous... chassez les lugubres pensées de mort qui vous hantent... Votre jeunesse vous sauvera... Les prières que nous adresserons à Dieu obtiendront une guérison inespérée... Vous vivrez pour goûter des joies nouvelles au milieu de vos amis... Molda m'a chargé de vous annoncer sa visite pour aujourd'hui ; mieux que moi, elle vous dira la puissance et la bonté du Dieu que nous adorons.

La jeune fille posa la main sur le bras de Paulus.

— Ma jeunesse et vos prières me sauveront ! dit Salomé d'une voix plaintive, ne croyez-vous donc point, Paulus, à la puissance de l'Élixir de longue vie?

Le jeune homme secoua la tête.

— Non, répondit-il, non, je n'y crois pas.

— Mieux que personne, pourtant, vous êtes placé pour le savoir. Vous avez été le principal témoin de certains faits.

— Qui m'inquiètent, c'est vrai...

— Et qui devraient vous convaincre.

— Hélas! Ils ne le peuvent.

— C'est pourtant indéniable.

— Pour tout autre que moi, oui.

— Vous avez vu pourtant... vous avez vu comme moi...

Il ne répondit rien.

— Le comte Palma vieilli, en cheveux blancs, est redevenu subitement jeune...

— J'ai vu un homme de vingt-cinq ans rentrer dans les salons, que venait de quitter un vieillard, voilà tout !

— Mais ce jeune homme, vous ne sauriez le nier, ressemblait d'une façon frappante au portrait reproduisant les traits du comte...

— Le gentilhomme à l'habit de velours rouge... En effet, il lui ressemble étrangement.

— Vous voyez bien que le rajeunissement du comte fut instantané et que nul ne peut douter de la réalité des faits.

La préoccupation de Paulus était devenue profonde, et ce fut avec un accent que la jeune fille ne lui connaissait point, et dans lequel se trahissait une crainte mystérieuse, qu'il dit, répondant bien plus à sa pensée qu'aux questions de Salomé :

— Le témoignage des yeux peut nous tromper... Entre le gentilhomme à l'habit rouge, et le comte Palma d'aujourd'hui, l'œil saisit à peine une différence, cependant cette différence existe... Dans le portrait, le regard est ardent, la bouche franche; sans doute, on peut trouver sur le front la trace de préoccupations visibles, mais ces préoccupations sont intelligentes... Pour que les deux visages se ressemblassent, d'une façon absolue, il faudrait que cet homme eût changé d'âme et d'intelligence. Or l'Élixir n'a pu agir que sur l'enveloppe... Jadis mon maître m'aimait. Il affirmait que ma présence le reposait, il se plaisait à converser avec moi; je remplaçais pour lui un fils ingrat dont il me parla un soir avec l'abandon de la confiance... Aujourd'hui, tantôt il m'appelle dans le laboratoire, m'excitant au travail, me suppliant de lui venir en aide pour l'achèvement d'une tâche dont, jadis, le vieil alchimiste redoutait que je prisse ma part; tantôt il m'interdit sa porte, me traite avec une dureté hautaine, et semble vouloir mettre ma patience à une si rude épreuve que, rebuté par des façons si nouvelles, j'abandonne le Château maudit... Quelquefois, sans motif apparent, il change soudain d'attitude et il parle de m'emmener avec lui. Cependant je comprends que ma présence lui pèse... Et puis la cicatrice manque à son bras... Non ! Non ! Salomé, n'attendez point votre salut de cet homme ! Demandez-le au Seigneur, en lui seul est la résurrection et la vie.

Salomé écoutait, pensive, effrayée; dans le fond de son âme, elle sentait que Paulus disait vrai. Tandis que son père ajoutait une foi absolue en la science du comte, sa raison précoce lui interdisait de s'abandonner à une espérance basée sur un savoir qui échappait au contrôle du jugement humain.

La tristesse dans laquelle venait de tomber Paulus la troubla, elle ouvrit au hasard le livre des Évangiles, et lui dit :

— Lisez !

Paulus regarda la page avec le sentiment de respectueuse curiosité qui porte les saints eux-mêmes à s'en rapporter à l'oracle du livre sacré, et son regard retrouva sa lumière rayonnante, en reconnaissant que Salomé venait de l'ouvrir au chapitre symbolique de la résurrection de la fille de Zaïre.

Comme il eu achevait la lecture et que les bras de Salomé se croisaient avec recueillement sur son sein, un bruit de pas se fit entendre dans le corridor, une main légère frappa doucement à la porte, et le doux visage de Molda apparut.

Salomé tendit les mains vers elle.

— Ah ! mon bon ange ! vous voilà revenue...

— Peut-être est-ce pour la dernière fois, répondit Molda, dont la pâleur frappa vivement ses amis ; j'ai obtenu de mon père qu'il me permette de vous voir... Mais je ne saurais répondre qu'il me sera possible de revenir. L'avenir est gros de menaces, Salomé !

— Vous avez souffert pour moi, soyez bénie, dit la Juive en serrant les doigts de Molda dans les siens... Oui, comme vous, il me semble que ce château redeviendra le théâtre de tragédies sinistres... Hâtez-vous donc de faire de moi votre sœur et la fille de Dieu.

— Vous le serez, Salomé, je vous le jure, répliqua Molda, mais ce n'est point à nous qu'il appartient de devenir les ministres du Sauveur qui vous attire avec tant de miséricorde... Nous avons mission de vous consoler, de vous instruire, de vous aimer, mais notre rôle s'arrête là ; pour le reste nous vous enverrons un prêtre.

— Jamais mon père ne me permettra d'en recevoir un ; le comte Palma de son côté, je le crains, lui interdira également de franchir l'enceinte du château.

— Sous quelque habit que se présente à vous un homme, s'il vous dit : — « Je viens de la part de Molda » et vous montre un crucifix, abjurez entre ses mains, mon amie, ma sœur ; ce sera un moine envoyé par moi ou par le seigneur Paulus....

Après que la pauvre Juive eut été rassurée par cette promesse, les deux jeunes gens, tour à tour, achevèrent d'éclairer son esprit. Ils lui révélèrent la grandeur des mystères chrétiens, la sainteté de la morale du Christ, la sublimité des espérances qu'il vint apporter au monde ; deux longues heures s'écoulèrent pendant que de ces trois cœurs, également purs, s'exhalaient des sentiments dignes du regard des anges.

L'arrivée d'Abraham mit fin à cet entretien.

Il venait non seulement rejoindre sa fille, mais apprendre à Molda que le comte Komorn la demandait.

Molda étreignit la malade dans ses bras, quelques larmes tombèrent sur le front pâli de la Juive, puis Molda, tendant la main à Paulus, murmura de façon à être entendue de lui seul :

— Si mon père tente de forcer ma volonté, pour la première fois de ma vie, j'oserai me révolter ; jamais, je vous le jure, Paulus, jamais je ne serai la femme du comte Palma.

Un baiser à Salomé, une pression de main à Paulus, et Molda rejoignait son père. Elle l'entendit répéter au maître du Château maudit :

— Vous avez ma parole, comte, ce que nous voulons tous deux s'accomplira.

L'ÉLIXIR DE LONGUE VIE

Ose répéter maintenant que tu me respectes! (*Voir page* 211.)

XVIII

OÙ VONT LES CŒURS BLESSÉS

Molda et son père regagnèrent l'équipage qui les attendait, sans échanger une parole. Au moment où la jeune fille allait y prendre place, l'enfant à qui elle avait adressé quelques mots avant sa visite à Salomé, redescendit précipitamment les roches formant les assises du Château maudit, et s'approcha du traîneau. S'y appuyant des deux mains, il aida le laquais à le pousser sur la glace. Tout en courant, il reprit sa conversation avec Molda :

— Voyez-vous, Mademoiselle, je ne rentrerai plus jamais chez le vieux chevrier.

— Pourquoi? demanda Molda.

— D'abord, parce qu'il est ivrogne et brutal, qu'il me jette à peine un morceau de pain noir et qu'il me bat.

Pauvre petit, soupira la jeune fille.

— Et puis parce que je veux continuer ce que j'ai commencé.

— Qu'est-ce donc? fit Molda intriguée.

— Les recherches de Gilda.

— De la petite fille dont tu m'as parlé il y a quelques heures?

— Oui.

— Je doute que tu y réussisses, puisque la police...

— Il faut pourtant que je retrouve Gilda vivante ou morte! Niklas me donnera bien un coin dans sa maison, jusqu'à ce que je retrouve sa fille. Je suis petit et je tiens peu de place.

— Brave cœur ! s'exclama la fille de Komorn.

— Et si tu allais trouver le juge Samper? continua Molda.

— Le juge Samper! Je n'oserais pas.

— Si tu dis la vérité, pourquoi craindre?

— Ce n'est pas que j'aie peur ou que je mente.

— Alors?

— C'est qu'il ne voudrait pas me recevoir. C'est un grand seigneur.

— Il est si bon !

— Oui, mais je ne suis qu'un enfant, voyez-vous. Qui écoute, qui croit un enfant?

— Il a raison, le petit, se dit la jeune fille dont les yeux devinrent humides.

— Mais peu importe, continua Gyorgio, je la retrouverai. J'aimais trop Gilda pour me consoler de sa perte. Sa mère pleure plus que moi. Je renfonce mes larmes parce que je suis un homme. J'ai dans l'idée qu'on la retrouvera au Château maudit... Il doit y avoir des souterrains et des cachettes dans ce manoir où reviennent des fantômes... Je descendrai tout au fond, je chercherai sans relâche et si par malheur Gilda s'y était égarée ..

— Mon cher enfant, répondit Molda, si la pauvre petite, entraînée par la curiosité, était, comme tu sembles le croire, perdue dans les souterrains du château, hélas ! elle y serait déjà morte de faim et tu ne rencontrerais plus qu'un cadavre...

— Oh ! Mademoiselle... ne me désespérez pas ! A cette pensée, mes cheveux se dressent sur mon front .. Gilda seule, dans la nuit, dévorée par la faim et la soif, effrayée par l'obscurité, Gilda obligée de se défendre contre des bêtes pleines de venin... Il doit se trouver dans ces oubliettes des rats, des chauves-souris, des serpents... Ma petite Gilda ! ma pauvre petite Gilda !

En dépit de l'affirmation qu'il venait de donner de son courage, un sanglot s'échappa des lèvres de Gyorgio.

Un moment après il se trouva en face de la route passant devant la maison de Niklas, et abandonnant le traîneau, il adressa un respectueux salut à Molda et courut à toutes jambes dans la direction de l'auberge des Trois Pommes de Pin.

Le comte Komorn continuait à garder le même silence glacial, silence qui pesait d'une étrange façon sur le cœur de sa fille. Accoutumée à lire sur le visage de son père les pensées traversant son esprit, elle s'inquiétait de le voir si concentré, si sombre, plus qu'elle n'eût fait d'une scène violente. Évidemment, le joueur rassemblait ses forces et s'apprêtait à risquer une partie terrible.

Mais si respectueuse, si dévouée que fût Molda, elle savait cependant qu'elle n'avait ni le devoir ni même le droit de compromettre plus que sa vie. Devenir la femme de Palma eût été pour elle risquer son âme ; elle ne pouvait, elle ne devait, pour rien au monde, compromettre son salut. Elle résisterait.

Tandis que le père s'armait d'un courage féroce pour dompter et briser cette charmante fille, Molda rassemblait son énergie. Le moment qu'elle venait de passer avec Paulus lui prouvait, une fois de plus, que le penchant de son cœur l'entraînait de ce côté et c'était si doux de s'abandonner à cette consolante pensée.

A quoi bon pourtant ?

Ce n'était là qu'une chimère sans doute, un rêve impossible, une décevante illusion.

Son père permettrait-il jamais la réalisation d'un projet qui ruinerait les siens ?

Sans doute, dans son obéissance de chrétienne, elle se promettait bien de ne jamais épouser Paulus contre la volonté paternelle, mais elle s'engageait aussi à ne jamais mettre, devant l'autel, sa main dans celle de Palma.

Un profond sentiment d'angoisse l'avait envahie, à ces sombres pensées les larmes montaient lourdes et pressées à ses yeux.

Elle avait aussitôt ramené son voile sur son visage et, silencieusement, elle pleurait. Il lui semblait que sa vie ressemblerait désormais au fleuve sur lequel courait le traîneau. A perte de vue, sous les rayons mourants du soleil la surface glacée du Danube s'étendait pure et unie. L'existence de Molda serait également blanche et froide, privée des rayons vivifiants de la tendresse.

Enfin le traîneau s'arrêta, le comte Komorn et sa fille descendirent, Molla reprit le bras de son père, et tous deux, sans rien dire, rentrèrent à l'hôtel.

Ce fut seulement après le souper que le comte Komorn se décida à avoir une dernière explication avec sa fille. Elle s'y attendait et s'y était préparée, et tandis que le comte parlait debout, s'interrompant de temps à autre pour marcher dans la vaste salle, Molda l'écoutait repliée sur elle-même.

Les mots prononcés par son père lui entraient dans le cœur comme une lame, et cependant elle ne se sentait pas vaincue, une force surhumaine était en elle qui la soutenait.

— Ma fille, dit le comte, le moment est venu de tenir la parole que j'ai donnée au comte Palma. Il vous aime; sa famille est égale à la nôtre; nul ne peut calculer ses richesses, et dépensât-il ce soir les richesses qu'il possède, sa science les lui rendrait demain. A diverses reprises il m'a sauvé plus que la vie, car je me serais tué si je n'avais pu tenir des engagements d'honneur. J'espère que vous saurez comprendre votre devoir en comblant les vœux d'un père.

— Je suis prête à vous faire le sacrifice de ma vie, mon père, mais je ne puis vous faire celui de mon éternité.

— Enfantillages que cela! Je sais bien que vous formulez contre Palma des craintes, que vous ne partagez point sa passion. Une honnête femme aime toujours son mari... votre mère fut le modèle des épouses, je suis certain que vous l'imiterez...

Le mariage sera célébré dans trois jours.

— Dans trois jours! s'écria Molda, y songez-vous, mon père? Mes idées n'ont pas changé sur le compte de Palma, et vous voulez que je devienne sa femme! C'est risquer, je vous l'ai dit, mon salut et ma vie. Trois jours ! On accorde plus de temps que cela au condamné à mort... Mon père! mon père! Je demande grâce! Voyez, je suis à vos genoux. Je pourrais refuser d'obéir, je n'use point de ce droit. J'espère encore que vous agirez avec miséricorde... Ne vous montrez pas inflexible... Je suis votre enfant...

Retournez vers le passé; il y a une heure peut-être où vous m'avez aimée! Quand ma mère me mit dans vos bras, vous avez senti votre cœur tressaillir! Lorsque, toute petite, je m'asseyais sur vos genoux, vous m'avez pressée sur votre poitrine... Mais si vous m'avez aimée, je vous le jure, je vous ai chéri davantage encore... Je suis restée orpheline si jeune, que toute mon affection est allée à vous. Songez donc, vous deviez m'aimer pour ma mère et pour vous! Je ne me plains pas, je ne vous adresse point de reproches, mais j'ai souffert, longtemps; j'ai tellement souffert que je redoute de manquer de force pour subir une lente torture... Si vous compreniez ce qu'a été ma vie, pendant les longues nuits que vous passiez hors du logis... Je vous savais devant une table couverte d'or, jouant aux dés ou maniant des cartes... Les châteaux, les forêts, les herbages s'en allaient au gré de la fortune, et lentement nous descendions vers la pauvreté... On commençait à me plaindre beaucoup et à moins vous estimer... Des hommes à visage patibulaire pénétraient dans la maison, parlant haut toujours, menaçant quelquefois... L'un d'eux, me rencontrant un jour dans l'escalier, vous fit brutalement observer que je portais au cou un bijou de prix, et je dus l'abandonner à cet ignoble Juif... Cette plaque de diamants, ma mère l'avait portée... Mon Dieu! Je ne vous reprochais rien, ni votre patrimoine vendu, ni ma fortune dissipée. Vous êtes mon père! Je vous reconnaissais tous les pouvoirs... Je me cachais de vous pour pleurer... devant mes amies je m'efforçais de sourire.... Honoria, la plus chère de toutes, n'a jamais connu les tristes secrets que Dieu seul lisait dans mon âme. Et cependant, chaque jour grandissait avec notre misère l'insolence des valets et l'indifférence de la femme que vous avez placée près de moi. Les maisons où pénètre la misère ressemblent aux ruines, et on a peur... Vous ne sembliez même plus m'aimer. La passion du jeu vous corrodait le cœur... Je vous le jure, pourtant, je vous le jure, les mains tendues vers vous, prosternée à vos pieds, je vous garde le même dévouement, le même respect...

— Vous! s'écria le comte, en saisissant les frêles poignets de Molda, et la renversant à demi sur le sol, vous, allons donc! Imiter, remplacer votre mère... Celle-là m'aimait, celle-là comprenait ses devoirs... Il n'était aucun sacrifice qu'elle n'eût accompli sur mon ordre. Sur un signe de ma main elle se fût précipitée dans le Danube. Vous n'êtes ni une fille respectueuse, ni une bonne chrétienne! car vous discutez avec moi, et vous oubliez le quatrième commandement! Votre mère! Un ange! Toujours douce, obéissante, courbée sous la main du mari, quand bien même ce mari restait un maître.

— Elle en est morte! murmura Molda.

— Voulez-vous me reprocher...

— Sa fin prématurée. Oh! non! Et pourtant, mon père, on meurt d'autre chose que des maladies envoyées par le ciel. On languit, on se dessèche dans les larmes; le cœur bat jusqu'à vous étouffer... un jour la mort vous prend, et le ciel sait qui l'a appelée... Ma mère est morte, en regrettant la vie à cause de moi! Moi je tiens à l'existence, je suis jeune, il est un espoir secret au fond de mon âme. Promettez-moi de ne pas insister pour faire de moi la femme du comte Palma, et je vous jure d'oublier les douleurs dont je suis abreuvée.

— Vous lui serez fiancée demain.

— Vous n'aimez point cet homme, pourtant!

- Je suis son débiteur.

— Mon père, vous allez m'obliger à commettre une faute, à transgresser une parole sacrée... Mais celle qui l'exigea de moi voit à quelle extrémité vous me réduisez... Avant d'expirer, cette chère sainte exigea de moi un serment... Connaissant votre passion pour le jeu, elle tremblait qu'un jour je connusse la misère, et alors...

Les yeux du comte Komorn se fixèrent sur sa fille. Une convoitise ardente s'y lisait; les mains tremblantes il s'inclina vers elle :

— De l'or, elle t'a donné de l'or à cacher?

— Elle gardait du pain pour sa fille.

— Oui, oui, elle t'aimait, elle te préférait à moi...

— Combien devez-vous au comte Palma? demanda Molda.

— Soixante-quinze mille florins.

— Dieu soit loué! vous vous acquitterez.

— Soixante-quinze mille florins, tu possèdes une pareille somme?

— Oui, mon père... Le frère du père de ma pauvre mère la lui avait remise en songeant à nous.

— Où est-elle?

— Je vous la donnerai demain.

— Non, ce soir, ce soir même... A la première heure, j'irai m'acquitter de ma dette.

— Et vous me jurez de me rendre ma liberté absolue!

— Je te le jure, je ne te la donne pas, du reste, je te la vends.

— Devant Dieu qui nous voit et nous écoute, vous me déliez de toute obéissance au sujet du comte, et jamais vous ne me reparlerez de ce mariage?

— Jamais.

— Vous me le promettez?

— Je te le jure!

— Eh! bien! soyez fidèle à votre serment, je vais tenir ma parole.
— Attendez-moi donc, mon père!

Molda quitta la salle et s'élança dans un escalier conduisant au premier étage. Elle entra dans la chambre que la comtesse Komorn habitait jadis, chambre dans laquelle la douce martyre était morte, et dans laquelle Molda était venue au monde. Puis prenant un petit reliquaire à son cou, elle en tira une clef mignonne, palpa la boiserie au chevet du lit, dérangea une fleur sculptée, introduisit la clef dans une serrure mystérieuse, et une armoire dans laquelle se trouvaient plusieurs sacs d'or s'ouvrit sous la main de Molda.

Ce ne fut pas elle qui tira les florins de l'armoire.

Une main brutale saisit les sacs, puis le comte se tournant vers sa fille, eut le courage de lui dire :

— Ah! misérable! tu as pu voir ton père désespéré par des pertes de jeu, et tu ne lui as pas jeté cet or dans les mains. Ose répéter maintenant que tu me respectes et que tu m'aimes!

A l'expression du visage de son père, à la colère vibrante dans son accent, Molda se mit à trembler. Il venait de mentir encore ; il l'avait trompée... Après lui avoir sacrifié le pain que lui gardait sa mère, elle allait retomber dans un abîme plus profond encore. Cependant, il lui répugnait tellement de croire le comte Komorn capable d'une telle infamie, qu'elle s'efforça de bannir ses sinistres pressentiments.

— Mon père! fit-elle, souvenez-vous que vous avez juré!

Un sardonique éclat de rire fut l'unique réponse de Komorn.

Il emplit d'or les poches de son habit, puis après avoir serré dans un coffre le reste de la somme que venait de lui remettre Molda, il sortit rapidement de l'hôtel.

— Où va-t-il ainsi? se demanda Molda en se penchant, anxieuse, à la fenêtre.

Elle le savait trop, il se rendait à une maison de jeu!

Tombant brisée sur les genoux, Molda se mit à sangloter. Si son père perdait, elle allait de nouveau se trouver en face d'une obligation terrible. Cependant, la prière et la réflexion la calmèrent. Il lui restait à peine une somme suffisante pour payer sa dot dans un couvent, mais si faible qu'elle fût, l'abbesse s'en contenterait. Une promesse engage toujours celui qui l'a faite. Un contrat sacré avait été conclu entre elle et son père. Molda avait acheté sa liberté. Molda en s'affranchissant d'une dure tutelle, ne braverait aucun devoir, elle userait simplement d'un droit. Cette fois elle était résolue. Si l'indignité de son père allait jusqu'à vouloir reprendre sa parole, elle ne le permettrait pas.

Elle ne se coucha point. Toute la nuit, l'oreille attentive, elle écouta les bruits de la rue ; le pas de son père ne retentit point dans le grand escalier. La pauvre fille tomba, au matin, dans un assoupissement douloureux dont elle fut tirée par les sourdes imprécations du comte Komorn qui venait de rentrer.

— Il a encore perdu ! murmura-t-elle.

Sans doute Komorn, accablé de fatigue, se jeta sur son lit, car Molda ne l'aperçut point.

Dans la journée un gentilhomme de Pesth le vint demander. Il réclamait le paiement d'une dette d'honneur ; cinquante mille florins perdus sur parole, et que Komorn lui remit.

— Mon cher comte, lui dit son heureux adversaire, à l'avenir, quand on m'assurera que votre fortune décline, je saurai ce que je dois répondre. Vous payez galamment cinquante mille florins, comme s'il s'agissait d'une poignée d'écus.

— Et vous pouvez, baron, garder toujours une égale confiance, ajouta Komorn, car je marie ma fille au comte Palma, et quand l'or manquera dans ma bourse, j'en puiserai au fond de ses creusets qui sont intarissables.

Molda entendit ces derniers mots.

Ils ne la surprirent point. Préparée à cette dernière catastrophe, elle se tint prête à la subir.

A l'heure du dîner, quand elle se retrouva en présence de son père, elle évita toute allusion à ce qui s'était passé la veille. Komorn l'étudiait sournoisement ; il s'était attendu à des reproches, elle se borna à l'interroger sur sa santé.

— Sortez-vous ce soir ? lui demanda-t-elle.

— Oui, répondit-il d'une voix brève.

— J'ai la crainte de trouver les heures un peu longues, permettez-moi d'aller voir Honoria et ses sœurs.

— Volontiers, répondit le comte.

Il se leva un moment après parut hésiter, puis tendit la main à Molda :

— Tu es une bonne fille ! dit-il enfin.

— Adieu, mon père ! répondit Molda.

Komorn sortit.

Molda fit avertir Mme Illa, mais elle ne put se résigner à partir sitôt. Lentement, elle parcourut les chambres et les salons du vieil hôtel, recueillant les impressions du passé, emplissant son âme du souvenir adoré de sa mère. Une miniature très ressemblante se trouvait accrochée près d'une cheminée, elle la prit, l'approcha de ses lèvres, puis la cacha dans son sein. Alors avec un sanglot étouffé, elle quitta cette pièce, s'enveloppa dans une mante dont elle rabattit le capuchon sur son front, et suivie de sa duègne, elle se dirigea vers le logis du baron Samper.

Dans cette maison régnait le même ordre grave et charmant. Tandis que le juge travaillait à une table couverte d'un tapis sombre, les trois sœurs, assises autour d'une corbeille, brodaient patiemment un ornement d'autel. La baronne lisait, oubliant parfois de tourner les pages pour regarder le groupe gracieux formé par Honoria, Thécla et Lina. Les jeunes filles échangeaient à peine des mots rapides, dans la crainte de troubler le travail et la lecture de leurs parents. Le souper était fini depuis une heure ; on n'attendait personne ce soir-là.

Les sœurs levèrent curieusement la tête en entendant retomber le heurtoir de la porte.

Un instant après, Molda fut introduite.

Le cri de joie qui accueillit son entrée lui prouva combien on l'aimait dans cette pieuse famille, et détendit un peu ses nerfs. Ce fut avec un élan presque filial qu'elle se jeta dans les bras de la baronne Samper, en lui disant :

— Madame ! madame ! ayez pitié de moi !

Ce cri, ce mouvement arrachèrent le juge à son travail ; il tourna vers la fille de Komorn un regard bienveillant, tandis qu'Honoria et ses sœurs l'entouraient d'un groupe fraternel.

— Molda, mon enfant, que vous est-il arrivé, grand Dieu ? demanda la baronne.

— Parlez, ajouta Samper. Il n'y a point seulement ici un ami, mais un magistrat.

— Vous êtes bons ! vous êtes bons ! répéta Molda, les mains tendues, les yeux gonflés de larmes Hélas ! à cette heure, j'ai besoin tout à la fois du juge et de l'ami. Du juge pour m'apprendre si j'ai le droit d'agir comme je souhaite le faire, de l'ami pour compatir à ma peine... Oh ! madame, ne m'accusez point d'avoir manqué de force pour porter mon fardeau ! Tant que mon bonheur resta seul en jeu, je me montrai courageuse ; maintenant il s'agit de mon âme... Ma félicité en ce monde est perdue ! Je dois garder l'espoir dans les joies du ciel, les seules auxquelles, désormais, il me soit permis d'aspirer... Il y a si longtemps que je suis orpheline ! si longtemps que j'étouffe sans oser crier mon désespoir...

— Parlez, pauvre petite ! dit la baronne ; de cette heure vous avez une famille.

Molda s'efforça d'ôter une partie de l'infamie au rôle joué par son père ; elle tenta de rejeter sur la folie de sa passion de joueur, tous les chagrins dont elle avait été abreuvée. Quoiqu'elle implorât l'appui de Samper, elle diminuait la criminalité du comte Komorn.

Elle dut, cependant, raconter de quelle violence elle était victime, et comment la veille, au prix du legs sacré de sa mère, elle avait cru acheter la paix... Enfin, elle répéta le cynique propos tenu par le joueur à celui qui réclamait une dette de jeu contractée la veille.

— Mon enfant, répondit le juge, la volonté d'un père est sacrée, quand ce père remplit ses devoirs à l'égard de ses enfants. Mais s'il y manque d'une façon notoire, la justice, qui doit protection aux petits, peut intervenir. Ne craignez rien, je vous prends sous ma garde. Restez, s'il vous convient, au milieu de ma famille. J'aurai quatre filles au lieu de trois, voilà tout.

— Reste! reste, Molda! s'écrièrent avec un chaleureux ensemble les charmantes sœurs.

Molda leur tendit les mains et les embrassa tendrement.

— Monsieur le baron, répondit-elle, en acceptant vos offres généreuses, je craindrais d'afficher trop publiquement et mon malheur et la dégradation de mon père. Si je me crois le droit de résister à sa volonté, de me défendre de devenir le prix d'un marché honteux, je ne veux point l'exposer au blâme général, en attirant sur moi la pitié. Je garde au fond de mon âme un dernier secret que je vous révélerai plus tard... Il me semble, en ce moment, que le plus sage moyen de ne blesser personne, et de n'attirer le mépris ni sur moi ni sur mon père, est de me retirer dans un couvent.

— Y voulez-vous prononcer des vœux? demanda Honoria.

Molda rougit.

— Je ne m'en reconnais pas digne, répondit-elle. Mais l'asile est ouvert et je m'y réfugie... Un jour viendra où j'en sortirai... Mon père comprendra qu'en m'obligeant à devenir la femme du comte Palma, il ferait de moi le prix d'un marché... Ne l'accusez pas pour son insistance à poursuivre un projet qui serait ma perte... Peut-être croit-il travailler à mon bonheur... Les vieillards ne sauraient penser comme les jeunes filles... Je l'aime encore, il reviendra à des sentiments plus tendres... S'il accourt près de vous, monsieur le baron, afin de se plaindre de ce qu'il appellera une désobéissance et une faute, plaidez ma cause... Il ne faut pas que je sois maudite par mon père.

La baronne serra de nouveau Molda dans ses bras.

— Comptez sur nous, lui dit-elle, sur nous tous.

Le juge reprit au bout d'un instant :

— Sur quoi se fonde le sentiment de répulsion que vous inspire le comte Palma?

— Pourrais-je le bien définir ? demanda la jeune fille. Je ne le crois pas. La vérité est qu'il m'inspire une secrète épouvante... Quand je le vis pour la première fois avec ses cheveux blancs, couronné pour ainsi dire de la renommée de sa science, il m'effraya moins .. Impression de l'esprit sans doute... On retrouvait encore dans ses regards des lueurs de bonté. Il se montrait accessible à tous, prodigue à l'égard des pauvres... Je croyais deviner seulement de grands chagrins dans sa vie... En refusant de devenir sa femme, j'aurais accepté d'être son amie... Mais l'autre, le nouveau comte Palma... ce jeune homme étrange, dont la beauté, la vigueur semblent moins une conquête de la science que le résultat d'un pacte ténébreux... Je l'ai bien observé, allez, durant les heures que j'ai passées au château et les visites qu'il a faites à mon père... Le passé lui pèse.. un remords le ronge... en dépit de son regard dur et froid comme l'acier, on y surprend l'expression d'une terreur indicible...

— Ce qu'il a fait justifie peut-être le changement que vous remarquez.

— Les pauvres n'entrent plus dans la cour, sa main reste fermée pour l'aumône. Quand il quittera ce pays il n'y laissera pas le souvenir d'une seule bonne action.

— Parle-t-il donc de s'éloigner ? demanda assez vivement le juge.

- Son intention est de retourner en Italie.

— Tant mieux ! fit Samper, tant mieux !

Puis brusquement, comme si au fond de sa pensée un lien s'établissait entre cette répon_ et sa question, il ajouta :

— Connaissez-vous Niklas, l'aubergiste des Trois Pommes de Pin?

— Si je la connais? Hélas! la malheureuse est presque folle, maintenant... On la voit tantôt dans la ville demandant justice au coin des carrefours; tantôt à l'église, les bras en croix suppliant le Seigneur de lui faire retrouver l'enfant perdue... Une voisine de Niklas s'occupe maintenant de l'auberge; la pauvre mère y fait de rares apparitions. Guisko, un jeune garçon estropié, y attire la clientèle à cause de son talent sur la cithare... Plus d'une fois Niklas, qui reconnaît malgré son égarement ceux qui sont ses amis, est venue me voir et me parler de sa fille.

— Rencontrâtes-vous cette enfant au château, le jour de la grande fête?

— Non, monsieur le baron... Niklas n'est pas seule à chercher Gilda... Gyorgio, son petit camarade, parcourt également le pays. Il est touchant de voir la tendresse obstinée de ces deux êtres : la mère et l'ami... Gilda se sera noyée, voyez-vous...

— Probablement, répondit le juge, et cependant...

Il n'acheva pas, se leva, commanda d'atteler le carrosse et dit à sa femme :

— La soirée s'avance, nous allons conduire Molda au couvent, ou se trouve Élisabeth ma pupille, qui au bout de quelques jours sera votre amie... Honoria, Lina, et toi Thécla, embrassez bien Molda, notre maison est désormais la sienne.

La jeune fille reprit sa mante et, un instant après, le baron, sa femme et Molda s'éloignaient en voiture à grand bruit de roues et de claquements de fouet.

Un quart d'heure plus tard la cloche du couvent retentissait avec bruit et la Supérieure, arrachée à sa dernière prière, entrait au parloir.

En quelques mots, Samper la mit au courant de la situation de Molda. La beauté, la tristesse, la candeur de la jeune fille, lui conquirent tout de suite l'affection de la Supérieure. Quand les portes du monastère se refermèrent sur elle, le juge et sa femme se serrèrent la main.

Molda était sauvée.

Tandis qu'on la plaçait sous la garde de Dieu, dame Illa commençait à trouver qu'il serait temps de regagner l'hôtel.

Le juge la fit mander, et lui remit pour le comte Komorn une lettre par laquelle il l'instruisait de la résolution de sa fille.

L'ÉLIXIR DE LONGUE VIE

Elle demandait, éplorée, sou enfaut aux Tziganes. (*Voir page* 218.)

XIX

UN NOUVEL AMI DE NIKLAS

On ne voyait plus Niklas que par intervalles à l'auberge des Trois Pommes de Pin. Depuis la disparition mystérieuse de Gilda, elle errait dans le pays, tantôt parcourant le village, tantôt s'égarant le long des routes où elle demandait, éplorée, son enfant aux Tziganes campés sous leurs tentes, ou s'informait auprès des voyageurs, des inconnus, s'ils n'avaient point rencontré une petite fille blonde :

— Vous n'avez pas vu Gilda?

Les hommes secouaient la tête. Les femmes la suivaient d'un long regard de compassion. Ce regard elle le comprenait, et son geste remerciait, tandis qu'elle essuyait une larme.

Un matin elle s'arrêta sur le perron d'un logis dont l'extérieur annonçait l'opulence. Accablée de fatigue, elle y tomba dans une sorte d'assoupissement, dont elle fut tirée par une voix rude, et un geste presque brutal.

— Que diable faites-vous ici?

Niklas releva la tête, et répondit lentement :

— Monsieur! oh! dites, Monsieur, vous n'avez pas rencontré une jolie petite fille blonde...

L'homme à qui elle s'adressait n'était autre que Matthias Rath, le journaliste.

Emu de compassion par l'extérieur de l'infortunée, et se souvenant d'avoir vaguement entendu parler de sa détresse, il la prit doucement par la main :

— Entrez, dit-il, entrez; vous avez besoin de repos et de nourriture.

Elle le suivit docilement.

Un moment après, un repas léger était servi à Niklas, et près d'elle, à table, se tenait Matthias Rath.

Rath la regarda manger avec une expression de satisfaction mêlée de pitié, puis à mesure qu'il la vit reprendre des forces, il engagea l'entretien avec elle.

— Ainsi, demanda-t-il, votre enfant vous a été volée?

— Volée? Je ne sais pas, mais elle est égarée... Et voyez-vous, il me semble qu'à force de la chercher je finirai par la retrouver...

— Depuis quelle époque a-t-elle disparu?

Niklas serra son front à deux mains.

— Je ne sais plus compter les jours, murmura-t-elle. Ma fille a emporté ma raison... La raison des mères, voyez-vous, c'est la vue de l'enfant bien-aimée que Dieu vous envoya du ciel, qui dormit dans vos bras, dont les baisers vous rendaient fort, dont le sourire vous reposait de toute fatigue. Quelquefois il me semble qu'hier seulement elle a quitté l'auberge des Trois Pommes de Pin qu'elle emplissait de son rire; et certains jours, je crois qu'il s'est écoulé des siècles, depuis qu'elle m'a désobéi... Oh! la fête maudite que celle qui attira au château du Danube les gentilshommes et les grandes dames de Buda-Pesth... Elle voulait voir, elle partit avec Gyorgio... La mémoire me revient maintenant... Le petit rentra seul au village, et vint demander Gilda à la maison, Gilda qui l'avait suivi la veille... Tous deux nous parcourons les chemins, et nous la cherchons ; tous deux nous irons de la sorte, jusqu'à ce que nous la retrouvions vivante ou que nous puissions ensevelir son cadavre.

Matthias Rath écrivit rapidement quelques mots sur un calepin, puis il reprit :

— Ainsi, pauvre femme, Gilda est entrée au château, et nul ne l'en a vue sortir?

— Personne, j'ai interrogé tout le monde. D'abord on m'a reçue avec dédain, mais une mère qui pleure finit toujours par inspirer la pitié, voyez-vous. Pas une créature n'a rencontré Gilda dans les escaliers et dans les cours à partir du moment où elle en monta le perron avec Gyorgio.

— Quelle est l'opinion du juge?

— Il croit que l'enfant a quitté le château et qu'une troupe de tziganes l'a rencontrée et l'a emmenée...

— Cela pourrait être en effet, cela pourrait être... Une autre hypothèse, et aussi soutenable, serait celle qu'elle n'a point quitté le manoir... Ces antiques demeures ont des dessous comme les théâtres...

— N'est-ce pas, Monsieur? N'est-ce pas? répliqua Niklas; les vieux du pays en connaissent les souterrains... Quand la jeune dame fut assassinée, et son mari en fuite, le domaine resta ouvert à tous et pour tous pendant des semaines... La justice continuait son enquête, et les curieux ne se privaient pas de monter les grands escaliers conduisant dans les chambres d'apparat, et de descendre les escaliers étroits se perdant dans les ténèbres... On affirme qu'on trouva des chaînes et des carcans dans des logettes de prisonniers... Mon grand-père m'en a parlé souvent... Il me semble même me souvenir qu'il affirmait avoir découvert une sortie donnant sur le Danube, et par laquelle on pouvait quitter le manoir sans être vu. Jamais depuis cette entrée n'a été retrouvée. Peut être l'a-t-on murée? Oh! les vieux parlent encore de ces choses à la veillée... Ils les tenaient des grands parents... Lorsque le château devint le théâtre d'un crime, on en ferma les portes, et personne n'osa le louer... Il a fallu que le comte Palma vint dans le pays...

— Oh! dit Matthias Rath, celui-là ne redoute rien.

— Rien! fit Niklas. On affirme qu'il est sorcier... Je l'aurais nié jadis, maintenant...

— Eh bien ! maintenant ?

— Ce n'est plus la même chose ! répondit l'aubergiste des Trois Pommes de Pin en secouant la tête, non ce n'est pas la même chose...

— Pourquoi, Niklas ?

— Je ne sais trop, et je sens mieux cette différence que je ne saurais l'expliquer... Mais tenez, je me souviens du premier jour où il entra dans ma maison avec le seigneur Paulus... Oh ! celui-là est resté le même, doux, bienveillant, pitoyable... Gilda et Gyorgio étaient dans la maison, jouant, chantant comme d'habitude... Le comte entra... Je vois encore sa belle figure grave, un peu triste, son grand air ; j'entends sa voix me demander avec urbanité une bouteille de vin... Il la paya en grand seigneur et remit une pièce d'or à l'enfant.. Pendant plus de six mois il demeura absent ; lors de son retour l'abondance régna dans le pays... De temps à autre il s'arrêtait à la maison, et chaque fois il ajoutait un florin d'or à l'épargne de Gilda... Les malheureux pouvaient entrer chez lui sans crainte, il leur remettait des cordiaux, des onguents, des breuvages ; il leur prodiguait sa science et ses aumônes... On l'aimait... Je sais bien qu'en voyant flamber la haute cheminée on répétait qu'il tentait Dieu en cherchant le moyen de prolonger indéfiniment la vie humaine, mais en somme nul ne savait s'il employait des moyens interdits par la religion... Il donnait aux pauvres et aux moines, s'il n'entrait pas à l'église...

— Je me souviens de tout cela ! murmura le journaliste, répondant plus à sa pensée qu'à ce que disait Niklas ; il me subjugua dès le premier moment. Sa parole facile, imagée, sa science profonde dont il ne tirait nulle vanité, me charmèrent. Je comptais parmi mes bonnes heures celles que je passais avec lui... Il avait fini par faire entrer dans mon esprit la conviction qu'il atteindrait son but, et qu'il bouleverserait les lois de la nature... Ma raison repoussait cette attente, et malgré moi je partageai sa conviction.. J'ai vu, vu de mes yeux, cet homme courbé, pâli par un travail acharné, à demi-consumé par le feu de ses fourneaux, disparaître derrière la tenture fermant le salon, après nous avoir désigné de la main un tableau représentant un jeune homme, en répétant : — « Vous me verrez dans moins d'une heure, à l'âge précis où fut exécuté ce portrait. » Il sortit, et quand il revint il ressemblait au gentilhomme vêtu de rouge, il avait vingt-cinq ans... J'ai vu ! J'ai vu !

— Illusion de Satan ! dit Niklas d'une voix troublée... Non ! non, ce n'est plus le comte Palma... Nous vivons dans ce pays des vampires, vous le savez bien ! L'être qui est revenu dans la grande salle des fêtes ne pouvait être le comte Palma... Un esprit de l'enfer a pris sa place... J'ai lu dans les regards de celui dont nous parlons qu'il appartient à une race maudite... La terre est visitée par des esprits de ténèbres. Monsieur, vous le savez bien... Est-ce que celui-ci se souvient de ce que faisait et disait l'autre... Le savant est mort pendant son expérience, et Satan a envoyé un ange rebelle prendre sa place... Ses yeux sont aigus et froids; ils vous percent comme un glaive... Quand je lui ai parlé de Gilda, il n'a point paru me comprendre... Gilda était cent fois allée au manoir avec Gyorgio avant ce jour-là... ce jour fatal, ce jour maudit...

Certes, Matthias Rath ne croyait point, comme la crédule Niklas, qu'un vampire eût pris au château la place du comte Palma, cependant il demeurait rêveur. Sa pensée suivait un cours tout autre. Il se rappelait que, pour réussir dans leurs tentatives hardies, les savants du moyen âge ne reculaient pas toujours devant le crime. Que le sang des enfants se mêlait aux herbes magiques et aux poisons violents; que pour ranimer une existence, les anciens croyaient en devoir éteindre le principe chez un être vivant. L'observation soulevée par Niklas ne le surprit donc que par sa forme. Sans y attacher encore une grande importance, car il devait faire la part du caractère crédule des paysans, il convenait de garder le soupçon de Niklas dans un coin de sa mémoire... Quelle apparence, pourtant... Non! l'aubergiste des Trois Pommes de Pin était folle; la douleur lui troublait à la fois la tête et le cœur... Il était étrange pourtant qu'elle ne reconnût plus Palma dans le beau et soucieux jeune homme habitant le Château maudit..

— Niklas, dit-il en remettant quelques pièces d'argent à l'infortunée, continuez vos recherches... A partir de ce jour vous ne les ferez plus seule... Je rends justice au dévouement professionnel des hommes de la police, mais celle que nous organiserons à nous deux, vaudra mille fois davantage... Et d'abord, je vais commencer par publier dans mon journal une note qui peut-être amènera des résultats...

Matthias Rath reprit son crayon et traça ces lignes :

Dans la soirée du 23 décembre dernier, une petite fille, âgée de sept ans et répondant au nom de Gilda, a disparu de la maison de sa mère, aubergiste à l'enseigne des Trois Pommes de Pin. L'enfant, curieuse d'assister au défilé des invités qui se réunissaient ce jour-là au château du Danube, y est entrée en compagnie du jeune chevrier Gyorgio. Nul ne l'a vue depuis. On aiderait à consoler une mère désespérée, en fournissant des renseignements au bureau de la Gazette.

Il relut cette note à haute voix, et Niklas tomba à ses genoux.

— Vous êtes bon ! s'écria-t-elle, vous êtes bon ! Grâce à vous je retrouverai ma fille...

— Gardez pleine confiance en Dieu, Niklas; nous devons tout attendre de sa Providence.

L'infortunée quitta la maison du journaliste, et celui-ci après être rentré dans son bureau, et s'être installé à sa table de travail, se sentit tout d'un coup incapable d'écrire une seule ligne.

— Voilà qui est singulier, pensa-t-il, Niklas m'a communiqué son angoisse d'esprit. Pour être journaliste on n'en est pas moins un homme! Et la bosse qui s'élève au-dessus de mes épaules me laisse sans calus au cœur... Bah! il existe deux moyens de travailler à mon journal; en écrire les articles ou en amasser les matériaux. Je souhaite depuis longtemps visiter les coquins emprisonnés durant cette même nuit du 23 décembre; je vais demander pour cela une autorisation au baron Samper.

Matthias sortit.

A mesure qu'il approchait du logis du magistrat, il entendait les voix unies d'Élisabeth et de Lina chanter un duo d'une grâce infinie.

Il s'arrêta au moment de frapper. Une rapide émotion passa sur son visage, sa main se crispa sur sa poitrine, puis il fit un effort, et le heurtoir de fer retomba.

— Allons! fit-il, un peu plus de courage, Matthias; souviens-toi que ta laideur t'interdit l'espérance, et contente-toi du bonheur de voir sourire une fille charmante et de l'entendre chanter.

On introduisit le journaliste dans le cabinet du baron.

Celui-ci écouta courtoisement la demande du visiteur, puis il répondit:

— Certes, mon cher Rath, je vous permets de visiter ces coquins, mais je doute que vous en appreniez plus que moi... ils avouent le vol, et ne peuvent fournir d'indication sur la façon dont une certaine bourse en soie verte remplie d'or est tombée entre leurs mains... Un des hommes appartenant à la bande, dangereusement blessé, et considéré comme perdu, a comme par miracle échappé à la mort, et nous lui devons des indications précises.

L'homme qu'ils ont assailli était, affirment-ils, en mince équipage, et monté sur une haridelle exténuée. Ce fait semblerait démenti par l'importance de la somme contenue dans la bourse de soie verte... D'un autre côté, un individu si mal équipé ne possède point d'habitude une grande habileté en matière d'escrime, et celui-là, pendant plus d'un quart d'heure, a tenu tête à cinq bandits; il en tua deux, laissa le troisième pour mort, et blessa deux autres... De plus, ce fort batailleur, atteint lui-même au bras, et que la perte de son sang devait avoir très affaibli, n'est point rentré à son hôtel de Buda-Pesth, où cependant est resté son porte-manteau... Les renseignements fournis par l'hôtelier concordent parfaitement avec les révélations des bandits... Cet homme était jeune, beau cavalier, mais ses habits s'élimaient, le manteau rougi montrait la corde, la plume rongée du feutre témoignait d'un long usage; l'épée seule, quoique dépourvue de tout luxe, témoignait d'un grand service. Elle était bien fourbie, et finement affilée...

— Ainsi, demanda Rath, ce voyageur a disparu?
— Absolument.
— Et les bandits nient l'avoir tué!
— Avec un ensemble prouvant la vérité de cette affirmation.
— Qu'allez-vous faire, monsieur le baron?
— Je soutiens à chacun des misérables que le voyageur a été assassiné... La crainte d'un châtiment terrible ou l'espérance d'un adoucissement à son sort, décidera l'un d'entre eux à m'avouer la vérité.
— C'était vraiment la nuit aux disparitions étranges.
— A qui faites-vous allusion?
— L'enfant de Niklas n'a point été retrouvée.
— C'est vrai, répondit le juge devenu sérieux.
— J'ai relevé tout à l'heure la mère étendue demi-morte sur les marches de ma maison, et je viens de lui promettre de mettre à sa disposition la publicité de ma *Gazette*. Elle m'inspire une pitié profonde.
— Les limiers de la police sont sur les dents, ajouta le baron Samper, et leurs recherches sont demeurées infructueuses.
— Voulez-vous mon opinion sur cette disparition? Eh bien! si j'en étais le maître, j'ordonnerais des fouilles au château du Danube. L'enfant, dans la crainte d'être surprise ou poussée par la même curiosité qui la fit entrer au manoir, peut être descendue dans les souterrains.
— Alors, répliqua le baron, nous ne trouverions que son cadavre, elle serait morte de faim.
— Oh! c'est horrible! s'écria Rath; horrible!

La porte du cabinet du juge s'ouvrit, et le domestique de confiance du baron dit à voix basse:
— Monsieur, le comte Komorn demande si vous pouvez le recevoir?
— Introduisez-le dans le salon vert, vous le ferez entrer ici après le départ de Monsieur.

Matthias Rath se leva pour prendre congé.
— Le sujet qui amène ici le comte Komorn n'est point un mystère pour moi, dit Samper au gazetier; aujourd'hui la cour et la ville sauront que Molda s'est retirée au couvent, afin d'échapper au mariage que veut lui imposer son père. Que Komorn l'ait ruinée, et que la pauvre enfant ait laissé vendre ses terres et ses forêts, cela suffit, n'est-ce pas? Mais Komorn est si joueur qu'il risquerait son âme sur une carte, si son âme de vieux pêcheur valait quelque chose. Il ne lui reste que sa fille, et il complote

de la vendre... Car c'était bien la vendre, que de la donner pour femme, en dépit de son refus et de ses terreurs, au maître du château du Danube.

— Encore cet homme! s'écria Rath; nous n'entendons prononcer que son nom désormais, qu'il s'agisse d'un crime ou n malheur.

— La passion violente que lui inspira Molda le jour où il la vit pour la première fois, n'échappa a personne, dit le juge. Le soir où Palma donna cette fête qui comptera dans les annales de Buda-Pesth, il fut possible à chacun de constater l'impression produite par la beauté de cette enfant. Depuis, l'or des creusets de l'alchimiste passe entre les mains de Komorn pour rouler ensuite sur les tapis verts... Molda est venue implorer ma protection, je l'ai moi-même conduite au couvent où elle restera jusqu'à ce que son père jure de respecter sa volonté.

— Encore un roman lugubre, fit Matthias Rath. Veuillez avoir la bonté de me remettre l'autorisation de visiter les prisonniers; je ne veux pas retarder plus longtemps l'audience du comte Komorn, bien que je le tienne pour un triste personnage.

Le baron Samper écrivit trois lignes qu'il signa et tendit au gazetier.

Un moment après Komorn entrait à son tour dans le cabinet du juge.

Jamais son visage ne revêtit une expression plus sinistre. Même dans ses mauvais jours, quand la fortune le desservait avec acharnement, il gardait une lointaine espérance de réparer les échecs subis, et de refaire sa fortune à l'aide de quelques coups heureux. Mais il savait désormais que c'en était fait de sa suprême ressource. Molda représentait pour lui la clef des incalculables trésors de Palma. Sa fille perdue, il se voyait réduit à la misère.

La veille, au moment où il revenait de risquer et de perdre une somme mportante, il trouva dans l'antichambre la vieille gouvernante de Molda.

Cette créature avait toujours été son âme damnée. Pour plaire à Komorn elle avait trahi l'orpheline, et le joueur l'eût trouvée disposée à lui obéir servilement. Maintes fois, la douce Molda tenta d'attendrir cette duègne égoïste et revêche, elle n'y parvint jamais. Lorsque le juge Samper prévint dame Illa que Molda se trouvait à l'abri derrière les grilles d'un cloître, elle se sentit prise d'une rage indicible, et attendit son maître pour lui raconter ce qui s'était passé.

Celui-ci l'écoutait les poings fermés, les narines frémissantes.

— On me la rendra, dit-il, il faudra bien qu'on me la rende! Je ne crains pas les hommes qui la gardent! La justice est au-dessus des juges! La fille appartient au père! Cette Molda veut me résister! fuir la maison paternelle, préférer un couvent au Château de Palma, à ses richesses!

Mais si elle reste au couvent, je suis perdu, moi ! A peine trouverais-je trois florins d'or dans les tiroirs de mes meubles !

Puis se tournant vers la gouvernante :

— Stupide créature ! fit-il, tu ne pouvais veiller sur elle ! Toi aussi tu t'es tournée contre moi ! Sors de la maison, misérable ! Ne reparais jamais devant moi ! Va rejoindre ta maîtresse s'il te faut un asile, il n'y a plus ici de pain pour toi.

— Monsieur le comte, soyez juste, répondit dame Illa épouvantée de cette menace. Qu'y a-t-il de ma faute dans ce qui s'est passé ? N'avez-vous pas autorisé Mademoiselle à se rendre chez le baron Samper ? Faut-il vous l'avouer, j'éprouvais un sentiment de crainte à la pensée de cette visite. Mademoiselle était si triste et si pâle depuis quelque temps que je prévoyais un malheur. Me chasser de votre maison ! Après le dévouement dont je vous ai fourni des preuves ? En vérité, je ne sais pas si vous l'oseriez. Est-ce là le prix de ma complaisance, je devrais dire de ma complicité !...

— Votre complicité ! répéta le baron en serrant les poings.

— J'ai prononcé ce mot, et je ne le retire pas. Oui, ma complicité. Car enfin, je suis devenue coupable en vous obéissant. J'avais juré à la mère de Molda de veiller sur sa fille, de la protéger, de l'aimer, de la défendre... La défendre ! Vous aviez tué la mère à petit feu, et la comtesse Komorn, mourant à vingt-deux ans de la vie que vous lui aviez faite, prévoyait trop quel serait le sort de sa fille...

— Te tairas-tu, vipère ?

— Tout à l'heure, quand j'aurai dit ce qui me pèse sur le cœur. Vous me renvoyez, c'est le strict droit du maître ; mais je donnerai mes raisons, avant que vous me fassiez jeter à la porte ; rien ne m'en empêchera, rien ! Une femme irritée vaut bien un méchant homme pour l'énergie ! Donc la comtesse mourut, et je restai entre vous et l'orpheline ! Pauvre petit ange ! le ciel m'est témoin que je songeai d'abord à l'entourer de tendresse comme je l'avais promis ; mais, peu à peu, vous prîtes sur moi un ascendant funeste. Vos promesses flatteuses me gagnèrent à une mauvaise cause. La camériste de la comtesse devint pire qu'une marâtre pour l'orpheline. A mesure qu'elle grandissait vous fîtes sa vie plus douloureuse. Molda comprit davantage ce qui se passait autour d'elle. Vous la ruiniez sans remords, et je ne tentais rien pour empêcher cette ruine. Après lui avoir volé les diamants de sa mère et son héritage, vous lui auriez ôté Dieu si vous l'aviez pu ! Mais Molda est un ange ! Vous comprenez, du reste, assez vos intérêts pour savoir que le jour où votre fille ne puiserait plus dans la piété la résignation dont elle avait besoin pour supporter la vie que vous lui faisiez, elle se souviendrait qu'elle a du sang de Komorn dans les veines, et elle se révolterait... Combien de fois je l'ai surprise en larmes! Dans quels accès de désespoir n'était-elle pas souvent plongée. Je ne tentais rien pour la consoler, rien! Je devenais une implacable geôlière quand elle aurait eu besoin d'une confidente et d'une amie... Mais Dieu l'a vengée et sauvée! Dieu vous l'a prise, Monsieur le comte, et ce qu'il garde est bien gardé!

— On force les grilles d'un cloître, et j'arracherai Molda de celui où elle a trouvé asile.

Un sourire d'impitoyable raillerie erra sur les lèvres d'Illa.

— Arracherez-vous aussi facilement du cœur de votre fille l'amour qu'elle porte au seigneur Paulus?

— Ma fille, Molda aimer quelqu'un?

— Je ne lui inspirais point assez de confiance pour qu'elle m'apprît ce qui se passait au fond de son âme; mais ce n'est point impunément qu'un homme de vingt ans rencontre souvent une enfant belle et malheureuse... Si Molda repousse avec tant d'horreur le comte Palma, c'est qu'elle s'est en secret fiancée au seigneur Paulus.

— Cela ne se peut pas! cela ne se peut pas!

— Qu'importe après tout, si votre fille est perdue pour vous?

— Elle me reviendra par la persuasion ou par la force.

— Essayez de la persuasion, Monsieur le comte.

— Misérable femme, tu sais trop bien que j'échouerai... Mais toi! peut-être t'écouterait-elle davantage?

— Ne voit-elle point en moi une ennemie?

— Tu pourrais...

— Feindre encore! feindre toujours! Eh bien! non! Je me mets du parti de Molda. Devant toute la ville, je raconterai vos turpitudes; je m'accuserai moi-même pour me réhabiliter par le repentir. Vous me chassez? Je m'enfermerai dans le même couvent que Molda, et je la servirai comme une esclave, avec autant d'amitié que de désintéressement.

— Tu ne feras pas cela!

— Qui m'en empêchera?

— Ton intérêt personnel.

— Que puis-je attendre? Vous me chassez!

— Si tu veux m'obéir, tu resteras.

— J'aime mieux partir.

— Fixe la somme que tu exiges.

— Mais vous êtes plus pauvre que le dernier des mendiants! Peut-être n'avez-vous pas un florin égaré au fond de vos poches? Nul de vos anciens amis ne vous prêterait un ducat, on sait trop qu'il irait rejoindre ce que vous avez laissé sur les tapis verts.

— Je gagnerai, je gagnerai demain... La chance ne peut chaque jour me trahir. Et je paierai, je paierai...

Dame Illa haussa les épaules.

— Écoutez, dit-elle, la démarche de Molda vous perd, surtout si je me range de son parti... Mais faites de moi une comtesse Komorn, et nos intérêts ne feront plus qu'un...

Si dépravé que fût l'incorrigible joueur, il regarda sa gouvernante avec autant de surprise que d'effroi. Elle avait raison, il n'avait plus que son nom à donner, ou plutôt à vendre... Était-elle folle d'y songer? Il haussa les épaules, et reprit d'une voix dure :

— Vous partirez demain.

Puis quittant la salle il monta chez lui.

Durant le reste de la nuit, il marcha dans sa chambre sans trouver un seul instant de repos. La rage causée par la fuite de sa fille se doublait de la pensée que dame Illa pouvait avoir raison... Si Molda aimait Paulus, toute espérance était perdue de la voir céder à la volonté paternelle. Il lui restait, il est vrai, la persuasion que le juge Samper ordonnerait à la supérieure de rendre Molda à son père... Il se cramponna à cette idée, et le lendemain, dès que l'heure le lui permit, il se rendit chez le baron. La conversation que celui-ci avait avec le gazetier Matthias Rath retarda une audience à laquelle il attachait tant de prix, et doubla sa colère intérieure. Aussi, au moment où on l'introduisit dans le cabinet du juge, son exaspération ne lui permit-elle point de se souvenir des formules courtoises qui lui étaient habituelles.

— Ma fille! dit-il, rendez-moi ma fille! Vous êtes magistrat! remplissez votre devoir.

— En qualité de magistrat, je dois à tous la justice, répondit Samper avec une grande dignité. Et l'autorité dont jouit le père de famille ne me fait point oublier les droits des orphelins. Il y a longtemps que je connais les chagrins de Molda, que j'assiste à votre déchéance, et que je prévois l'heure où le sentiment de sa préservation obligera votre fille à vous quitter... Ne m'interrompez pas, comte, vous répondrez tout à l'heure... Tant que vous avez seulement gaspillé votre fortune, je n'avais rien à dire... tuteur infidèle. Lorsque vous compromites les biens de Molda, je résolus d'intervenir... Elle se jeta à mes genoux, me suppliant de vous laisser la ruiner... Elle croyait à ce prix acheter votre tendresse... Pauvre Molda! Elle vous connaissait mal! Il faut lui pardonner de ne point avoir compris à quel degré d'abaissement les passions avilissent les hommes.... Mais vous avez été plus loin que nous ne le prévoyions tous ! Vous avez voulu violer son âme, attenter à sa liberté, la livrer pour prix d'un marché odieux à un homme dont elle ne veut ni ne peut devenir la femme... Alors sa conscience l'a rendue forte. Elle a compris qu'elle ne pouvait jurer d'aimer cet étranger dont le nom seul l'effraye. Elle s'est réfugiée dans un cloître, et doublement protégée par la religion et par la loi, elle y attendra que l'âge de la liberté sonne pour elle, et lui donne le droit de disposer de sa personne.

A mesure que parlait le juge, si la colère de Komorn restait la même, son esprit raisonnait davantage. A tout prix il voulait reprendre Molda. Le reste le regardait. Il plia donc au lieu de se révolter.

— Je croyais assurer le bonheur de ma fille en lui choisissant pour époux un homme dont la science excite l'admiration générale, et qui possède une fortune sans limite ; je suis prêt cependant à renoncer à ce projet, si Molda en fait l'expresse condition de son retour.

— Qui répondra de cette parole !
— Mon honneur.
— Mauvaise caution ! fit le juge. Je considère le père comme déchu de ses droits, et le gentilhomme comme indigne de confiance. Il faut que Molda échappe désormais à un pouvoir tyrannique et cruel ; elle ne le peut qu'en restant où elle est, sous la garde de Dieu et des anges, ou en acceptant un mari digne d'elle...

Le souvenir des paroles de dame Illa traversa l'esprit de Komorn.
— Paulus ! murmura-t-il.

Il ne le prononça point. S'il acquiesçait à cette condition, il s'aliénait à jamais l'amitié si précieuse de Palma, tandis qu'en allant près de lui raconter la vérité, et demander assistance, il pouvait espérer garder non pas la sympathie de l'alchimiste, mais de nouveaux droits à sa générosité.

Komorn releva la tête, et regardant Samper en face :
— Je plaiderai ! dit-il, j'irai jusqu'au Roi s'il le faut.
— A votre aise, Monsieur le comte, répondit le baron Samper.

Il adressa un salut rapide au comte Komorn, se pencha sur son bureau, et rouvrit le dossier des bandits auxquels semblait si fort s'intéresser Matthias Rath.

Komorn comprit que l'audience était terminée et, la rage au cœur, il quitta l'hôtel du juge.

L'ÉLIXIR DE LONGUE VIE

Les yeux du mort! les yeux du mort! (*Voir page* 240.)

XX

LE PRÉCIPICE

Paulus connaît la vérité; il sait que Molda, pour échapper à un mariage qui l'épouvante, s'est réfugiée au couvent. Il comprend que Palma n'ignore point le refus de Molda de devenir sa femme, car le comte Komorn est venu au château du Danube, et pendant plusieurs heures les deux hommes se sont entretenus ensemble.

Après le départ du vieillard, Palma s'est abandonné à un de ces accès de colère dont Paulus connaît et redoute la violence, puis il a fait appeler le jeune homme, Paulus s'est aussitôt rendu aux ordres du comte.

— Vous m'avez mandé auprès de vous? demanda-t-il...

— Oui, Paulus. J'ai besoin de toi.

— Que puis-je pour votre service?

— Beaucoup, sans doute.

— Disposez de ma personne, elle vous appartient, vous le savez.

— Je désire m'entretenir avec toi de choses graves.

— Parlez, maître.

Mais au moment d'interroger le jeune homme, Palma hésite. Une crainte vague le trouble et il ne sait comment aborder le sujet qui l'occupe.

Paulus, de son côté, ne peut s'empêcher de remarquer l'attitude embarrassée du comte et un pli creuse son front.

Enfin, Palma, après un soupir, se décide :

— Crois-tu qu'il soit possible de composer des philtres assez puissants pour exercer une influence victorieuse sur les cœurs qui nous haïssent. En est-il qui fassent aimer?

— Comment, seigneur, pourrais-je le savoir si vous l'ignorez vous même?

— Tu as, pourtant, participé à mes travaux et tu n'es pas incapable d'une appréciation personnelle?

— Je ne sais de vos études que ce que vous avez bien voulu me communiquer...

— Eh bien! alors?

— Je suis demeuré au seuil de vos mystères...

— Mais ce que tu en sais doit te permettre une opinion?

— Vous oubliez, maître, que je ne suis point alchimiste.

— Je sais! je sais! mais tant de fois tu as feuilleté mes livres...

— Ces mêmes livres, vous les savez par cœur.

— Peut-être, répondit le comte, mais, Paulus, les plus forts esprits hésitent; on voit les plus sûres mémoires faiblir. Nul n'est certain de conserver pure et brillante la clarté divine de la science. Certains jours je regrette mon audace, ou je voudrais anéantir le passé, et vivre comme le plus pauvre des chevriers des Abruzzes...

— Vous vous montrez injuste envers Dieu, monseigneur!

— Me crois-tu donc heureux? s'écria Palma avec une explosion inattendue ?

Heureux, moi ! quand j'ai perdu le sommeil ! heureux quand mon cœur déchiré ne trouve nulle part un adoucissement à ses blessures ! Ah ! ce bonheur-là, Paulus, je ne le souhaiterais pas à mon plus cruel ennemi !

La voix de Palma s'étrangla dans sa gorge, ses yeux prirent une expression de fixité terrible comme s'il voyait apparaître un fantôme menaçant, puis il étreignit le poignet de Paulus et répéta :

— Des philtres pour se faire aimer ! réponds-moi, en existe-t-il ?

— Oui, répondit le jeune homme.

— Quel livre en fournit la formule, quel manuscrit en contient la mixture ?

Paulus sourit. Rien n'était plus charmant que le sourire de Paulus. La jeunesse, l'espérance y rayonnaient à la fois. Ce sourire avait vingt ans et l'avenir !

— Le philtre pour être aimé, répondit-il, c'est d'aimer soi-même ; de garder pur le cœur dans lequel se reflète une image adorée ; de vouer sa vie à un culte, et de lui sacrifier tout, hors sa conscience. L'amour vient du ciel, maître. Il ne se trouve ni dans les creusets comme l'or, ni dans les entrailles de la terre comme le diamant. Celle que nous aimons doit nous être sacrée : nous osons la nommer à Dieu dans notre prière, nous sommes prêts pour elle à nous dévouer comme à mourir...

Le comte écoutait tantôt étonné, tantôt impatient.

Certains des mots de Paulus glissaient sur l'âme de Palma sans qu'il en comprît bien le sens. Le sentiment qui l'attirait vers Molda ne ressemblait en rien à la noble et sainte tendresse décrite par Paulus. Il jalousait ce jeune homme, et sans savoir qu'il était son rival il en venait à le haïr. La pensée que la fille de Komorn lui échappait le rendait fou, aussi reprit-il d'une voix plus âpre :

— Et si mon amour était partagé, aurais-je à le provoquer par un secret magique ?

— Mais, mon maître, c'est alors vouloir combattre Dieu qui nous laisse libres vis à vis de lui-même !

— J'ai dû ravir au ciel son immortalité et je veux que mon dernier désir s'accomplisse !

— Maître, violenter la conscience d'autrui n'est-ce pas un crime ? Est-il un bien dont la propriété soit moins discutable que celle de son cœur et de sa personne ?

— Que m'importe

— Mais il importe à d'autres !

— Non, Paulus, je ne saurais comprendre la tendresse de cette façon. Il me faut un philtre de l'enfer et l'enfer, pour attirer celle qui refuse d'entrer ici en dame et maîtresse. Fouillette les livres, cherche, trouve ; apprends-moi...

Il n'eut pas le temps d'achever, Abraham Zek se précipita dans la chambre.

— Maître ! dit-il, maître, ma fille se meurt.
— Qu'y puis-je ? fit Palma avec accablement.
— Tout, répondit le Juif, tout.
— Rien ! répliqua Palma ; je me sens atteint d'impuissance.
— Ah ! fit Abraham, je comprends... Il manque quelque chose au breuvage de vie.
— Oui, répondit rapidement Palma.
— Ce quelque chose, je te le procurerai.
— Vous ?
— Oui, moi. Jure-moi que rien ne s'opposera à l'accomplissement du prodige que je réclame.
— Rien.
— Tu achèveras l'Élixir la nuit prochaine ?
— La troisième nuit, répondit Palma.
— Ma fille vivra-t-elle jusque-là ?
— Elle vivra.
— Alors, je te donne rendez-vous pour ce soir-là, dans ton laboratoire.
— J'y serai.
— C'est une question de vie et de mort.
— De mort surtout.
— Dans trois nuits, comte.
— Laisse-moi travailler, Abraham.

Le Juif hésitait ; sur le point de sortir il se cramponna au fauteuil du comte, et murmura d'une voix sourde :

— Sauve ma fille ou tu es perdu !

Palma se tourna vers le Juif, et son regard flamboya de haine.

— Va-t-en ! dit-il, va-t-en !

Abraham sortit.

Dès qu'il eut disparu, Palma referma subitement les livres, et repoussa les manuscrits.

— Il ne s'agit plus de recherches scientifiques, il faut agir ! dit-il d'une voix sourde, agir tout de suite... La troisième nuit n'arrivera jamais pour Abraham Zek.

Il marcha avec agitation, et, pendant un moment, il sembla avoir oublié Paulus.

Celui-ci le considérait avec une pitié mêlée d'épouvante.

Jamais le visage du comte n'exprima tant de haine et le jeune homme ne se souvint pas, durant les plus mauvais jours qu'il traversa avec l'alchimiste, de lui avoir vu cette expression menaçante.

Cependant Palma se souvient qu'il n'est pas seul. Le regard obstiné de Paulus lui pèse d'une façon étrange, et, s'adressant à son secrétaire, il lui dit :

— L'arrivée de ce vieillard, sa douleur, ses adjurations m'ont troublé... Nous ne travaillerons plus, Paulus ; je te rends ta liberté !

Le jeune homme se lève, s'incline sans répondre, et sort du cabinet du comte.

— Il lui tardait aussi de se trouver seul.

Alors celui-ci s'abandonne à de fiévreux éclats de colère.

— L'heure de l'échéance approche-t-elle donc ? se demande-t-il. On dirait que tout se conjure pour me pousser à ma perte. Les faits se groupent, les menaces se multiplient ; les dangers grandissent ; chaque jour un nouveau malheur fond sur moi... Que va-t-il advenir ? Il faut agir, agir sans retard, agir avant demain, s'il est possible...

Il ouvrit une petite armoire, passa en revue les fioles étiquetées qu'elle contenait, examina longtemps le contenu de l'une d'elles, puis il la cacha dans sa poche et referma l'armoire.

— Allons ! dit-il, le Juif ne verra pas la troisième nuit.

Il ouvrit la fenêtre, l'air lui manquait. Le vent glacial qui pénétra dans la chambre rafraîchit son front brûlant ; il s'efforça de retrouver tout son sang-froid :

— Je ne compte plus Zek, dit-il, pour moi Zek a déjà cessé de vivre... Sa fille n'a que le souffle, et ce souffle va lui manquer... Dans deux jours j'aurai quitté Buda, deux jours ! Et pourtant, je ne veux pas partir avant que Molda soit devenue ma femme... Entre elle et moi, elle a mis une barrière, cette barrière, Komorn la brisera... Il trouvera le moyen d'attirer chez lui sa fille, et une fois Molda en son pouvoir... Komorn m'appartient comme à Satan... Ses vices me le livrent.. Que Komorn fasse prier Molda de venir près de lui parce qu'il se croit près de mourir. elle accourra... Le piège est grossier, mais ces pièges là réussissent toujours... Prenons de l'or, beaucoup d'or afin de mieux le séduire.

Il emplit ses poches de ducats et sortit.

Pourquoi chercher les breuvages et les philtres ? Il ne voyait plus que l'or capable d'assurer sa victoire. D'ailleurs l'idée d'entrer dans le laboratoire l'effrayait. Il s'y sentait en danger. Certaines choses l'épouvantaient. Les tentatives, faites avec l'aide plus complaisante qu'habile de Paulus, n'avaient eu aucun résultat.

Il croyait ce lieu dangereux et maudit. Depuis plus d'une semaine la clef restait sur la porte sans qu'il s'inquiétât qu'on y pouvait pénétrer en son absence. Les fourneaux refroidissaient et il ne s'en tourmentait point. Il avait tenté des essais de mixtures, mais rien ne lui réussissait, et Paulus restait trop ignorant pour lui devenir d'un grand secours.

Palma se rendit chez Komorn.

Le comte étant sorti, il s'installa dans le salon, et attendit.

En le reconnaissant, dame Illa ne put contenir un mouvement de joie.

Depuis la fuite de Molda, et le refus du comte de l'épouser, la gouvernante sentait grandir sa haine.

Elle devina que Palma l'aiderait à émouvoir Komorn, et elle se jura de se dévouer à sa cause.

Pendant que Komorn cherchait, chez d'anciens amis, à emprunter quelques misérables florins et que Palma attendait le retour du comte, Paulus pénétrait dans l'appartement du Juif.

Il trouva le vieillard prosterné près du lit de sa fille, le front courbé dans les couvertures de soie, tantôt sanglotant et s'abandonnant à son désespoir, tantôt renaissant à l'espérance, couvrant de baisers les mains de sa fille, lui jurant qu'il l'arracherait à la tombe, trouvant dans l'excès de sa tendresse et de son désespoir des phrases folles que Salomé entendait comme au milieu d'un rêve.

Renversée sur ses oreillers, blanche comme la neige, les lèvres décolorées, elle gardait à peine un souffle de vie. Depuis une semaine Zek la disputait à la mort en lui faisant avaler de temps à autre quelques gouttes d'un cordial composé par Palma avant l'heure de sa métamorphose.

Un sentiment de compassion profonde s'empara de l'âme de Paulus. Il s'approcha de la jeune fille et lui demanda d'une voix affectueuse :

— Comment vous trouvez-vous, Salomé?

— Rappelez-vous votre promesse... murmura-t-elle d'un accent éteint... la mort vient, elle vient d'un pas rapide... Je veux revivre!

Il comprit le sens de ce mot, s'inclina et sortit.

Ce que demandait la Juive, c'était un médecin de l'âme, capable de faire rayonner des clartés divines dans la nuit du tombeau qui l'environnait déjà. Le jeune homme ne voulut point faire atteler, il avisa un traîneau de louage, et y monta. Au moment où il s'éloignait du château, la voix de Gyorgio se fit entendre :

— Seigneur Paulus, dit-il, je crois avoir trouvé l'entrée des souterrains!

Le traîneau courut comme une flèche, et bientôt Paulus se trouva à la porte d'un couvent. Il demanda le Supérieur. Celui-ci donnait audience en ce moment, et ce fut un moine fort jeune, d'aspect ascétique qui vint trouver Paulus au parloir.

— Mon père, dit le jeune homme, dans le château du Danube, se meurt une jeune Israélite qui souhaite vivement abjurer ses erreurs. Je viens de sa part vous prier d'envoyer près d'elle... Son père ignore quelle démarche je tente; peut-être s'opposerait-il au vœu de Salomé, car il tient à son culte presque autant qu'à son or; mais la vie de son enfant lui est chère, en employant un pieux subterfuge, vous êtes certain de réussir... Qu'Abraham Zek croie seulement que vous venez soigner son corps au lieu de sauver son âme.

— Merci, mon fils, dit le prêtre. Avec un de mes frères, je vous suivrai au château.

— Je vous attends, mon père, répondit le jeune homme.

Le moine sortit, et revint peu après accompagné d'un vieillard.

Le moine Angys, absent de la Hongrie depuis de longues années, venait d'y rentrer depuis quelques jours. Il avait beaucoup voyagé. Tour à tour il porta la parole de Dieu en Asie et en Afrique. Angys parlait toutes les langues. Sa charité égalait sa science, et son retour au couvent de Buda-Pesth avait été pour les frères une source de joie et d'édification. A peine remis d'une longue course à travers l'Orient, il songeait déjà qu'après avoir goûté le repos du pèlerin il reprendrait le bourdon, rattacherait ses sandales et recommencerait sa course. Né apôtre, il éprouvait un impérieux besoin d'évangélisation. Maintes fois, sa vie s'était trouvée en danger. Son corps portait les glorieux stygmates de flagellations sanglantes; ses chevilles et ses poignets gardaient la trace profonde des carcans qui les avaient liés. Il les regardait souvent avec un doux sourire, et l'expression d'une immense joie passait sur son visage, au souvenir de ce qu'il avait enduré pour le Christ.

Le jeune moine dont Paulus requérait le ministère, craignant, dans son humilité, de se montrer au-dessous de la tâche sublime d'amener à Dieu une âme ignorante, voulait la remettre entre ces mains suppliciées remplies des dons de la grâce.

Du premier regard, Angys se sentit attiré vers Paulus.

La sérénité de visage du jeune homme, la fierté candide empreinte sur son front, cette candeur mêlée d'enthousiasme qui fait le charme de la jeunesse, tout se réunissait pour inspirer une sympathie profonde.

Durant le trajet, Paulus raconta non point quels faits avaient amené le Juif chez le comte Palma, mais par quelle route insensible l'esprit de Salomé était allé de la terre au ciel. Il répéta les candides entretiens de la Juive, parla du mal mystérieux qui la dévorait, décrivit ses visions d'un

Eden vers lequel elle se sentait attirée, et peignit cette âme innocente comme une colombe prête à s'envoler.

— Mais le père, demanda Angys, le père ne nous interdira-t-il point l'entrée de l'appartement de sa fille?

— Le père songe à la guérison du corps, tandis que vous, vous songez au salut de l'âme.

Les deux moines et Paulus arrivèrent au château. Le jeune secrétaire les guida à travers les couloirs et les larges escaliers, puis ouvrant la porte de l'antichambre de l'appartement de Salomé, il y trouva la jeune fille chargée de la veiller.

— Annonce-nous à ta maîtresse, dit Paulus.

Une minute après tous trois pénétraient dans la chambre de la malade.

Salomé, étendue sur son lit, semblait n'avoir qu'un souffle d'existence. Toute la vie se réfugiait dans ses grands yeux noirs. En voyant entrer les moines ses mains se joignirent :

— Merci, Paulus! dit-elle avec ferveur.

— Je vous laisse avec ceux qui vous conduiront à Dieu, répondit le jeune homme.

Paulus regagna la chambre qu'il habitait à côté du cabinet du comte Palma. Celui-ci l'avait chargé d'un travail important; mais à cette heure l'esprit du jeune homme ne pouvait s'arrêter avec suite sur aucun livre. Il songeait à Molda enfermée derrière les grilles d'un couvent; à Molda dont il sentait, en dépit de la sainteté de cet asile, la liberté menacée; à Molda qui lui avait voué sa foi devant Dieu. Il se demandait si le juge Samper, si l'abbesse du monastère auraient le pouvoir de la disputer à un père devenu misérable, à un homme dominé par ses passions, puis à ce comte Palma dont la puissance ne s'exerçait pas seulement sur les hommes, mais allait des vivants aux morts, et savait sans doute évoquer les esprits de l'enfer...

Tandis qu'il rêvait de la sorte, partagé entre l'angoisse et l'espoir, un cri vibrant retentit sous les fenêtres du château·

— Gilda! Gilda!

C'était Niklas, l'aubergiste des Trois Pommes de Pin qui continuait à chercher sa fille.

Dans la douloureuse disposition d'esprit où il se trouvait, le jeune homme se sentit doublement ému par cette plainte déchirante.

— Pauvre mère! murmura-t-il, pauvre mère! Puisse Dieu te rendre ton enfant, et me ramener ma fiancée.

Il ouvrit la fenêtre. A ce bruit Niklas leva la tête.

Vraiment elle était bien, à cette heure, atteinte de folie.

Ses vêtements déchirés ressemblaient à des haillons; sa chevelure devenue subitement grise, flottait éparse sur son dos. Des meurtrissures se voyaient à ses bras et de sanglantes écorchures à son visage. Elle ne courait point seulement le long des routes, elle ne se bornait pas à traverser les rues de la ville, elle s'enfonçait dans les bois, pénétrait dans les fourrés, et de la même voix rauque de sanglots, répétait :

— Gilda ! Gilda !

Mais en dépit de ses courses à travers le pays, il était un point vers lequel Niklas revenait d'une façon fatale. On eût dit qu'un irrésistible aimant l'attirait de ce côté : le Château maudit ! Sans doute, en raison des paroles de Gyorgio, elle s'attendait à en voir surgir tout à coup sa Gilda bien-aimée. Maintes fois, le comte l'avait fait chasser par les valets, elle ne paraissait entendre ni les ordres ni les menaces. Il faut dire aussi que les serviteurs, plus compatissants que le maître, affectaient une sévérité bien loin de leur cœur. Lorsque Gurgi voyait la mère en pleurs rôder près du manoir, il remplissait un panier de reliefs du dîner, et les portait à l'infortunée. Elle mangeait inconsciemment pour garder la force de chercher encore son enfant... La vue de Gurgi, tout en renouvelant ses douleurs, la consolait cependant. Le marmiton lui répétait que sa Gilda n'était pas perdue. Peut-être errait-elle dans le Château maudit avec le spectre de la jeune dame assassinée. Mais le doux fantôme ne ferait point de mal à la belle enfant. La tête dans ses mains, la folle écoutait les divagations de Gurgi, s'absorbant dans les visions qu'il venait d'évoquer. Peu à peu une grande langueur s'emparait d'elle, le sommeil s'étendait sur ses yeux, et des rêves lui montraient sa fille dans les bras d'un ange qui la rapportait à la mère extasiée.

Mais, au réveil, son désespoir grandissait de sa déception même. Elle reprenait sa course à travers la campagne, et criait les bras au ciel :

— Gilda ! Gilda !

Le jour où sa clameur désespérée arriva aux oreilles de Paulus, la malheureuse, dans sa course infatigable, semblait enserrer le château dans un cercle magique.

Les grands vols d'oiseaux funèbres décrivent ainsi des cercles autour des cadavres qu'ils s'apprêtent à déchirer.

Les cheveux flottants, les bras levés avec menace, elle dévouait à la malédiction ce château qu'elle accusait d'avoir pris sa fille, pour l'étouffer entre ses parois de granit.

Ému de pitié pour cette douleur sans consolation possible, Paulus appela Niklas.

Celle-ci leva le front vers lui, mais en le reconnaissant, elle répéta de nouveau :

— Gilda! Gilda!

Seulement elle cessa de courir; une nouvelle pensée venait de surgir dans son esprit. Se couchant sur le sol glacé, elle s'avança en rampant sur le bord du précipice. Ses yeux avides tentèrent d'en sonder la profondeur. Elle se demandait, à cette heure, si le gouffre n'avait pas volé sa fille. Mais elle ne voyait rien ! rien !

Une blancheur mate de neige restée dans les trous, des broussailles noires s'enchevêtrant en réseau sombre... Si pourtant l'enfant dormait là? Niklas. qui l'avait demandée au fleuve, n'avait pas songé à la chercher dans l'abîme. Par moment, les larmes l'aveuglaient. Mais, brusquement, elle passait la main sur ses yeux et regardait encore. Mais à quoi bon rester sur la pente ? N'était-ce pas au fond même de l'abîme qu'il fallait descendre? Niklas se rapprocha du bord, à la façon des reptiles, puis se ramassant sur elle-même, elle s'assit sur la rampe étroite et chercha où poser le pied. Elle ne distinguait rien. La neige comblait les trous, la glace mettait ailleurs ses piquantes aiguilles. Alors, saisissant à deux mains un arbrisseau grandi dans les interstices des roches, elle commença sa périlleuse descente.

Paulus ne devina pas d'abord le projet de l'infortunée. Quand il le comprit, une terreur croissante s'empara de son âme.

— Elle va se tuer ! pensa-t-il.

Et, se penchant en dehors de la balustrade, il cria :

— Niklas! Niklas! pour l'amour de Dieu, remontez !

Elle ne sembla point l'entendre. Avec la persistance des somnambules et des fous, elle continuait à descendre lâchant une touffe d'épines quand elle en saisissait une autre, le pied hésitant sur les cailloux et la terre effritée ; mais tenace dans son projet, et comme attirée vers cet entonnoir sombre dont elle ne distinguait pas la fin.

Elle croyait sentir une main froide la tirer en bas, toujours en bas, et elle obéissait à une impulsion irrésistible.

Ses mains saignaient déchirées par les ronces et les épines; un de ses souliers roula dans le gouffre, elle ne s'arrêta pas, et posa son pied nu sur la terre glacée et les rocs aigus déchirant le sol.

De temps à autre, d'un timbre plus bas, dans lequel se devinait une croissante épouvante, elle répétait :

— Gilda! Gilda!

Paulus quitta la fenêtre. Ne pouvant raisonner avec cette mère désespérée, il pouvait du moins tenter de l'arracher à sa perte. Si elle persistait dans son désir d'atteindre le fond du gouffre, sans nul doute on l'y retrouverait brisée.

En fait de dévouement, Paulus ne calculait jamais.

Superstitieux d'ailleurs, quand il s'agissait d'obtenir une faveur du ciel, il crut qu'en sauvant Niklas, il attirerait sur elle les bénédictions de Dieu. Son parti fut vite pris. Il cacha un flacon de cordial dans sa poche, passa un couteau à sa ceinture, noua une écharpe autour de ses reins, et, descendant les escaliers, il sortit de la cour du château; alors, tournant à droite, il se trouva en face de l'endroit par lequel Niklas venait de commencer sa périlleuse descente.

Des gouttelettes de sang tachaient la neige; Paulus était certain de suivre la voie tracée par la pauvre folle, mais en vain cramponné à un arbre, s'inclina-t-il le plus qu'il lui fut possible au-dessus du gouffre, il ne put apercevoir l'infortunée.

Après être parvenu à moitié route, Niklas trouva brusquement le vide sous ses pieds. La roche creusée en dessous surplombait, et il fallut que la mère se glissât le long de ce rocher en suivant la droite du gouffre. Son chemin se trouvait allongé de moitié. Mais elle ne calculait rien et continuait d'avancer. Cependant, une minute vint où la force lui manqua, et roulant sur le talus, elle y demeura immobile. Cet évanouissement dura peu; elle se trouvait alors au niveau de la grotte et, de là, il lui fut possible, à travers des trous noirs et des broussailles, d'apercevoir une surface polie comme un miroir.

C'était le fond de l'entonnoir.

Le courage lui revint, elle se traîna, rampant sur les genoux, car ses pieds déchirés ne pouvaient plus la soutenir.

Pendant ce temps, Paulus descendait à son tour.

Quand il se trouva au-dessus de la roche, s'y cramponnant des deux mains, il se laissa tomber au hasard sur le sol, et se trouva debout à l'entrée de la grotte où Niklas venait de se reposer.

De là il vit, à travers les arbrisseaux dépouillés, les haillons rouges de l'aubergiste des Trois Pommes de Pin.

— Attendez-moi, Niklas, lui dit-il, je viens à votre aide.

Elle venait d'atteindre le fond de l'entonnoir.

Durant l'été, l'eau des pluies s'y amasse, formant une tache bleue au milieu des fouillis de verdure. Mais, sous le froid intense de l'hiver, l'eau s'était gelée, et formait un sol résistant. Niklas s'agenouilla sur la glace, puis elle s'y étendit, les yeux fixés sur le miroir transparent, en lui demandant s'il ne recouvrait pas sa fille.

Tout à coup un cri d'épouvante lui échappa, elle se redressa échevelée les bras battant l'air, en répétant :

— Les yeux du mort! les yeux du mort!

Ce fut à cet instant que Paulus la rejoignit.

— Niklas, Niklas, qu'avez-vous? lui demanda-t-il.

— Là! là! fit-elle, en abaissant une de ses mains frémissantes.

Paulus suivit l'indication de la folle, et lui aussi demeura pétrifié d'horreur.

Quand il revint du trouble dans lequel venait de le jeter l'horrible découverte de Niklas, il saisit le bras de la malheureuse :

— Vous avez raison, Niklas, dit-il, votre fille doit être dans ce repaire.

L'entraînant alors vers le chemin déjà suivi :

— Nous allons chez le juge, Niklas, chez le juge.

Mais la malheureuse ne gardait plus la force de marcher. Paulus lui fit avaler quelques gouttes de cordial, enveloppa son pied blessé, noua l'écharpe autour de sa taille, et l'aida à remonter les pentes abruptes du précipice.

— Attendez-moi, dit-il.

Il courut au château, commanda d'atteler, descendit aux cuisines, enleva Gurgi à ses travaux de marmiton, le fit monter avec lui dans la voiture, y transporta Niklas aidé par le cocher, puis s'adressant à celui-ci :

— Hôtel Samper, brûle la route!

L'ÉLIXIR DE LONGUE VIE

Ils regardaient avec stupeur la figure pâle de Palma leur apparaître. (*Voir page* 251.)

XXI

LE CADAVRE

Les chevaux enveloppés d'un large coup de fouet arrivèrent rapidement à la maison du juge.

Le baron Samper, entouré de sa femme et de ses filles, se reposait des travaux de la matinée. Il oubliait au milieu de ses enfants blondes, les drames horribles qui, chaque jour, se déroulaient devant lui. Ces fronts purs le reposaient des visions hideuses. Tandis qu'il attachait ses regards tantôt sur la compagne de sa vie, tantôt sur le groupe de jeunes filles, ornement et joie de son foyer, il ne se souvenait plus qu'il est des esprits pervers, des cœurs féroces, des êtres dégradés se plaisant à agrandir le lit fangeux dans lequel ils se roulent. Ces heures étaient les meilleures de la journée. Il en profitait pour surveiller l'instruction des enfants, et se faire raconter l'emploi d'une matinée consacrée par lui au travail.

Thécla, Lina et Honoria revenaient de visiter Molda.

Leur amie paraissait sereine, mais résolue. Tant que son père ne s'engagerait point à ne pas forcer sa volonté, elle resterait au couvent. Depuis qu'elle y était entrée, une paix sans nom l'enveloppait. L'ombre du cloître pacifiait son âme. La prière divine pansait les blessures de son cœur. Elle ne demandait rien que d'y demeurer jusqu'à ce que l'heure de la liberté sonnât pour elle. Alors, le nom de Paulus venait sur ses lèvres autant comme une promesse que comme un souvenir. Les jeunes filles qui étaient entrées dans sa blanche cellule, l'avaient entendue jouer du clavecin avec un talent nouveau. La souffrance agrandissait son âme.

— Père, demanda Honoria, tu la protégeras toujours?

— Toujours, répondit-il.

Il fut ensuite question d'une réunion chez le vice-roi, et les trois sœurs discutaient la grosse question de leur toilette, quand une voix émue parvint au juge Samper.

Le domestique refusait d'introduire un visiteur, alléguant que l'heure des audiences était passée; mais celui-ci résistait, affirmant qu'il s'agissait d'affaires graves.

Au-dessus de cet accent ferme et grave, s'élevait par intervalle la voix navrée de Niklas, répétant par intervalle :

— Gilda ! rendez-moi Gilda !

— Encore cette folle ! dit le juge.

Sa femme le regarda avec une angélique douceur :

— Encore cette mère ! dit-elle.

— Tu as raison, fit le juge, sa cause est sacrée.

Il ouvrit lui-même la porte.

— Vous ici, seigneur Paulus, vous faisant antichambre chez moi !

— Croyez bien, Monsieur le baron, qu'il faut une raison grave, pour que je me permette de forcer ainsi votre porte.

— Il n'est point d'heure pour vous, entrez...

— Permettez à Niklas de me suivre.
— Apportez-vous donc des nouvelles?
— Oui, des nouvelles.
— De Gilda?
— Pas encore, mais nous retrouverons Gilda, j'en ai la certitude... Pardonnez-moi l'émotion à laquelle vous me voyez en proie, et le désordre apparent de mes idées... Ce qui se passe bouleverserait le cerveau le plus fort, et ferait battre, à le briser, le cœur le plus ferme...
— Expliquez-vous, Monsieur, comme vous le voudrez... J'entendrai tout, et du chaos même de vos pensées jaillira la lumière...
— Merci, Monsieur, merci !
— Ainsi vous venez me parler?
— Du comte Palma.

Les sourcils du baron se rapprochèrent ; il se souvint de sa dernière conversation avec Matthias Rath.

— Je viens de le voir, dit Paulus en se penchant vers le juge, comme pour mieux faire pénétrer dans l'esprit du magistrat la vérité terrible qui lui brûlait les yeux... Je viens de le voir au fond du précipice s'ouvrant sous les fenêtres du Château maudit...

— Voilà qui est étrange ! Tout à l'heure mes filles l'ont rencontré en compagnie du comte Komorn, rôdant autour du monastère où Molda s'est enfermée.

— Celui que j'ai vu couché au fond du gouffre, n'est point le jeune homme au regard audacieux, à la bouche railleuse, aux cheveux noirs, qui se fait le complice de Komorn pour opprimer une fille innocente... Mais le vieil alchimiste qui vint un soir chez vous traiter de l'acquisition du château du Danube... Celui qui fut mon maître, après avoir été le disciple du juif Moser... L'homme que je viens de reconnaître est le savant merveilleux qui tenta de reculer les bornes de la vie humaine... Palma, enfin, avec ses cheveux blancs, son visage pâli par les veilles, ses grands yeux creusés sous l'orbite...

— Je ne vous comprends pas dit le juge avec une sorte de compassion.

La pensée de la vérité relativement à la tendresse de Paulus pour Molda traversa l'esprit du juge. Il crut que la fuite de la jeune fille troublait les pensées du jeune homme.

— Vous ne me comprenez pas, répondit Paulus, et je n'ai pas le droit d'en être surpris. Tout ce qui arrive est à la fois si mystérieux et si terrible, que je ne suis pas certain de dénouer logiquement le nœud de cette énigme compliquée... Seulement, ne me croyez pas fou... Nous avons à démêler une intrigue formidable... Jamais la justice de votre pays ne jugea sans aucun doute une cause aussi étrange. Votre lucidité d'esprit, votre sagacité de magistrat, ne seront pas de trop pour trouver le fil que nous cherchons... Mais si mes soupçons se justifient; si j'ai raison dans le témoignage que porte ma conscience, jamais le misérable n'expiera assez son crime !

Paulus s'était levé; il marchait avec agitation dans la salle, tandis que l'aubergiste des Trois Pommes de Pin, assise sur ses talons, les mains jointes, le regard fixé sur le juge, répétait :

— Gilda ! rendez-moi Gilda !

— Écoutez, reprit Samper, je dois et je veux rendre justice. Vous parlez d'un crime abominable, j'en poursuivrai l'auteur... Mettez-moi au courant, avant une heure l'assassin sera écroué dans les prisons de la ville... Je vous écoute, seigneur Paulus, et je sais quel cas on peut faire de votre parole.

— Il faut remonter loin, dit Paulus, bien loin; sans cela, vous continuerez à vous demander si je ne suis point la proie d'un horrible cauchemar.

— La justice n'est jamais trop éclairée.

— Je vous ai fait connaître quels liens de reconnaissance m'attachaient au comte Palma. M'ayant trouvé pauvre, il me fit partager sa fortune. Comprenant que semblable aux aiglons des montagnes, j'avais hâte de prendre mon vol, il m'arracha à mes sauvages Abruzzes et me fit avec lui parcourir l'Europe. Il m'aimait profondément. Vous le dirai-je, il m'est souvent arrivé de croire que, dans son dévouement pour moi, se mêlait autre chose que la tendresse... On eût dit qu'il s'attendrissait en me serrant dans ses bras. Souvent, lorsque je tentais de m'opposer à ses munificences, il me répondit : « — Je n'en ferai jamais assez ! » — S'il n'eût été si grand par la science, si généreux par le cœur, j'aurais cru... Mais à cette heure une telle idée me semble un blasphème...

— Qu'auriez-vous pensé? demanda Samper.

— Qu'il s'imaginait à mon égard être obligé à une réparation... Son attendrissement empruntait par intervalles une forme presque craintive ; à chacune de ces scènes qui me surprenaient et me touchaient, il me prodiguait l'or à pleines mains. J'en demande pardon à sa mémoire ! fit Paulus en inclinant la tête avec respect... Je veux seulement essayer de vous faire comprendre la nature multiple de mes rapports : intime, presque tendre. Il me chérissait et devenait souvent faible à mon endroit. J'aurais pu grandement abuser de mon pouvoir sur son esprit. Je ne l'ai point fait, et j'en loue Dieu... Par un sentiment que je m'expliquais peu, alors, il m'appelait rarement à partager ses travaux. Pendant qu'il se penchait sur ses fourneaux d'alchimiste, je me rendais à l'église et j'y priais pour lui... Combien de fois il m'écouta lui parler de ma foi, lui peindre mes élans vers la poésie, lui expliquer le but de ma vie, lui raconter mes rêves. Ce cerveau puissant aimait mes songes de vingt ans et respectait mes illusions... Retenez ces nuances, Monsieur le baron, retenez-les toutes... En un mot, le vieux comte Palma semblait moins le maître que le père adoptif d'un pauvre enfant trouvé sanglant sur une grande route, par un moine qui le rapporta dans un pan de sa robe, et qu'élevèrent de misérables chevriers.

— Rien de ce que vous me dites n'est perdu, répondit Samper, continuez.

— Vous l'avez connu au moment de son arrivée à Buda-Pesth... Vous vous souvenez de son éloquence entraînante, de la sagacité de son jugement ; de l'empire qu'il acquérait sur ceux qui se trouvaient en contact avec lui. Cet homme était un charmeur. Je ne crois pas qu'il fût possible de résister au magnétisme de son regard, à la puissance communicative de son génie... Rappelez-vous, rappelez-vous son érudition merveilleuse... Il savait toutes les langues, et les écrivait avec une égale facilité. Pas une contrée qu'il n'eut visitée de l'Europe à l'Asie... Sa mémoire était prodigieuse, et ses facultés d'assimilation si grandes, qu'on l'aurait pu croire citoyen de tous les pays qu'il traversa...

— Je l'ai souvent admiré, fit Samper.

— Sans se dépenser d'une façon imprudente, il aimait le monde, et recevait avec un faste de grand seigneur. Il travaillait la nuit, mais une partie de ses journées était prise par ses relations. Combien de fois n'est-il pas venu au milieu de votre famille, même dans les temps où il cherchait au fond de son creuset la pierre philosophale et l'Élixir de longue vie.

— Il trouva ce dernier, du moins ! et quant à l'autre les sommes énormes dont il disposait peuvent le faire croire.

— Palma gagnait beaucoup d'argent comme médecin, répondit Paulus.

— Mais l'Élixir ?

— S'il en découvrit le secret, il ne s'en servit jamais !

— Qu'affirmez-vous là, Paulus ?

— La vérité, répondit le jeune homme.

— Mais j'étais présent ! fit le juge ! Plus de deux cents personnes se trouvaient dans le grand salon au moment où Palma le quitta en disant : « — Je vais tenter un effort suprême... Dans un moment vous me reverrez brillant de jeunesse, et semblable à l'original de ce portrait vêtu de rouge... Ou je serai mort. »

— Il dit cela ! fit Paulus.

— Et une heure après, il reparaissait comme il l'avait prédit, avec ses vingt-cinq ans ! et vêtu de rouge comme le jeune homme du portrait...

— Vous en concluez ?

— Que Palma a réellement trouvé l'Élixir de longue vie.

— Non ! s'écria Paulus en se dressant devant le juge, non, car celui qui rentra dans la salle n'était pas mon bienfaiteur.

— Que dites-vous ? s'écria Samper.

— Mon maître gisait déjà au fond du gouffre qui s'étend sous les fenêtres d'une façade du Château maudit.

— Mort, lui, Palma ?

— Assassiné... ajouta Paulus.

— Qui vous l'affirme ?

— Je viens de le voir...

— Gilda ! Gilda ! vous me rendrez ma fille ? répéta la folle.

— Assassiné ! Tenez, fit Samper, vous venez de m'annoncer des révélations étranges, mais celle que vous me faites dépasse encore celles que j'attendais... Voyons, rassemblons vous et moi l'énergie de notre volonté. Il en faut afin de n'être pas pris de vertige en présence de ce qui est advenu, en présence de ce qui se passe. Étranger à l'alchimie, j'ai constaté le prodige accompli par le vieux savant, et toute la ville l'a fait avec moi... Et voilà que, d'un mot, vous détruisez un fait devenu parmi nous une vivante légende... Vous me parlez de Palma assassiné, quand, à la même heure que moi, vous l'avez reconnu... Et depuis...

— Depuis ! Ici je vous arrête, Monsieur le baron ; depuis, mes doutes ont chaque jour grandi.

— Quels doutes ?

— Des doutes relatifs à l'identité du vieux comte Palma avec le nouveau.

— Si cela était, vous m'eussiez prévenu...

— Sur quoi aurais-je basé ma dénonciation... d'ailleurs je me sentais pris de doutes, à certaines heures... Il a fallu qu'un coup de foudre me montrât la vérité pour que j'osasse venir vous dire : Nous sommes dupes d'un intrigant, d'un misérable ! Celui qui joue parmi nous le rôle du grand alchimiste est un imposteur.

— Mais comment expliquez-vous cette ressemblance inouïe dont nous avons été dupes ?

— Je ne l'explique pas. Dans les événements qui surviennent et qui vont nous entraîner plus rapidement et plus loin que vous ne le pensez, il devient nécessaire de procéder par inductions, et d'aller du connu à l'inconnu... Je n'ai, Monsieur le baron, ni votre sagacité, ni votre pratique de la magistrature... Vous êtes accoutumé à débrouiller des affaires au moins aussi compliquées que celle-là. Tout ce que je pourrai, moi, sera de vous aider dans votre tâche et de chercher moins dans mes souvenirs réels que dans mes impressions ce qui pourra vous servir de renseignement...

— Ah! fit le baron Samper, si cet homme est un imposteur...
— Vous vengerez le vieux Palma, n'est-ce pas?
— Je vous le jure !
— Tout à l'heure, Monsieur le baron, vous me disiez : « Vous aussi, vous avez reconnu dans le jeune homme, le vieillard que vous appeliez votre bienfaiteur... » Eh bien ! Ceci n'est pas absolument exact... Dès la première heure des dissemblances et des discordances me frappèrent... L'homme qui entra si audacieusement dans ce que nous pourrions appeler la seconde incarnation de Palma, ne me rappelait que d'une façon vague et troublante celui que j'avais aimé... Du reste, entre nous se livrait une sorte de bataille mystérieuse, dont il ne restait pas toujours le vainqueur. Il prenait parfois de souples et familières allures inconnues au vieux savant. Tandis que je tremblais, pris de vertige, devant la puissance de l'alchimiste à qui j'avais vu réaliser des prodiges, l'autre, l'intrus, discutait avec moi des points scientifiques, ou plutôt paraissait m'interroger... On eût dit que j'étais passé au rang de maître, et qu'il devenait mon disciple...

— Voilà qui est étrange.
— Plus d'une fois, continua Paulus, il me chargea de lui traduire des livres grecs... Il ne comprenait ni l'hébreu, ni le syriaque, ni l'hindoustan que le vieillard parlait comme sa langue maternelle... J'ai dû lui expliquer le sens de certaines formules d'Arnaud de Villeneuve...

— Quel prétexte fournissait-il en vous demandant ces services ?
— Il m'expliqua qu'en redevenant jeune, il avait perdu le fruit des études de l'âge mûr. La mémoire lui manquait d'une façon si complète que je dus choisir pour lui les clefs ouvrant différents meubles, et lui expliquer les secrets de différents cabinets et coffres italiens.

— Cela vous parut-il bizarre ?
— Oui ; et d'autant moins compréhensible que le vieux Palma m'avait affirmé que le prodige de rajeunissement exercé par l'Élixir de longue vie lui devait conserver la science acquise... Mes remarques ne se bornèrent point à cela... A la veille de subir cette crise qui pouvait lui coûter la vie, Palma se fit sous mes yeux une large entaille au bras, cicatrisa la plaie, à l'aide d'un spécifique, et me dit: « Lorsque tu me verras réapparaître avec la fleur de jeunesse de la vingtième année, si tu doutes de la réalité du

prodige, regarde mon bras, la marque en sera d'autant plus indélébile que je me suis servi de ce baume... » Eh bien! Le misérable qui joue aujourd'hui le rôle de mon maître, ne porte pas cette cicatrice.

— Vous en êtes certain...
— Je lui en ai même fait la remarque.
— Que répondit-il?
— Il se troubla visiblement. Évidemment il ignorait ce qui s'était passé... Il essaya de me donner le change, mais à partir de cet instant ma conviction fut faite.
— Et vous ne m'avez pas prévenu?
— Que pouvais-je prouver? Rien. Nous nagions en plein inconnu; avec Palma nous étions entrés dans le royaume de l'impossible. Le prodige était admis. Ne pouvait-on croire, du reste ce qu'affirmait l'imposteur, c'est qu'en dépit de ce qu'affirmait le vieux Moser son maître, l'*avatar* subi lui avait enlevé une partie de la mémoire. Accuser ne suffit point. Il faut prouver. Le pouvais-je faire? Non, je n'eusse été cru par personne, Monsieur le baron, pas même par vous.
— N'étiez-vous point absolument désintéressé dans la question?

On connaissait votre respect, votre attachement pour votre ancien protecteur. Il ne fut venu à l'esprit de nul d'entre nous de vous suspecter. Pour porter une accusation d'usurpation d'identité, vous étiez sans autre motif que l'intérêt même de la justice.

— On aurait attribué mon action à un autre mobile.
— Lequel vous eût-on prêté?

Paulus hésita, rougit, et resta un moment silencieux.

Pendant ce temps Niklas leva le front, regarda le juge de ses grands yeux remplis de larmes, et murmura :

— Vous ne me parlez pas de ma fille! Ne voulez-vous point me la rendre?
— Si, pauvre femme! Si, nous la chercherons pour la remettre dans vos bras.

Niklas cacha son front dans ses mains et retomba dans son attente douloureuse.

— Monsieur le baron, reprit Paulus, vous m'inspirez une confiance si absolue que j'oserai vous révéler mon secret, et vous découvrir jusqu'au dernier repli de mon âme. Je me trouvais lié au vieux comte Palma par la reconnaissance, je ne tiens à celui qui usurpe sa place que par la haine... Nous sommes rivaux... Tous deux nous aimons Molda... lui à commettre un crime pour en faire sa femme, moi à sacrifier ma vie pour son bonheur... La fille du comte Komorn ne vous a révélé que la moitié de la vérité... Un jour, sous le porche de l'église où chaque jour nous voyait priant devant le même autel, nous avons échangé des promesses... C'est afin de les tenir, et pour échapper à un mariage odieux que Molda s'est réfugiée dans un couvent... Si j'avais accusé le misérable qui habite le château du Danube, il eût compris pourquoi je le hais, et le nom si pur de Molda se fût trouvé mêlé à cette histoire remplie d'épouvante et de ténèbres... Mon vieux maître m'avait promis de me faire riche, c'est ce qui vous explique pourquoi j'eus l'audace de lever les yeux sur la fille du comte Komorn.

Le juge tendit la main à Paulus.

— Je vous crois digne de cette chaste enfant, répondit-il, et je comprends doublement la résolution qu'elle a prise. Dieu ou vous, n'est-ce pas ?

— Oui, répondit Paulus d'une voix étouffée.

— Je commence à deviner une partie des faits, un seul m'échappe encore.

— Lequel ?

— La ressemblance de ces deux hommes.

— Jamais mon bienfaiteur ne me parla avec détail des événements qui précédèrent mon adoption. Cependant quelques mots prononcés dans une heure d'abandon, certaines explosions de tristesse subite, les visites d'un homme qui ne se faisait point annoncer, et dont la venue le laissait en proie à la colère et au désespoir, tout se réunissait pour me faire comprendre qu'il avait un fils indigne de sa tendresse et de ses bontés, qu'il avait chassé après l'avoir maudit...

— Un fils ! mais tout s'expliquerait alors... l'âge de celui qui joue le rôle du comte, la disparition du vieux Palma, à l'heure de l'apparition de celui que vous accusez...

— Et le cadavre trouvé au fond du gouffre, sous les fenêtres du château.

— Quel hasard vous l'a fait découvrir?

— Niklas dans sa tendresse persistante cherchait son enfant perdue... Elle n'avait point encore demandé son secret au précipice dont je vous parle... Je l'ai vue y descendre... Effrayé du danger qui la menaçait, j'ai couru la joindre, mais elle avait de l'avance sur moi, et je ne l'ai retrouvée qu'au fond de l'entonnoir... Vous le savez, Monsieur le baron, l'eau des pluies y forme un petit étang... Sans nul doute le corps du vieillard fut précipité dans l'abîme du haut du balcon... Cette nuit-là, qui fut la plus terrible de l'hiver, les cours d'eau gelèrent; le Danube fut pris. Le cadavre de Palma enserré sous la glace s'y est conservé intact. Rien n'est changé. Quand vous le verrez vous éprouverez l'effroi qui nous saisit tous deux, Niklas et moi... On croirait qu'on vient de le descendre sous ce miroir glacé....

— Vous devez être dans la vérité, Paulus... Il s'agit maintenant de constater l'exactitude des faits, d'exhumer le cadavre, et de placer subitement le misérable en face de sa victime... Croyez-vous qu'il soit au château.

— Non, Monsieur, le cocher a reçu ordre de le conduire chez le comte Komorn.

— Il ne semble pas avoir perdu toute espérance de conquérir Molda... Laissons se passer la journée, Paulus... c'est la nuit qu'il faut agir... En venant en aide à la justice, vous servez votre cause, car Komorn, si déchu qu'il soit, n'a jamais songé à donner Molda pour femme à un faussaire et à un assassin.

— Gilda ! ma Gilda ! répéta la mère.

— Monsieur le baron, dit Paulus, l'homme qui a tué son père a dû se débarrasser de Gilda... Peut-être a-t-il reculé devant un crime... Nous avons l'espoir de trouver l'enfant dans quelque cachot du Manoir maudit... Rappelez-vous l'affirmation de Gyorgio son petit compagnon... Gilda n'a point quitté le château... L'instinct de cette malheureuse mère le lui fait également croire... Hâter l'heure de vos recherches est peut-être sauver l'existence de l'enfant.

Le juge se leva, et posa la main sur l'épaule de Niklas.

— Écoutez-moi, lui dit-il, écoutez-moi, car l'heure est solennelle. Cette nuit même nous entrerons dans le Manoir maudit ; cette nuit même nous le fouillerons dans ses moindres cachettes... Jusque-là, silence ! Rentrez aux Trois Pommes de Pin... Pas un mot sur ce que vous venez d'entendre, le salut de votre fille en dépend.

Niklas venait de se redresser. Elle regarda le juge avec des yeux dans lesquels on ne pouvait plus surprendre une trace de folie. L'espérance lui rendait la raison. Ses doigts tremblants attirèrent la main du baron Samper sur laquelle ses lèvres se collèrent ; puis elle quitta la salle, y laissant le baron et Paulus.

Il s'agissait pour Samper de prendre ses dernières dispositions.

Par une délicatesse d'accord avec le caractère du jeune homme celui-ci accepta de passer le reste de la journée chez le magistrat. En rentrant au Château maudit, il lui eût semblé commettre un acte de trahison envers celui qui usurpait la place de son bienfaiteur.

Des ordres furent immédiatement donnés par le juge, et on convint qu'à dix heures du soir une troupe d'hommes de la police, munis des engins nécessaires pour descendre au fond du précipice, se trouverait dans le voisinage du château où le baron les rejoindrait avec un de ses collègues, et Paulus.

Le jeune homme dîna avec la famille Samper, et Honoria qui, dans la journée, avait été visiter Molda au couvent, lui en donna des nouvelles.

La certitude qu'elle supportait son malheur avec courage doubla l'énergie de Paulus. Il lui devait de la délivrer au plus vite en perdant sans retour le misérable qui s'était acquis sur son père un si puissant ascendant..

Cependant, à mesure qu'approchait le moment d'agir, l'impatience s'emparait de Paulus ; quand il monta en voiture avec les magistrats, il était aussi pâle qu'un coupable, aussi désolé qu'un fils allant chercher le cadavre de son père.

Le carrosse roula rapidement sur la route, et il ne fallut pas plus d'un quart d'heure au baron pour arriver au château.

La façade en était complètement sombre. Pas une clarté ne jaillissait des fenêtres. Le grand manoir ressemblait à un spectre de pierre debout auprès du fleuve, immobile.

A l'avance, les hommes de police avaient préparé des échelles de cordes et des fanaux. La descente, sans exposer à de graves dangers, dût se faire avec des précautions infinies. L'un après l'autre les agents descendirent ; les magistrats vinrent les derniers. Au fond du gouffre ils ne pouvaient avoir la crainte d'être aperçus, aussi des torches résineuses furent-elles allumées, et les agents les tinrent à fleur de sol pendant que les magistrats, courbés, sur la surface polie du petit lac, regardaient avec stupeur la figure pâle de Palma leur apparaître à travers ce miroir glacé.

Cette scène était véritablement émouvante. Tout autour de l'étang, les porteurs de torches dressaient leurs flammes vers un ciel clair où ne passait pas un souffle. La nuit était superbe, et des milliers d'étoiles scintillaient sur l'azur profond. Et au fond, tout au fond, comme une apparition vengeresse, le corps rigide du vieillard, un couteau dans la poitrine, et sa face pâle dirigée vers le ciel.

— Cassez la glace avec précaution, fit le juge.

Les pics attaquèrent la croûte gelée qui se fendit ; on enleva de larges glaçons qui, plus d'une fois, coupèrent les doigts des travailleurs, puis un large espace se trouvant découvert, il devint facile de soulever le corps de Palma, et le rouler dans les couvertures apportées à cet effet.

Une heure plus tard, le long de l'échelle de corde, remontaient les agents de police soutenant le corps du malheureux vieillard, puis les magistrats.

Paulus eût souhaité veiller près de la dépouille de son bienfaiteur, mais le baron Samper l'en dissuada :

— Restez au château, lui dit-il, vous y surveillerez les agissements de l'assassin; en vengeant l'alchimiste vous remplirez un impérieux devoir... Soyez tranquille, des gens pieux passeront la nuit auprès de celui que vous aimiez. Le dénouement du drame approche, et vous aurez la consolation d'avoir amplement fait votre devoir.

— Je vous obéirai, Monsieur, répondit Paulus, avec l'expression d'un regret mêlé de respect. J'espère avoir l'honneur de vous revoir demain.

— Et alors, Paulus, vous serez confronté avec l'assassin de votre bienfaiteur.

Les magistrats remontèrent en voiture, et le groupe des hommes de police, chargés de leur funèbre fardeau, prit la route de Buda-Pesth.

Ils se trouvaient à moitié chemin environ, quand un carrosse attelé de deux chevaux vigoureux, passa avec la rapidité de la foudre, pas assez cependant pour qu'il fût possible à une main de femme de briser la vitre d'une portière. Ils crurent même entendre qu'on appelait à l'aide, mais ils ne purent l'affirmer et, d'ailleurs, pas un de ces hommes n'eût été capable de gagner de vitesse ce diabolique équipage.

L'ÉLIXIR DE LONGUE VIE

Puisqu'il me faut compléter le breuvage de vie, rien n'y manquera. (*Voir page* 264.)

XXII

LA PETITE MARTYRE

Le jour où le misérable qui pour punir Gilda de sa curiosité enfantine, l'avait enfermée dans un des souterrains du château, fut épié, suivi, et découvert par Abraham Zek ; la pauvre enfant, après avoir tenté vainement de l'attendrir, essaya de la révolte et, pendant une lutte inégale, renversa à terre la lanterne sourde de son bourreau. Le cachot se trouva subitement envahi d'une obscurité complète. Palma perdit un temps relativement considérable à battre le briquet et à rallumer le bout de cire placé dans la lanterne. Mais, quand il en promena la faible clarté dans les coins de la sinistre oubliette, il n'aperçut plus l'enfant. Ivre de rage, et résolu cette fois d'en finir avec une prisonnière devenue dangereuse, il s'engagea le long du couloir sur lequel se trouvaient les portes de plusieurs autres cellules et s'enfonça dans un interminable dédale. Emporté par la colère, il ne s'effraya pas d'abord et s'avança en élevant la lanterne sourde, et en appelant Gilda d'une voix qu'il s'efforça d'adoucir. Nul ne lui répondit. Il n'entendit ni le bruit de la course de l'enfant, ni sa voix. Sans doute elle fuyait devant lui, emportée par une terreur croissante. Il s'arrêta alors, résolu à plier, à l'attirer puisqu'il ne pouvait la vaincre. Tous les moyens devenaient bons, pourvu qu'il la reprit. Après, l'enfer savait de quelle façon il s'en débarrasserait.

— Gilda, dit-il, Gilda, reviens sans aucune crainte. Je ne te retiendrai plus prisonnière... Tu me donneras ta parole de garder le silence sur ce qui s'est passé au château, et je te laisserai libre de rejoindre ta mère... Reviens, Gilda, tu vas me suivre en haut dans les grands appartements, et quand la nuit sera profonde, moi-même je t'ouvrirai la porte donnant sur la route du village... Tu raconteras que tu as été enlevée par les bohémiens... Reviens, reviens vite !

Mais l'appel du comte demeura sans réponse, et un écho lugubre, venant des profondeurs d'un couloir paraissant s'enfoncer dans les entrailles de la terre, lui répondit seul. Désespérant de retrouver l'enfant, et redoutant de se perdre dans un dédale dont les bifurcations lui semblaient dangereuses, après une heure de recherches vaines, ivre de colère, il prit le parti de remonter dans son appartement.

Une seule pensée le consolait :

— Qu'importe qu'elle soit enfuie ! La faim accomplira mon œuvre avant longtemps.

Il était loin de songer que, depuis longtemps déjà, Gilda n'était plus dans le souterrain.

Au moment où l'enfant se précipitant sur le comte faisait tomber la lumière, Abraham Zek lui apparut comme un sauveur envoyé par la Providence. Elle l'entrevit une seconde, une seule, et reconnut cette face pâle et amaigrie pour l'avoir vue à côté d'un jeune et beau visage. Hélas ! pour la petite Gilda tout homme devait être un libérateur. Profitant, avec la rapidité de la pensée, du moment où Palma s'efforçait de rallumer la lanterne sourde, le Juif attira l'enfant contre lui, la cacha sous les plis de sa houppelande, et l'emporta dans l'escalier dont il gravit les marches sans faire plus de bruit qu'une chauve-souris battant des ailes contre la muraille.

Pendant qu'il l'entraînait hors de sa prison, la voix menaçante de Palma leur arrivait du fond du souterrain, et Gilda, se rapprochant de son guide, semblait le supplier de la sauver.

Abraham Zek continuait son ascension.

Quand il revit poindre une clarté, il comprit qu'il revenait du côté du cabinet de l'alchimiste, et se hâta davantage. Enfin il se retrouva dans cette grande pièce sombre, où Gilda, la curieuse, avait eu la fantaisie d'entrer, et le malheur d'être surprise. Elle frissonna en regardant les murs de la grande chambre, et le portrait vêtu de rouge.

— Allons-nous en! dit-elle au Juif, en revoyant cette image qui lui rappelait les traits de son bourreau, allons-nous en!

Hélas! La pauvre enfant, ce n'était pas pour la sauver qu'Abraham Zek venait de l'arracher aux horreurs des souterrains du château maudit! Le vieux Juif initié à certains mystères, à certains rites sanguinaires de sa race, avait, en rencontrant Gilda, fondé sur sa jeunesse d'horribles espérances. De la mort de l'enfant il ferait la vie de Salomé, le sang vigoureux des veines de Gilda irait enrichir et ranimer les veines appauvries de sa fille et, en se combinant avec la préparation magique promise par Palma, opérerait la résurrection attendue.

Perdu dans ces pensées atroces, Abraham demeurait immobile, sans songer que sa lenteur à fuir compromettait, chaque minute, son infernal projet.

L'enfant, elle, anxieuse, et dans sa hâte d'échapper au danger qu'elle sentait tout proche, insistait auprès de Zek :

De grâce, implorait-elle, avec des gestes d'effroi, sortons d'ici, sortons vite.

Alors Abraham, comme secoué soudain par une commotion intérieure, revint à la réalité de l'heure présente. Son regard se porta vers l'embrasure béante du souterrain, où Palma, bouleversé par la disparition de la fille de Niklas, se débattait dans l'obscurité appelant toujours vainement, Gilda! Gilda!

Une pensée rapide traversa l'esprit d'Abraham.

Depuis tant de jours Palma lui promettait vainement de sauver sa fille ; Palma mentait à la parole donnée... Il pouvait à cette heure s'en venger d'une façon terrible; il suffisait sans doute de laisser retomber la porte secrète donnant sur l'escalier, et l'alchimiste se trouverait dans l'impossibilité de sortir de la tombe. Mais, en satisfaisant son besoin de vengeance, Zek se privait de la suprême espérance qui lui restât de sauver Salomé. Il se contint à cette pensée.

D'ailleurs, Palma n'oserait pas le trahir, il aurait peur d'être vendu et livré.

Zek s'enfuit donc du cabinet de travail, gardant Gilda cachée dans les plis de son ample vêtement.

Il ne rencontra personne dans le couloir, et gagna son appartement privé.

Une lumière y brillait encore.

Alors il rendit la liberté de ses mouvements à Gilda à demi étouffée.

Des larmes roulaient dans les yeux bleus de la petite fille, un faible sourire erra sur ses lèvres et, dans l'élan de sa reconnaissance, elle noua ses bras autour du cou du vieillard.

— Vous êtes bon ! dit-elle, vous m'avez sauvée ! Oh ! Dieu vous bénira ! vous serez heureux et récompensé si vous rendez la liberté à une enfant qui pleure sa mère.. Ma mère, vous allez me conduire vers elle, n'est-ce pas ?

— Oui, oui, répondit le Juif d'une voix faible, et comme si les témoignages de reconnaissance de Gilda le gênaient plus qu'ils ne lui causaient de joie ; oui, sans doute, je te ramènerai vers ta mère, mais il faut attendre, vois-tu, si nous partions tout de suite nous serions découverts.

— J'aurais tant voulu l'embrasser et lui demander pardon ! s'écria avec ferveur, Gilda.

Elle se résigna pourtant. La pauvre créature avait tellement souffert que se retrouver hors de son cachot lui paraissait déjà une grande joie.

— J'ai faim ! dit-elle au Juif d'une voix plaintive.

Abraham jeta sur elle un singulier regard.

L'enfant, qui, depuis sa disparition de chez sa mère, avait manqué d'air et de nourriture, au fond des cachots du manoir, était émaciée et exsangue. Avec ses membres grêles, sa figure maladive et le léger tremblement de son petit corps affaibli, Gilda était, en ce moment, un bien pauvre sujet pour les mystérieux desseins d'Abraham.

C'est vrai, fit-il en lui-même, comme elle est maigre et pâle ; on dirait une petite morte... elle n'a plus de sang. Et pourtant il lui en faut, du sang ; il faut qu'il circule, riche et généreux, dans ses veines, recueillant sur son passage toute la vie de son jeune être pour me le donner pour ma fille, pour ma Salomé qui se meurt.

Et Zek, dans une sorte d'enthousiasme, courut vers un buffet, en sortit une bouteille, un verre, des provisions et, avec une fausse bonhomie, les plaça devant la jeune fille :

— Tiens, bois ce vin d'Espagne, mange ces gâteaux ; c'est bon, tu verras, cela va te remettre et te donner des forces et du courage.

— Oh ! oui, faisait la pauvre enfant qui se jetait avec avidité sur ces friandises... J'en aurai du courage, quand je me sentirai mieux.

— Alors mange bien, répondait le Juif, si tu veux revenir à la santé pour avoir la force de t'enfuir.

Gilda dévora tout ce qu'on avait placé devant elle sous le regard faussement paterne d'Abraham.

— Eh bien ! te trouves-tu mieux maintenant ? demanda Zek quand elle eut fini.

Mais un frisson venait de secouer l'enfant et la pâleur de ses traits s'était soudain accentuée... Elle chercha à s'envelopper plus étroitement dans ses minces haillons et, avec des grelottements de fièvre, elle murmura défaillante :

J'ai froid ! J'ai froid !

— Toutes les misères ! répéta Zek, toutes ! Il mit devant le foyer une sorte de bouilloire d'argent, et quand l'eau fut chaude, il prépara un grand bassin, des savons, des serviettes souples et dit à l'enfant :

— Tes bras et tes jambes portent des traces d'écorchures, lave-les, voici du linge fin, tu peux t'en servir, tout à l'heure je t'apporterai une robe.

Abraham sortit et l'enfant lava ses membres excoriés, meurtris, souillés par l'humidité du cachot. Elle démêla ensuite sa belle chevelure blonde dont Niklas était autrefois si fière, puis elle attendit le retour de Zek. Lorsque celui-ci reparut, il tenait sur son bras une robe de soie blanche doublée chaudement, et la jeta sur le tapis aux pieds de l'enfant transportée de joie.

— Enveloppe-toi dedans, fit-il.

Gilda passa ses deux bras dans les manches trop longues, la robe traînait sur ses talons. Cependant quand elle eut relevé les manches qui gênaient ses mouvements, elle trouva le satin blanc si beau, l'étoffe si soyeuse, se crut si belle qu'elle sourit en se voyant parée à la façon des belles dames qu'elle avait eu la fatale curiosité d'admirer le soir de la fatale fête.

Zek la souleva doucement alors, et l'étendit sur son propre lit.

— Dors, dit-il, personne n'entrera.

Pleine de confiance, elle ferma les yeux et murmura :

— Je n'ai plus peur, vous me veillez, et vous êtes bon !

— Tais-toi, fit-il presque avec dureté.

Surprise, elle se redressa, et fixant ses grands yeux :

— Vous avez eu pitié de moi, parce que vous avez une fille? Je me souviens maintenant... Une fille pâle comme une rose blanche... Et avec tant de diamants... Un ange du ciel couronné d'une gloire... Vous l'aimez beaucoup, dites, votre fille...

— Si je l'aime? répondit Zek, la voie altérée, tu le sauras un jour, tu le verras trop.

— Oh! fit-elle en refermant les yeux, les pères et les mères ne chérissent jamais trop leurs enfants... Ma mère le disait souvent devant moi... Je vais rêver de ma mère, puisque vous ne pouvez tout de suite me conduire vers elle...

Un instant après elle sommeillait.

Abraham alla mettre le verrou à la porte de son antichambre ouvrant sur le couloir, puis, certain que nul ne pouvait désormais pénétrer chez lui, il entra chez sa fille. Il s'assit dans un fauteuil et, les yeux emplis de tendresse, la regarda dormir.

Pendant cette phase de repos absolu, toute animation avait disparu de son visage, que n'éclairaient plus ses grands yeux noirs. Il était donc facile d'en voir les changements progressifs et de suivre les ravages de la maladie. Ils étaient cruels. Sous les yeux caves, de grands cercles bleus laissaient leurs taches meurtries; les tempes se creusaient, déprimées par le doigt de la mort; le nez très fin, aux délicates arêtes, se serrait aux narines; la bouche pâle se teignait à peine d'une couleur de rose de Bengale. Ses mains, reposant sur les couvertures de soie, semblaient de cire, et le souffle s'échappant de sa poitrine comprimée soulevait à peine la batiste des draps.

D'ordinaire, chaque fois que le Juif étudiait les progrès de la maladie sur le visage de son enfant, une douleur sourde lui crispait le cœur. Cette fois, il les constata, mais il ne s'en affligea pas.

— Le Dieu de Jacob a pitié de moi, dit-il, tu seras sauvée... J'en ai la certitude, maintenant... L'alchimiste n'osait pas mêler à ses drogues l'élément indispensable pour la réussite de son Élixir; je ne garderai pas ces scrupules, moi. Je veux que tu vives et tu vivras! tu vivras! Salomé, un père ne laisse point mourir son enfant, quand il ne devrait la sauver qu'au prix d'un crime...

En s'ouvrant, les yeux de Salomé se fixèrent sur le vieillard.

— Je vous en supplie, lui dit-elle, reposez-vous, je suis bien... Jamais sommeil ne me parut si bienfaisant et si doux... De si beaux songes m'ont visitée..

— Quels songes, ma colombe ?

— Je me croyais transportée dans un jardin immense planté d'oliviers centenaires ; au-dessus de mon front leur ombre se faisait douce... j'étais dans l'attente d'un bonheur indéfini, mais certain... Tout à coup, de ce crépuscule aussi charmant qu'une aurore, s'est dégagée une figure aérienne, si majestueuse, et si tendre tout ensemble que mon âme s'est subitement épanouie. Elle glissait sur le sol tapissé de plantes embaumées, et ses longs vêtements couleur d'hyacinthe flottaient derrière elle ; des ailes aux reflets irisés semblaient aider à la légèreté de sa marche ; elles restaient à demi repliées, et une blonde chevelure tombait en longues boucles sur les plumes d'or, de vermeil et d'azur... Sur sa poitrine, l'ange, car c'était bien un ange, tenait un vase précieux dont mes regards ne pouvaient soutenir l'éclat. A mesure qu'il s'approchait, je comprenais davantage qu'il m'apportait le salut et la vie... Mes bras se tendaient vers lui... J'aspirais au moment de saisir le calice qu'il pressait sur son cœur.... De lui-même, il me le tendit : « — Bois ! me dit-il, voilà la source de la vie éternelle. » — Un feu divin coula dans ma poitrine, une force soudaine me fut donnée... Je me sentais vivante et joyeuse et, debout, je m'attachais à la tunique flottante de l'ange, quand l'émotion trop vive que je ressentais m'a réveillée...

— Et à la place d'un ange de lumière, tu n'as vu qu'un pauvre vieillard, ton père... Mais il te versera l'Élixir de vie, et tu seras joyeuse et forte comme dans ton rêve...

A partir de ce moment, Abraham n'eut plus de crises de désespoir. Il cessa même de tourmenter Palma, et accepta le dernier délai fixé par celui-ci, pour lui remettre le breuvage capable de rendre la santé à sa fille. Ce trembleur avait maintenant confiance. Palma respira. Sans doute il lui arrivait bien, par intervalles, d'ouvrir la porte secrète donnant sur l'escalier descendant aux souterrains ; il croyait parfois y entendre un bruit de sanglots, et distinguer une plainte étouffée ; mais jadis il se penchait de la sorte au-dessus du précipice, et reculait ensuite, épouvanté, comme s'il s'attendait à voir monter un spectre vengeur du fond de l'abîme

Hallucination ! vertige ! folie ! Il oubliait ses terreurs et se rejetait dans la vie active, fiévreuse, passionnée. Il songeait à Molda, Molda qui le dédaignait et dont il avait juré de faire sa femme, en dépit de sa résistance, ou plutôt aiguillonné par cette résistance même.

Cependant les jours passaient sans amener de changement autour de lui.

Le comte Komorn continuait à lui promettre de forcer sa fille à l'obéissance; Molda s'obstinait dans son refus, et Abraham Zek se bornait à lui répéter d'une façon menaçante :

— Il ne te reste plus que deux jours.

Dans deux jours il devait avoir triomphé de la résistance désespérée de Molda, et quitté sans retour un pays dont le séjour devenait dangereux. Pendant le temps qui venait de s'écouler entre la délivrance miraculeuse de Gilda, et le dernier délai fixé par le Juif, celui-ci avait dû, à chaque heure, soutenir une nouvelle lutte morale contre la fille de Niklas. Pendant deux jours elle se montra patiente, attendant le moment sans cesse reculé où Zek la mènerait à l'auberge des Trois Pommes de Pin. Ses forces revenaient; elle renaissait, grâce au sommeil et à une bonne nourriture. Zek la gardait dans son appartement, et l'enfant terrifiée à la pensée de se savoir auprès de son bourreau s'efforçait de prendre courage. Tous les matins elle renouvelait sa demande, et Zek trouvait un motif nouveau pour la garder dans une prison plus douce, il est vrai, mais une prison, puisqu'on ne lui rendait pas sa mère. Abraham lui jura d'abord qu'il avait vu Niklas, et que celle-ci la conjurait de demeurer en sûreté près du vieillard. Il alla même jusqu'à simuler la réception d'un message. Ensuite l'aubergiste partit pour recueillir un petit héritage. Il n'y eut pas jusqu'au nom de Gyorgio qui ne fût mis en avant pour convaincre la pauvre enfant et calmer ses craintes.

Et Gilda comptait les jours, plus tard elle en vint à compter les minutes, comme Abraham lui-même.

Enfin le vieillard lui dit :

— Ce soir tu quitteras cette chambre !

— Et je verrai ma mère?

Il ne répondit point et répéta :

— Ce soir !

La date fixée par l'alchimiste expirait le lendemain dans la matinée, et le Juif ne devait pas faire grâce d'une heure à Palma.

Dans la chambre voisine, Salomé s'affaiblissait davantage. Cependant elle reçut une visite de Paulus, échangea avec lui de graves et douces paroles, et ce fut à la suite de cet entretien que le jeune homme, prenant enfin une résolution décisive, se rendit au couvent afin d'y chercher un prêtre assez dévoué pour venir apporter le baptême à la Juive, et qu'il en ramena un tout jeune moine accompagné du vieillard connu sous le nom d'Angys.

A cette même heure Palma se rendait chez le comte Komorn afin de concerter avec lui un dernier moyen de gagner une partie si disputée, et dans laquelle il mettait sa vie pour enjeu.

Quand Zek rentra de Buda-Pesth où il était allé chercher des fleurs rares pour sa fille, les deux moines étaient partis. La malade, assise sur son lit, tenait dans ses mains transparentes le crucifix que venait d'y mettre le moine Angys, et elle s'absorbait dans la contemplation de cette image divine.

Au bruit que fit la porte en s'ouvrant, Salomé tressaillit, cacha craintivement le crucifix parmi les fourrures de sa couche, et accueillit son père avec un sourire.

— Voici des fleurs, dit-il, je veux que la chambre soit gaie ! Je rapporte aussi un breuvage renommé, car celui fabriqué par le comte Palma est fini, hélas !

— Je n'ai plus soif, répondit Salomé d'une voix dont l'accent paraissait tout intérieur, je n'ai pas soif ! J'ai bu l'eau de grâce à laquelle on est désaltéré pour jamais !

Zek ne comprit point le sens mystique de ces paroles.

Il répandit les fleurs sur la couche de Salomé, et reprit :

— Demain l'Élixir sera fait, demain !

— Vous avez donc vu Palma ?

— Il a promis ! fit Abraham ! et s'il se parjurait...

— La science humaine est bornée, mon père, il ne faudrait point lui en vouloir, voyez-vous ! La haine porte des fruits mauvais... Écoutez-moi, à cette heure, plus solennelle que vous ne le sauriez croire... Non seulement je n'attends rien de la science d'alchimiste, de l'homme en qui vous placez l'unique espoir de mon salut, mais je repousse son œuvre de toute la force de ma volonté.

— Pourquoi ? demanda Zek avec agitation, tu sais donc ?

— Je sais qu'il ne faut pas tenter Dieu, mon père !

— On peut lui parler en face, du moins, comme Moïse.

— Moïse était un prophète.

— Discuter avec lui comme Job !

— Job était un saint !

— Job était un père à qui le Jéhovah prenait ses enfants, comme il a décimé ma propre famille, et Job maudissait l'heure à laquelle il avait été conçu !

— Job louait le Seigneur sur son fumier, dans sa misère et dans son affliction... Imitez-le, mon père. Quant à moi, soumise à sa volonté sainte, je m'incline sans murmurer sous sa main puissante, soit qu'il me jette sur le bois du bûcher comme Isaac, soit qu'il me plonge dans la fournaise comme les enfants Hébreux ou qu'il me laisse dans le désert comme Ismaël... L'ange est là ! L'ange qui arrête le bras du sacrificateur, l'ange qui éteint les flammes de la fournaise, l'ange qui montre, jaillissante, la source d'eau vive !

— Tu ne m'aimes pas ! s'écria le Juif en se tordant les mains.

— Prenez garde de m'aimer trop, mon père !

Il devint livide et murmura :

— Si mon sang avait pu suffire !

Salomé saisit une de ses mains, et se mit à lui parler doucement, comme elle faisait en racontant ses visions, avec des tendresses naïves, et des mouvements d'inspirée. Il la regardait, mais il ne l'entendait pas. A la fin, la flamme brillant dans les yeux de Salomé lui sembla si vive et tellement surnaturelle, qu'il eut peur et, de ses doigts tremblants, il abaissa les paupières de l'enfant.

— Dors, fit-il, dors...

Il quitta l'appartement et traversa le corridor. Avec mille précautions, Abraham Zek entr'ouvrit la porte du cabinet de travail de Palma. Il était vide. Le maître du château du Danube n'avait pas encore quitté le comte Komorn.

Rassuré sur ce point, le Juif monta deux étages, et se trouva en face de la porte du laboratoire.

Il fit jouer le ressort de la serrure et entra.

Le feu des fourneaux était éteint. Les mêmes traces de négligence et d'abandon se remarquaient partout. Les manuscrits, dont le vieil alchimiste faisait si grand cas, gisaient en désordre sur une table ; des morceaux de minéraux s'entassaient dans un coffre.

Le seul objet rappelant les anciens travaux du savant, était une fiole de cristal pur, emplie aux trois quarts d'une liqueur ambrée...

Elle se trouvait exposée devant la fenêtre, de façon à recevoir les rayons du soleil d'hiver.

Zek n'osa y toucher.

— Voici le flacon d'Élixir, dit-il, demain rien n'y manquera, rien ! Salomé sera sauvée !

Une table de dimension moyenne se trouvait dans un angle de la vaste pièce, il la rapprocha du centre, puis il se mit à rôder fièvreusement dans le laboratoire, cherchant et rapportant des objets divers qu'il déposa sur cette même table : des courroies de cuir, un large mouchoir de soie, un stylet mince de fabrication italienne, puis deux vases d'argent assez vastes.

— C'est tout ! murmura-t-il, c'est tout !

Alors, avec un frisson, il quitta le laboratoire, fixa une dernière fois les regards sur la fiole, et redescendit.

Il rentra dans la chambre de Gilda.
Salomé dormait.
La petite fille était éveillée.
— Vous savez ce que vous m'avez promis, dit-elle... C'est aujourd'hui que je dois quitter cette chambre.
— Aujourd'hui.
— Tout de suite, n'est-ce pas?
— Il fait trop jour... murmura Zek.
— Alors, ce soir?
— Oui, maintenant on nous verrait sortir.
— Mais si vous me cachiez bien sous votre longue houppelande, comme l'autre fois?
— J'ai dit : plus tard ! Tâche de sommeiller, en attendant.
L'enfant ferma docilement les yeux.
Elle ne dormait pas, mais elle s'imagina revoir le visage de Niklas, et quand elle gardait les yeux ouverts, la figure de Zek l'effrayait.
Elle lui trouvait, parfois, quelque chose de singulièrement cruel. Cependant, depuis qu'il l'avait délivrée, il s'était montré rempli d'attentions. Ne lui prodiguait-il pas les vins généreux, les viandes fortifiantes? Quand il pressait ses bras il en regardait les veines :
— Tu n'es plus si faible, disait-il, les forces reviennent, le sang coule maintenant dans tes artères, un sang pur, de beau sang rouge d'enfant!
Et Gilda retirait son bras et, sans savoir pourquoi, elle songeait aux vampires.
Les heures sonnèrent lentes, toujours plus lentes.
Komoru et son complice complotaient leur œuvre maudite.
Samper, Paulus et les hommes de police, au même moment aux bords du précipice, descendaient au fond du gouffre pour en exhumer le cadavre du vieux Palma.
Zek regarda la pendule, et se leva.
— Gilda, dit-il, voici l'heure.
Elle se dressa souriante, agitant ses bras en signe de joie ; en une minute elle se trouva sur ses pieds, derrière elle traînaient comme un nuage blanc les plis de la robe de satin.
— Tu vas me jurer de ne t'effrayer de rien.
— Oh ! je le jure.
— Et pour me donner plus de confiance, tu me laisseras te bander les yeux
Zek prit un mouchoir de soie, le plia en plusieurs doubles, et le noua derrière la tête de l'enfant. Celle-ci, ne voyant là rien d'anormal, se mit à rire.

— Tiens! dit-elle, il fait tout noir.

Alors Abraham prit un second mouchoir dont il forma un bâillon et, le serrant sur la bouche de Gilda, il l'attacha par un triple nœud. La poitrine de l'enfant se souleva, un sanglot l'étouffait. Prise d'une peur soudaine, comme l'agneau sur la route de l'abattoir, elle agita les bras et les jambes, mais le Juif paralysa ses mouvements en l'enroulant davantage dans les plis de sa robe, puis l'enlevant à bras tendus il remonta furtivement vers le laboratoire.

Quand il y fut rentré, il verrouilla la porte derrière lui et, sûr de ne pas être entendu, il débarrassa de son bâillon l'enfant évanouie. Ensuite, saisissant les courroies de cuir l'une après l'autre, il lia à chaque pied de la table les jambes et les poignets de la petite martyre, plaça le stylet à côté, les cuvettes d'argent à terre, et répéta :

— Puisqu'il me faut aider Palma à compléter le breuvage de vie! rien n'y manquera plus.

Un moment après, assis près du lit de Salomé, il la regardait de nouveau dormir.

L'ÉLIXIR DE LONGUE VIE

Ils se jetèrent sur Molda comme sur une proie. (*Voir page 268.*)

XXIII

LE RAPT

Depuis que Molda, fuyant l'atmosphère étouffante et dangereuse de l'hôtel Komorn, avait trouvé un refuge au couvent, l'existence lui apparaissait sous un tout autre aspect. Entourée de sympathie, l'âme rafraîchie par la prière, elle sentait sa peine s'adoucir, et l'espérance lui revenir au cœur. Jamais l'attente d'un meilleur sort ne l'abandonna. Au fond de sa pensée demeurait une sereine confiance dans le Dieu qui protège les faibles, comme la goutte d'eau reste au fond des calices pour vivifier les fleurs. Dans chacune des religieuses elle devinait une amie ; la visite de la baronne Samper et de ses filles lui prouvait qu'on la plaignait sans songer à blâmer sa démarche. Il lui sembla que la cellule blanche dans laquelle on l'installait s'ouvrait sur un coin du ciel. Elle n'y entendrait plus la voix menaçante de son père s'efforçant de la contraindre à un mariage abhorré ; elle n'y verrait plus le visage ardent et railleur de Palma, ce visage qui l'épouvantait, elle si courageuse et si forte. Elle dormit paisiblement sous ce toit bénit, et fut éveillée par les sons de la cloche. Dans la chapelle, agenouillée sur les dalles, elle pria longtemps et pour Paulus qui l'aimait, et pour son père qui lui préférait une partie de cartes. La journée se passa à travailler à une tapisserie, à causer avec Honoria Samper, à prendre complètement possession de cette vie nouvelle.

On se couchait de bonne heure au couvent. Les dernières hymnes étaient chantées, et Molda allait prendre un repos dont elle avait grand besoin, quand la cloche de la tourière fut bruyamment agitée.

La sœur ouvrit discrètement, et ne put distinguer que la silhouette sombre d'une femme enveloppée d'une mante, dont le capuchon masquait le haut du visage.

— Que souhaitez-vous ? demanda doucement la tourière.

— Parler à la comtesse Komorn.

— Il est trop tard, répondit la sœur, revenez demain.

— Demain ! La mort attendra-t-elle ? Je vous en prie, je vous en supplie, ma sœur, aidez-moi à remplir les suprêmes volontés d'un mourant... Le comte Komorn, désespéré du départ de sa fille, a été brusquement frappé d'une congestion. Le docteur redoute un résultat terrible... Au sortir d'une crise dont nous attendions le dénouement avec une profonde angoisse, le comte en ouvrant les yeux a prononcé le nom de Molda... Il veut la bénir, il souhaite lui demander un baiser et une prière... Molda est trop pieuse pour ne point obéir au commandement qui ordonne de respecter son père... Quels griefs tiendraient devant la maladie et la mort... Conduisez-moi près de la jeune comtesse, je suis certaine de parvenir à la convaincre. Il ne saurait, du reste, être difficile d'amener une enfant au chevet de son père.

La femme vêtue de noir parlait d'une voix basse, monotone, privée de ces cordes vibrantes qui agitent l'âme et y portent la conviction de la franchise. Mais l'humble tourière était accoutumée à ne point juger, à ne soupçonner jamais. Cependant elle ne se hâtait point.

— Ma sœur, reprit la femme en deuil, menez-moi vers Molda, je vous en supplie.

— Ceci est impossible; l'ordre de cette jeune fille, corroboré par celui de Mme la supérieure, est qu'aucune personne étrangère ne sera admise près d'elle.

— Vous avez, en ce cas, fait exception pour la baronne Samper et ses filles. Et il s'agissait d'une visite mondaine, tandis que je remplis une mission sacrée.

— Vous semblez bien au fait de ce qui se passe dans cette maison, cependant quoi que vous disiez, vous n'en franchirez pas le seuil. La nuit est venue, la dernière cloche a sonné...

— Prévenez la comtesse, au moins! Quels seraient vos remords si son père expirait cette nuit... Je puis bien l'avouer, en dépit du dévouement que je lui porte, il se conduisit souvent avec dureté à l'égard de sa fille... Mais à l'heure de rendre à Dieu ses comptes, il se repent; il demande un signe de la divine miséricorde dans le pardon de son enfant... Au nom d'une âme en détresse, ma sœur, remplissez cette mission pénible, apprenez à Molda la vérité.

— La vérité! murmura la sœur, Dieu la lit au fond de nos âmes.

Cependant, fermant le guichet, d'un pas lent elle se dirigea vers la cellule de Molda.

La jeune fille venait de se décoiffer, et de rouler pour la nuit ses magnifiques cheveux en couronne au-dessus de sa tête. Elle se retourna au bruit que fit la porte en s'ouvrant, et, reconnaissant la sœur, elle sourit.

Celle-ci s'approcha et lui prit affectueusement les deux mains.

— Je ne suis qu'une pauvre fille vouée à Dieu, lui dit-elle, je n'ai nullement le droit de vous donner un conseil, mais je prends celui de vous aimer... Tout ce qui vous arrivera d'heureux me réjouira le cœur; tout ce qui vous atteindra me blessera... Pesez bien mes paroles, Mademoiselle, et décidez seule... Une femme est en bas... La gouvernante de l'hôtel de votre père...

— Illa! fit la jeune fille avec une expression amère.

— Sous l'empire véritable ou feint d'une grande émotion, elle vient vous apprendre que votre père se meurt... Une attaque d'apoplexie l'a surpris... Il peut y survivre, comme il peut y succomber.

— Mon père! fit Molda en fondant en larmes, mon père!

En ce moment, ne se souvenant plus des griefs qu'elle avait contre lui, la douce créature se rappela seulement quels liens sacrés l'attachaient à ce joueur obstiné, à cet homme qui avait fait si triste la vie de sa mère, et sa fin si prématurée. Le sentiment d'une ardente foi domina bientôt tous les autres.

— Un prêtre est-il près de lui?
— Il vous demande pour lui aider à mourir.
— Moi! fit-elle avec un involontaire mouvement d'épouvante.

Elle fut sur le point d'ajouter : « Je n'irai pas! » — Mais subitement la vision du vieillard agonisant passa devant elle. Se rappelant ce qu'il lui avait fait souffrir, elle comprit son angoisse en face de l'éternité, et, prenant une décision rapide, elle jeta une pelisse sur ses épaules, s'enveloppa la tête d'une écharpe de dentelle, et dit à la sœur :

— Mon devoir est de me rendre près de mon père... Il y a deux jours, devant ma conscience et devant Dieu, je me croyais obligée à le fuir pour éviter de lier ma vie contre mon gré; maintenant je serais poursuivie par un remords éternel si je le laissais mourir sans lui adresser quelques paroles de consolation.

Molda descendit appuyée au bras de la sœur.

Celle-ci ouvrit la porte

— C'est vous, Illa ? demanda la jeune fille.
— Oui, Mademoiselle, répondit une voix pleurarde plus que sincèrement émue.
— J'ai peut-être plus d'une raison de me défier de vous; en ce moment je veux toutes les oublier... Vous jurez sur votre éternité, et en présence de cette sainte fille, que l'imminent danger couru par mon père vous attire seule ici?
— Je le jure, répondit la gouvernante.
— Le ciel punit ceux qui prennent en vain son nom en témoignage, répliqua Molda... Je vous suis... Ma sœur, demain, dès que l'heure le permettra, faites prévenir le baron Samper de ce qui arrive à mon malheureux père.
— Pourquoi cette précaution? demanda Illa, mise en éveil.
— Je considère le baron comme mon tuteur, et sa femme comme mon amie. Ils doivent tous apprendre comment et pourquoi j'ai quitté ce soir un couvent où, il y a deux jours, je m'estimais si heureuse de trouver un asile.
— Venez, venez, dit la gouvernante.
— Adieu, ma sœur! dit Molda, adieu, n'oubliez pas mes recommandations, priez pour moi.

Illa lui saisit le bras et l'entraîna.

Au moment où toutes deux venaient de tourner l'angle formé par le couvent, deux hommes s'avancèrent audacieusement. Masques tous deux, ils se jetèrent sur Molda comme sur une proie ; l'écharpe qui couvrait la tête de la jeune fille servit à étouffer ses cris ; le plus robuste des deux hommes la souleva dans ses bras en dépit de sa résistance ; le second ouvrit la portière d'un carrosse, et la plaça dans le fond sur les coussins ; puis tous deux prirent place en face de Molda, et la voiture roula avec un grand fracas à travers la ville, dans les rues de laquelle on rencontrait de rares passants.

Les deux hommes gardaient un silence obstiné ; Molda, réduite à l'impuissance, se demandait ce que l'on prétendait faire. Une idée épouvantable lui traversa le cerveau. Le piège dans lequel elle venait de tomber avait été tendu par son père...

Cependant, depuis assez longtemps déjà, la voiture roulait sur un chemin droit et sans pavé. Elle suivait une grande route. Où conduisait-on l'infortunée ?... Que tenter, qu'essayer ? rien. Appeler ? On se trouvait en ce moment sur un chemin désert... Tout à coup un roulement sourd se fit entendre, il se rapprocha, grandit, et au tapage des chevaux, des roues et des grelots, se joignit le pas cadencé d'une troupe d'hommes accoutumés à la marche militaire.

Un moyen de salut restait peut-être à Molda. Se ramassant sur elle-même, elle se souleva d'un mouvement brusque, dégagea un de ses bras, arracha l'écharpe qui la bâillonnait, brisa une glace du carrosse, et, penchant rapidement la tête au dehors, elle appela à l'aide.

Mais une main de fer la renversa dans le fond de la voiture, les claquements de fouet du cocher et le fracas des sabots des chevaux étouffèrent l'accent désespéré de la jeune fille. Les hommes qui passaient sur la route ne surent pas s'ils étaient le jouet d'une erreur ou si véritablement on avait poussé un cri de détresse. Et, courbés sous leur sinistre fardeau, ils continuèrent leur marche.

C'étaient les agents de police chargés par le baron Samper de transporter à Buda-Pesth le cadavre du vieux comte Palma.

Quelques minutes plus tard, Molda se trouvait prisonnière dans une des salles du Château maudit.

Une main lui ôta l'écharpe qui lui couvrait les yeux, elle reconnut Illa.

— Misérable ! misérable ! fit-elle, Dieu te châtiera, car tu m'as vendue comme Judas livra son maître.

— Dans ce cas, ma fille, c'est pour vous remettre dans les bras de votre père, répliqua un des hommes en se démasquant.

— Et pour vous confier désormais à l'honneur et à la protection d'un fiancé qui vous aime, ajouta le second, en ôtant, à son tour, son loup de velours noir.

— Palma ! mon père ! Et je suis au Château maudit !

Un moment elle demeura terrifiée ; mais c'était une vaillante nature, elle reprit rapidement le dessus.

— Ah ! fit-elle, vous employez maintenant la violence, c'est digne de vous, comte Palma ; je ne vous aime pas, je sais bien que jamais je ne vous aurais aimé, mais de cette heure je vous méprise et je vous hais ! Entendez-vous ! Oh ! ne riez pas de ma colère, mes larmes sont séchées... Je suis une Komorn par la volonté ! Je sais que dans cette infernale demeure on manipule des poisons, que tout y est danger, depuis l'eau que l'on approche de ses lèvres, jusqu'à l'air qu'on y respire ; mais je n'y prendrai pas de sommeil, et j'y refuserai toute nourriture... On affirme que l'esprit d'une femme assassinée y revient, que les enfants y disparaissent, que le sabbat de l'enfer s'y tient toutes les nuits... Un matin on m'y trouvera morte ! vous avez conclu un marché de dupe, Monsieur, si vous avez payé cher cette trahison... Elle ne laissera sur votre conscience qu'un remords de plus, à supposer que vous puissiez encore éprouver un remords...

Lentement elle se tourna vers Komorn.

— Vous êtes mon père, dit-elle, un père barbare, mais inconscient... La passion vous domine de telle sorte que vous ne devinez pas même la profondeur d'infamie de vos actes ! Et vous êtes mon père ! Et ma mère vous a aimé, et vous m'avez tenue dans vos bras... Vous m'avez, à l'aide d'un odieux mensonge, arrachée d'un asile sacré, vous prétendez me contraindre à devenir la femme de cet homme... Cela ne sera jamais, entendez-vous, jamais ! Et voulez-vous savoir pourquoi ? Le mépris que je professe pour votre complice, et la terreur qu'il m'inspire ne sont que la moitié de mon secret ; je vais vous révéler la seconde : J'en aime un autre !

— Toi ! tu aurais osé !

— Je l'ai fait, répliqua Molda, et n'en éprouve nul repentir. Il est aussi loyal que vous êtes perfide, Palma ; aussi bon que vous vous montrez cruel ; aussi noble et généreux que vous vous montrez lâche.

— Son nom ? son nom ? s'écria Palma avec un cri de rage.

— Pourquoi ? Vous le tueriez.

— Oui, sans pitié ni merci, comme un chien.

— Je ne vous répliquerai point que ce serait son rôle de justicier à lui, dont vous volez la fiancée à l'aide de pièges odieux. Non, il ne lèverait jamais le bras sur vous... Il sait trop bien que ce sera quelque jour la mission du bourreau...

Molda, le bras tendu, touchait presque le front de Palma, il recula pris d'épouvante et de vertige devant cette vierge menaçante, et sa voix s'étrangla dans sa gorge, tandis qu'il répétait machinalement :

— Le bourreau ! le bourreau !

Il ne tenta plus rien près de Molda, soit pour l'effrayer, soit pour la convaincre, et la jeune fille demeura seule.

Cette fois son désespoir fut sans bornes. A moins d'un miracle, elle était perdue. Entre l'obligation de devenir la femme de Palma, et la mort, son choix n'était pas douteux. Mais quand elle songeait à Paulus, à sa tendresse pour lui, à l'amour qu'il ressentait pour elle, un sentiment de profonde angoisse lui venait à l'âme. Nul ne la sauverait donc? Personne ne viendrait à son aide ? Les anges ne descendaient donc plus du ciel pour secourir les créatures malheureuses ! Elle avait entendu fermer derrière elle la porte de la chambre dans laquelle on l'avait enfermée. La fenêtre restait seule. Mais une évasion était sans doute impossible. Elle l'ouvrit cependant, et se pencha. Au-dessous d'elle l'abîme ; au-dessus un ciel constellé. Dieu là-haut; en bas une mort horrible. Elle se recula instinctivement et rentra dans la chambre. Tout à coup un bruit singulier parvint à son oreille. Il venait du mur placé en face d'elle. Un grand tableau le couvrait à demi.

Ce tableau représentait un archange cuirassé et armé, le bouclier au bras, la lance à la main; subitement il lui sembla que l'ange s'avançait vers elle; le tableau venait de se déplacer et dans la baie apparut une petite figure que le demi-jour régnant dans la chambre l'empêcha de bien distinguer.

Cependant la taille de cet être, gnome ou follet, était si petite que Molda n'éprouva nulle frayeur. Renversée dans son fauteuil elle attendit. Mais elle ne resta pas longtemps dans l'incertitude, le petit être s'avança, et, reconnaissant Molda sous le rayon de lune baignant son beau visage pâle, il tomba brusquement à ses genoux.

— Ah ! Madame ! Madame ! dit-il, vous ici ! prisonnière ! n'est-ce pas ? Vous avez pleuré... Je vous ai entendue tout à l'heure... Vous ne savez pas qui je suis; moi je vous reconnais bien... On m'appelle Gyorgio... Vous savez bien, le petit berger...

— Gyorgio ! répéta Molda, et que fais-tu dans ce château maudit, pauvre enfant?

— Je cherche la petite Gilda... J'ai promis à sa mère de la retrouver, il faut que je tienne ma parole, voyez-vous...

— On te supporte ici?

— Tout le monde ignore que j'y viens.

— Par où passes tu ?

— J'ai découvert la route des souterrains.

— Où se trouve-t-elle ?

— Du côté du Danube... J'avais entendu les vieux raconter des histoires sur les cachots, et je me disais : on y a jeté ma Gilda... Alors j'ai quitté le chevrier qui me battait, et je me suis mis en quête du chemin mystérieux. Dans les roches, une excavation devait cacher une porte. Je l'ai trouvée. En arrachant quelques pierres, je me suis glissé dans un couloir sombre ; j'ai allumé une lanterne et, l'un après l'autre j'ai visité tous les cachots.

— Brave petit homme !

— Je voulais ramener Gilda. Je jouais le jour sur le fleuve, la nuit je revenais. Si un valet avait aperçu ma lanterne, il aurait eu tellement peur que, vite, il aurait répété qu'il venait de voir le fantôme de la dame assassinée... Il y avait des portes fermées, que je n'ai pu ouvrir, mais dans certaines logettes j'ai vu des chaînes et des carcans... d'autres instruments de supplice que je ne saurais nommer. Je ne me fais point plus brave que je ne suis, j'avais peur, mais il fallait sauver Gilda, et j'allais tout de même... Cette nuit j'ai fait une meilleure trouvaille... tenez... ces grains de corail.... Ils faisaient partie du collier de Gilda, je les reconnais bien, allez ! Gilda a été enfermée dans un des cachots du manoir... Elle n'y est plus, il faut que je la trouve...

Molda tendit les bras à Gyorgio.

— Oh ! Dieu te bénira pour ton précoce courage ! Sauve Gilda, mais sauve-moi aussi ! On m'a enlevée, on me menace, on me fait peur... On m'assassinera si je ne cède pas, ou moi-même je serai obligée de me tuer pour échapper à l'infamie... Ne peux-tu m'enseigner par quel chemin tu as passé pour arriver jusqu'ici ?

— Je ne connais pas encore bien le manoir... Un petit escalier s'est trouvé devant moi, et j'ai monté ; j'ai vu un verrou, et je l'ai tiré... Alors le tableau s'est déplacé, et je vous ai aperçue... Je retrouverai Gilda, mais il faut songer à vous d'abord... cela portera bonheur à la fille de Niklas... Vous sentez-vous le courage de descendre par ce chemin-là ?

— J'ai tous les courages, répondit la jeune fille.

Elle prit Gyorgio dans ses bras et l'embrassa :

— Désormais, dit-elle, je t'aimerai comme mon enfant, et puisque tu es si brave, on fera de toi un soldat. Viens.

Ce fut elle qui l'entraîna.

L'enfant se glissa dans l'escalier, élevant le plus possible sa petite lanterne, repoussa la porte, la referma au verrou et, à partir de ce moment ces deux êtres également faibles, mais également courageux, se sentirent rassurés. Gyorgio était fier. Il sauvait une vie! Il rendait la liberté à une belle jeune fille, dont le nom était sans cesse accompagné de bénédictions. Il se souvenait d'avoir vu Molda dans les chaumières des pauvres gens répandant à la fois les aumônes et l'adorable pitié de son cœur; il se grandissait, Gyorgio, dans sa petite taille, et songeait combien Niklas serait heureuse quand il remettrait Gilda dans ses bras, et combien les braves gens le béniraient pour avoir rendu la liberté à la fille du comte Komorn. Il ne se demandait point comment elle y était venue. Pour lui, Palma prenait les proportions de ces êtres malfaisants et fabuleux dont Niklas parlait durant les soirées d'hiver quand elle tenait les enfants sous le charme de ses récits.

Autant que lui Molda gardait du courage. Avec l'espérance de s'échapper de ce repaire, elle ne redoutait ni difficultés, ni dangers. Le chemin cependant devenait difficile. Tantôt elle devait se courber afin de passer sous des voûtes surbaissées, tantôt il fallait se serrer contre les murailles et glisser dans un espace si étroit que les deux murs lui frôlaient les épaules. Le souffle lui manquait parfois, alors elle s'arrêtait, priait en silence, et reprenait sa marche. La petite lanterne de Gyorgio éclairait à peine ces ténèbres profondes. Mais depuis qu'il avait découvert, à force d'obstination et d'intrépidité, la route des souterrains du Château maudit, Gyorgio en avait fait chaque nuit une nouvelle étude et il en connaissait maintenant tous les secrets. Il prévenait donc Molda quand la route se rétrécissait; il l'avertissait quand elle devait se baisser pour ne point avoir le front brisé par les roches.

Enfin un moment vint où il murmura :

— La ligne blanche que vous voyez, là, devant vous, c'est le Danube éclairé par la lune.

Le cœur de Molda battit à se rompre.

Libre! sauvée! Se hâtant pour jouir plus vite de cette sécurité et de ce bonheur, elle se trouva enfin sur les rochers que paraissait continuer la haute silhouette du château.

— Asseyez-vous, Mademoiselle, lui dit alors l'enfant. Tout à l'heure nous descendrons les roches. Un chemin de chèvres, pas vrai! Le ciel est tout bleu, d'ici Buda-Pesth la route est droite et facile; y voulez-vous retourner tout de suite, où préférez-vous demander l'hospitalité dans l'auberge de Niklas?

— Au couvent! au couvent! répéta la jeune fille, sous aucun prêt te je n'en aurais du sortir.

— Faut-il vous accompagner?

— Je t'en prie, Gyorgio... Je suis si lasse, et j'ai passé des heures si cruelles.

— Alors descendons, Mademoiselle, car je dois revenir au château, et y poursuivre mes recherches... Gilda n'est pas morte, c'est moi qui la retrouverai.

S'appuyant sur l'épaule de l'enfant, Molda descendit les pierres abruptes formant de larges degrés. Quand elle se retrouva sur la route, elle tourna la tête du côté du château. Une faible clarté se voyait à travers une seule fenêtre : celle de la lampe nocturne allumée dans la chambre de Salomé.

La jeune fille reposait et, au pied de son lit, le Juif penché la regardait avec des yeux remplis d'une tendresse ineffable.

La nuit lui semblait d'une insupportable longueur, il attendait le lendemain pour sommer Palma de tenir enfin sa promesse.

La jeune fille paraissait déjà jouir de la paix des élues; rien de plus chaste et de plus pur que son beau visage qui semblait éclairé d'une lumière intérieure.

Et cependant ce sommeil paisible, dont le calme parfait rassurait Abraham, n'était que le prélude de cet autre sommeil dont le réveil se fait à la voix des anges.

Molda et Gyorgio suivaient maintenant le chemin de Buda-Pesth. La jeune fille frissonnait sous l'air froid de la nuit; l'enfant gardait le silence, préoccupé par l'idée de Gilda. Depuis la veille, il croyait entendre au-dedans de lui un secret avertissement d'avoir à la chercher encore, à la chercher toujours. Bientôt l'excès de fatigue fit chanceler Molda; elle comprit que jamais elle ne pourrait atteindre le couvent où elle souhaitait rentrer. A cette heure de la nuit les églises se trouvaient fermées. Tout à coup elle se souvint que la maison du juge n'était pas éloignée, et ce fut de ce côté qu'elle se dirigea. Ses doigts glacés soulevèrent le marteau de la porte qui retomba avec un bruit sourd, et certain désormais que la jeune fille allait être heureuse, protégée contre toute criminelle tentative, Gyorgio disparut dans un lacis de rues, et reprit en courant la route du château.

Le juge ne dormait pas.

Les événements qui venaient de se passer ne lui permettaient point de jouir d'un seul instant de repos. Quand il rentra dans son hôtel, précédant les hommes chargés des restes du vieux comte Palma, son premier soin fut de faire dresser dans le fond de la salle une estrade tendue de noir sur laquelle on étendit le cadavre. Sa mort avait été si foudroyante qu'elle n'avait point changé le visage de l'alchimiste conservé d'ailleurs par son enveloppe de glace. Seule l'expression du regard était terrible. Toute l'horreur, toute la haine dont son cœur s'était empli pendant la lutte sacrilège qui avait eu pour théâtre le balcon suspendu au-dessus du précipice, vivait dans ces prunelles fixes démesurément dilatées. Vêtu de noir, avec sa belle barbe blanche et ses longs cheveux argentés, il était plus grand, plus imposant que jamais.

Le juge le regarda longtemps, fit allumer quatre cierges près de cette funèbre dépouille, puis il monta dans son cabinet. Il lui tardait de commencer le mémoire relatant les faits qu'il connaissait déjà, et de préparer les moyens d'en apprendre davantage. Ce que venait de lui révéler une enquête sommaire couvrait déjà un grand nombre de pages, il venait d'entreprendre un second travail, dans lequel il préparait les questions à adresser à l'usurpateur du nom et du titre de Palma. S'agissait-il d'un intrus, étranger à la famille, ou d'un fils ainsi que le croyait Paulus ? La plume courait sur le papier, les feuillets s'entassaient sur le bureau, quand, tout-à-coup, le baron Samper tressaillit en entendant retentir le lourd marteau de la porte.

Durant cette nuit funèbre, un des valets veillait. Le juge crut qu'il s'agissait d'un événement relatif au Château maudit, et il attendit avec impatience l'arrivée du domestique.

La porte s'ouvrit, mais ce fut une femme qui entra en trébuchant, s'appuyant aux meubles, et qui vint tout à coup s'abattre, défaillante, aux pieds du juge.

— Molda ! fit-il en la reconnaissant.

La malheureuse enfant ne lui répondit point, elle était évanouie.

Samper réveilla Honoria et sa femme.

— Venez, venez, leur dit-il ; il a dû se passer quelque chose de monstrueux... Molda demi-morte vient d'arriver ici... Soignez-la, d'abord, sans l'interroger... Nous verrons plus tard. Pauvre chère créature ! Quel malheur et quelle nouvelle infamie la jettent sur le seuil de ma porte au milieu de la nuit ?

La baronne courut aussitôt au secours de Molda. La pauvre fille était glacée ! Pendant sa course affollée en compagnie de Gyorgio, son voile s'était déchiré, ses cheveux défaits roulaient sur sa robe, un de ses pieds nus saignait ; ses mains portaient des excoriations et des meurtrissures. Un cercle livide entourait sa bouche, indiquant la pression violente du bâillon.

Il fallut plus d'une heure de soins pour rappeler Molda à la vie. Lorsqu'elle reprit ses sens elle reconnut la baronne et se jeta affectueusement dans ses bras avec un élan filial. Puis d'une voix entrecoupée elle murmura :

— Mon père, oh ! mon père !

Elle dut tout raconter. A ces nobles amis, qu'avait à cacher la pauvre enfant ? Samper, sa femme et sa fille l'écoutaient terrifiés, et quand elle eut fini le récit de ce drame les larmes d'Honoria coulèrent, se mêlant aux pleurs de Molda.

— Ah ! Dieu vous a gardée, chère imprudente ! dit la baronne.

— Oui, répondit Molda, et jamais je ne l'en louerai assez, comme jamais je n'aurai assez de reconnaissance pour Gyorgio.

— Est-il retourné au château ?

— Dès qu'il m'a vue en sûreté. Depuis qu'il a retrouvé quelques grains du collier de Gilda, il se regarde comme certain de la découvrir dans un coin mystérieux du château.

— Il ne poursuivra pas ses recherches seul, Molda. Dès que vous serez en état de sortir, vous rentrerez au couvent ; votre sortie d'hier doit être ignorée de tous. On mépriserait trop votre père... Puis, aidé d'un de mes collègues et d'un greffier je procéderai à une visite du Château maudit, et à l'arrestation du misérable qui l'habite.

L'ÉLIXIR DE LONGUE VIE

Voici ce que j'ai volé à l'orphelin. (*Voir page* 281.)

XXIV

LE MOINE ANGYS

Quand il sortit du château du Danube après avoir disposé Salomé à recevoir le baptême, le visage du jeune novice rayonnait d'enthousiasme.

C'était la première fois qu'il lui était donné de prendre une âme ignorante pour l'offrir à Dieu, aussi dans son entretien avec le moine Angys, laissait-il déborder cette foi brûlante qui rend possible tous les prodiges de la charité. Le vieillard l'écoutait avec une joie contenue. Rien ne console un prêtre, blanchi dans les obligations et les sacrifices du sacerdoce, comme de voir s'épanouir la ferveur dans l'âme d'un nouveau venu dans la milice sacrée.

— La croyez-vous perdue? demanda le jeune homme, n'est-il aucun moyen de la sauver?

— Dieu l'appelle, répondit Angys, il la comble de ses grâces en l'attirant à lui. Que ferait-elle en ce monde? Quelle vie lui ménagerait ce Juif qui tient à sa foi comme à ses trésors? Salomé deviendra un ange, et cet ange priera pour nous.

Un moment après Angys dit à son compagnon :

— Lors de mon départ pour l'Orient, le château du Danube était inhabité ; qui l'occupe maintenant ?

— Un homme dont le nom est dans toutes les bouches, dont la science stupéfie même les plus habiles... Ce que j'en ai entendu raconter me plonge dans une surprise mêlée d'effroi.

— Que dit-on ? demanda Angys, et dans quelle science cet homme est-il devenu si puissant ?

— Il est alchimiste, répondit le jeune moine.

Angys secoua la tête.

— Je crois à la chimie, fit-il, à la physique, à la médecine; mais je ne crois point à l'alchimie. Ainsi, dites-vous, cet homme cherche la pierre philosophale

— Il l'a trouvée.

— Quelqu'un l'a-t-il vu faire de l'or?

— Il le prodigue à pleines mains.

— Est-ce là une preuve, mon fils ?

— Il ne se borne point à poursuivre la transmutation des métaux. Mais il va plus loin. Il bouleverse les lois de la nature, il se joue des saisons, supprime le nombre des années, en un mot, il a trouvé le secret de rendre la jeunesse aux vieillards, et la vie aux mourants.

— Ceci est œuvre de thaumaturge agissant au nom de Dieu, mon fils; ou bien acte damnable accompli avec l'aide de l'esprit de l'enfer.

— Cet homme a dû signer un pacte avec Satan, mon père.

— Est-il du pays?

— Non.

— D'où vient-il ?

— De partout.
— Enfin il a une patrie ?
— Le monde.
— Vos réponses sont bien vagues, mon fils.
— Je répète ce qui me fut affirmé.
— Il a une nationalité, cependant, il parle sa langue maternelle.
— Il parle toutes les langues avec une facilité égale.
— Connaissez-vous son nom ?
— Palma.
— Palma! répéta Angys, en êtes-vous certain ?

— C'est sous ce nom qu'on le connaît à Buda-Pesth ; c'est sous ce nom qu'il fut recommandé à quelques-unes des personnes les plus considérables de la ville.

— Voilà qui est providentiel ! s'écria le vieillard. J'ai mission de chercher un homme du nom de Palma, riche, noble, paraît-il, et dont la résidence était inconnue à la pauvre créature qui me confia une mission suprême. Je puis d'autant mieux vous l'apprendre, que vous me fournirez sans doute de nouveaux renseignements. En revenant d'Orient, j'allai à Rome. Il me tardait de m'incliner devant le Saint-Père, et d'implorer sa bénédiction, moins sur mes travaux de poésie latine que sur mes missions évangéliques. En même temps, je souhaitais visiter l'Ombrie, où vécut le séraphique François, les Abruzzes, où restent debout d'antiques couvents, et respirer le parfum de piété et de ferveur de cette véritable patrie de notre âme. Un soir, je traversais une campagne assez triste, me rendant au couvent voisin, quand un enfant m'appelant, se cramponna à ma robe, et me supplia de venir donner l'absolution à une vieille femme mourante. Je suivis mon jeune guide, et j'entrai dans une cabane misérable. Sur un cadre couvert de paille, j'aperçus une créature d'une maigreur effrayante. Une peau parcheminée laissait voir la saillie des os ; ses cheveux gris flottaient autour de sa tête en hideuse crinière. Une fièvre intense faisait claquer ses dents, et l'expression d'une profonde terreur se lisait sur sa physionomie bouleversée.

— Padre ! Padre ! me dit-elle, l'absolution !

Je m'approchai du lit de l'agonisante.

— Ne tremblez pas ! lui dis-je, le Seigneur est un père, ayez confiance en lui.

— Il pardonne tout? me demanda-t-elle.

— Il n'exige de vous que le repentir.

— Et la réparation, murmura-t-elle. la réparation !

La vie de cette créature ignorante s'était passée dans ce coin de terre.

Mariée de bonne heure, elle resta veuve très jeune, n'ayant d'autre ressource qu'un troupeau de chèvres, dont le lait lui fournissait du beurre et du fromage. Les bois lui donnaient la mousse pour son lit, quand la paille manquait; le bois pour son foyer. Elle échangeait ses fromages contre du pain, et la peau de ses bêtes pour des vêtements. Elle avait vécu sans songer beaucoup à Dieu, d'une existence végétative, préoccupée uniquement du soin de pourvoir aux besoins journaliers. Cette faible intelligence n'avait jamais pris son vol vers le ciel, mais le Seigneur savait l'infime qualité de cette argile, et il ne se montrerait pas sévère. Ce qu'elle me raconta de ses fautes, de ses négligences dans le service de Dieu restait dans le commun des confessions entendues. Elle parlait lentement, à la façon du peuple, cherchant les mots, s'attardant sur des faits sans importance; entremêlant ses aveux de gémissements sur la dureté de la vie, et sur ses misères. Je ne sais pourquoi je pressentais qu'un dernier aveu lui restait à faire, et que celui-là, comme toujours, devait-être le plus pénible. Puis elle avait parlé de réparation, et dans ce qu'elle venait d'avouer, rien ne semblait faire présager qu'une réparation fût nécessaire. A l'égard du Seigneur, le temps lui manquerait. Devait-elle donc quelque chose aux hommes?

Il fallait lui venir en aide, m'y employant de mon mieux, je la pressai de questions, je lui montrai la divine justice prête à sévir contre elle, si elle ne se repentait point d'une façon efficace, et la terreur du jugement l'emporta sur la honte.

— Vous me parliez, il y a un instant, de réparation, continuai-je et, jusqu'à présent, vous ne m'avez rien dit qui me paraisse comporter cet acte satisfactoire...

— Ah! fit-elle, il est des choses si difficiles quelquefois qu'elles sont impossibles.

— Rien n'est impossible à Dieu.

— A Dieu, oui, mais aux hommes...

— Dieu accorde toujours sa grâce à ceux qui savent y répondre et la force à ses créatures qui veulent faire des œuvres justes.

— Faire la volonté de Dieu! mais c'est pour cela que je vous ai fait appeler...

— Eh bien! alors, parlez avec confiance... Je vous écoute, Dieu vous entend.

— Mon Père, dit-elle, j'ai dérobé l'héritage de l'orphelin.

— Il faut le restituer, répondis-je.

— Comment le pourrais-je?...

— L'avez vous donc dilapidé?

— Non, mon Père.

— Alors, ce me semble, rien n'est plus simple et plus facile que de restituer...

— Hélas ! où trouver l'enfant ?

— Quel enfant ?

— Celui qui me fut confié. Je serai dans quelques instants entrée dans l'éternité et j'ignore maintenant quel pays il habite... Mais vous, mon Père, vous qui parcourez le monde, si vous le pouvez, vous chercherez sa trace, et vous lui rendrez... Je crus qu'elle allait rendre le dernier soupir. Une suffocation la prit et, durant une minute, elle râla sourdement, en se tordant les bras.

Enfin, ses mains décharnées fouillèrent dans son misérable lit, elle tira de la paille où elle était enfouie, une boîte de carton enveloppée elle-même dans un chiffon et, ouvrant cette boîte, elle fit scintiller à mes yeux un bijou admirable.

— Voici ce que j'ai volé à l'orphelin, me dit-elle.

— Mais encore une fois, quel orphelin ?

— Ah ! C'est une vieille et terrible histoire.

— Mais parlez donc enfin ! Je ne cesse de vous en demander le récit... apprenez-m'en davantage avant qu'il ne soit trop tard, si vous souhaitez que je vous vienne en aide.

La moribonde chercha à se soulever un peu sur sa couche pour pouvoir parler plus facilement. Je l'y aidai de mon mieux en l'adossant au sac de paille qui lui servait d'oreiller.

— Ah ! oui, continua-t-elle; c'est une bien triste histoire, comme il en arrive encore trop souvent dans nos montagnes.

— Les brigands ont toujours aimé les Abruzzes, dont les bois les défendent, reprit elle; une troupe à la tête de laquelle se trouvait Paola Spada dévastait le pays depuis de longs mois, lorsqu'un étranger voyageant avec des chevaux, des domestiques et un enfant, fut attaqué, puis assassiné par sa bande. On retrouva les cadavres sur la route... Un moine du couvent voisin se trouva vers le soir en présence des malheureux. Un gémissement l'attira vers un des blessés étendus sur le sol, mais il découvrit près de l'un d'eux un petit enfant qui pleurait. Alors, le soulevant dans ses bras, il tenta de l'apaiser, l'emporta, et comme il passait devant ma cabane, il entra et me le remit :

— Soigne cet innocent, me dit-il, et Dieu te bénira.

Je lui tendis une tasse de lait, il but avidement, puis il s'endormit profondément.

Quand je le déshabillai, je trouvai pendu à son cou le bijou que je viens de vous remettre. Il brillait tant, il me parut si beau, que le courage me manqua pour faire part de ma découverte aux vieux moine. Je voulais m'approprier le médaillon et la chaîne. Je lis mal, et il ne me fut possible de déchiffrer qu'un seul mot sur les lignes gravées à l'intérieur : *Paulus*. J'appelai l'orphelin de ce nom, et comme il est celui d'un grand saint, on le lui laissa.

— Paulus ! répéta le jeune moine à Angys, Paulus !

— Connaissez-vous quelqu'un qui s'appelle ainsi ?

— Le jeune homme qui vint hier me chercher, porte ce nom de Paulus... Continuez, continuez, mon Père...

— La vieille Giulia garda l'enfant, en fit un chevrier, d'abord ; puis elle l'envoya au couvent où les moines commencèrent son éducation. Il travaillait avec une grande ardeur, et peut-être serait-il pour toujours resté dans le monastère, si, vers l'époque où il devait atteindre sa quinzième année, un riche gentilhomme traversant les Abruzzes ne s'était arrêté chez Giulia. Il questionna l'orphelin, il interrogea la chevrière, pour chercher et comparer certains faits dans sa mémoire, puis brusquement il demanda à l'orphelin s'il voulait le suivre. Je porte un grand nom, lui dit-il, ma fortune est incalculable, je t'aimerai comme un fils, et je te rendrai heureux.

Le vieux moine essuya une larme, mais l'adolescent avait hâte de partir, de voir le monde, de quitter cette contrée sauvage, et il suivit le comte Palma.

— A votre tour, vous avez dit le comte Palma, mon Père, dit le jeune moine à Angys... Palma, Paulus, quelle étrange coïncidence !

— Oui, bien étrange, si l'on pouvait s'étonner des voies de Dieu... Je pris le bijou des mains de Giulia, je l'ouvris et, dans le reliquaire, je trouvai d'abord une bande de parchemin constatant le mariage du comte Frédérico Palma, avec Francesca Donati ; puis l'acte de baptême de Paulus Palma, leur enfant.

Je cachai le médaillon dans ma poitrine, et je promis à Giulia de chercher cet enfant, et d'essayer de réparer sa faute, en lui remettant ce qui, peut-être, constituait son unique héritage.

Pendant mon séjour à Rome, je m'enquis vainement du comte Palma. Il avait quitté l'Italie depuis de longues années, me dit-on. Il est vrai que les gazettes et les récits des voyageurs citaient son nom parmi celui des hommes les plus savants de ce siècle, et on ajouta ce que vous venez de m'apprendre du possesseur du château du Danube, qu'il s'occupait d'alchimie.

— Et de magie, mon Père.

— Cette accusation est bien grave.
— Vous en jugerez.

Le jeune homme raconta les faits dont le récit occupait Buda-Pesth depuis plusieurs mois, et il affirma l'étrange rajeunissement du vieillard au moyen de l'Élixir de longue vie.

— Et vous avez cru ces choses? demanda Angys.

— N'est-il point question dans des livres dont la véracité ne peut être mise en doute des prodiges accomplis par des Apollonius de Tyane, des merveilles opérées par Simon le magicien, du pouvoir des Mages, de Pharaon?

— Oui, mon fils, sans aucun doute. Mais à l'époque où ces faits se passèrent, les esprits avaient besoin d'être fortement frappés. Aujourd'hui de semblables choses ne sont plus nécessaires, et je crois peu au rajeunissement du maître de ce château mystérieux. Qui sait si nous ne sommes point sur la voie d'un crime, et si nous n'allons pas réparer la faute de Giulia, d'une façon éclatante?

— Que comptez-vous faire, mon Père? demanda avidement le jeune moine.

— Interroger Paulus, quand nous irons au château donner à Salomé la vie de la grâce à laquelle elle aspire! Quelles voies mystérieuses suit la Providence, mon fils! N'admirez-vous point avec moi quels prodiges d'inconcevable bonté se multiplient autour de cette enfant. Élevée dans le culte israélite, par un vieillard entêté dans ses croyances, elle va naître à la lumière, sous l'influence de deux affections également bienfaisantes : celle de Paulus, et celle de Molda Komorn. Pauvre Molda! Encore une que le ciel éprouve, mais qu'il récompensera, parce qu'elle endure courageusement son épreuve.

Angys et son compagnon étaient arrivés. Ils sonnèrent à la porte du couvent, au moment où sonnait l'office, et tous deux se quittèrent en échangeant un regard affectueux.

— *Laus Deo!* murmura le vieillard.

Au château régnait une oppression indéfinie. On eût dit que les serviteurs redoutaient une catastrophe, à la façon dont les oiseaux prévoient l'orage.

Palma se demandait s'il viendrait à bout de vaincre l'obstination de Molda.

Le Juif songeait à l'heure de l'échéance qui sonnerait le lendemain, heure à laquelle Palma devait lui livrer le breuvage capable de rendre la vie à son enfant.

Salomé attendait avec une sainte impatience le retour d'Angys et de son compagnon.

Jusqu'à ce moment, elle avait réussi à dérober à son père le secret de ce qui se passait en elle et autour d'elle. Y parviendrait-elle encore? Lui serait-il possible de garder durant quelques heures sa liberté? Dieu l'avait. protégée et sauvée, elle attendait tout de sa grâce.

Du reste, depuis quelques jours, Abraham Zek songeait à une seule chose : à cet Élixir de longue vie qui devait prolonger l'existence de sa fille. Épier Palma, le suivre à travers le château, surveiller ses sorties, ses rentrées, aller des salons aux écuries, afin de s'assurer qu'il ne commandait ni chevaux ni carrosses, tout cela le préoccupait plus que Salomé elle-même. Ou plutôt rien de ce qu'il faisait n'était étranger à Salomé. Elle, toujours et partout! Elle, son idée permanente, et sa préoccupation unique.

De son côté, le comte savait que le lendemain sonnerait le dernier délai accordé par le Juif. Il le croyait capable de tout pour se venger. Et ce n'était pas sans terreur qu'il se demandait quel moyen emploierait le vieillard pour le punir de son manque de parole.

Car il savait bien qu'il ne tiendrait pas la parole donnée.

Dans les notes trouvées au fond d'un tiroir, dans les livres et les manuscrits, il avait bien parcouru des formules, mais chacune d'elles ajoutait des formules cabalistiques à ce qu'il comprenait. Le langage de l'alchimie se hérissait de difficultés invincibles. La complaisance dont Paulus fit preuve ne put suppléer à son manque de science. Palma se vit réduit à jouer une comédie misérable. Il mêla ensemble des drogues, y ajouta une matière colorante, plaça le flacon sous les rayons du soleil et feignit, d'un air entendu, d'attendre que le breuvage arrivât à son point de perfection.

Mais s'il ne pouvait rendre la vie, peut-être, grâce aux poudres enfermées dans le petit cabinet italien de sa bibliothèque, trouverait-il le moyen de se débarrasser d'un homme qui, dans quelques heures, serait devenu dangereux. Qui soupçonnerait Palma de la mort d'Abraham, si celui-ci succombait, même d'une façon brusque? N'approchait-il point de sa quatre-vingt-deuxième année? Sa vieillesse suffirait pour expliquer un trépas foudroyant.

Il devait parler le lendemain, eh bien! il ne parlerait pas. Palma saurait rendre ses lèvres muettes pour toujours!

Cette résolution prise, il se demanda comment il s'y prendrait. Après y avoir réfléchi, il trouva une solution facile, et chose étrange, cet homme s'endormit.

Il venait d'enlever Molda au saint asile où elle voulait abriter sa vie, et il dormait!

Il venait de préparer un meurtre dans sa pensée, et il dormait sans remords !

Le matin se leva clair, transparent et pur. Salomé en salua l'aurore par une prière, et Palma par un blasphème.

Komorn avait passé la nuit au château, il était convenu que, le soir même de cette journée, le comte et sa fille, accompagnés de Palma, quitteraient Buda-Pesth, et se dirigeraient vers la France.

En dépit du crime moral, commis la veille, Komorn voulut tenter de décider sa fille à se soumettre à ses volontés. Vers le milieu de la matinée il alla donc à l'appartement que Palma avait fait arranger pour Molda. Une jeune fille lisait tranquillement dans l'antichambre.

— Votre maîtresse n'a point sonné ? demanda Komorn.

— Non, Monsieur le comte.

— Voyez s'il fait jour chez elle.

Gidda souleva les tentures, et disparut.

Les rideaux, tirés sur les fenêtres, ne laissaient pénétrer dans la chambre qu'un faible demi-jour. La soubrette se dirigea vers le lit, et s'aperçut que non seulement sa maîtresse n'y était pas, mais que le lit n'avait point été défait. Ouvrant alors le cabinet de toilette, elle le fouilla du regard, puis elle revint vers le comte.

— Mademoiselle n'est plus dans son appartement, dit-elle.

— Sortie ! elle serait sortie !

— Cela est impossible, Monsieur le comte, nous étions toutes deux enfermées et comme des prisonnières. Le comte Palma avait tiré les verrous, et l'appartement n'a point d'autre porte.

— C'est bien ! fit Komorn.

Il était pâle et bouleversé !

Sans frapper, sans s'informer si Palma était visible, il se précipita dans son cabinet de travail.

— Ma fille ! dit-il, où est ma fille ! Rendez-la moi toute suite ! entendez-vous ! Je veux Molda... Ma parole est sacrée, vous l'aurez pour femme... Pourquoi l'enlever d'un appartement où je la croyais en sûreté ? Qu'en avez-vous fait ?

— N'y est-elle plus ? demanda Palma.

— Non ! et vous le savez bien !

— Moi ! que la foudre m'écrase, si je le soupçonnais. Molda partie ! Mais un autre l'a prise, alors, un autre l'a arrachée d'ici.

Il bondit vers le vieillard.

— Vous jouez une comédie infâme, dit-il ; vous seul avez pu enlever Molda du château. Oh ! ne vous récriez point. Je vous connais à votre vraie valeur, allez! S'il vous fallait plus d'argent, que ne le disiez-vous! Je vous aurais payé plus cher.

— Vous me rendrez raison de cette insulte! dit le vieillard.

— Quand Molda sera en mon pouvoir, je verrai ce que j'aurai à faire. Misérable joueur! indigne gentilhomme! Vous me volez comme un coupe-bourse. Est-ce que je ne lis pas dans votre jeu infâme? Vos dés sont pipés! Mais, croyez-moi, cette partie est dangereuse. J'aime votre fille de toute la violence d'une âme peu patiente, et dont les passions ne connaissent pas de frein! Je me vengerai sur vous et cruellement.

Komorn saisit le bras de Palma.

— Molda n'est plus dans son appartement, dit-il, et ce n'est ni l'heure de nous quereller ni celle de nous battre. Je suis joueur, c'est possible! Mais je ne compte pas vos vices à vous! Si vous aimez ma fille, prouvez le, aidez-moi à la retrouver! Je vous jure que je suis étranger à sa disparition.

Un affreux soupçon traversa l'esprit de Palma.

— Elle s'est tuée... pensa-t-il.

Il regarda, avec égarement, du côté du précipice, et poussa un rugissement de rage.

— Elle me haïssait assez pour préférer une mort tragique à ce mariage, dit-il.

— Cherchons, descendons au fond du gouffre, dit Komorn. Peut-être n'est-elle que blessée et pourrons-nous la sauver!

Une pâleur livide envahit le visage de Palma :

— Non! non! ne cherchons pas là! l'abîme ne rend point ses secrets... Je ne trompe... Molda ne s'est pas tuée... Elle est chrétienne! Mais comment est-elle parvenue à s'enfuir? Qui a tiré les verrous de la porte? avec qui s'est-elle évadée du château fermé de si bonne heure, et dont hier j'avais pris les clefs? On m'a trahi, Komorn, on m'a trahi!

— Ah! répondit le vieillard, je vais tenter une ressource suprême... Accompagnez-moi à Buda-Pesth.

— Oui, oui, répliqua Palma, à Buda-Pesth. Réclamez hautement votre fille. Samper refusera de vous la rendre, et c'est peut-être à lui que nous devons cet échec, mais vous pouvez vous adresser au vice-roi.

— Je m'adresserais au diable! s'écria Komorn.

Tous deux se dirigeaient vers l'extrémité du couloir, quand Abraham Zek leur barra le passage.

— Comte Palma, dit-il, m'avez-vous oublié!

— Non! J'ai songé à vous, répondit-il avec un sourire.

— Vous êtes prêt à tenir votre parole?

— A mon retour de la ville, oui.
— S'il vous plait, ce sera avant votre départ pour la ville.
— Zek, attendez une heure, une seule heure.
— Salomé n'a pas le temps d'attendre.
— Quelques instants sont nécessaires pour donner au breuvage toute sa force.
— Ces moments, nous les passerons ensemble.
— Il faut que je sorte, Zek! Il le faut!
— Je sais que Salomé doit vivre.
— Si vous tenez à me surveiller...
— Je vous surveille jour et nuit depuis trois semaines.
— Accompagnez-moi à Buda-Pesth.
— Je ne quitterai le château que pour me rendre chez le juge Samper, si vous refusez de sauver ma fille.

Palma étouffa un cri de rage. Il sentait bien que Zek disait vrai. Le vieillard le tenait. Il fallait agir.

— Komorn, dit-il, agissez seul, d'abord. Vous le voyez, je ne saurais quitter le manoir avant d'avoir tenté de guérir Salomé.
— Eh! que m'importe la fille d'un misérable Juif. C'est Molda, Molda seule qu'il s'agit de sauver.
— Allez à Buda-Pesth, ou attendez-moi, reprit Palma d'une voix tremblante. Il ne me faut pas une heure...
— J'attendrai, fit Komorn.

Palma se tourna vers Abraham.

Son visage avait retrouvé une sorte de sérénité :
— Suivez-moi, dit-il.

Tous deux rentrèrent dans le cabinet de travail.

Sur un guéridon se trouvaient des flacons emplis de vins d'espèces diverses, le comte en choisit un, emplit une coupe qu'il vida, et tendit l'autre au Juif :
— Buvez, lui dit-il, nous allons affronter tous deux une terrible épreuve.

Zek mouilla ses lèvres dans le vin couleur d'ambre, une douce chaleur se répandit dans ses veines, et lentement il but, croyant véritablement qu'un feu nouveau descendait en lui.

— Ma fille! dit-il, allons chercher ce qui doit sauver ma fille.
— Et si j'échouais... fit Palma.
— Tu n'échoueras point, j'ai tout prévu... ce qui te manquait, tu le trouveras dans ton laboratoire... Nous autres Juifs nous connaissons plus d'un secret... Je comprenais tes hésitations et tes craintes... J'ai agi à ta place...

Peut-être aurais-tu reculé au moment du sacrifice... Moi je ne tremblerai pas ! Que m'importe de verser le sang d'un enfant quand il s'agit de sauver ma fille ! Gilda que tu as crue perdue, Gilda est là haut... viens ! viens ..

Mais le comte n'entendait plus. Il entendait des bruits sourds, il voyait des étincelles de flammes. Que voulait dire le Juif en parlant de sang d'enfant répandu ?... Que signifiaient ces réticences pleines d'épouvante... Et Gilda ! Gilda ! Il la connaissait donc ? C'était donc lui qui l'avait trouvée dans le souterrain ?... Gilda avait parlé peut-être ?...

Il jeta un regard fou sur le Juif et murmura :

— Je n'en ai pas mis assez... Il ne tombera donc pas mort à mes pieds...

— Viens ! viens ! répéta Abraham Zek. C'est moi qui ouvrirai les veines de Gilda, tu mêleras son sang à l'Élixir de longue vie, et le charme sera complet, viens !

Il l'entraîna sur le seuil de la bibliothèque.

Mais tout à coup il trembla de la tête aux pieds ; en face des deux hommes se trouvaient le juge Samper et deux autres magistrats.

Un peu en arrière se tenait Gyorgio, et au dernier plan un groupe d'agents de police.

— Comte Palma, dit Samper, de cette heure vous êtes prisonnier.

L'ÉLIXIR DE LONGUE VIE

Emmenez-moi ! j'avouerai tout. (Voir *page* 298.)

XXV

PARRICIDE!

Le maître du château du Danube entendant ces mots : « — Vous êtes mon prisonnier » — se recula avec le mouvement brusque d'un duelliste cherchant à éviter le coup droit de son adversaire. Ses yeux se tournèrent rapidement à droite et à gauche, comme fait la bête fauve acculée. Ceci fut instinctif. La réflexion servit ce lutteur émérite et, reprenant son sang-froid, il redressa la tête, fit un pas en avant, et dit au juge d'un ton acerbe :

— Puis-je vous demander, Monsieur le baron, le motif de cette parole aussi insolente que brutale ?

— Ce n'est point ici le lieu de vous l'apprendre, répondit Samper. Vous répondrez au tribunal assemblé. Je n'ai d'autre mission que de vous adresser quelques questions sommaires : Comment vous appelez-vous ?

— Ceci dépasse les limites de la plaisanterie. Ne savez-vous point qui je suis ?

— Moins que jamais, répondit Samper.

— Je me nomme le comte Palma. Peut-être est-il de votre devoir d'oublier que j'eus autrefois l'honneur de vous remettre mes lettres de créance, et de signer chez vous l'acte qui me rendit acquéreur de ce château.

Pendant que ces mots s'échangeaient, Abraham Zek, qui jusqu'alors s'était tenu debout, s'affaissa brusquement dans un fauteuil, en poussant un gémissement sourd.

— Je souffre ! dit-il ; je souffre comme si j'étais tombé dans la géhenne... Ma poitrine brûle... Il me semble que mon cerveau est prêt d'éclater... Du secours ! du secours ! de l'eau !

Il se tordit dans un spasme aigu, puis se dressant livide, la main tendue vers Palma :

— Misérable ! fit-il, tu m'as empoisonné !

Le juge s'avança vers Abraham Zek.

— L'accusation que vous portez contre cet homme est grave.

— Oui, oui, mais elle n'est que juste.

— Quel motif l'aurait poussé à ce crime ?

— La peur.

— Il vous redoutait ?

— De l'eau ! ah ! l'empoisonneur maudit, de l'eau ! Je l'avais menacé de parler s'il ne sauvait pas ma fille... Il a cru que le trépas me fermerait les lèvres... Je suis perdu, je le sens... Mais je le dénoncerai... Je dirai tout... Tout... Il doit expier son crime et la mort de mon enfant qu'il laisse expirer faute de lui donner l'Élixir de longue vie dont il s'est servi pour reconquérir sa jeunesse... Écrivez! Monsieur le juge, écrivez !

Samper se rapprocha du Juif, tandis que son secrétaire s'apprêtait à écrire sous la dictée d'Abraham.

Des gouttes de sueur perlaient au front de Zek ; l'effort qu'il faisait pour se venger de Palma épuisait ses dernières forces.

— Je vous écoute, dit le juge.

— Il y a de cela vingt-deux ans, à peu près, je voyageais pour mon commerce dans les Abruzzes, et j'y rencontrai un homme encore jeune, avec qui je me liai rapidement. Il s'occupait de science, et moi de négoce. J'étais riche sous une apparence assez misérable; lui m'avoua qu'il cherchait la pierre philosophale et les secrets de l'alchimie... On nous répétait de prendre garde, de nous défier des routes... Des brigands les sillonnaient... Ma piètre apparence me rendait une misérable proie pour ces larrons, et l'équipage de mon compagnon ne semblait pas beaucoup plus brillant que le mien... La tête me tourne, attendez... De l'eau encore... c'est une fournaise que j'ai dans la poitrine... Mais il faut que je parle, il le faut...

Zek s'arrêta, but avidement, et, tandis qu'il ressentait un soulagement passager, il reprit :

— C'était vers le déclin d'une belle et chaude journée. Nous avions pris à travers bois afin d'éviter la chaleur, et nous suivions d'assez loin la lisière d'une forêt de pins, quand des coups d'escopettes mêlés de cris d'appel à l'aide se firent entendre. Évidemment une attaque à main armée avait lieu à quelque distance... Je désirais ne me mêler en rien à cette affaire, mais mon compagnon était brave, je dois lui rendre cette justice, et il me dit : — « Laisserons-nous assassiner ces gens-là? Nous avons des armes, venez! » — Je le suivis, mais avant que nous eussions rejoint les voyageurs, la bande de brigands avait achevé son œuvre. Trois personnes gisaient sur la route; deux laquais et un gentilhomme de haute mine, couvert de riches habits, et vers le cadavre duquel se traînait en pleurant un petit enfant! Nous étions seuls, et ces trois malheureux avaient cessé de vivre. Les bandits les avaient-ils dévalisés? Nous nous en assurâmes. Une sacoche restait intacte. Elle renfermait une somme d'or importante, puis des diamants... De l'or! Il n'appartenait plus à personne, puisque le voyageur venait d'expirer... En fouillant dans les vêtements du mort, mon compagnon trouva des papiers constatant son identité... Il s'appelait...

Zek n'en put dire davantage. Ses yeux roulèrent dans l'orbite d'une façon effrayante, et il demeura sans mouvement.

Le prisonnier l'écoutait avec une anxiété visible. Il allait apprendre enfin le secret dont la révélation avait été tenue suspendue au-dessus de sa tête pendant des jours si cruels. Ou plutôt l'espoir lui vint que malgré sa volonté, la souffrance aurait raison d'Abraham, et que le toxique qu'il avait pris clorait à jamais ses lèvres.

Cependant les prunelles vitreuses du Juif brillèrent de nouveau, sa tête oscilla sur ses épaules; puis il reprit d'une voix plus lente :

— L'homme assassiné par les brigands s'appelait le comte Palma...
Alors nous convînmes du partage... Je pris l'or... Mon compagnon garda les diamants et les papiers... Ce nom qu'il porte est volé... Ce nom appartenait à l'orphelin...

— Que devint celui-ci ?

— Il demeura couché près du cadavre de son père... J'appris plus tard qu'un moine, passant par là, l'avait emporté dans un pan de sa robe de bure, et l'avait remis à une chevrière appelée Giulia... Le hasard nous amena chez elle quelques jours plus tard, elle nous raconta l'histoire du petit enfant... Mon compagnon écrivit sur un carnet le nom de la chevrière... Nous nous séparâmes peu de temps après.

— Mais, demanda Samper, qui prouve que vous ne fûtes point les assassins de celui dont vous vous partageâtes les dépouilles ?

— Ceux-là avouèrent le crime avec bien d'autres, on les pendit six mois après.

— Que fîtes-vous ensuite ?

— Mon compagnon allait à Rome, moi à Florence... Aucun de nous ne tenait à revoir son complice... Ce fut seulement fortuitement, il y a quelques semaines, que venant à Buda-Pesth pour la foire, où je voulais acheter et vendre des bijoux, que j'entendis parler d'un gentilhomme étranger dont la science était merveilleuse. Je me rappelai que mon ancien compagnon de route avait étudié jadis avec le juif Moser, mon compatriote... J'avais avec moi ma petite-fille, Salomé... elle se mourait d'un mal héréditaire... Les médecins l'avaient condamnée... Je courus au château du Danube, et je reconnus l'homme des Abruzzes... Son trouble fut grand en me voyant... Il tenta de se débarrasser de moi... Mais il s'agissait de ma fille, et je m'obstinai... Puisqu'il pouvait se rajeunir, il pouvait sauver mon enfant... Vaincu par mes instances, plus épouvanté encore par la crainte d'une délation, il m'accueillit, et nous nous installâmes au château... Je vis s'accomplir le prodige..

— En êtes-vous certain ? demanda Samper.

— Si j'en suis sûr... Pouvez-vous m'adresser une question semblable, vous, Monsieur le juge qui, avec moi, assistiez à cette fête, vous qui, après avoir vu sortir d'ici un vieillard y vîtes rentrer un jeune homme.

— S'agissait-il bien du même personnage ?... Celui que vous avez connu en Italie, celui qui, de complicité avec vous, dépouilla le voyageur assassiné, l'avez-vous reconnu d'une façon absolue dans celui qui se tient devant vous bouleversé par la révélation que vous venez de faire, plus tremblant encore de celles qui vont suivre ?

— Ce sont les mêmes traits, quoique moins doux... Le même regard, avec une nuance de scepticisme peut-être... la même voix avec la raillerie en plus... Mais c'est lui, c'est...

Le Juif s'arrêta. A mesure qu'il détaillait davantage le visage de celui qui portait alors le nom de Palma, il saisissait des différences imperceptibles, les mêmes que constata Paulus et qu'il avait fait remarquer au juge.

Mais Abraham Zek n'était plus en état d'apprécier les choses d'une façon bien lucide. La pensée vacillait dans son cerveau, son regard se troublait... Il se tourna défaillant vers le baron Samper, et lui dit :

— Ayez pitié ! Je viens de vous livrer un coupable... Le ciel s'est chargé de l'autre... Vos soldats n'auront pas besoin de me traîner en prison... Je mourrai ici... Ma fille ! laissez-moi seulement voir ma fille... Et qu'elle ne sache pas, qu'elle ne sache jamais combien je fus coupable... A quel prix, pour la sauver, j'étais prêt à devenir plus criminel encore... Au nom de vos enfants laissez-moi emporter dans la tombe le respect de Salomé, de ma fille adorée...

— Allez ! fit le juge.

Le Juif se leva, s'appuyant aux meubles, se traînant... Il chancelait, et il fut tombé si sous sa main tremblante ne s'était soudain trouvé un appui.

Gyorgio lui présentait son épaule.

— Dieu me châtie ! fit-il.

En ce moment il songeait à Gilda.

Quand le vieillard et l'enfant arrivèrent à l'appartement de Salomé, le Père Angys et le jeune moine venaient d'y entrer.

A la vue de ces robes monacales, le Juif eut un mouvement de rage impuissante.

— Arrière ! fit-il, arrière ! que faites-vous ici ! Ma fille est à moi, je la garde ! Vous ne me la prendrez pas !

— Votre fille est à Dieu ! mon père ! répondit l'enfant dont le pâle visage rayonnait. Je meurs, mais je meurs chrétienne ! Sœur des saintes et des anges, je vais m'envoler vers les sphères célestes, et trouver enfin cet Eden dont je poursuivis le rêve durant ma vie... Vous m'avez aimée, grandement aimée, et je vous en bénis. Je rachète l'apostasie de mon aïeule. Je prierai pour vous. Je sais maintenant ce que c'est que l'eau de la vie éternelle...

— Ah ! fit le Juif en crispant ses deux mains sur sa poitrine, j'expire avant toi.

Il tomba le front sur les couvertures et, de ses doigts tremblants, il saisit les mains glacées de sa fille.

Celle-ci comprit qu'il disait vrai. Le poison faisait d'épouvantables et rapides ravages. Encore quelques instants et c'en serait fait de lui... Un

remords traversa sa pensée, il tira Gyorgio par ses vêtements, et murmura :
— Gilda ! ta Gilda... dans le laboratoire... sauve-la...

Salomé rapprocha de sa poitrine le front du vieillard.

— Ah ! fit-elle, vous qui m'avez chérie d'une façon si absolue pendant votre vie, ne souhaitez-vous point ne me jamais quitter ?... Un mot peut à jamais vous rapprocher de moi... Que l'eau du baptême touche votre front et vous êtes sauvé... Vos fautes sont à jamais pardonnées... Oh ! père ! père ! Si vous vouliez ! Père, par amour pour l'enfant qui s'en va ! Renoncez aux croyances judaïques, abjurez le passé, soyez chrétien comme je suis chrétienne...

Il balbutia :
— Crime... grand coupable... terreur du jugement !

Le moine Angys lui parla alors de sa voix grave. Il lui répéta les promesses que Salomé venait de lui faire, il le conjura de se tourner vers Dieu quand les affections de ce monde allaient lui manquer... Quand la terre le devait engloutir dans quelques heures peut-être...

— Viens avec moi ! viens avec moi ! répéta la nouvelle chrétienne.

Il leva sa face convulsée :
— Oui, dit-il, oui !
— Mon frère, demanda le Père Angys, voulez-vous croire au Christ mort ?
— J'ai peur ! J'ai peur !
— Acceptez-vous, de cette heure, le commandement de Dieu et ceux de l'Église ?
— Sauvez-moi ! Sauvez-moi !
— Pardonnez-vous à ceux qui vous ont offensé...
— Pardonner ! fit-il. Non ! non ! Œil pour œil ! Dent pour dent ! Raca sur le misérable qui m'assassine !
— Mon fils ! mon fils ! le Messie, mis en croix par les Juifs, demanda grâce pour ses bourreaux.
— Je ne puis pas ! Je ne puis pas !... Je souffre ! Je souffre... Salomé, il me semble qu'on me broie le crâne... Je ne te vois plus... c'est la fin !
— Mon père ! mon père ! pardonnez, oubliez ! venez à Dieu qui vous aime assez pour vous tendre encore les bras...

Mais Abraham Zek n'était plus capable de répondre. Ses prunelles se tournèrent vers le ciel, ses bras roidis s'étendirent, il tomba sur le plancher.

Le jeune novice le souleva dans ses bras, et les lèvres froides du mourant laissèrent, avec son dernier souffle, passer ces dernières paroles :
— Pardon... baptême... Salomé... avec Dieu !

La main d'Angys laissa tomber quelques gouttes d'eau sur le front du vieillard moribond, mais il fut incapable de dire s'il en avait conscience.

— La miséricorde du Sauveur est infinie ! dit Angys en se tournant vers Salomé.

Le jeune moine souleva le corps roidi du vieillard et le transporta dans la pièce voisine. L'émotion éprouvée par Salomé venait de la frapper d'un évanouissement subit, et toute blanche sur son lit, on eût déjà juré qu'elle était morte, si le battement de son cœur ne fût demeuré sensible.

Pendant que cette scène se passait dans l'appartement de Salomé, Gyorgio, gravissant le grand escalier, cherchait, au dernier étage du château, ce laboratoire dont les cheminées flambaient durant les nuits, jetant l'épouvante dans l'esprit des habitants du village.

La clef était sur la porte, il entra, et, du premier regard, il aperçut la pauvre petite Gilda, qui, les yeux clos, de grosses larmes roulant le long de ses joues, les chevilles et les poignets bleuis et serrés par les lanières de cuir, paraissait plus morte que vivante.

D'un bond, Gyorgio se trouva près d'elle.

Saisissant le couteau préparé pour le meurtre, il coupa les lanières, souleva l'enfant par le buste et répéta d'une voix étouffée par les larmes :

— Gilda ! Gilda ! c'est moi, ton ami, moi qui t'ai tant pleurée et tant cherchée... Gilda, ouvre les yeux ! Ah ! chérie ! combien ta mère sera heureuse !

Je suis là, tu ne cours plus aucun danger.

La petite ouvrit ses yeux bleus :

— Emmène-moi, Gyorgio, fit-elle avec épouvante ; il n'y a que des bourreaux ici !

Elle jeta ses bras autour de son cou et se pressa contre lui.

Alors, avec une douceur fraternelle, Gyorgio l'enveloppa dans le tapis jeté sur elle comme un suaire, puis rassemblant ses forces il l'enleva :

— Ne crains rien ! dit-il, je suis fort !

Et, chargé de son fardeau, il descendit le grand escalier.

Samper continuait l'interrogatoire du prétendu comte Palma.

Celui-ci repoussait la déposition du Juif, il niait l'aventure des Abruzzes, comme il niait l'empoisonnement du Juif.

— J'aurais dû me défier, dit-il, de l'ignorance qui finit toujours par lapider les disciples de la science pure. On n'ose me traiter de sorcier, comme on n'eût pas manqué de le faire il y a trois cents ans, mais on m'impute des crimes odieux, pas un ne manque à mon dossier... Je suis empoisonneur, faussaire ; je porte un nom volé ! Un peu plus, on dirait que j'assassine les petits enfants pour composer avec leur sang des maléfices.

— Tu allais le faire, cria Gyorgio entrant dans la salle, Gilda dans ses bras... Monsieur le juge, j'ai trouvé Gilda sur la table du laboratoire, les pieds liés, les mains attachées... Le couteau était préparé, et les bassins d'argent prêts à recevoir son sang... Gilda! ma chérie! n'aie plus peur de lui... Je suis là, moi, Gyorgio... Monsieur le baron Samper...

L'enfant de Niklas ouvrit les yeux. En reconnaissant devant elle celui qui, durant de mortelles semaines, l'avait gardée prisonnière dans le souterrain, elle poussa un cri, et se rejeta en arrière :

— Le méchant! dit-elle! le méchant!

Samper s'approcha de Gilda et l'interrogea.

— N'aie pas peur, lui dit-il, c'est aux coupables de trembler... Nous avons pour devoir de protéger les faibles...

— Je vous reconnais, Monsieur le baron... J'aime bien vos filles, elles sont bonnes et belles... Oh! je n'ai plus de crainte, maintenant... Il ne me reconduira plus dans le cachot du manoir... Je l'ai cependant bien prié de me rendre la liberté... Je pensais que ma mère me pleurait, et j'ai cru mourir loin d'elle... Mais il n'a pas voulu, jamais! jamais! Il répétait toujours : « Tu dirais ce que tu as vu pendant la nuit terrible... Et il ne faut pas que tu parles... »

— Et qu'avais-tu vu, petite Gilda?

— Monsieur le baron, Dieu m'a punie de ma curiosité, et de ma désobéissance... Je m'étais promis de regarder les belles dames, la salle du festin, et malgré les conseils de Gyorgio, je visitai tout... Oh! mais je trouvais cela beau! Je m'amusais tant que j'oubliai l'heure... Mais, à ce moment, la crainte me prit d'être découverte, et j'entrai dans une grande chambre... Celle-ci... Je reconnais le portrait du jeune homme en rouge... Je me sentais lasse, je cherchai un abri dans un coin sombre, et je me blottis dans ce grand fauteuil là-bas... Je m'endormis... quand je me réveillai un homme était dans la chambre, jeune, tout pareil au portrait... Il marchait et parlait tout haut... Il aperçut mes yeux!... Alors il courut à moi : — « Tu as vu! » — répétait-il. — Quoi? Je ne sais pas... Je dormais... Il s'était passé sans doute quelque chose de terrible... Malgré mes prières, malgré mes serments que j'ignorais ce qu'il voulait dire, il me descendit dans un souterrain sans clarté, sans air... De temps en temps, il m'apportait du pain et de l'eau... Quand il m'oubliait, je jeûnais... Quelquefois j'aurais voulu mourir... Quand je pensais à mère, j'avais le courage de souffrir...

— Avouez-vous avoir séquestré cette enfant? demanda Samper au prisonnier.

— Gilda! fit celui-ci, est-ce moi qui t'ai portée au laboratoire, qui t'y ai attachée?

— Vous n'avez pas le droit d'interroger! fit Samper.
Mais Gilda s'empressa de répondre :
— Ce n'est pas vous!
Elle n'en put dire davantage, et s'évanouit.
— Soignez-la, sauvez-la, Monsieur le baron! fit Gyorgio, moi je vais chercher sa mère.
L'enfant s'élança hors de la salle.
Le juge se tourna vers Palma dont le visage, tout en gardant son expression de hautaine raillerie, devenait visiblement plus pâle.
— Avouez-vous? lui demanda-t-il.
— Qu'exigez-vous que j'avoue, Monsieur le baron. Vous le voyez, vous n'êtes point heureux dans le début de votre accusation.
— A l'égard de Gilda, il a été commis un crime multiple; vous êtes l'auteur de l'un, la séquestration; l'autre resta sans effet. Encore peut-on affirmer que le malheureux qui en commença l'exécution fut entraîné par vous à cette folie. Peut-être même, afin de reculer l'heure où vous vous verriez certain de lui remettre l'Élixir qui devait sauver sa fille, affirmâtes-vous qu'il manquait un agent terrible pour le perfectionnement du breuvage. Rien ne prouverait qu'afin de vous débarrasser d'un homme dont la présence excitait en vous une rage sourde, vous ne l'ayez poussé au meurtre, afin d'avoir une raison de vous en défaire légalement. Ce qui montre à quel point vous le redoutiez, c'est que vous l'avez empoisonné.
— Le redouter? Moi! Pourquoi donc, Monsieur le baron? Ce qu'il souhaitait était-il au-dessus de mon pouvoir? Vous savez le contraire, puisque vous étiez là à l'heure où, me dépouillant de l'apparence de la vieillesse, je vous apparus tout à coup jeune, robuste, de tout point semblable au portrait du gentilhomme vêtu de rouge.
— D tout point... répéta le juge rêveur.
Il reprit après un moment de silence :
— Il n'est point tout à fait exact que cette transformation se soit accomplie sous nos yeux... Vous avez quitté le salon après avoir prédit votre rajeunissement, sorte d'avatar qui trouvait encore des incrédules pendant votre absence.
— Lors de mon retour il ne restait plus que des croyants.
— Ils étaient en majorité, je l'avoue.
— Étais-je moi? N'étais-je pas moi?
— Il vous appartient de résoudre ce problème.
— J'y ai réussi puisque je suis là, et que vous m'interrogez.
— Je ne vous demanderai rien de plus aujourd'hui, fit le juge.
— Resterai-je prisonnier sur parole?

— Je ne connais point assez les détours de ce château pour vous y laisser, même sous la garde de mes policiers les plus sûrs.

— Comptez-vous donc m'incarcérer?

— Oui, à moins que vous ne sortiez victorieux d'un dernier interrogatoire.

— Ah! s'écria Palma, prenez garde! Monsieur le baron, j'ai guéri le monarque d'une terrible maladie, le vice-roi est mon ami, si puissant que soit le baron Samper, je pourrais bien obtenir sa disgrâce.

Sur un signe du magistrat, les hommes de police saisirent les poignets de Palma, les lièrent derrière son dos, le poussèrent dans une voiture.

Alors il se sentit perdu.

Cependant, il comprit vite que la voiture ne se dirigeait point du côté du vaste et sombre monument où la justice enfermait ses prisonniers et, quand elle s'arrêta, il reconnut devant lui l'élégant perron de la demeure du baron Samper. On lui fit traverser un couloir, rendu absolument sombre par les tentures suspendues devant les fenêtres et les portes vitrées. Durant une minute on l'y retint, puis brusquement, devant lui, s'ouvrit la porte d'une chambre basse au fond de laquelle se dressait un catafalque.

Entre quatre cierges de cire jaune un corps livide se trouvait étendu, vêtu d'habits de gala, un couteau planté dans le cœur, les prunelles fixes, il semblait attendre l'heure du châtiment du meurtrier.

Le prisonnier était si loin de s'attendre à cette vue, que le sang-froid et la volonté inflexible de son caractère lui faisant défaut à la fois, il poussa un cri de terreur et répéta :

— Emmenez-moi d'ici! emmenez-moi! j'avouerai tout.

— Non, répliqua le baron Samper, vous ne sortirez pas de cette chambre; c'est en face de ce cadavre que vous devez faire vos révélations.

— Je l'ai tué! fit le jeune homme dont un long frisson agita les membres, que demandez-vous davantage?

— Les détails précis du crime, répondit Samper; ils deviennent indispensables pour éclairer la justice sur des faits demeurés ténébreux.

Mais en ce moment le jeune homme se trouvait réellement dans l'impossibilité de parler. Ses yeux, agrandis par l'épouvante, tantôt se fixaient sur le cadavre avec une anxiété folle, tantôt s'en détournaient avec effroi. Des cris étouffés s'échappaient de sa poitrine. Enfin une effroyable crise nerveuse le jeta sur le parquet, les bras tordus, les prunelles convulsées.

Un médecin lui donna les premiers secours. Si misérable qu'il fût, en ce moment il excitait la pitié.

Quand il revint à lui, Mario se trouvait étendu sur un lit au pied duquel se tenaient le baron Samper, le médecin, son secrétaire et deux estafiers.

Le criminel comprit qu'il devait parler.

Alors il raconta comment il s'était rendu auprès de son père dans l'espoir de lui arracher quelques parcelles de cet or qui ne lui coûtait rien. Il n'omit aucune des péripéties et arriva enfin à la scène du drame :

C'était le soir de la fameuse journée où le vieillard qu'était mon père devait se métamorphoser en jeune homme grâce à l'Élixir de vie dont il avait le secret, je profitai de l'inattention générale pour grimper jusqu'au balcon, et me glisser dans la chambre de mon père, où je demeurai caché par les plis d'un rideau... Bientôt le comte rentra en compagnie de son secrétaire Paulus, dont il avait fait son fils adoptif, et son héritier... Leur entretien m'offrit tous les détails de ce qui devait se passer. Je vis mon père contempler anxieusement le flacon renfermant l'*Élixir de longue vie*; je recueillis l'expression de ses doutes, je sus même qu'elles étaient les ambitions de son cœur. L'âme du vieil alchimiste venait de se réveiller, il aimait la fille du comte Komorn...

Pas un de ces détails ne s'effaçait de ma mémoire. Je me disais que tous me seraient utiles un jour. Grâce à eux je ne désespérais plus d'obtenir l'autorisation de demeurer au château du Danube d'où mon père m'avait chassé quelques jours avant. Enfin Paulus et mon père se dirent adieu... La porte se referma... Le vieillard se croyait seul... Il venait de saisir le flacon renfermant l'*Élixir de longue vie*, quand je l'arrachai de ses doigts. Maître de lui, puisque je tenais son trésor le plus précieux, je lui dictai des conditions qu'il refusa. Il se précipita sur moi afin de reprendre le flacon de cristal. Réfugié sur le balcon je tentai de le défendre... La colère m'aveuglait, je voyais rouge... Ce n'était plus contre mon père que je luttais, mais contre un homme sans pitié qui venait de me maudire... Il m'avait pris à la gorge, j'étais armé d'un couteau... Enfin je restai seul sur le balcon, seul... Un bruit s'était fait dans le gouffre, voilà tout... Quand je rentrai, fermant avec effroi la fenêtre par laquelle je tremblais de voir remonter le spectre de celui que je venais d'assassiner, je n'avais pas une idée lucide dans l'esprit. La lampe s'était éteinte, j'entrai dans la pièce voisine qui se trouvait éclairée, et j'y restai perdu dans une sorte d'évanouissement mêlé d'épouvante... J'en sortis en entendant sonner une heure... Mes yeux se fixèrent alors sur le costume de velours rouge préparé par mon père... J'avais trouvé... Je composai mon visage, je passai l'habit de velours, devant la haute glace je préparai les boucles en désordre de ma chevelure, j'étudiai le jeu de ma physionomie, et quelques minutes plus tard, je pénétrai dans le salon... J'étais toujours le comte Palma... mais Palma rajeuni, Palma plus influent que jamais, et résolu à profiter de tous les avantages de la situation qu'il devait à un crime... Je devinai qu'elle était, au milieu d'un groupe de femmes, cette Molda Komorn dont s'était épris mon père... Le même sentiment se glissa dans mon cœur... Je pressai le comte de me la donner en mariage... Je tentai tout, la prière, la séduction, la violence, j'échouai d'une façon misérable... Et cependant je ne pouvais me résigner à quitter le château sans emmener ma proie... Ma situation n'était plus tenable à Buda-Pesth. En jouant le dangereux personnage de l'alchimiste j'attirais sur moi de multiples dangers... Le plus grave fut suscité par Abraham Zek, dont Palma avait juré de sauver la fille... Entre mon père et Zek existait un secret que j'ignorais et que l'on tenait suspendu au-dessus de ma tête comme une menace. Je devais fuir, avant que Zek exécutât son serment de m'entraîner dans une ruine absolue... Dans le laboratoire de mon père se trouvaient des fioles de poison, j'en versai au Juif... quelques minutes plus tard, vous l'eussiez trouvé mort...

— Et Gilda? demanda le juge.

— Pauvre petite, ce fut à regret qu'à son égard je me montrai cruel... Vous savez déjà qu'elle pénétra par hasard dans la chambre de mon père... Je l'aperçus au moment où, quittant mes invités, je venais de triompher de mon épreuve, et prendre possession de mon nouveau personnage. Cette enfant pouvait me perdre... Je me persuadai qu'enfermée depuis longtemps dans cette pièce, elle avait été témoin de la scène terrible qui s'y était passée... Ses yeux bleus avaient dû voir le vieillard et le fils pendant leur lutte sacrilège... J'aurais dû la tuer pour ma sûreté, je n'en eus point le courage, et je me contentai de la descendre dans un cachot du château. Je lui aurais rendu la liberté avant d'en partir... L'or allait me manquer, j'ignorais l'art de la transmutation; encore une nuit, et je quittais la Hongrie, emportant seulement les diamants de mon père... Oh! tenez! Monsieur le baron, vous croyez peut-être qu'à l'heure où je tombe entre les mains de la justice, je sens un regret anxieux, une rage folle, il n'en est rien! Depuis l'heure où je devins parricide, il ne m'a plus été possible de dormir. J'ai vécu dans une angoisse continuelle, tremblant sans fin de mal jouer ma sinistre comédie. Bug éprouvait contre moi une répulsion instinctive... Paulus avait des soupçons... Le danger croissait autour de moi... Au-dedans de moi j'avais l'enfer... Les prunelles du mort me regardaient... Sa voix résonnait sans fin à mes oreilles... Son spectre me hantait! J'aurais fini par le suicide... La justice accomplira son œuvre, aucune ne sera plus légitime!

Mario cacha son front dans ses mains et demeura silencieux.

Il était inutile de le confronter de nouveau avec le cadavre du comte Palma; on le transporta de la maison du baron Samper à la prison, il ne devait la quitter que le jour de l'expiation suprême.

L'ÉLIXIR DE LONGUE VIE

Il m'emporta sur son épaule. (Voir page 307)

XXVI

LE DERNIER DES PALMA

En acquérant la preuve que l'homme auquel il donnait les titres d'ami, de père et de bienfaiteur était tombé sous les coups d'un assassin, et que cet assassin était le propre fils de Palma, ce Mario dont le nom se retrouvait parfois sur les lèvres du vieillard, Paulus sentit son âme emplie d'une immense douleur.

Tandis qu'il suivait en remontant l'abîme le corps du malheureux, il pleurait ces larmes ardentes et chaudes de la jeunesse qui semblent le sang même du cœur. Il lui fallait le châtiment du coupable, un châtiment proportionné à son crime. Jamais misérable ne joua plus sinistre comédie que ce Mario qui, à l'heure même où il venait d'accomplir son parricide, trouvait l'audace de paraître au milieu des invités emplissant le château maudit, et d'y remplir le rôle de celui dont le corps saignait au fond de l'abîme; mais à peine Paulus voyait-il arriver l'heure de la justice pour l'assassin, qu'en même temps il entendait la voix mourante d'Abraham Zek porter contre le vieux Palma une accusation terrible.

Devait-il y croire? Si l'alchimiste eût vécu on aurait pu soupçonner Zek de perpétrer une odieuse vengeance, mais Abraham à l'agonie faisait une déclaration suprême, et se chargeait de la moitié du crime dont il accusait Palma.

Ainsi l'alchimiste était un voleur.

— Un voleur! Et ce mot l'oppressait comme s'il avait eu lui, Paulus, une part dans le crime... Il aimait tant Palma et il avait si largement profité de ce bien mal acquis qui fut la source impure des éblouissantes richesses du comte.

Du comte? Il ne pouvait, il ne devait même plus lui donner, dans son souvenir, ce titre que l'alchimiste avait dérobé avec l'or de son titulaire légitime. Le doute n'était hélas! plus possible après l'aveu suprême d'Abraham Zek.

Le vieux Juif avait reconstitué la scène de brigandage d'une manière saisissante. On n'invente pas certaines choses et à certains moments. Un mensonge? A quoi bon! Palma était mort; l'accusation d'Abraham ne pouvait donc avoir pour mobile unique la vengeance. C'était donc la vérité qui était sortie des lèvres du complice de Palma, et quelque dure qu'elle fût pour la mémoire de son ancien maître bien aimé, il la devait accepter comme une épreuve pour son cœur généreux, comme un exemple d'inouïe défaillance qu'une vie humaine de largesses ne suffit pas toujours à racheter.

Et dans son esprit passait l'atroce vision de la scène du meurtre; il lui semblait voir dans un recul lointain une caravane composée d'un seigneur magnifique, d'un enfant en bas âge et de quelques gens de maisons, s'engager dans les lacets sauvages des Abruzzes. Tout à coup, dans un étranglement de rocs, des brigands, l'escopette au poing, avaient surgi d'une fissure de la montagne. Le seigneur et des domestiques avaient bravement fait tête à l'attaque, mais la bande de Spada était en nombre et avec sa virtuosité professionnelle, avait abattu, à coups de feu, les chevaux qui en tombant paralysaient les cavaliers et les mettaient à la merci des scélérats. Dès ce moment il n'y avait plus eu de lutte. En un tour de main, le seigneur et ses domestiques tombaient sous les coups des assassins et l'enfant, caché sans doute dans le flanc d'un cheval abattu, échappait à l'horrible massacre. En se rappelant tous ces détails échappés à l'agonie d'Abraham, il lui semblait revivre un moment de son existence où il aurait été l'acteur inconscient d'un drame de même nature, et il sentait alors comme un déchirement dans sa poitrine sans pouvoir raisonnablement expliquer cette obscure sensation. Pourtant, il reprenait le récit du vieux Juif. Les cris poussés, de part et d'autre, dans l'horreur de la lutte, les coups de feu répercutés par les échos de la montagne avaient amené du secours et les bandits, saisis d'effroi, avaient déserté le champ de bataille sans pouvoir emporter le butin.

C'est alors que Palma était entré en scène :

Entendant pousser des cris d'appel sur la route des Abruzzes, son premier mouvement avait été de courir au secours des voyageurs attaqués par des bandits, mais les trouvant morts, il osa dépouiller l'un d'eux, et partagea son or et ses pierreries avec Abraham Zek.

L'alchimiste obscur la veille, et sur le point de se voir forcé de renoncer aux recherches entreprises avec Moser, se trouvait tout à coup riche et possesseur d'un vieux nom. Le titre des Palma cachait désormais Julio Palmieri. Il devenait un autre homme, quittait l'Italie, se présentait partout sous le nom du gentilhomme assassiné et commençait sa réputation de savant et d'alchimiste. Les diamants trouvés sur le cadavre suffirent à défrayer son luxe ; quand ils s'épuisèrent Palma jouissait comme médecin d'une réputation si grande, ses consultations lui rapportaient de telles sommes, qu'il pouvait à son gré poursuivre le grand œuvre et chercher l'Élixir de longue vie. Il affirmait avoir trouvé le secret de la transmutation des métaux... Nul ne pouvait le contredire... Mais ni sa réputation de savoir, ni le passé ne parvenaient à effacer de l'esprit de Paulus la terrible accusation portée par Abraham Zek.

Il pleurait l'horrible désillusion qui lui brisait l'âme. A la pensée d'être obligé de mépriser l'homme auquel il se croyait si redevable, il souffrait d'une plaie cuisante. Par instants il se reprenait à douter de la vérité de l'accusation portée contre lui, mais la confession suprême du Juif lui revenait sans cesse et il comprenait que tout l'édifice de son bonheur et de son avenir s'écroulait à la fois.

Quand il se souvint de la promesse de l'alchimiste de le rendre héritier de ses biens, il se dit en même temps qu'à aucun titre il ne pouvait accepter cette fortune. D'abord Mario vivait ; ensuite ce qu'avait amassé l'alchimiste égalait sans doute à peine les valeurs dérobées sur le cadavre du véritable comte Palma.

Qu'était devenu l'enfant laissé par le Juif et son complice auprès du corps du gentilhomme assassiné? le retrouverait-il? Son devoir n'était-il point de le chercher?

Le nom de Molda n'apportait pas même de soulagement à la douleur du jeune homme. Dans cet écroulement, elle aussi allait être à jamais perdue pour lui.

Sans doute la rivalité de Palma lui paraissait un danger, mais il comptait en triompher à force de patience et d'énergie. A ce moment le comte Palma ne pouvait manquer de l'appuyer, même s'il se privait de ses services ; tandis que maintenant la délicatesse la plus élémentaire l'obligeait à quitter, pauvre et seul, la splendide demeure où il avait commandé jusqu'alors!

Et Molda?

Molda resterait au couvent, sans doute. Peut-être garderait-elle le courage de l'attendre, peut-être trop rudement éprouvée elle aussi par la vie, et désespérant de l'avenir, prononcerait-elle des vœux qui les sépareraient à jamais en ce monde. Et cependant, elle l'avait bien aimé, d'une pure et chaste tendresse dont elle pouvait parler à Dieu dans sa prière.

— Je partirai, se dit Paulus, ce soir même je quitterai cette demeure maudite où le sang devait attirer le sang... Pendant que la justice aura besoin de mes renseignements, j'habiterai l'hôtellerie de maître Saky, ou plutôt non; celle-là serait trop coûteuse. Je demanderai une hospitalité plus humble à Niklas... Quelles qu'aient été les fautes de celui près de qui j'ai vécu, je suivrai sa dépouille mortelle; il put être coupable, je veux l'oublier pour ne me rappeler que ses bienfaits.

Paulus commença à ranger les objets qui lui appartenaient en propre. En mettant en ordre ses pinceaux et sa boîte à couleurs, il dit avec un sourire :

— Je gagnerai toujours du pain à faire des portraits.

Il se souvint alors de la joie avec laquelle il plaçait jadis l'image de Molda dans ses fresques, et un soupir souleva sa poitrine.

— Si elle voulait, pensa-t-il, si la fille du comte Komorn gardait assez de confiance dans l'humble artiste, avec quel courage et quelle joie je gagnerais notre vie à tous deux. Je ne possède que du talent, j'atteindrais vite au génie. Oserai-je le lui proposer? Serait-elle assez vaillante pour ne point me repousser à cette heure? Nous nous fiançâmes un matin devant un autel désert, et j'ai le devoir de lui rendre sa parole... Et pourtant Molda plus que jamais a besoin d'un protecteur, et ce protecteur ne sera jamais son père.

Le jeune homme, après avoir terminé ses préparatifs de départ, écrivit à Molda une lettre qu'il enferma dans une autre missive adressée à la baronne Samper. Après lui avoir raconté, avec l'ingénuité et la franchise d'une âme droite, quels liens affectueux l'attachaient à Molda Komorn, il la suppliait d'apprendre à Molda que, désormais, il lui rendait une liberté qu'elle n'aliénerait sans doute pour lui qu'au dépens de son bonheur. Mais à travers cette résolution mâle perçaient les immenses tristesses de l'adieu, et l'on comprenait que sur les derniers mots écrits par Paulus avaient roulé plus d'une larme.

La missive venait d'être scellée de noir, et remise à maître Saky lui-même qui, fort humilié d'avoir servi dans une maison où la justice prenait ses entrées, quittait le Château maudit pour rentrer dans son hôtellerie de Buda-Pesth; Saky devait remettre la lettre de Paulus à la baronne Samper chez qui Molda se trouvait encore.

Dorénavant, il ne restait plus au jeune homme qu'à quitter la terrible demeure du magnat, quand le moine Angys entra rapidement dans sa chambre.

Une vive émotion se trahissait sur le visage du saint vieillard. Prenant les deux mains de Paulus il les pressa paternellement dans les siennes, en répétant :

— Mon enfant! mon pauvre enfant!

— Vous avez raison, mon Père, Dieu m'éprouve d'une façon bien cruelle.

— Ayez confiance, il saura vous consoler plus tard.

— Jamais je ne mettrai sa bonté en doute, mon Père... même durant les heures semblables à celles-ci! Tenez, si cruel est le déchirement qui se fait en moi que je me demande, à cette heure, s'il n'eût pas mieux valu que je restasse chevrier dans les Abruzzes, plutôt que d'avoir fait des rêves qui jamais ne se changeront en réalités.

— Quels rêves? demanda le moine.

Une faible rougeur colora le front du jeune homme.

— Tous les hommes ne sont point appelés à vivre hors de la loi commune, mon fils. Dieu reconnaît les siens sous quelque habit qu'ils portent. Vous resterez dans le monde, je me suis senti entraîné vers le cloître... Nos destinées sont sans doute bien différentes, mais qui sait laquelle de nos âmes est la plus précieuse devant lui! Pour avoir renoncé aux affections de la terre, nous n'en sommes pas moins touchés par les douleurs d'autrui... A votre âge, qui dit douleur, dit tendresse...

— Et jamais tendresse plus grande et plus pure ne remplit une âme que celle à laquelle je dois renoncer.

— Quel motif vous y oblige?

— L'homme qui m'éleva, le père de Mario, celui qu'en dépit de tout je persiste à considérer comme mon bienfaiteur, devait prendre soin de mon avenir. Son testament, déposé entre les mains du baron Samper, me laissait, en cas de mort, héritier de toute sa fortune... Je pouvais donc, sans trop de hardiesse, former des projets d'avenir... Et puisque vous me permettez de vous ouvrir mon cœur, je vous dirai jusqu'au nom de celle que j'ai choisie. Malheureuse et ruinée, elle m'avait choisi comme je l'avais élue. Un jour, devant l'autel, sans nous parler, nous nous prîmes les mains, et nous nous sentîmes liés pour la vie. Ce serment muet ne sera jamais trahi ni par moi ni par elle. A l'heure où je m'engageai, riche des bontés de celui qui n'est plus, je pouvais rendre Molda Komorn heureuse... La mort de l'homme qu'assassina Mario me laisse dénué de tout, réduit à travailler pour vivre. Ah! je ne me plains pas de l'obligation du labeur, je l'aime, je l'accepte. Vis-à-vis de moi-même je me sentirai plus grand et plus digne en gagnant le pain et l'abri que je ne l'eusse été si Palma m'eût comblé de ses dons. Mais puis-je offrir à Molda la moitié de cette vie précaire? Je ne le crois pas. Dans son ignorance de la vie, elle l'accepterait, et je commettrais, moi, une mauvaise action... Je peindrai, on m'accorde du talent, si je parviens à force de courage à me créer une situation digne de lui être offerte, je demanderai à la fille du comte Komorn de la partager.

— Voilà ce que vous avez écrit, mon fils?

— Oui, mon Père, la baronne Samper lira la première cette missive.

— Je vous approuve, répondit le moine Angys. Peut-être n'est-il point inutile que vous connaissiez complètement le cœur de cette jeune fille. Si votre pauvreté l'effraie, ne la regrettez pas; si elle accepte de la partager, faites tout pour vous montrer digne d'elle, comme vraiment elle sera digne de vous... Maintenant, parlons du mort que vous pleurez, de celui qui commit dans sa vie une faute grave mais qui s'efforça de la réparer... Parlons de lui, et de vous... Vos existences rapprochées se trouvent encore soudées par plus d'un point... Vous conservez de votre première enfance des souvenirs vagues peut-être, mais enfin capables de me guider dans les recherches que je veux entreprendre...

— Mon Père, répondit le jeune homme, je crois que ma famille était noble et riche; ma mère belle et tendre... Son doux visage m'apparaît souvent pareil à celui d'un ange; mon père ressemblait à un de ces gentilshommes qui portent haut le front et l'épée...

— Ainsi vous vous rappelez avoir grandi dans un palais?

— Oui, mon père.

— Quel est le dernier de vos souvenirs?

— Le plus terrible de tous... Mon père voyageait avec quelques serviteurs, nous fûmes attaqués par des bandits toujours nombreux dans les Abruzzes, mon père tomba, mortellement frappé, je roulai à terre en même temps que lui...

— Ensuite ?

— Un vieillard se pencha vers moi, un moine... Il poussa une exclamation de pitié en me prenant dans ses bras... Puis, m'enveloppant dans un pan de sa robe, il m'emporta sur son épaule et me remit chez une vieille femme, la Giulia... Je gardai ses chèvres jusqu'à ce qu'un jour celui qui n'a cessé de s'occuper de moi me retira de sa maison, pour me faire instruire...

— Jamais Giulia ne vous parla des vêtements que vous portiez et du bijou que vous aviez au cou lorsqu'on vous apporta chez elle?

— Jamais, répondit Paulus.

— La malheureuse, tentée par la beauté de ce médaillon, le garda; c'est seulement au moment de mourir que, pressée par les remords, elle me l'a rendu, en me priant de retrouver, s'il était possible, le jeune homme emmené par le savant que nous avons connu sous le nom de comte Palma... Mes tentatives sont jusqu'à ce jour demeurées sans résultat; mais Dieu semble enfin nous prendre tous en pitié, mon fils; il mettra fin à vos angoisses, et vous allez peut-être retrouver plus que vous n'avez perdu...

— Quoi! demanda Paulus, ce bijou. .

— Le voici.

Paulus le saisit vivement, le considéra avec une attention fiévreuse, puis pressant le ressort caché sous un rubis, il l'ouvrit en poussant un cri de joie.

— Je le reconnais, dit-il, je le reconnais! Voyez ces portraits, voilà mon père, ma mère! je vous disais bien qu'elle était belle...

Il enleva les deux portraits du médaillon, et trouva gravé à l'intérieur de la plaque du bijou : Paulus Palma, fils de Ginevra d'Ortelli et de Marco, comte Palma.

La surprise de Paulus devint une sorte de stupeur.

— Comprenez-vous maintenant, mon fils? Le comte Marco Palma, assassiné par les bandits, fut dépouillé de son nom et de ses titres par Julio

Palmieri; celui-ci abandonnant l'Italie commença une nouvelle existence grâce au nom et aux pierreries du comte... Je veux croire, pour la décharge de sa pauvre âme, qu'il vous crut mort aussi bien que votre père, et pensa seulement s'approprier une fortune qui, sans lui, allait devenir la proie des brigands... Revenant quelques années après dans les Abruzzes, soit par hasard, soit poussé par le secret instinct qui ramène les coupables vers l'endroit où la faute fut commise, il apprit fortuitement qu'un moine vous avait sauvé la vie, et que vous gardiez les chèvres de Guilia... De ce moment date son repentir et sa réparation... Il vous fit instruire... Plus tard, vous jugeant digne d'affection, il vous garda près de lui, et vous l'avez dit, il vous témoigna la tendresse d'un véritable père... L'or qu'il vous prodiguait était bien légitimement à vous... En vous instituant son héritier, il vous restituait simplement ce qui vous appartenait.

— Pauvre, pauvre Palma! répéta le jeune homme, je lui pardonne de grand cœur une faute si largement compensée, et je sacrifierais volontiers à cette heure la moitié de la fortune qui m'arrive pour qu'il existât encore...

Après avoir un moment caché son front dans ses mains, Paulus reprit :

— Me voilà riche! J'ai un nom! Molda pourra sans crainte devenir ma femme.

— Et vous n'avez à redouter aucune opposition du comte Komorn.

En ce moment une voix haletante de joie s'écria :

— Ma fille! ma Gilda! ma fille!

Paulus s'élança hors du cabinet, saisit la main de Niklas et l'attira dans la pièce où il se trouvait avec le moine Angys.

— Dieu vous la rend! fit-il, venez!

Et prenant dans la chambre voisine la petite fille assoupie, il la posa sur les genoux de la mère folle de joie.

— Te revoilà! disait-elle en couvrant de baisers le front et les joues de l'enfant qui s'éveillait et riait sous ces caresses, te voilà! cruelle enfant, qui as failli laisser mourir ta mère de douleur... Es-tu pâle et maigrie! Seigneur Jésus! Je savais bien que tu n'étais pas morte, moi! Je le criais à tout le monde, à Dieu et aux hommes! Je t'emporte là-bas! et nous ne nous quitterons jamais! jamais!

Elle enleva sa fille, courut à travers le château, gagna la route, et s'en alla répétant avec une joie débordante :

— Vous ne savez pas, j'ai retrouvé ma fille! C'est Gyorgio qui l'a sauvée! Ah! Gyorgio sera maintenant le frère de Gilda! Ils ne se quitteront plus jamais, les Pommes de Pin les nourriront tous deux.

Pendant le reste du jour on s'occupa des funérailles de Salomé. Elles furent dignes de cette vierge chrétienne qui descendait dans la tombe pâle et pure comme les fleurs qu'on plaça dans ses mains.

On venait de la coucher dans son cercueil, quand Molda Komorn arriva au Château maudit accompagnée de la baronne Samper.

Elle voulait prier près de son amie Salomé avant qu'on ensevelit la jeune morte.

Au pied du cercueil elle trouva Paulus.

Les mains tendues et fixant sur lui ses beaux yeux, elle dit avec un tremblement dans la voix :

— Je ne désobéirai jamais à mon père, Paulus; mais autant qu'il m'est possible de m'engager, je vous promets d'être votre femme... Riche ou pauvre, vous restez mon fiancé... Vous ou Dieu !

— Remercions le ciel, dit Paulus, ma vie est changée.. Le malheureux dont le corps transpercé est maintenant dans la chapelle ardente élevée par les soins du baron Samper, portait le nom dont je suis l'héritier légitime... Molda, c'est le dernier des comtes Palma qui demandera votre main à votre père.

— Vous, comte Palma ! s'écria la jeune fille.

— Le regrettez-vous ?

— Presque, répondit-elle, j'aimais tant Paulus.

Ils se serrèrent les mains avec un sentiment d'une noble et sainte tendresse.

Ils ne quittèrent la chambre qu'au moment où des hommes à mine lugubre y entrèrent, afin d'enfermer dans le cercueil le corps de la pauvre Juive. Le jour même, Salomé fut conduite à sa dernière demeure par le moine Angys et quelques prêtres : une pensée miséricordieuse leur fit accorder l'autorisation de placer Abraham Zek dans le même caveau. Un suprême regret l'avait rapproché de sa fille et de la foi; et ses révélations permettaient à Paulus de retrouver sinon une famille, du moins un nom et une fortune.

Ces tristes devoirs remplis, le jeune homme retourna chez le baron Samper. Celui-ci avait fait mander le comte Komorn.

Les nouvelles de l'assassinat de l'alchimiste, de l'arrestation de Mario, de la ruine qui, d'un seul coup, s'abattait sur lui le frappaient dans ses dernières espérances.

Au lieu de menacer le baron Samper, et d'entrer chez lui la tête haute, Komorn parut le front baissé, la démarche hésitante, et ce fut d'une voix tremblante qu'il lui demanda des nouvelles de sa fille.

— Vous la verrez, répondit le juge; vous la verrez quand nous aurons ensemble réglé son avenir.

— Ah ! s'écria le comte avec une feinte sensibilité, je croyais l'assurer jadis.

— Ne rappelons pas ces souvenirs, Monsieur ; vos regrets nous suffisent et je n'ajouterai rien à votre honte. Vous désiriez marier Molda au comte Palma, eh bien ! il n'attend que votre autorisation pour la conduire à l'autel.

— A Palma ! miséricorde ! Qu'osez-vous me proposer, Monsieur le baron ! J'ai pu songer à faire de Molda la suzeraine du Château maudit quand je croyais Palma riche, et capable de la rendre heureuse.

— Eh bien !

— Ce n'est point à vous que j'apprendrai les tragiques événements de la nuit.

— Je ne vous crois pas au courant, Monsieur le comte.

— La ville ne s'entretient pas d'autre chose ! Songez donc ! avoir été chez ce comte Palma, ce savant, cet alchimiste, qui, au fond, n'était qu'un assassin et un imposteur.

— Vous avez raison, un imposteur. Mais Mario, qui prétendait s'approprier le nom et le blason de Palma, volait un orphelin, et l'orphelin existe. L'assassin de l'alchimiste est le fils même du vieillard, et le véritable héritier dépossédé s'est appelé jusqu'ici Paulus.

— Quoi ! ce jeune homme modeste.

— Est le dernier de sa race.

— Vous possédez les preuves de ce que vous avancez ?

— Je les tiens à votre disposition.

Un éblouissement rapide passa devant les yeux de Komorn. En un instant il vit sa situation brisée, puis reconquise. S'il avait tenté d'user de violence pour obliger Molda à devenir la femme de Palma, c'était afin de puiser dans la bourse d'un gendre riche, et de satisfaire sa passion effrénée pour le jeu. Dans le refus de sa fille, dans sa révolte il devina un secret, et bientôt la tendresse de Paulus, si elle lui devint un obstacle, ne resta plus un secret. Assez souple pour se tourner rapidement du côté du plus fort, Komorn répliqua après un instant de silence :

— Je me fais vieux, l'avenir de mon enfant me préoccupe à un point que vous ne sauriez comprendre... Vous jugerez sans doute, baron, que, chérissant Molda avec une telle puissance, j'aurais dû sauvegarder davantage sa fortune, je l'avoue, l'amour du jeu m'entraîna... Les difficultés de la situation présente eussent rendu plus obligatoire pour moi, de trouver à Molda pour mari un homme estimant assez peu l'argent pour l'accepter pauvre .. Il me semblait, à ce point de vue, qu'un alchimiste réalisait absolument mon rêve, puisqu'il lui suffisait de le vouloir pour entasser l'or dans ses coffres... L'expérience m'a prouvé que je me trompais.. Peut-être le vieillard assassiné cherchait-il encore la pierre philosophale quant à son fils, à ce Mario parricide, vous venez de m'éclairer sur son compte... Que voulais-je pour mari de ma fille ? Un Palma... Vous m'en présentez un, jeune, bon, intelligent qui, j'ai mainte raison de le croire, ne déplaira point à Molda, donnons à Paulus celle qu'il aime, en somme, malgré mes défauts, je me crois un bon père.

Le baron Samper regarda en souriant le vieillard.

— A tout péché miséricorde ! lui dit-il. De ce moment, pourvu que vous soyez sincère, vous gardez en moi un allié... Cependant, ne vous créez point de chimères. Paulus, né en Italie, retournera évidemment dans sa patrie, et y emmènera sa jeune femme... Vous, Monsieur le comte, vous resterez à Buda-Pesth, libre d'y dépenser une pension importante qui vous sera par mes soins régulièrement servie... Ces arrangements vous conviennent-ils ?

— Naturellement, s'ils font le bonheur de ma fille.

Un moment après Molda prévenue entrait dans le salon.

Elle était pâle et froide. Ce fut d'une façon tranquille qu'elle écouta les résolutions prises par son père, sous l'influence des conseils du baron. La pauvre enfant avait trop souffert pour retrouver si tôt la faculté de s'abandonner à la joie. Mais, en même temps, son âme était trop généreuse, trop pure et trop grande pour que le pardon ne tombât point de ses lèvres. Cependant elle demanda et obtint la faveur de rester dans la famille de Samper. Il lui en eût trop coûté de rentrer dans le triste hôtel Komorn où régnait encore dame Illia.

Après avoir embrassé son père, Molda rejoignit à la hâte Honoria, Thécla et Lina.

De son côté, le baron Samper terminait l'enquête.

Elle ne pouvait être longue. Lâche devant la justice, Mario tenta d'éloigner de lui le châtiment suprême. Si misérable que dut être pour lui la vie, il tenait à l'existence. Il avait contre lui, non seulement les juges, mais tous ceux qui chérissaient l'alchimiste; Gilda dont les souffrances attendrissaient les amis de Niklas; Paulus qui ne voulait plus se souvenir que de la tendresse avec laquelle le vieillard l'avait traité; enfin Bug lui-même qui, par sa mimique passionnée, témoignait assez de sa rancune et de sa soif de vengeance.

Le procès fut rapide. Toute la ville de Buda-Pesth y assistait. Le nom des personnages mis en cause, la science de l'homme assassiné, la romanesque histoire de Paulus, l'intérêt qui s'attachait à Gilda et à sa mère, tout contribuait à rendre cette cause à la fois bruyante et célèbre. Une curiosité jusque-là mal satisfaite s'attachait encore à la découverte du cadavre, et à l'état de conservation dans lequel on l'avait trouvé. Le médecin, chargé d'examiner le cadavre de l'alchimiste et d'écrire un procès-verbal sur la nature de ses blessures, satisfit à la curiosité de ceux qui n'etaient point éloignés de considérer comme un prodige l'étrange conservation du corps de l'alchimiste.

— Le vieux Palma précipité du haut du balcon, dit le docteur, tomba jusqu'au fond du gouffre où se trouvait un petit lac dormant. Vous vous souvenez de l'intensité du froid durant la nuit du crime... Le cadavre subitement enseveli dans les glaces y demeura aussi sain que vous l'avez vu; le froid, empêchant la décomposition du corps, rendit possible de reconnaître le vieillard sous le miroir qui le recouvrait.

Mario fut condamné à la peine de mort.

Un mois plus tard Paulus, devenu l'époux de Molda, emmenait sa jeune femme en Italie.

Contraste insuffisant

NF Z 43-120-14

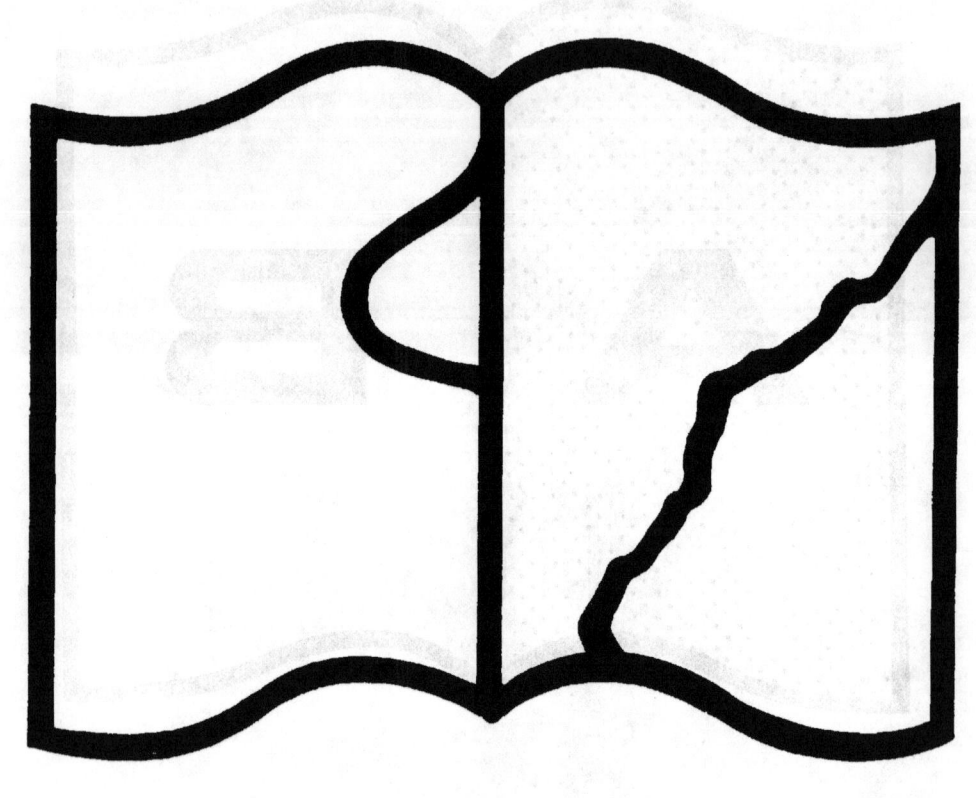

Texte détérioré — reliure défectueuse

NF Z 43-120-11

Contraste insuffisant

NF Z 43-120-14

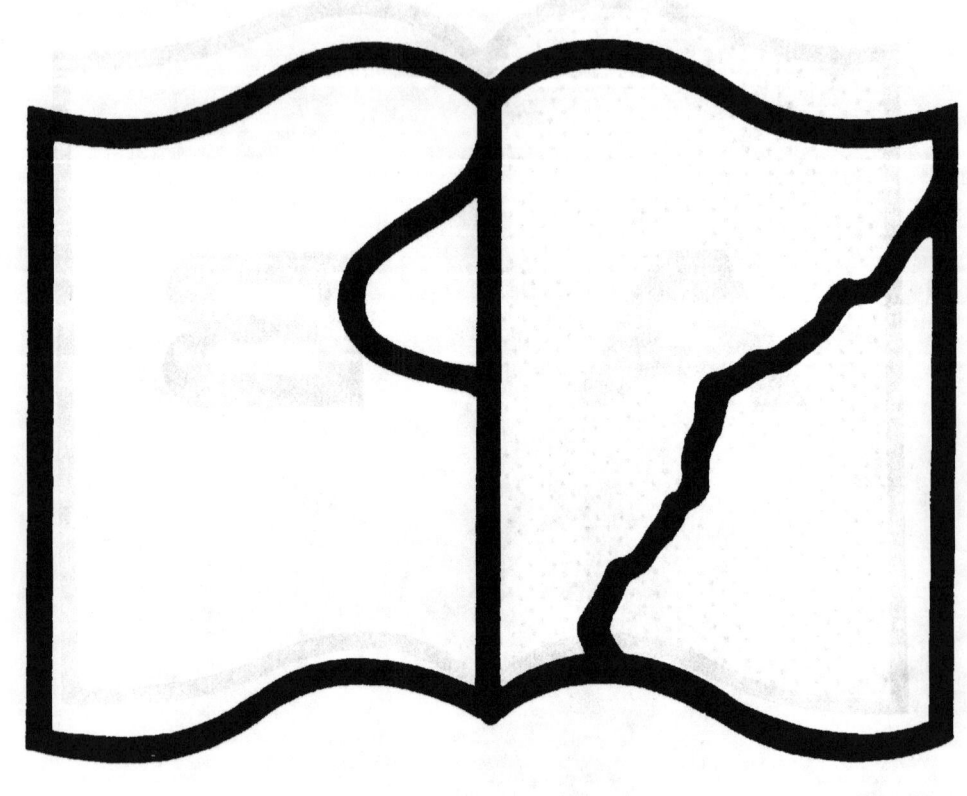

Texte détérioré — reliure défectueuse

NF Z 43-120-11

www.ingramcontent.com/pod-product-compliance
Lightning Source LLC
Chambersburg PA
CBHW071301160426
43196CB00009B/1374